문화차이의 경영인류학

지은이

전경수 全京秀, Chun Kyung-soo

1949년생. 서울대학교 문리과대학 고고인류학과를 졸업했으며, 동대학원 인류학과에서 석사학위를, 미국 미네소타대학 인류학과에서 박사학위를 취득하였다. 서울대학교 사회과학대학 인류학과 교수를 역임했다. 2011년 서울대학교 학술연구상을 받았다. 2014년 정년퇴임을 하여 명예교수가 되었다. 한국문화인류학회, 제주학회, 진도학회, 근대서지학회 회장으로 활동했다. 객원교수, 방문교수, 특빙교수, 연구원 등의 신분으로 도쿄대학(일본), 국립민족학박물관(일본), 규슈대학(일본), 야마구치대학(일본), 가고시마대학(일본), 오키나와국제대학(일본), 야마구치현립대학(일본), 가나가와대학(일본), 운남대학(중국), 상해대학(중국), 귀주대학(중국), 예일대학(미국), 오클랜드대학(뉴질랜드), 중앙연구원 민족학연구소(대만), 유이떤대학(베트남) 등에서 교수와 연구를 수행했다. 주요 저서로는 『인류학과의 만남』, 『한국문화론』, 『백살의 문화인류학』, 『혼혈에서 다문화로』, 『똥이 자원이다』, 『환경친화의 인류학』, 『물걱정 똥타령』, 『사멸위기의 문화유산』, 『파푸아에서 배운다』, 『우즈베키스탄에서 배우자』, 『이즈미 세이이치와 군속인류학』, 『인류학자 말리노브스키』, 『울릉도 오딧세이』, 『월남에서 배운다』, 『손진태의 문화인류학』, 『경성학파의 인류학』, 『송석하의 민속학』, 『오스굿의 강화도연구, 1947년』 등이 있다.

문화차이의 경영인류학
관리에서 공생으로

초판발행 2025년 9월 30일

지은이 전경수

펴낸이 박성모
펴낸곳 소명출판
출판등록 제1998-000017호
주소 서울시 서초구 사임당로14길 15 서광빌딩 2층
전화 02-585-7840
팩스 02-585-7848
이메일 somyungbooks@daum.net
홈페이지 www.somyong.co.kr

ISBN 979-11-7549-005-5 93320
정가 28,000원

ⓒ 전경수, 2025

문화

차이의

경영

전경수 지음

관리에서 공생으로

Managing Cultural Differences
in Global Business
: from Management to Commensalism

인류학

서장

　1960년대 서독으로 일자리를 찾아 나갔던 광부와 간호사들의 입장을 지금 와서 평가한다면, 노동인력의 세계화였다. 그들 중의 많은 수는 현지에서 결혼도 하고 학교도 다니고 생활의 터전을 마련하여 이민의 생활을 하고 있다. 그들이 기여한 바에 대한 평가가 아직 제대로 시도되지 않은 점에 대해서 반성도 채 하기 전에 우리는 새로운 상황을 맞고 있다.

　우리의 인력들이 이역만리 타국에 나가 외화벌이를 했던 과정인 이제 반대의 상황을 만들어내고 있다. 외국인 노동자들이 이 땅에 들어와 삶의 터전을 마련하고 우리의 이웃이 되어 살아가고 있는 것이다. 외국인 노동자들이 서울이나 지방 도시의 거리를 활보하는 모습에서 노동인력의 양방 흐름을 직감하게 된다. 이러한 새로운 상황에 대한 균형 잡힌 연구와 평가가 절실하다.

　1970년대에는 외국의 기업들이 수출 공단이라고 지정된 특수 지역에 들어와서 한국인들의 노동력을 이용함으로써 국제간의 노동과 기업의 교류 현상을 보이기도 했다. 이제 한국의 기업들은 공장과 회사를 제3세계뿐만이 아니라 소위 산업과 공업의 선진국인 유럽과 미국 등지에도 건설하여, 그들의 인력을 이용하여 세계적인 상품을 만들어 내고 있다. 이제 기업과 노동인력의 세계화는 전방위로 진행되고 있다.

　이러한 상황의 변화 속에서 해외에 진출한 한국기업들은 어떠한 경로를 거쳐서 어떻게 적응하고 있는가라는 문제에 착안하여, 구체적인 연구를 실시하기 위해서 경영학자와 사회학자 그리고 인류학자들이 함께 머리를 맞대어 추진한 것이 본 연구의 과정이자 결과이다. 기업에 관련한 문제는 경영학이 전담한다는 고정 관념을 깨고, 기업을 둘러싼 사회문적 현상을 학제적으로 조명하는 것을 전제로 하여, 한국 사회의 문화적 배경을 가진 한국 기업이 다른 사회의 타문화 속에서 적응하는 과정 전반에 문제의식을 두었다. 이것이 본 연구의 기본 정신이다.

물론 정부의 관련 연구 단체나 주요 기업의 연구소들에서도 이러한 문제에 대한 사전 준비의 단계로 여러 가지 보고서를 간행한 바 있다. 그러나 기존에 나온 대부분의 연구에 대한 한마디 평가가 허락된다면, 그것은 균형 감각의 상실이었다. 외국이라는 현지와 타문화에 대한 이해가 충분하지 못한 (또는 전혀 고려되지 않은) 연구결과들이 대부분이었기 때문에, 문제의식이 제대로 문제의식의 역할을 할 수 있는 기회가 마련되지 못했다고 평가할 수밖에 없었다. 타문화와의 만남이라는 장에서 한국기업이 어떠한 문화적 적응을 시도하며, 그 과정에서 어떠한 문제점이 발생하고 있는가, 그리고 개별 기업들은 그러한 문제점을 해결하기 위해서 어떠한 시도를 하고 있는가 하는 일련의 문제들이 균형 감각을 상실한 시각과 방법에 의해서 문제의식의 기본 정신이 변질되고, 그 결과 문화 적응이라는 상황에서 상당한 문제에 봉착해 있는 한국기업들은 상황에 제대로 대처할 수 있는 지침을 마련하지 못하고 있다는 결론을 내렸다. 산학 협동이라는 차원에서 기업이 봉착하고 있는 실질적인 문제점의 발견과 해결점의 제시가 학부 쪽에 있음을 절감한 우리들은 캠퍼스에 안주할 것이 아니라 필드에서 기업과 함께 뛰어 보겠다는 의지를 다짐하고, 본 연구의 착수를 기획하였다.

미래인력연구센터에서는 이러한 문제점에 착안한 후, 연구 사업의 실질적인 추진을 위한 사전의 이론적인 정지 작업을 하였다. 문화인류학을 전공한 송도영 교수가 약 6개월에 걸쳐 '미래인력 연구를 위한 지역인구 기획관리파일'을 작성함으로써 동일한 문제의식을 다른 여러 지역에 적용할 수 있는 기본적인 자료를 마련하였다. 이를 바탕으로 한 실질적인 연구의 지속적 축적은 이 기본 자료를 보다 더 충실하게 보완할 것으로 생각된다. 미진하지만, 미래인력연구센터는 세계화 시대에 필수적인 지역연구기획관리를 위한 이론적인 입장의 기초를 마련한 셈이다. 이것이 실전에서 어떻게 적용될 수 있는지에 관해서는 앞으로 더 많은 현지 연구에 의한 보완이 필요한 상태다.

아직 학제적 연구의 경험이 축적되지 않은 상황에서 서로 다른 학문 분야들 간의 공조 체제를 갖춘다는 현상 자체가 그렇게 쉽지 않은 점을 인식하고, 외국에 진출한 한국기업의 문화적응이라는 문제점에 초점을 맞추어서 경영학, 사회학, 인류학에서 훈련을 받은 학자들이 공동 연구를 하였다. 사실 나는 '고전적'인 의미의 학문 분류에 대해서 강한 불만을 가지고 있다. 거의 모든 인문사회과학의 학문들이 궁극적으로 인간과 그에 관련된 현상에 관한 연구와 이해를 목적으로 하고 있다. 경영학적 인간이 따로 있는 것도 아니고, 사회학적 인간이 따로 있는 것도 아니고, 인류학적 인간이 따로 있는 것도 아닌데, 억지로 인간의 현상을 특수한 학문에 끼워 맞추어서 보려고 시도한다는 것 자체에 대해서 심각한 회의를 하고 있다.

나는 '경영인류학'이라는 분야에 대해서 관심을 갖고 있다. 경영이란 것이 사람이 만들어낸 문화적인 현상의 하나라고 파악한다면, 인류학자로서 경영인류학이라는 문제의식을 설정하는 것은 그리 큰 무리가 아니다. 나는 무역인류학이라는 단어도 만들어 보았다. 이제 우리에게 경계라는 것이 필요 없는 시대에 살고 있다는 강한 느낌이 작용한다면, 학제적 연구의 시도는 때늦은 감이 없는 것도 아니다. 재택근무를 통하여 가정과 기업의 벽도 허물어지고 있는 작금의 상황에서, 학계와 산업계의 벽은 더

더욱 불필요하다 생각된다. 상아탑의 이미지를 가장한 학문의 안주는 자기 파멸의 묘혈을 팔 가능성이 농후해지고 있다. 사실상 이미 엄청나게 저질러진 군산복합軍産複合 문제의 이면에는 학學이라는 것이 도사리고 있었고, 식민지 경영에서 동원된 학계는 군학복합軍學複合이라는 현상도 만들어낸 것이 인류의 역사다. 문제는 학계의 위선성에 있는 것이라는 결론을 내릴 수밖에 없다. 과감하게 가면을 벗어 버리는 것이 상책일 수 있다. 가면을 벗는 방법 중의 하나가 학제적 연구라는 생각이 든다.

기업의 타문화에 대한 문화적응이라는 문제를 바라보는 입장에 있어서도 학문 분야별로 차이를 보인다. 경영학과 사회학은 비교적 거시적인 접근을 하였고, 인류학은 미시적인 접근을 시도하였다. 경영학과 사회학에서는 통계를 비롯한 기존의 자료들을 사용하거나 설문지를 이용한 자료 수집을 시도하였지만, 인류학에서는 심층적인 문화 이해라는 차원에서 서로 다른 문화가 접촉하는 과정에서 어떠한 갈등이 발생하는지 흥미를 갖고 관찰하였다. 그러나 현재는 개별 학문 문화 간의 적응도 그리 쉽지 않다는 점을 고백할 수밖에 없다.

세 분야의 학자들이 하나의 공통적인 주제를 설정하여, 동일한 기간에 연구를 위한 준비와 계획도 하고, 현지답사도 실시하였지만, 자료의 분석과 보고서의 작성 과정에서는 각자 따로 작업을 할 수밖에 없었다. 서로 다른 학문 분야를 배경으로 하는 사람들이 공통의 언어를 사용한다는 것은 사실상 불가능한 것이 현재 수준의 공동 연구의 한계라고 생각된다. 공동 연구가 안고 있는 원천적인 문제를 조금이라도 해결해 보려는 의도로, 연구가 완성되는 즈음에 학술 대회를 통한 발표회를 가졌다.

'노동인력의 세계화―인도네시아 진출 한국기업의 문화적응'1997년 10월 11일, 고려대학교 인촌기념관 2층 국제회의실에서 개최하였음이라는 주제로, 고려대학교 노동 문제연구소와 미래인력연구센터의 공동주최, 한국학술진흥재단과 삼성 그리고 매일경제신문사의 후원으로 개최된 연구 결과의 발표에서 서로 다른 입장들을 조정하고 수렴하는 작업을 시도하였지만, 현재로는 학제 간 연구의 한계가 있는 것은 분명하다는 점을 확인하였다. 그러나 공통 관심사를 향한 학제 간 연구가 개별 학문 분야만으로는 접근하기 어려운 문제들을 향한 도전을 가능하게 하고, 새로운 안목을 제시하는 데 공헌 함으로써 앞으로 새로운 차원의 학제 간 공동 연구의 가능성을 보인다는 점도 확인할 수 있었다.

학제 간 연구의 첫 단계는 복합적인 문제에 대한 학제 간의 공동 대응 의 장점을 살리는 것이고, 상호의 장점을 보여줌으로써 개별 학문에 새 로운 영향을 미친다는 점이다. 첫 단추가 제대로 끼워지기만 한다면, 일 은 시작된 셈이고, '시작이 반'이라고 했으니, 학제 간 공동 연구는 바람직 한 방향으로 진행될 수 있을 것으로 기대되었다. 학제 간 공동 연구에서 가장 어려운 문제는 구성원 간의 인간관계일 것이라는 점을 예측해 본다. 연구라는 사업도 사실상 사람이 하는 것이기 때문이다.

기업의 해외 진출, 보다 일반적으로 말해 다국적 기업 혹은 초국적 기 업에 대한 기존 연구는 헤아릴 수 없을 정도로 많다. 1996년 상반기 현 재 컴퓨터 통신망 천리안의 국회도서관ᴺᴼᴸᴵˢ에 수록된 국내 문헌의 경우 석·박사학위논문 175개, 단행본 29개, 저널 수록논문이 332개에 이른 다. 그런데 수많은 논문 중 경영학·사회학·인류학자의 공동 연구는 한 건도 없었다. 학제 간 연구는 거의 전무한 실정이다. 이는 해외에서 이루 어진 연구를 보더라도 마찬가지이다. 주로 경영학이나 경제학 문헌이 주 류를 이루고, 일부 사회학·인류학 문헌이 발견될 뿐이다.

게다가, 기존 연구의 범위를 동남아시아 진출 한국기업으로 줄이게 되면 참고할 만한 기존의 문헌은 극히 제한된다. 여기에는 두 가지 연구 경향이 있다. 첫째는 신윤환[1995]과 김은영[1995]의 현지 조사 연구가 대표적인데, 현지 기업에서의 문화적 갈등 상황을 강조하고 있는 연구들이다. 신윤환[1995]은 "인도네시아 진출 한국기업의 노사관계"를 통해, 한국인 관리자와 인도네시아인 종업원 사이의 갈등이 매우 심각함을 보고하였다. 김은영[1995]은 "인도네시아 노동자들이 한국기업을 가장 싫어한다"고 직설적으로 언급하기도 한다. 신윤환[1995]의 연구는 생생한 사실에 기반한 정보를 매우 설득력 있는 방식으로 제시하고 있다는 점에서 획기적이라는 평가를 받을 수 있다. 그러나, 조사 대상 기업이 소수의 노동집약적 중소 제조업체였다는 점이 한계로 남는다. LG와 미원 등 대기업의 경우에는 이와 다른 문화적 적응 패턴이 발견될 가능성을 상정할 수 있기 때문이다. 본 연구는 이러한 기존 연구의 공백을 메우려는 시도이기도 하다.

둘째는 대한무역진흥공사[1995, 17~54]와 같이 효과적인 진출 및 운영 방안을 모색하는 의미에서, 투자동기, 인사 및 노무관리 등 운영 실태를 소개하는 연구이다. 이러한 방향의 연구에서는 (주)미원 인도네시아, (주)한국 세라믹 인도네시아 등 현지의 문화적응에 성공한 사례를 집중적으로 소개하고 있다. 삼성경제연구소[1995a]도 유사한 목적을 갖고 연구를 수행하였다. 그러나 이 보고서는 문화적 갈등이 매우 심각함을 인정하고 현장 관리인인 현지인과의 융화 방안을 모색하고 있다는 점에서 앞의 것과는 차이가 있다.

해외의 연구 중 우리가 참고할 수 있는 문헌은 주로 인도네시아의 노사관계와 노동 정책, 노동 시장 등에 대한 정보이다. 매닌[Mannin(1993), 59~95]은 '수하르토 시기의 노사관계와 구조 변동'에 대하여 소개하고 있고, 일본노동협회日本勞動協會, 1985는 인도네시아에 진출한 일본기업의 노조 조직·인사 관리 현황에 대하여 분석하고 있다. 엄창옥1996은 "일본적 생산 시스템의 해외 이전"이라는 개념으로 해외 진출 기업의 문제를 이해하고 있다는 점에서 주목할 만하다. 일본재외기업협회日本在外企業協會, 1993는 해외 진출 기업의 적응 방법을 만화로 표현하였다는 점에서 새롭다. 국내의 연구 중 인도네시아와 한국의 경제 협력 현황에 대한 김완중1995의 연구도 본 연구를 위한 기초 자료로서 유효하였다.

본 연구는 중국과 동남아시아 및 멕시코의 각국에 진출한 한국기업이 직면하고 있는 문화적응 실태를 파악함으로써 실재 현상을 인식하고, 만약에 문제점이 있다면, 문제점을 규명함으로써, 장·단기적으로 대처할 수 있는 정책적 함의를 도출하는 것을 목적으로 하였다. 한국기업의 해외 진출이 증가하면서 한국인 관리자와 현지 사회 혹은 현지인 종업원 사이의 갈등이 현지 사회의 사회 문제로 등장하고 있다. 이러한 문제를 해결하고 예방하기 위해서는 현지의 문화와 관습·법규 등을 충분히 고려한 바탕 위에서 투자 행동을 하는 것이 필요하며, 특히 현지 종업원과의 관계에서는 현지의 노사관계 관행을 존중하는 경영이 무엇보다 요구되기 때문이다. 따라서 경영의 현지화라는 문제가 절박한 상태로 돌입하고 있는 점도 본 연구의 시의적절성을 뒷받침해 주고 있다.

이를 위해 이 연구는 동남아시아와 중국 그리고 멕시코에 진출한 한국기업의 투자 현황, 해외 투자의 동기 및 연혁, 현지 종업원과의 관계, 현지 사회와의 관계 등에 대하여 검토하고자 한다. 이러한 과정에서 학문 분야별로는 현지 사회와 한국 문화의 만남이라는 차원에서 새로운 현상의 조명이 기대되기도 하고, 현지 사회의 문화에 대한 심층적인 이해의 필요성의 제고를 기대하는 계기가 이루어질 수 있을 것으로도 생각한다.

  동남아시아에 진출한 한국기업 중 현지 사회에 잘 적응하고 있는 기업도 다수 있을 것이다. 그러나 모든 기업이 현지 사회와의 적응 문제를 안고 있는 것은 분명한 사실이다. 따라서 해외 인적 자원 관리human resources management의 경우 국내에서와는 전혀 다른 접근이 필요하다. 한국인 직원과 현지 사회가 상호 이해와 신뢰를 축적하여 일체감을 가진 기업 문화를 형성하는 것이 기본 과제라고 한다면, 기업의 현지 적응이란 다름 아닌 문화적 현상임을 알 수 있다. 한국기업의 경영 관행을 현지에 이식하는 것이 아니라, 그 사회의 사회적·문화적 특수성을 고려한 새로운 경영 문화의 정립이 필요한 것이다. 따라서 이 주제는 경영학자들에 의해서만 수행되기보다는 사회학·인류학자와 학제적 공동 연구를 통해서야만 비로소 그 복합적 성격을 해명할 수 있을 것으로 생각된다.

  최초 표본 대상으로 인도네시아를 선정한 이유는 한국기업의 진출의 역사가 비교적 오래되었고, 진출 분야제조업·건설업·삼림개발 등가 다양하며, 중소기업뿐 아니라 대기업도 진출하고 있고, 해외 투자 기업뿐 아니라 토착적 기반을 둔 한국인 소유의 기업도 있는 등 양상이 나름대로 다채롭고, 현지에서 영어가 어느 정도 소통이 되는 것을 고려하였기 때문이다.

  연구자들이 함께 합숙하면서 현지를 방문한 지역은 인도네시아의 수도인 자카르타를 비롯하여, 수라바야 및 칼리만탄이었다. 이러한 지역의 선정은 본 연구의 간사 역을 담당했던 설동훈 박사가 사전 답사 형식으로 자카르타를 방문하여 현지 기업 관계자들과 공관의 전문가들로부터 의견을 청취한 뒤에 결정된 것이다. 상대적으로 우리의 연구 기간과 연구를 위한 준비 기간이 비교적 짧았기 때문에, 사전 답사는 이러한 문제의 보완에 큰 역할을 하였다. 특히 우리 팀 안에는 인도네시아 지역의 지역

전문가로서 훈련을 받은 경험이 있는 연구자가 없었기 때문에, 이러한 약점을 보완하기 위한 전략적인 방안으로 사전 답사를 실시하였고, 사전 답사에서 얻어진 자료와 정보를 연구자들이 공유하고 토론을 거쳐서, 우리의 연구 주제에 맞는 부분들을 최대한으로 수용하려고 노력하였다.

동남아시아의 기업에 관해서는 이미 일본 측에서 많은 연구들이 진행된 바가 있었기 때문에, 그쪽에서 만들어진 자료들을 구하기 위해서 김익기 교수가 일본을 방문하여 우리의 연구에 필요한 문헌 자료들을 수집하고 전문가들을 면접하여 정보를 수집하기도 하였다.

각 기업에서 행한 참여 관찰 및 심층 면접의 주요 항목은 개략적으로 다음과 같이 설정하였다. 물론 상황에 따라서 이러한 항목들은 변경이 불가결한 경우도 있었지만, 사전 준비라는 차원에서 마련되었던 일종의 지침으로 마련했던 것이다. 이 지침은 분야별 연구자들이 개별적인 관심사를 서면으로 제출한 것을 공동으로 모아서 중복되는 부분들을 제외하고, 관심사별로 격차가 심한 부분에 대해서는 새로운 항목들을 삽입하여 포괄적으로 조정한 결과이다.

1) 한국기업의 해외 투자 과정에 관한 사항

① 해외 진출의 동기·과정·현황 등 현지 기업의 역사 ② 한국 정부의 정책과 한국의 시장 상황과의 관계배출 요인 ③ 인도네시아 정부 혹은 사회와의 관계흡인 요인

2) 해외 투자 기업의 인사 제도 및 근무 환경

① 채용 ② 조직 및 배치 ③ 교육 훈련 ④ 급여 체계 ⑤ 복지 후생 ⑥ 능력 및 성과 평가 ⑦ 승진·승격·승급 관리 ⑧ 근무 여건 ⑨ 고용해지 ⑩ 안전 및 환경 관리

3) 한국기업과 현지 사회, 한국인 직업과 현지인 종업원 간의 상호 작용 패턴

① 한국인 직원의 현지인 종업원에 대한 평가 ② 한국인 직원의 현지인 종업
원에 대한 평가 ③ 한국인이 보는 현지 사회의 특성 ④ 현지인언론 / 사회 단체 / 정부 관
리 / 일반인이 보는 한국기업·한국 문화한국인 직원의 가족 등의 특성 ⑤ 노사 분규 등 갈
등 사례, 현지 사회와 융화에 성공한 사례

본 연구는 문헌 연구와 현지답사의 방법을 병행하여 진행하였다. 문
헌 연구는 한국기업의 해외 진출 메커니즘 현황, 동남아시아·중남미·북
미·유럽 등 지역별 한국기업의 진출 사례, 동남아시아 각국의 외국인 투
자 유치 정책, 한국 정부의 해외 투자 정책, 동남아시아 각국에 진출한 한
국기업의 노사관계에 대한 기존의 연구를 검토하여, 현지답사를 위한 기
초 자료를 확보하였다. 그러나 국내에서 만들어진 많은 자료는 대부분이
거의 비슷한 수준의 것들이었고, 그 내용도 거의 유사하였을 뿐만 아니라
현실과는 상당히 거리가 멀었다.

인도네시아의 일반 현황에 대한 정보 수집부터 시작할 수밖에 없었
다. 인도네시아의 일반 현황, 종교, 인종·민족 구성, 국민성 및 생활 문화
의 특성, 역사, 정치, 경제, 교육 제도, 언론 매체 현황, 사회간접자본공항 / 도
로 / 항만 등에 대한 자료를 수집하였다. 또한 인도네시아의 노동시장·노동
정책·노동법·노사관계의 일반적 특징과 구체적 항목을 두루 살펴보려
는 노력도 겸하였다.

동남아시아에 진출한 한국기업의 문화적응에 대한 연구는 현지답사
없이는 결코 수행될 수 없다. 각국 한국기업의 실상을 파악하기 위해서
는 현지에서 직접 관찰하고, 현지에서 한국인 직원과 현지인 종업원 / 일
반인 / 관료 / 학자들과 심층 면접을 필수적으로 수행하여야 한다. 아울러
현지 한국인 직원들에 대해서는 설문지를 이용한 면접 조사도 실시하였

<사진 1> 베트남 호치민시에서 연구팀과 베트남 당국과의 회의 장면

다. 현지인 종업원에 대한 설문지 조사도 실시하였는데, 이 경우에는 인도네시아 말로 된 설문지를 준비하였다.

현지답사는 다음과 같은 계획과 방법으로 진행되었다. 각종 Directory를 조사하여 답사 대상 업체를 선정하였다. 대한무역진흥공사KOTRA에서 발간한 자료에는 현지 한국기업체 명단이 수록되어 있으므로, 이 중에서 몇 개 업체를 골라 접촉하였다. 우리가 구성한 유형의 2~3배수에 해당하는 업체를 선정하는 것을 목표로 하였으나, 갈등적 적응을 경험하고 있는 업체의 경우 접근이 어려울 수 있으므로, 그 경우에 대해서는 현지에서 간접적으로나마 자료를 수집하였다. 현지에 있는 한국인이나 현지인들과의 면접을 통해서, 혹은 현지 언론에 보도된 기사를 수집하는 등의 다양한 방법을 통해 자료를 확보할 대책을 세우려고 노력하였다.

현지답사에서 심층 면접구조화된 질문지와 개방형 질문을 함께 사용을 통하여 집중적으로 밝혀낼 연구 문제를 확정하였다. 그러나 현지 한국기업과 한국인 직원에 대한 확률적 표집이 불가능한 상황에서 가능한 많은 사람들과 접촉하여 자료를 얻기 위해서는 조사 연구 과정에서 표본을 확대시켜 나가는 눈덩이 표집snowball sampling을 선택할 수밖에 없었다.

본 연구진에는 경영학·사회학·인류학자의 세 하위 팀이 존재한다. 경영학자들은 주로 기업 경영에 대한 일반 상황과 한국인 직원들과의 면접에 주력하였고, 사회학·인류학자들은 현지인 종업원과 한국인 직원 간의 상호 작용 패턴에 초점을 맞추어 관찰과 면접을 진행하였고, 인류학자들은 미시적이고 행위적인 측면에 관심을 집중하였다.

본 연구 결과를 통해서 다음과 같은 효과를 기대할 수 있다. 첫째, 동남아시아뿐 아니라 해외 각지에 진출한 한국기업의 문화적 적응 프로그램을 개발하는 데 핵심적인 자료를 제공할 수 있다. 둘째, 한국기업의 해외 진출 과정을 연구함으로써 한국과 전 세계에서 활발하게 진행되고 있는 전지구화globalization와 관련지어 파악할 수 있다. 바야흐로 자본과 노동력의 국제 이동이 활발한 현재와 미래 한국 사회의 발전 방향을 모색하는 데 중요한 자료로 이용될 수 있다. 셋째, 동남아시아는 국내에 거주하는 외국인 노동자의 주요 출신국이기도 하므로, 현지 사회의 문화 적응에 대한 연구는 국내 거주 외국인 노동자에 대한 합리적인 관리 방안 모색에도 참고가 될 것이다.

본 연구의 활용 방안은 다음과 같다. 첫째, 한국기업의 현지 사회에 대한 문화적응 방안을 수립하는 자료로 활용될 수 있다. 기존 현지 기업의 경우에는 문제 해결책으로, 앞으로 진출할 기업에게는 예상되는 문제점을 피할 수 있는 방책으로 이용될 것이다. 둘째, 한국문화의 특수성과 보편성을 확인할 수 있는 기초 자료로 이용됨으로써, 한국의 민족주의가 편

협한 국수주의적 색채를 탈피하여 지구상의 여러 민족이 평등하게 어우러져 사는 세계시민 사회 건설의 이념적 기반으로 변모할 수 있도록 할 것이다. 이는 궁극적으로 통일 후의 사회 통합 문제를 사전에 연습한다는 적극적 의미로 이해되어야 한다.

이 연구가 가능했던 과정에는 우선적으로 연구비의 출연이 있었다. 한국학술진흥재단의 '1996년도 학제 간 연구 지원 사업에 따른 연구비'와 미래인력연구센터의 연구비 지원이 본 연구를 가능하게 하였다. 현지에서 통역을 도맡아 준 강영순 씨의 노고가 중요한 역할을 하였으며, 초를 다투는 시간을 내어서 연구자들의 방문과 질문에 대해서 성의껏 대답을 해주고 또 함께 담소를 나눌 수 있는 시간을 주신 여러분들에게 심심한 감사의 말씀을 드린다.

공관과 현지에 나가 있는 기업의 관계자들께는 일일이 손을 붙잡고 인사를 드리고 싶은 심정이 가득하다. 그분들의 노고가 아니라면, 이러한 연구가 아예 기획되지도 못했을 것이다. 대학의 중책을 맡으신 김수곤 교수, 김익기 교수가 시간을 내어서 현지답사에 함께 시간을 보낸 것은 현실적으로 쉽지 않았을 것으로 짐작된다. 그만큼 이 연구가 중요했기에, 그분들께서 귀중한 시간을 할애하여 현지답사의 과정을 수행하는 데 있어 실질적으로 업무를 담당하고, 현지답사 시에 필요한 조언을 해주셨다.

해를 거듭하면서 이 연구가 충실하게 축적되어 우리 사회와 해외 진출 기업에 조금이나마 실질적인 보탬이 되기를 바라는 마음이 간절하다. 현지에서 함께 생활했던 연구자 몇은 아픈 배를 움켜쥐고 자료 수집을 다니기도 했다. 현지에서 기업 활동을 하는 분들과 현지화의 전선에 계신 분들 그리고 그들의 가족들은 더 심한 고생을 하고 있다는 걸 생각하면서 우리는 현지답사에 임했다. 설동훈 박사와 송도영 교수가 대단히 고생을 하였다. 내 몫이 모두 그분들의 노력으로 메워진 것이다. 이 부분의 기본적인 내용은 1997년 말에 작성되었음을 밝힌다.

　본서는 서장과 종장을 포함하여 본론에 해당되는 장이 제1장부터 제6장까지다. 제1장에서는 본서를 구성하는 핵심적인 개념인 문화간 커뮤니케이션에 대한 논의다. 제2장은 중국, 제3장과 제4장은 베트남, 제5장은 인도네시아, 제6장은 멕시코의 사례를 제시하였다. 멕시코의 농촌을 안내하였던 김대헌 교수와의 일정에 대한 기억이 새롭다. 제2장은 저자와 허시오 박사가 공동으로 집필한 것이고, 제5장은 송도영 교수와 저자의 공동명의로 제작된 보고서를 기초로 다듬어진 것이다. 허시오 박사와 송도영 교수의 게재 허락이 있었다. 이 모든 과정을 기획하고 진두지휘했던 이진규 교수에게 감사 말씀을 드린다. 함께 현지답사에 동참하였던 모든 분들과의 경험 공유는 영원히 잊지 못할 것이다. 끝으로 어려운 출판 사정에도 불구하고 학문적인 서적의 출판에 매진하고 있는 소명출판의 박성모 대표에게 고마움을 표하고 싶다. 소명출판 편집부 이선아 씨의 손으로 본서가 서적의 형태를 갖추게 되었음에 대해서도 감사드린다. 태국에서 사업체를 경영하고 있는 동군의 처지를 생각하게 된다. 부디 공생의 개념을 생각하기를!

2025년 봄. 요코하마 롯카쿠바시六角橋 토굴에서

전경수

차례

제1장

기업경영의 국제화와
문화간文化間 커뮤니케이션

1. 왜 기업문화론을 말하는가?

"기업은 망해도, 기업주는 건재하다"라는 말이 우리의 주변에서 인구에 회자하던 때가 엊그제 일 같다. 부실기업이 도산하던 과정에서 유행한 구절인데, 이때 사용된 기업이라는 단어와 기업주라는 단어에 대해 숙고해볼 필요가 있다. 그 단어들의 의미가 무엇이든지 간에, 그것은 한국문화 속에서 나타난 현상이고, 기업과 기업주라는 단어도 한국문화라는 맥락속에서 이해될 수 있는 현상임에는 틀림없다.

자본주의 사회에서 기업이란 일종의 공기公器로 일컬어져 왔고, 공기로서 기업에 대한 기대는 상당한 정도로 커지고 있는 것이 오늘날의 현실이다. 그것이 담지하고 있는 사회적 역할이라는 것이 사적영역에 국한되어 있는 것이 아니라, 창조한 생산품들을 소비자들에게 전달하는 과정에서 발생한 이윤을 사회로 환원하고 사회라는 공적영역을 지탱하는데 기여함으로서 기업 존재의 본질적인 의미가 구현되는 것으로 이해되고 있다. 이러한 맥락에서 본다면, '기업주는 건재한데, 망하는 기업'이라는 현상은 사적영역은 건재한데 공적영역은 망한다고 번역될 수 있고, 이러한 번역이 타당하다고 인정된다면, 그동안 불미스러운 모습들을 연출했던 기업들은 기업주라는 사적영역을 위해서 존재하는 것일 뿐이지, 공적영역의 역할을 담당하지 못했던 것이라고 말할 수 있다.

환언하면, 기업주는 건재한 상태에서 망하는 기업의 속출현상은 정상적인 자본주의 사회에서 일어날 수 없는 기현상으로 이해되어도 좋을 듯하다. 그러한 기업들은 자본주의 사회에 존재하지 말아야 하는 기업이라는 단정이 가능하고, 그러한 기업들이 존재했던 한국 사회에서는 기업문화에 대한 정상적인 논의가 불가능하다는 결론도 가능하다. 이제 기업문화를 논하고 있는 것은 한국 사회의 기업이 기업으로서의 본래적인 역할을 하고 있다는 전제가 공감대로 형성되고 있다는 점을 반영한다고 이해할 수 있다.

기업문화를 논하는 저자의 입장은 기업이라는 것을 하나의 제도체나 조직으로만 보지는 않는다. 기업을 하나의 제도체로서 이해하는 입장은 기업이라는 현상을 사람으로부터 분리하려는 인식의 발로라고 생각된다. 즉 기업이라는 제도체를 기업주라는 사람으로부터 분리함으로써, 궁극적으로는 '기업은 망해도, 기업주는 건재하다'라는 현상을 발생시킬 수가 있는 것이다. 그리고 기업이라는 조직 속에 들어있는 사람들은 사람으로서의 대접을 받는 것이 아니라, 조직을 지탱하기 위한 부품으로서의 지위만을 부여받게 된다. 기업이라는 조직을 좌지우지하는 자연인인 기업주에 의해서 기업은 공기의 역할을 수행할 수가 없게 된다. 자본주의 사회의 백미라고 일컬어지는 기업이 사회를 유지하는 공기로서의 기능을 담당한다는 점을 생각하면, 기업을 하나의 제도체로 보는 것은 본질적으로 자본주의 정신을 부정하는 것이라는 생각이 든다.

기업이라는 것을 하나의 문화현상으로서 인식하기 위해서는 문화현상의 주요내용들을 구성하는 면모를 기업이라는 현상이 담아내고 있어야 한다. 문화현상의 주요내용들은 기술技術, technology과 조직組織, organization 그리고 관념觀念, ideology으로 삼분되는데, 문화의 내용에 관한 이런 전제들을 기업이라는 현상에 적용할 수 있어야 한다. 즉 기업이라는 현상은 기술의 측면과 조직의 측면, 그리고 관념의 측면이 한 덩어리로 뭉뚱그려져서 만들어내는 통합적인 문화로 이해되는 것이다. 기업경영이라는 것이 기술 따로 조직 따로 관념 따로 노는 것이 아니라는 점을 상기한다면, 기업경영의 차원은 바로 문화의 차원으로 전환된다는 인식을 요구한다. 이러한 인식구도가 바로 인류학적인 기업문화론의 기본구도일 수 있다.

따라서 기업의 경영이라는 것은 기술과 조직 및 관념의 조합방식에 관한 것이라고 말할 수 있으며, 그러한 조합방식의 과정이 곧 경영이라고 생각된다. 예를 들면, 방직공장의 생산라인이 노동집약적인 상태일 경우의 기술과 조직은 자동화 상태일 경우의 그것들과는 상당히 다른 모습으로 나타난다. 물론 이윤추구라는 자본주의적인 경영 목표를 지향하는 경제논리의 관념에는 변함이 없어도 좋다. 노동집약적인 생산양식과 기술집약적인 생산양식이 서로 각각 달리 나타내는 모습이 바로 문화현상이라고 지적할 수 있고, 전자의 단계로부터 후자의 단계로 전환하는 것을 우리는 문화변동으로 개념화할 수 있다. 동일한 기술이라고 하더라도, 그 기술을 운용하는 조직의 차이에 따라서 기업문화는 다른 모습을 보여줄 수 있다. 소수가 기술을 독점하는 독재형이 있을 수 있고, 다수가 기술을 공유하는 민주형이 있을 수도 있다. 기술과 조직의 조합으로 만들어진 이윤의 분배방식에 따라서도 기업의 모습은 달라진다. 그러한 문제가 사회문제로 대두되고 있는 징후들 중의 하나가 바로 노사관계의 측면에서도 산견되고 있다.

사실 최근에는 기업의 관념에도 변화가 일어나기를 요구하는 현상이 일고 있다. 경제논리에 입각해서 극대화極大化, maximization를 통한 이윤추구의 관념에 충실한 자본주의 사회의 기업들은 더 이상 살모사殺母蛇의 역할을 해서는 안된다는 자성의 소리가 높아가고 있다. 자신의 모태가 되어 있는 자연환경을 착취하는 경제논리의 관념은 기업 자신의 존재를 위태롭게 할 수밖에 없다는 인식이 심어지면서, 극대화를 포기하고 최적화最適化, optimization를 추구하는 생태논리生態論理의 관념에 대한 수용이 기업에 의해서 이루어지기를 요구하는 목소리와 압력도 높아지고 있다. 미래형 기업문화의 관념이 지향할 방향이라고 생각된다.

기업들은 이제 더 이상 국경이라는 인위적인 장벽을 인식하지 않은 지 오래 되었다. 소위 다국적 기업이라는 것이 등장하고, 종합상사라는 것들이 국경을 넘어서서 종횡무진으로 활약하는 가운데, 기업들은 엄청난 문화접변文化接變, acculturation의 현상을 경험하고 있다. 일본인 자본가에 의해서 미국 땅에 만들어지는 현지기업의 미국인 노동자들은 일본문화가 요구하는 조직을 학습하기를 요구당하기도 하고, 역逆으로 일본인 기업가는 미국인들의 인간관계를 배우지 않으면, 조직을 운영할 수 없다는 점도 배우고 있다. 그래서 다국적 기업의 문화라는 것은 문화접변 현상과 문화간 커뮤니케이션의 과정을 도외시할 수가 없게 된다.

종합상사의 영업부 사원들이 제품을 들고 '바이어'들을 만나는 것도 바로 문화간 커뮤니케이션으로부터 시작되는 것이다. 물건을 사고파는 일이 시작되기 이전에 먼저 형성되는 만남의 구도는 문화간 커뮤니케이션이다. 제품의 색상이 바이어의 마음에 드는지 또는 형태가 소비자의 마음에 드는지의 문제는 모두 문화간 커뮤니케이션의 현상에 포함된다. 제품의 생산에서부터 공장의 인원을 통솔하는 일을 경유하여 영업부 사원이 바이어를 만나는 일에 이르기까지 모두 문화간 커뮤니케이션의 틀에서 이해되어야 할 숙제들이다. 이것이 바로 국제화시대의 기업경영이 지향해야 할 문제라고 생각한다.

2. 기업경영의 국제화를 위한 대강大綱의 방향은 무엇인가?

바야흐로 우리의 삶은 '라운드Round' 시대로 접어들었다. 생전 듣지도 보지도 못했던 각종 라운드들이 '한국수출종합상사'의 목을 조여들기 시작했다. 우루과이 라운드에 이어서 그린라운드Green Round라는 것이 상륙할 태세를 준비하고 있고, 블루라운드Blue Round라는 것도 다음 차례를 기다리고 있단다. 사실 우루과이 라운드는 냉전시대의 청산에 이어서 자연스럽게 제기될 수밖에 없는 문제다. 냉전이라는 국제정치적인 장벽 때문에 풀지 못했던 숙제가 냉전시대의 청산에 의해서 당연하게 밀어닥친 것이다. 기업의 측면에서 우루과이 라운드라는 것은 과거의 문제였다면, 그린라운드와 블루라운드는 미래의 문제다. 무역장벽을 해소하는 국제적 교역관계의 장이 마련된 위에서 미래의 인간 문제를 생각하는 것이 바로 그린Green과 블루Blue의 두 라운드라고 생각된다. 전자는 생태계生態系, ecosys-tem를 염두에 두는 라운드고, 후자는 사람과 인권人權, human right을 생각하는 라운드다. 물론 이러한 라운드들이 내포하고 있는 제국주의적인 성격에 대해서는 별도의 방식으로 생각을 정리할 필요가 있다.

기업이 물건을 제조해서 외국에 팔고, 외국으로부터 필요한 원자재를 사들여오는 것은 사실 소극적인 국제화의 방식이었다고 생각된다. 이제 라운드들의 출현으로 인하여 기업들은 적극적인 국제화의 방향을 자리 잡지 않으면 안되는 상황에 왔다. 기업의 미래를 위한 판라운드들이 벌어진 셈이다. 여러 가지의 판들이 벌어지고 있지만, 궁극적으로 그 판들은 미래화未來化, futurization라는 더 큰 판에 수렴될 수 있다. 라운드들이 작은 판들이라고 한다면, 미래화는 큰 판이라고 말할 수 있다. 미래화라는 것은 과거의 근대화에 대항되는 개념이다. 근대화라는 것은 소위 제3세계가 서구식의 발전방식을 채택하기 위한 이념이었다. 그러나 서구식을 따르는 근대화라는 것은 종국적으로 토착성±着性이라는 문제에 부딪히면서, 그 저력을 상실할 수밖에 없었고, 그것을 대체하자는 개념이 미래화다. 근대화만이 존재할 때, 근대화의 원조이며 본산인 서구 사회를 위한 방향은 무엇일 수 있을까 하는 의문도 제기되었다. 서구 사회를 위한 방향도 있어야 하고, 제3세계를 위한 방향도 있어야 한다. 그래서 미래화에는 토착성의 개념이 살아있다.

전통적인 기업문화를 기술과 조직 그리고 관념이라는 차원에서 간략하게 분석해보고, 미래형의 그것들과를 대조시켜봄으로서, 국제화라는 판 위에서 미래화해야 할 기업의 모습을 생각해볼 필요가 있다.

〈표 1〉 기업문화론의 기본도식

	전통기업	미래기업
기술	경제논리, 극대화 : 개발과 착취	생태논리, 최적화 : 보존과 재활용
조직	근대화(서구화) : 코스모폴리탄	미래화(토착화) : 국제화(세계화)
관념	진보(進步) : 무한경쟁	균형(均衡) : 동고동락

자본주의 사회에서 발아된 전형적인 기업의 조직은 소위 경영합리화라는 방향에 의해서 획일적으로 만들어진 국적없는코스모폴리탄 사람의 조직 및 관리에 역점을 둠으로서 일종의 멜팅팟melting pot적인 현상을 창출하는 경향을 낳았고, (그렇다고 해서, 실제로 이 지구상에 멜팅팟의 현상이 존재하고 있는가 하면 그렇지도 않다는 점을 유의해야 한다) 기술은 경제논리인 이윤 극대화를 실천하기 위해서 무제한적으로 자원의 개발과 착취를 시도하였

으며, 관념은 식민지 경영시대로부터 이어져 내려온 무한경쟁을 바탕으로 하는 진보개념이라고 말할 수 있다. 무한경쟁에서 탈락하면, 진보를 달성할 수 없다는 논리 때문에, 무한경쟁의 라운드에서는 나만이 인간다운 삶을 살도록 만들어진 존재이지, 남은 나의 삶을 위해서 착취되어야 할colonized, exploited 대상으로 밖에 존재하지 않는다. 전형적인 착취의 방식은 원자재의 공급과 상품시장이었다. 진보의 이념과 식민주의와의 상관관계에 대해서는 이미 많은 논의가 있었음을 상기할 필요가 있다. 따라서 무한경쟁이란 것은 식민주의적 사고의 또 다른 측면이라고 생각해 볼 수 있다.

브라질의 언론들은 한국이민으로 구성된 교포 사회에 대해서 '황금만을 쫓아다니는 황색 버러지'라는 용어를 서슴없이 구사한다. 한국인들이 휴일도 없이 저임금노동자들을 착취하면서 돈벌이에만 급급한 현상에 대해서 거부감을 갖는 표현이다. 그러한 삶은 돈의 노예가 된 돈 버러지의 삶이지, 여유를 갖고 옆 사람도 생각하면서 살아가는 사람의 삶일 수가 없다는 표현이기도 하다. 다종족multi-ethnic groups으로 구성된 나라에서 남과 어우러져서 살아가는 교포 사회의 삶은 나만이 존재하지 않는 삶의 방식을 요구하고 있다. 나의 옆에서 다른 사람이 나와 함께 살아가야 하는 상황은 그에 적절한 관념을 요구하게 마련이다. 오래전 우리나라는 국제기구로부터의 기금출연도 요구받고 분담금이란 것도 요구받고 해외파병도 요구받고 있다. 착취해야할 대상을 위해서 생각하고 행동하는 이런 판은 최소한도 진보를 지향하는 무한경쟁의 사고와는 거리가 먼 것이라는 생각을 해본다.

미래기업의 관념은 균형에 있다. 더 이상 착취사람간의 착취뿐만 아니라, 사람과 다른 종(種, species) 사이에 벌어지는 착취 및 자연에 대한 착취도 포함하는 것가 없는 것을 균형이라는 관념으로 생각하고, 생태계의 구성원들 사이의 균형이란 것은 궁극적으로 구성원들 사이의 동고동락이어야 한다. 이 관념의 실천을 위한 기술은 생태논리를 기반으로 하는 최적화에 의한 보존과 재활용의 방식이다. 동고동락을 하겠다는 관념은 아무리 미물이라도 상대를 인정하는 방식으로서, 규모의 크기에 관계없이 지역구속적인 특수성이 인정되는 판라운드을 전제로 한다. 서구식을 모방하여 근대화를 하겠다는 것이 아니라, 토착적인 특수성의 발현을 기초로 하는 세계화globalization를 모색하는 것을 말한다. 이러한 조직은 이 세상의 어느 구석에서나 동일하게 적용되는 비특수성의 멜팅팟적인 방식이 아니라, 구성원들의 특수성들이 최대한으로 발현된 현상 즉 야채국vegetable soup적인 현상을 예상할 수가 있다. 착취를 통한 진보를 겨냥하는 무한경쟁이 아니라 진정한 의미에서 탈식민시대의 기업문화에 대한 성찰의 키가 바로 세계화에 달렸다고 해도 과언이 아니다.

3. 기업경영의 국제화를 위한 문화적 전략은 무엇인가?

미래기업의 경영 문제를 생각할 때, 문화적이고 인간적인 요인이 가장 많이 적용될 수밖에 없는 부분이 조직의 측면이라고 생각된다. 기술과 관념의 측면들은 환경과 같은 다른 이유로 인하여 동질적인 방향으로 수렴될 수밖에 없지만, 조직이라는 것은 토착화를 전제로 하는 세계화 추세로 인하여 더더욱 강화될 것으로 생각된다.

조직의 측면에서 미래화와 토착화를 전제로 하는 기업문화의 판을 상정할 때, 우선적으로 고려되는 것은 문화내文化內, intracultural 차원의 기업 문제다. 더 이상 코스모폴리탄적인 성격의 기업경영을 지양하고, 토착 사회의 문화를 배경으로 하는 기업경영이라는 문제를 생각하게 되면, 그리고 야채국의 특징을 살리려면, 문화내의 기업경영이란 것은 그 기업이 배경으로 하고 있는 문화의 이해에 충실할 수밖에 없다. 내부고객을 생각하는 방식도 지극히 문화 내의 문제라고 생각된다. 자신을 정확히 몰라서는 밖으로 나갈 수가 없다. 우리가 모여서 만들어가는 기업이라는 것은 한국문화의 맥락에서 어떤 의미를 갖는가 하는 질문과 그에 대한 해답이 없이는 남을 대할 수가 없다. 우리를 이해한다는 것은 궁극적으로 문화의 문제다. 나를 안다는 것은 남을 알 수 있는 첩경을 마련하는 길이라고 생각한다. 그 역도 성립할 수 있다.

국제화의 차원에서 가장 실감있게 다가오는 것이 바로 서로 다른 기업간의 거래관계에서 필연적으로 일어날 수밖에 없는 문화간 커뮤니케이션intercultural communication의 문제다. 교역과 거래의 대상이란 것도 궁극적으로 문화의 문제를 피할 수가 없게 된다. 그리고 상품이란 것도 궁극적으로는 문화간 커뮤니케이션의 장을 벗어날 수가 없다. 토착화의 문제를 전제로 하는 세계화가 심도있게 진행되면 될수록 이 문제는 더더욱 부각될 것이다. 이제부터 몇 가지의 사례를 들어서 문화간 커뮤니케이션이 국제무역간에서 어떤 역할을 하게 되는지에 대해서 생각해보기로 한다.

무역관행에 있어서 반드시 짚고 넘어가야할 것은 제도뿐만이 아니라 그러한 제도를 운영하는 사람들의 조직에서 발현된 행위라고 생각된다. 무역이라는 보편적인 관행에 결재를 위한 서류가 동원되고, 온라인이 이용되고, 상법과 규칙들의 조목들이 적용되고 있지만, 궁극적으로 거래를 하는 당사자는 사람들인데, 그 사람들이 무역이라는 과정에서 어떻게 생각하고 행위를 하고 있는지에 대해서는 너무나도 무관심한 것이 우리의 실정이라고 지적하고 싶다. 이러한 실정이 한국무역의 근본적인 문제점들 중의 하나라고 생각한다.

무역이라는 '전쟁' 과정에서 보병의 역할을 담당하는 것은 세일즈맨들이다. 바이어를 상대하고, 샘플을 보이러 다니면서, 상대를 설복시켜서, '나'의 물건을 상대가 사도록 만들어야 하고, 상대의 물건을 좀 더 좋은 조건에서 좀 더 나은 가격으로 구매를 해야 하는 것이 영업사원이고 세일즈맨들이다. 그들은 제도에만 묶여서 일하는 것이 아니다. 제도를 초월한 차원에서 인간관계의 맥락에서 상대를 대한다. 상대와 머리를 맞대고 상담을 하는 차원을 넘어서서, 함께 식사를 하고 술을 마시는 것은 제도와 규정에 정해져 있는 것이 아니다. 상거래라는 인간관계의 표현에서 이루어지는 일종의 관행이라고 이해해야 한다. 이러한 이해가 전제되어야 한다면, 무역과 관련된 제도에 대해서 관심을 갖는 정도에 못지않게 행동양식에 대해서도 관심을 갖는 것이 상거래관행商去來慣行의 질적수준質的水準을 향상시킬 수 있을 것이다.

미국인이나 유럽인들을 만나는 한국인들은 틀림없이 마주대하는 자리에서의 두 가지 문제점 때문에 곤혹스러운 입장에 처하는 경험을 한다. 서로를 바라보고 말을 하는데, 아무리 영어를 시원스럽게 잘하는 한국인이라고 하더라도 서양인들을 대하면서 겪는 두 가지 곤혹스러운 것은 '쳐다본다'라는 문제와 상대방과의 거리유지 문제다.

첫째, 쳐다본다는 행위는 물리적이고 생물학적인 현상이기도 하지만, 지극히 문화적文化的인 문제다. 미국인들을 비롯한 서양인들은 마주 앉아서 이야기하는 상황에서는 반드시 상대를 똑바로 쳐다본다. 더군다나 심각한 상황에서 이야기를 할 때에는 반드시 상대를 쳐다보아야 한다. 물건을 사고팔기로 결정한 상태에서 가격을 흥정하는 단계라는 것은 '죽기 아니면 살기'의 심각한 상황이다. 이러한 상황에서 상대방을 쳐다본다는 행위는 상대방의 얼굴을 대충 바라보는 것이 아니라, 상대방의 눈을, 그것도 눈동자를 직시하는 것이 미국인들이다. 미국인들의 교육현장이나, 외교현장, 상거래 현장에서는 반드시 일어나는 일이 바로 상대방을 똑바로 쳐다본다는 행위다.

그런데, 쳐다본다는 행위에 있어서 한국인들이 생각하고 행동하는 방식이 미국인들의 그것과는 상당히 다르다는 점에서 문제가 발생한다. 한국인들은 상대방을 쳐다보지 않고 대화를 하는 것이 일상적이다. 한국문화 속에서 잘 이루어지고 있는 대화라는 것은 상대방의 시선을 적절히 피해주는 것이다. 한국인들에게 상대방을 쳐다본다는 행위는 싸우기 직전의 태세에서 시작한다. 부부간의 생활에 있어서도, 한국인들은 서로 싸울 때에만 쳐다본다. 사이가 좋을 때에는 쳐다보지 않는다. 쳐다보는 눈을 피하는 것은 한국인들에게 있어 곧 싸움에서 패배하는 것과 같다.

미국인들이 한국인을 대할 때, 상거래 상황의 가격흥정이라는 심각한 상황에서, 한국인이 자신을 쳐다보지 않으면, 미국인은 그 순간부터 머릿속에서 '이 사람이 우리의 주제에 대해서 별로 관심을 갖지 않는구나'라는 생각을 하기 시작한다. 미국인이 진지하게 쳐다보면서 대하는 만큼, 한국인은 똑바로 쳐다보면서 대하는 미국인에 대해서 불편하게 느끼게 된다. 미국인의 똑바로 쳐다봄을 당하는 그 한국인은 '이 놈이 왜 날 째려보지?'라는 생각을 하기 시작한다. 마지막 끝내기를 잘 처리해야할 상황에서 서로 쳐다본다는 행위에 대한 다른 생각 때문에, 그 흥정은 수포로 돌아가는 상황이 벌어질 수 있다. '상담이 다 잘 되었는데, 마지막에 놓쳤다'라는 것은 다분히 쳐다본다는 행위의 문제와 관련된 것일 수 있다.

둘째, 상대방과의 간격 문제도 쳐다본다는 문제 못지않게 심각한 상황을 발생시킨다. 미국인들이 유지하는 상대방과의 대화거리는 우리나라 사람들이 편안하게 생각하는 거리보다도 훨씬 더 가깝다. 더군다나 심각하고 긴장된 이야기를 할 때에는 거리가 좁아진다. 가까이 바싹 다가서는 미국인에 대해서 한국인은 불편한 심정을 갖게 되고, 점차로 뒤로 물러서게 된다. 물러서는 행위가 한 두 번이 아니고 반복해서 일어날 때, 미국인은 한국인과의 대화에 대해서 흥미를 잃게 된다.

우리나라에 들어온 화장품 중에서 입안을 씻어내는 시퍼런 병에 든 '가글'이라는 것이 있다. 이것이 미국의 가정에서는 방마다 비치되어 있다. 잠자리에서 일어난 부부간의 대화도 반드시 입안을 씻은 후에 시작된다. 구취를 제거하기 위한 것이다. 그래서 미국인들의 주머니나 핸드백 속에는 항상 몇 개 씩의 구취제거제들이 있기 마련이다. 한국인들은 너무 가까이에서 말을 하는 사람에 대해서 우선 '침 튀기네' 또는 '냄새 난다'라고 거부감을 갖는다. 따라서 상당한 거리를 유지하고 대화를 하려는 생각을 하는 것이 한국인이다. 이러한 한국인을 만난 미국인이 상거래의 상황에서 물품의 가격에 대해서 접근하게 되면, 어떤 일이 벌어질 수 있을까? 바람직한 결과가 생산될 리가 없다.

쳐다본다는 행위와 상대방과의 대화거리라는 행위, 그리고 그 행위에 대한 사고방식의 차이 때문에, '다 된 밥에 재 뿌리는' 상황이 벌어질 수 있다. 제도적으로는 다 이루어지는 일에서, 직접적으로 활동하는 사람의 행위가 따라주지 못하는 상황이 벌리는 상담商談은 문화가 다른 사람들이 만나는 상황에서는 반드시 일어나게 마련이다. 상담이라는 것은 제도적인 차원에서만 만족스럽게 달성되는 것이 아니라, 그 제도를 운영하는 사람들의 행위에 의해서 제도의 불충분한 부분을 메꾸어 가는 것이다. 왜냐하면, 인간관계라는 총체적인 덩어리에 비해서 제도라는 것은_{그것이 정치적인}

것이건, 경제적인 것이건 간에 빈자리를 많이 갖고 있게 마련이고, 그 빈자리들을 인간의 구체적인 행위들이 메꿈으로서 사회적인 관계라는 것이 성사된다.

이상과 같은 문제의식이 문화간 커뮤니케이션의 차원에서 이해를 기다리고 있는 것이다. 문화간의 거래라는 것은 단순히 경제적인 행위만으로 끝맺음을 하는 인간의 행위가 아니고, 서로 다른 문화적 배경을 깔고 연행되는 행위라는 점을 인식한다면, 기업경영의 국제화라는 미래지향적인 현상에 대비한 본질적인 방안을 마련하는데 적지 않은 전기를 마련할 수 있을 것으로 생각한다. 상대방의 문화에 무식한 거래가 아니라, 상대방의 문화를 잘 이해하는 상황의 거래가 중요하다. 실지로, 거래를 하는 세일즈맨들의 입장에서는 더더욱 그러할 것이며, 그러한 세일즈가 바로 문화를 배경으로 하고 인간을 생각하는 무역으로 발전할 것으로 기대한다. 서로간의 **문화**文化의 **이해**理解를 바탕으로 하는 경영 국제화가 미래의 기업을 보장할 수 있을 것이라는 생각을 해본다.

4. 미래기업의 경영성공은 문화이해에 달렸다

문화란 궁극적으로 삶을 말한다. 인간의 삶에 관계되지 않는 기업은 존재하지 않았고, 앞으로도 존재하지 않을 것이다. 그리고 기업이라는 현상은 하나의 문화다. 왜냐하면, 기업이라는 것도 삶의 한 표현이기 때문이다. 따라서 다음과 같은 삼단논법이 생성될 수 있다. 기업은 삶이고, 삶은 문화다. 따라서 기업은 문화다.

우리가 도전받고 있는 삶의 모습은 서로의 삶을 인정하지 않고 있기 때문인 것이 대부분이다. 무한경쟁을 통한 극대화의 경제논리에 의해서 우리는 서로를 착취하는 구도에서 살아왔다. 그 결과, 무한경쟁에서 승리한 자신들도 설 자리를 잃어가고 있는 현상이 나타났다. 미래기업이 지향할 방향은 명백하다. 삶이 이어질 수 있어야 하고, 이어지는 삶은 서로 동고동락해야 하는 균형의 이념을 추구할 수밖에 없다. 무한경쟁의 승리자는 아무도 없다. 동고동락의 승리자는 우리 모두가 해당된다. 따라서 생태논리를 달성하는 최적화의 기술과 그에 조우할 수 있는 토착화가 세계화의 대안적인 길일 수 있다.

세계화에 도달할 수 있는 과정에서는 무한경쟁에서 살아남아야만 하는 '나'만이 존재하는 것이 아니라, '나'와 대대적對待的 관계를 이루고 존재해야하는 '너'가 '나'만큼이나 중요한 존재다. '너'와 '나'의 관계는 무한경쟁 속에서 서로를 착취해야할 관계가 아니라, '우리'로서 동고동락해야할 관계. '너'와 '나'가 '우리'가 되고, 우리가 동고동락해야 하는 과정에 필수적으로 개입되는 문제가 서로간의 커뮤니케이션의 문제다. 즉 '나'의 문화와 '너'의 문화 사이에 개입되어야만 하는 과정으로서의 문화간 커뮤니케이션이다. 미래를 지향하는 기업경영이 지금부터 시도해야할 과제가 바로 문화간 커뮤니케이션이다. 그래야 동고동락의 방법을 터득할 수 있을 것이다. 문화간 커뮤니케이션이 실천은 머리를 굴려서 생각만한다고 되는 것이 아니다. 발로 몸으로 부딪쳐보지 않으면, 문화간 커뮤니케이션이란 것의 문제의식조차 실감할 수 없게 된다.

제2장

재중在中 한국계 기업의 '본지인本地人',
'조선족朝鮮族', '주재원駐在員'
생태학적 관점에서

1. 서언

중국의 개혁개방 이후 한국계 기업들은 소규모로 조심스럽게 중국으
로 접근하였다. 2001년 현재 모 대기업의 중국 총책임자는 1985년 홍콩
에서 중국총괄제도를 실시한 적이 있었다. 당시는 중국으로의 입국이 불
가능하였기 때문에, 그는 홍콩에 나온 중국인들을 만났으며, 중국 측에서
는 신화사新華社가 대외 창구역할을 할 때였다. 전화 통화도 쉽지 않았고,
중국입국 비자를 시도한지 1년 만에 그의 중국 입국이 가능하였다. 중간
에 사람을 넣어서 그 사람의 체면 때문에 거절할 수 없도록 하는 방식을
마련해야 접촉이 가능했다. 중간 매개로 이용되었던 사람들은 홍콩에 나
온 경험 있는 중국인들이었다.

당시는 한국상품에 대한 인지도가 낮았으며, 가장 큰 애로 사항은 중국
측 구매회사의 단위에서 당黨과 공안公安 등의 동의를 받아야 했다. 시골
의 실공장에서도 마찬가지로 만장일치의 동의가 필요한 절차가 있었다.
혼자 계약하러 가면 상대는 10여 명이었다. 1992년까지는 정식허가가
없었기 때문에, 사업대상을 설정하는 것이 쉽지 않았다. 신용장도 통일된

규칙을 적용하지 않았고, 추심으로 확인된 후에야 현금이 지불이 허락되었다.

한국인 기업가들은 처음부터 조선족 통역을 사용하였다. 한국계로서 미국 여권을 가진 여자가 북경에 있었기 때문에, 그 사람을 명목상의 대표로 내세워서 활동한 기업도 있었다. 공식적으로 주재원이 파송된 것은 1989년 상해주재원이었으며, 그는 관광목적의 3개월 비자를 받고 지속적이고 반복적으로 비자연장의 방식을 취했다. 사무실과 간판도 없이 일종의 불법영업을 한 셈이었다. 이후 중국의 시장체제가 완비되면서 외국계 기업들은 대체로 외상투자기업外商投資企業이라는 공식 명칭으로 분류되었다.

한국계기업은 처음부터 조선족이라는 존재에게 통역이라는 기능을 부여하여 기업활동에 끌어들였고, 재미교포를 통하여 중국인들과의 '꽌시關係'를 위한 전략을 수립하였다. 자본과 노동력 그리고 기술을 접합시켜서 소기의 목적을 달성하려는 한국계 기업들이 중국에서 맞게 되는 특수한 상황이 있다. 기업이라는 조직의 구성이라는 측면에서 한국계 기업들은 다른 나라를 배경으로 중국에 나온 기업들과는 다른 점을 보여주고 있다. 미국계나 일본계의 기업들이 중국에서 활동하던 과정과 비교할 때, 다른 모습을 보인 것이 한국계 기업에서 조선족이라는 존재의 등장이다.

본서는 한국계 기업의 조직을 구성하고 있는 세 가지 종류의 집단들을 식별해내고, 그 세 가지 종류의 다른 사람들이 어떠한 관계 속에서 기업활동과 관련된 역할을 하고 있는 지에 대해서 집중적인 관심을 갖고 작성되었다. 세 가지 종류의 사람들이란, 한국으로부터 기업의 경영을 위하여 중국으로 들어간 한국 시민권을 갖고 있는 '주재원駐在員', 주재원들에 의해서 고용되었거나 합작형태의 파트너 역할을 하고 있는 중국인들인

'본지인本地人', 그리고 종족적 근원이라는 차원에서 한국계와 연원을 함께 하는 중국 소수민족의 일원인 '조선족朝鮮族'이다.

생태학적 관점의 적용이라는 것은 한국계 기업이라는 하나의 서식처棲 息處, habitat를 배경으로 먹고살기를 하고 있는 세 가지 종류의 역할이 다른 집단들 즉 적소適所, niche를 달리하고 있는 세 집단들의 관계를 파악해보고 자 하는 것이다. 하나의 서식처에 동일한 적소를 갖고 있는 집단들 즉 먹 고살기를 하는 방식이 동일한 경우의 집단들이 등장하는 경우에는 반드 시 서로를 제거하는 전쟁이 발생하게 마련이다. 그러나 하나의 서식처를 공유하면서 활동하는 시간대를 달리한다든지, 서식처에 있는 먹이들을 겨냥하는 대상들을 달리한다든지, 서식처를 공유하는 집단들 사이에 위 계관계의 질서를 유지하게 되면 공존을 유지할 수 있다.

생태학적 설명은 상당한 정도로 시간에 의한 변화의 문제를 도외시하 는 모형을 추구하는 경향이 있기 때문에, 이 부분을 보완하기 위한 개념 으로서 적소치환適所置換, niche displacement이라는 개념을 적용하여 문화변동 의 측면을 고려한다. 하나의 서식처에 등장한 종의 기능과 역할이 달라지 는 경우, 또는 특정 종의 역할이 달라지기를 요구하는 체계의 변화 등을 고려하는 문제를 적소치환이라고 한다. 만약에 적절한 상황에서 하나의 종이 역할을 제대로 수행하지 못하거나, 그 종의 역할이 더 이상 소용이 없게 될 경우에 적소치환의 현상이 일어난다. 이런 경우에 어떤 종은 멸 종되는 수도 있고, 멸종된 종을 일시적 종一時的 種, fugitive species이라고 한다. 이러한 점에 유의하여 한국계 기업의 활동이 내포하는 시간적인 변수에 따른 적소치환의 문제에 대해서도 언급하고자 한다.

2. 개혁개방改革開放과 한국계 기업의 등장

개혁개방 이후 중국 사회는 근본적인 변화를 하고 있고, 특히 상공업이 중심되는 도시로의 인구이동은 변화의 큰 특징들 중의 하나다. 초창기에 한국계 기업들이 중국에 등장한 큰 이유들 중의 하나가 저임금을 목표로 이윤을 추구하는 것이었기 때문에, 한국계 기업들은 인구이동의 현상 및 그 연장선상의 과정들과 직결된 부분이 있다. 한국계 기업에서 노동하는 중국인들 즉 본지인本地人의 성격을 파악하기 위해서는 간략하나마 중국 사회의 인구이동 현상에 대해서 살펴볼 필요가 있다.

중국의 개혁개방 이후 최대의 사회변화는 농민층農民層의 분화分化 현상이다. 그 과정에서 농민공인農民工人, 후일 농민공이란 단어로 정착하였음이 생겨났다. '농촌가정의 승포경영承包經營과 향진기업鄕鎮企業의 발전으로 농민공인의 숫자가 부단히 증가하였고,'劉麾杰(2000), 139 그 현상은 일정한 진화 과정을 보이고 있음이 관찰되었다. 1980년대에 향진기업적 전이로 인하여 나타난 현상을 '이토불이향離土不離鄕'의 모식模式이라고 한다면, 이에 대해서 1990년대에는 성시城市 사회가 강력한 인구 흡인력을 갖게 됨으로써 인력이 농촌에서 성시城市로 유동하는 '민공조民工潮'彭恒軍(2001), 86 현상이 대세로 정착하게 되었다. '1995년에는 이런 인구가 약 6천만 명에 이르렀고, 대부분은 성시의 무공경상務工經商으로 진입하였다. 이 인구의 특징은 남성이 대다수를 점하고, 청년인력 주체이며, 고중高中 이상의 교육 정도가 높은 사람들이었다.'張小建(1990), 82~83

'농민공인은 네 가지로 분류된다. ① 향진기업 농민공인鄕鎮企業農民工人 ② 성시기사업단위 농민공인城市企事業單位農民工人 ③ 사영경제고공私營經濟雇工 ④ 가정고공家庭雇工'劉麾杰(2000), 158~159이다. 이 중에서 첫 번째가 초창기부터 출현하였던 전형적인 농민공인이고, 점차로 두 번째의 집단이 등장하게 되었다. 즉 민공조의 현상도 시간이 지나가면서 내부분화 현상이 보임을 알 수 있다. 초기 민공조의 특성과는 달리 후속 민공조의 특성은 인력의 내용에 있어서 저학력의 여성이 다수를 점하게 되었다. 한국계 기업들이 통역이라는 역할을 부여하여 초창기에 만난 조선족들은 대체로 초기 민공조의 물결을 타고 성시로 나온 사람들이었고, 한국계 기업들 특히 노동집약적인 중소기업들이 겨냥한 것이 후속 민공조를 구성하는 저학력의 여성 인력들이었다고 생각된다. 세 번째와 네 번째의 농민공인들도 소규모로나마 한국계 기업 또는 중국에서 활동하고 있는 한국인들과 비공식부문에서 관련성을 맺고 있음이 관찰되었다.

중국 정부당국에서도 농민공인의 문제와 민공조의 사회적 영향이 크다는 점을 잘 파악하고 있기 때문에, 적지 않은 노력을 통하여 민공기능개발民工技能開發을 시도하였다. 그러나 정책이 현실 사회의 변화 속도를 따라가지 못하였다. 결과적으로 '① 민공의 유동성이 커지면서 직업 전환이 빨라지고, 결과적으로 취업자들의 불안정성이 높아졌고 ② 민공의 훈련 성과는 능력 저하로 나타났으며 ③ 따라서 성시 노동자들의 노동의 질이 과거와같이 균질적이지 못 하게 되었다.'張小建(1999), 69~70 그런데도 중국정부 당국은 지속적으로 농민공인의 문제를 효율적으로 해결하려고 시도하였다. 기업이 농민공인을 노동자로 고용하는 정책을 장려한 것이다.

예를 들면, 성시호구城市戶口를 많이 고용하면 회사의 부담이 커지도록 하는 것이다. 농촌호구農村戶口를 가진 노동자에 대해서는 도시 정부와 협상해서 평균임금의 60%를 적용하며, 그것의 20%를 보험으로 적용하는 방식이었다. 즉 평균임금이 700원인 경우 그것의 60%를 적용하기로 시 정부와 협의하고, 그에 대해서 20%인 84원을 보험으로 납부하는 것이다.

농민공인을 집중적으로 관찰한 연구자들은 그 특징을 다음과 같이 지적한다.

① 기업성兼業性 ② 후조형候鳥型 ③ 자발성自發性 ④ 변연형邊緣型 ⑤ 실범성失范性

劉庬杰(2000), 160~162

즉 겸업함으로 한 가지 부문에서 전문성이 떨어지고, 일정한 직업에 안주하지 못하는 불안정성이 높고, 주변적인 인간형을 향하여 움직이면서 역할 모형이 없기 때문에, 자연히 동기부여의 정도가 떨어지는 현상을 지적하고 있다. 이러한 특징들은 한국계 기업들도 직접적인 경영의 문제로 경험하였다.

관계 공무원의 증언을 통한 중국 측의 입장에서 한국계 기업의 등장을 설명하면 다음과 같다. 천진天津의 경우에는 1986년부터 투자 유치를 시작하였는데, 가장 먼저 입주한 업체들이 한국계의 중소기업들이었고, 초창기에는 천진경제개발구天津經濟開發區, TEDA의 환경도 어려운 상태였다. 따라서 한국의 중소기업들이 TEDA의 초기 발전에 크게 기여한 점도 있다. 현재 중국에서 활동하고 있는 한국계 기업들은 대체로 대기업과 중소기업 그리고 '보따리'의 세 가지 종류가 있다. 전자 두 가지는 개발구 내에서 이루어지는 모습이고, 기본적으로 중국의 법 테두리 안에서 움직인다. 그러나 법 테두리를 벗어난 곳에서 기업을 하는 경우에는 정상적인 작업이 이루어지지 않게 된다.

외자기업의 승인이 난 곳에서도 소사장小社長 체제로 분리해서 정해진 지역의 밖으로 나가서 싼값에 기업을 운영하려는 시도들이 있다. 그런 경우, 유휴인력의 소비라는 이점을 겨냥하여 해당 지역에서도 기업의 불법적 행위와 밀착하는 경우가 있다. 지역의 유력자와 연결되어서 인력을 지역으로부터 직송으로 공급받음으로서 외주업체와 지역의 유력 인사가 노동착취 측면에서 상부상조하는 사례이기도 하다. 이런 경우는 정부에서 고시한 임금의 가이드라인이 지켜지지 않는 수가 있다. 인건비가 상승하게 되면 이러한 외주업체들이 늘어날 수밖에 없다. 노동집약적인 투자업체가 움직이는 방향이기도 하다. 관계 공무원들은 10% 정도의 중소기업들이 이러한 과정을 밟고 있을 것으로 추정하고 있다.

초기에는 '피포공사皮包公司'라고 불린 보따리 상인과 중소기업이 많았기 때문에, 중국의 법규도 잘 모르는 상태로 기업 활동을 하였으며, 임금과 복지 문제가 잘 처리되지 않았다. 그러한 문제를 발생시켰던 회사들은 거의 다 파산하였으나, 현재도 한국계 기업들이 임금과 복지 문제에 있어서 수준이 낮은 편이다. 신발, 식품, 의류가 주를 이루는 기업들이었다. 투자 금액은 대체로 단위당 10~20만 불 정도이고 노동집약형이었다. 이러한 기업들은 상대적으로 노동시간이 길었다. 당시 중국은 법규가 완전한 상태로 정비되지 않은 상황이었다. 1992년 국교가 수립된 이후에 한국의 대기업들이 입주하기 시작하였다. 1993년과 1994년 사이에 보따리와 불법적인 중소기업들은 거의 다 사라졌다.

한국계 기업들은 중국이라는 대륙의 여러 곳에 분포하고 있다. 그중에서도 천진天津과 산동반도山東半島의 항구도시들 그리고 상해上海와 절강성浙江省의 연안도시 및 남부에서는 광주廣州와 심천深圳을 중심으로 분포하고 있다. 본서는 주로 천진天津과 청도靑島 그리고 상해上海를 중심으로 분포하고 있는 한국계기업들을 대상으로 자료를 수집하였다. 지역에 따라서 한국계 기업들은 상호교류를 위한 비교적 느슨한 조직을 가지고 있는 경우도 있고, 그렇지 않은 경우들도 많다. 당시 산동성에 있는 한국계 기업 수는 3,500개를 넘으며, 중국 전체에는 만 개가 넘을 것이라는 증언이 있다.

1998년 말 천진한국상회天津韓國商會 회원사197개 사의 현황은 전자업34.0%, 의류업18.8%, 서비스업16.2%, 건설업5.6%, 무역업3.6%, 기타21.8%로 구성되어 있었다. 상회는 지역별로 여러 개의 분회分會를 구성하였으며, 그중의 하나인 당고塘沽. TEDA분회分會는 29개 업체로 구성되어 있었다. 이러한 현상은 청도靑島와 상해上海에서도 유사한 형태를 보였으며, 청도에는 1996년 6월 한국계 기업의 수가 800여 개에서 2000년 5월 1,600여 개로 늘어났다.

3. 한국계 기업의 일반적 상황

본 연구에서 양적인 자료의 수집을 위하여 대상을 삼은 한국계 기업의 숫자는 모두 58군데이었지만, 제대로 자료가 수집되지 않은 8군데를 제외한 50군데가 〈표 2-1〉에 정리되어 있다. 중국에 존재하는 한국계 기업의 종업원 구성에 대한 상황을 어느 정도 반영하는 것이라고 생각되며, 그 숫자는 본 연구의 목적에 의해서 한국인 주재원, 중국인 본지인, 조선족 등으로 분류되었다.

2001년 이상의 50개 업체에서 전체 종업원 수는 33,032명이고, 그중에서 한국인 주재원은 1,339명4.0%, 중국인 본지인은 30,530명92.4%, 조선족은 995명3.0%, 기타 168명0.6%이다. 당시의 추세와 경영자들의 전망을 근거로 하면, 주재원과 조선족의 숫자는 점차 줄어들 것으로 예상되었다.

〈표 2-1〉 중국내 한국계 기업의 업체별 종업원수(2001년 현재)

	전체	한국인	중국인	조선족	기타
톈진 삼성전자TEDA 개발구	205	7	176	22	0
톈진 LG화학	1,100	8	1,072	20	0
톈진 북두전자	370	3	357	10	0
톈진 포철 Coil Center	84	2	77	5	0
톈진 LG전자	400	50	270	80	0
톈진 대덕전자	14	1	11	1	1
톈진 한비(鞋業)	2,500	22	2,448	30	0
톈진 삼성전자TSED 모니터	1,187	9	1,148	30	0
톈진 동하전자	483	1	473	9	0
베이징 하이파이브	125	2	120	3	0
베이징 삼성플라스틱	70	5	59	6	0
베이징 오리온제과	229	9	200	20	0
칭다오 토프톤전기	1,400	9	1,378	13	0
칭다오 YBS지퍼	650	5	628	17	0
칭다오 동성섬유	700	4	666	30	0
칭다오 한국벨트	353	13	320	20	0
칭다오 디안다주방	655	5	600	50	0
칭다오 삼영전자	1,168	15	1,123	30	0
칭다오 고합	697	30	627	40	0
칭다오 금화섬유	300	3	282	15	0
칭다오 혜중인조모피	500	2	490	8	0
칭다오 이원운동용품	160	2	151	7	0
칭다오 부영(塑料)	460	2	458	0	0
칭다오 교하(塑料)	1,500	30	1,400	70	0
칭다오 금호식품	40	7	27	6	0
칭다오 고려체육용품	1,096	6	1,050	40	0
칭다오 한신(鞋業)	1,930	10	1,895	25	0
상하이 기아자동차	674	15	649	10	0
상하이 농심식품	270	6	259	5	0
상하이 수저우 삼성반도체	908	11	889	8	0
상하이 고인전자	110	3	102	5	0
상하이 쿤산 선화제혁	2,000	19	1,931	50	0
상하이 쿤산 한세실크(原絲)	340	10	300	30	0
상하이 쿤산 대양피혁	151	1	149	1	0
상하이 수저우 대유방적	545	7	530	6	2
상하이 수저우 세진컨테이너	189	5	175	9	0
상하이 세진트레이딩(縫製)	330	2	326	2	0
상하이 수저우 계양전기	110	7	99	4	0
상하이 LG전자	230	4	220	6	0
선양 중광전자	1,620	20	1,530	70	0
선양 우성전자	280	4	268	8	0
선양 삼보컴퓨터	1,177	16	1,000	38	123

	전체	한국인	중국인	조선족	기타
선양 일신섬유	160	1	150	9	0
선양 LG전자	800	23	727	50	0
동방방직	1,096	6	1,050	40	0
광둥 샤먼 삼성전자	1,615	12	1,526	35	42
광둥 신기술집성	900	1	899	0	0
광둥 수산기계설비 하문 유한공사	100	3	95	2	0
광둥 전미유화(阿里朗)	121	1	120	0	0
광둥 조화완구	930	900	30	0	0

위의 자료를 지역별.업종별로 분류하여 업체당 평균으로 정리한 것이 아래의 〈표 2-2〉이다. 몇 가지 특징을 지적하면 다음과 같다. 우선 조선족은 상하이와 광둥에 비교적 낮은 분포를 보이고 있다. 전통적으로 조선족들이 살아온 지역적 배경과도 무관한 것이 아니라고 생각되고, 조선족들이 중국 남부의 생활과 언어에 적응함에 있어서 문제가 있다는 점도 인터뷰에서 확인된 바가 있다. 조선족 종업원들은 남쪽으로 이주하는 것에 대한 선호도가 낮다는 점도 확인되었다.

한국인 주재원들의 숫자는 상대적으로 남부인 상하이와 광둥에 많이 분포되어 있고, 특히 광둥에는 그 비중이 25% 정도 된다. 이것은 광둥의 한 완구업체에 한국인 주재원들이 집중적으로 배치된데 연유한 것이고, 그 완구업체의 특수한 상황과 맞물려서 나타난 현상이 전체의 숫자에 영향을 준 것으로 생각된다. 중국에 있는 한국계 기업의 종업원 구성은 전체적인 평균과 업종별.지역별에 있어서 큰 차이를 보이지 않고 골고루 분포하고 있는 것으로 해석할 수 있다.

〈표 2-2〉 지역별 · 업종별 업체당 평균 종업원수

		(N)	전체	한국인	중국인	조선족	기타
평균		(50)	661	27	611	20	3
조사지역	톈진	(9)	705	11	670	23	0
	베이징	(3)	141	5	126	10	0
	칭다오	(15)	774	10	740	25	0

		(N)	전체	한국인	중국인	조선족	기타
조사지역	상하이	(12)	488	8	469	11	0
	선양	(6)	856	12	788	36	21
	광둥	(5)	733	183	534	7	8
조사지역	베이징·톈진	(12)	564	10	534	20	0
	칭다오·선양	(21)	797	10	753	28	6
	상하이·광둥·푸젠	(17)	560	59	488	10	3
투자규모	299만 달러 이하	(18)	470	54	403	12	0
	300~999만 달러	(12)	921	10	880	21	10
	1000만 달러 이상	(20)	676	12	635	27	2
투자기간	3년 미만	(6)	490	7	452	11	21
	3~7년	(23)	404	10	374	20	0
	7년 초과	(21)	990	51	914	23	2
모기업규모	대기업	(13)	683	13	632	25	13
	중소기업	(37)	653	32	603	18	0
투자형태	단독투자	(36)	672	33	616	19	4
	합작투자	(14)	632	11	597	22	3
진출동기	내수 위주	(19)	361	10	334	17	0
	수출 위주	(31)	844	37	780	22	5
규모·진출동기	대기업 내수	(8)	410	13	375	22	0
	대기업 수출	(5)	1,120	14	1,043	30	33
	중소기업 내수	(11)	326	8	304	14	0
	중소기업 수출	(26)	791	41	730	20	0
업종	기계·철강·화학	(8)	410	5	398	6	0
	전자·컴퓨터	(16)	748	12	700	26	10
	봉제·완구·신발·음식료품	(26)	684	43	621	20	0

주 : 총 조사대상 업체는 58개이나, 종업원 수 구성에 응답하지 않은 8개는 제외함.

1995년 설립준비를 하여 1998년 5월 상업생산을 시작한 한 한국계 기업의 지분 비율은 85%가 한국 측, 15%는 중국 측 파트너인 모 집단集團이 갖고 있었다. 파트너의 지분은 기업체의 부지敷地에 대한 것이다. 그 기업은 PVC를 생산하는 공장으로서 3년 간 두 번 증설하였으며, 건설이 만료되면 25만 톤 규모의 공장이 될 예정이었다. 당시 이 기업은 런던 비즈니스 스쿨의 임원 대상 교육 프로그램에 소개될 정도로 벤치마킹되는 기업이기도 하였다. 전 직원 210명중에서 주재원은 동사장董事長과 영업의 부장 2명, 재무 1명, 생산 3명증심 중심 등 7명이다. 나머지는 모두 중국인들이고, 그중에서 조선족은 10% 정도였다. 조선족들은 각 부서에서 핵심적 역할을 맡았고, 주재원은 모두 기업 창설 당시의 구성원들이고 가족들이 모두 중국에서 함께 지내고 있었다. 회사에서 주택과 자녀학비를 모두 부담하였으며, 주재원들과 가족들은 천진 시내의 외국인 거주지역에 살고 있었다.

또 다른 대기업 계열의 한국계 기업에서 일을 하고 있는 중국인 관리자는 12명회계, 총무 등이다이고 생산 현장에는 380여 명이 일을 하였다. ISO9002 인증을 획득하였으며, 중국인 전문기술자들을 데려다가 본지인 직원들을 교육시켰고, 그들에게 교육비를 제공하였다. 이러한 과정에 대해서 주재원들은 전혀 간섭하지 않았다. 그것은 기술 현지화를 위한 시도였고, 결과적으로 본지인 공원들의 기술 향상에 크게 도움이 되었다. 생산성은 한국에 있는 본사의 공장에 비해서 80~90%에 달하였고, 한국에 비해서 인건비는 10% 정도였기 때문에, 인건비의 절감이 경쟁력의 기초가 되었다. 퇴사율은 초기에는 20~30% 정도였지만, 점차로 안정화되어 5%까지 하향하였다. 결근율은 1% 미만으로 나타났고, 공원들의 봉급은 1,100원 정도를 평균 유지하였다. 책임자의 증언에 의하면 회사의 이윤율은 3~4% 정도 된다고 하였다.

한 중소기업의 총경리總經理는 다음과 같이 진술하였다. "외자기업은 국영기업보다도 경영비용이 대체로 20% 정도 더 소요된다고 본다. 대신에 외자기업에 대한 중국 정부의 간섭은 적은 편이라고 생각된다." 총경리의 한 달 생활은 대체로 10일간은 해외출장이었고, 10일간은 찾아온 바이어

客户를 만났으며, 10일간은 사내에서 집중적으로 일을 하였다. 생산 쪽에 는 100% 본지인들이었다. 한국인 주재원은 제1공장의 부품에 3명이 있었고, 개발 및 자재관리에 1명, 영업과 생산에 1명사무실을 겸함, 제2공장 부품에 1명, 품질관리에 1명이 배치되어 있었다.

중국의 공식자료에 공개된 한 한국계 기업의 상황은 다음과 같다.

청도태창피혁유한공사青島泰昌皮革有限公司. 주소 : 청도성양구성양진 성양촌青島城陽區城陽鎭 城陽村. 투자외방投資外方 : 한국 임석근林錫根, 이상직李相直. 총경리總經理 : 임석근林錫根. 부총경리副總經理 : 이상직李相直. 유효기한 : 1994.10.12~2024.10.11. 경영범위 : 가공피역여유혜加工皮革旅游鞋, 혜방鞋幇, 상포 및 피혁제품箱包及皮革製品. 투자총액 : 30만 미화, 주책자본注冊資本 : 30만 미화.高秉山 主編(1995), 110

위 기업의 주재원인 한국인 직원들은 대부분 본사로부터 '파견근무' 형식으로서, 본사에서 퇴직하고 난 후 파견되는 경우도 있었다. 모두 계약직인 셈이었다. 주재원들은 3개월에 한 번 귀국하는 조건으로 1년을 계약하였으며, 계약 연장으로 오래 근무하는 경우도 있었다. 관광비자로 중국에 들어왔다가 취업비자로 바꾸어서 체류하기도 하였다. 파견되어 나올 때는 직급을 하나씩 올려서 내보냈다. 1년 마다 계약을 하는 이유는 객지생활을 오래함에 따른 문제점들을 해소시키자는 것이다. 개인적인 가정의 문제들을 고려해서 새롭게 개발한 방식이다. 주재원들은 연봉으로 계약하였다. 이들은 한꺼번에 기숙사 생활을 하였다. 장기 체류를 하지 않기 때문에, 파견근무자들은 중국어가 잘 되지 않았다. 따라서 언어에서 오는 스트레스가 상당히 크다고 호소하였다.

또 다른 '주재원駐在員'으로 일본인들이 있었다. 그들은 상품을 주문한 곳에서 직원이 파견되어 나와서 검사를 하고, 제품에 문제가 있는 경우에 본사에 보고하는 일을 하였다. 저자가 방문하였을 당시 나와 있는 일본 측의 주재원은 2명이었다. 일본 측의 주재원들은 이미 부산에서부터 이 회사의 공장에 나와서 일하던 사람들이었다. 한국인 책임자들과는 한국 어와 중국어 그리고 일본어의 세 가지를 섞어서 커뮤니케이션을 하는데, 별반 무리가 없었다. DUNLOP이라는 상표를 OEM방식으로 제작하여 주로 일본으로 수출하는 기업이었다.

종업원은 1,900명으로서 공원의 임금은 550위안元에서 700위안 사이 이고, 조장은 1,300위안, 사무실 직원도 1,300위안이다. 공원들은 대부 분 여자이고, 남자의 비율은 15% 정도였다. 평균 연령은 22세 정도이고, 20% 정도가 외지인들이었다. 처음에는 주재원인 총경리가 하북성河北省 고청이라는 곳과 집안集安에 가서 직접 공원들을 모집해 왔다. 그 인원이 24명이었고, 초창기 인원으로서 남아 있는 숫자는 14명이었다. 농촌에서 부모들을 설득하여 여자아이들을 데리고 왔다. 남은 아이들은 현재 모두 조장들이며, 기숙사에 거주하였다. 결혼해서 간 아이들 이외에는 모두 그 대로 근무하고 있었다.

천진에 있는 신발전문생산업체의 경우는 다음과 같았다. 1998년 중국 내 외상투자 500대 기업으로 선정되었으며, 1998년 '천진시외상투자수 출 50강天津市外商投資輸出50强'에 선정된 대규모의 기업이었다. 1991년 자본 금 210만 불 투자로 시작하였고, OEM 주문생산방식을 통한 가공무역 을 위주로 하였다. 미국, 일본, 유럽 등지로 수출하며, 당시에는 한 켤레 에 400~600위안 정도의 고급 브랜드를 개발하고 있었다. 당시 자본금 이 600만 불로 증가되었다. 세 개의 공장에 2,000여 명의 직원을 두었다. 90여 명에 달하는 본지인 관리자들로 움직이는 시스템은 초기 40여 명이 넘는 한국인 관리자를 대체하게 되었으며, 주재원 수를 23명 수준으로 줄이는 등 기업현지화에 성공한 케이스다. 이 기업의 본지인들은 장기근속직원이 많은 것이 특징이었다.

1992년 11월에 입사한 한 본지인의 견해를 청취하였다. 그는 이 회사에 근무한 지 8년째였다. 인천ᄃᄈᄈ의 모기업母企業은 상당한 정도로 축소되었고, 기업 생산의 대부분이 중국으로 이전되었다. 직원은 2,500명이었으며, 주재원은 기술과 재무 분야에 종사하였다. 인력의 현지화를 위해서 노력은 하지만 중국 자체에서 고급 인력이 이러한 공장에 오지 않는 것이 문제였다. 한국인 공장이 일종의 직업훈련소 역할을 한 셈이었다. 이곳에서 1~2년 일을 배운 중국인들이 다른 곳으로 떠나기가 일쑤였다. 현장의 인력은 천진 사람들이 아니고 외지인으로 집중되었다. 여공들은 천진 출신들이 많지만 장치를 주로 하고 있는 제2공장에는 외지에서 온 남자들이 많았다. 천진시가 지정한 지역 즉 하북성과 산동성으로부터 인력들이 수입되었다.

회사의 조직은 총경리 아래에 사무실과 작업현장車間이 있다. 사무실은 회계와 무역을 맡고, 회계를 맡은 직원이 조선족이며, 그에게 상대적으로 권력이 많았다. 작업현장의 관리자가 조장組長이었다. 조장은 작업을 관리하고 작업을 배분하였다. 근무 시간은 8시간이며 작업량이 많을 경우 토요일에 출근하고, 그 대신 화·수요일에 원자재를 기다리는데 이 기간 동안에 출근하지 않았다. 중국인들은 과정을 중시하는데 반해 상대적으로 한국인들은 결과만을 말하였다.

한 조의 노동자수는 조장과 조원을 합치면 8명이었다. 그들의 평균 연령이 25세이며 반정도 자녀를 둔 여성들로서, 그들은 대부분 직업고중職業高中 졸업의 수준이었다. 그들의 가공량은 최고의 경우 하루 1,500

개였다. 노동자의 월급은 작업량으로 계산되는데, 1,000~1,800위안元 인민폐 정도였다. 이것은 개발구의 가공류 업체들 중에서는 높은 편이었다. 조장들이 한국에서 한 달 동안 연수하고 돌아온 후 다른 사람에게 기술을 전달해주는 방식이었다. 조장들이 한국에 2, 3차례 다녀왔다. 그들은 계속해서 여기서 근무했다. 주방에는 흑룡강성 가목사黑龍江省 加木沙에서 온 40대 조선족 부인 한 명이 주재원들의 식사를 준비하는 일을 하고 있었다.

지퍼를 생산하는 한 기업의 경우, 주재원은 15명이었다. 직원 1,680명 중에서 조선족은 30명이었고, 1993년에 900만 불로 투자하였다. 방직, 염색, 잇빨 박는 공정絲出, 정밀기계금속, 재봉나이롱, 주조슬라이드, 프레스, 조립, 도금 등의 복잡한 공정을 거치는 것이 지퍼의 생산이다. 직종별로 대졸과 기술통역조선족 그리고 한국인 기술자주재원를 배치하여 기술을 가르쳤다. 3인 1조의 특수조직을 구성한 셈이었다. 그때부터 있었던 본지인들이 각 부서의 책임자로서 일을 하고 있었다. 생산은 완전히 본지인들이 하고 있었다. 주재원은 공장장과 공장장 보조일 뿐이었다. 전 종업원들에 대해서 20시간씩 품질교육을 시켰다. 1997년도에 한국의 본사가 부도 난 뒤, 본지인 간부들이 솔선수범하여 회사를 살리자는 운동도 하였다.

비교적 농촌 지역에 자리를 잡은 신발공장을 운영하는 기업의 경우, 당시 1,928명의 인원에서 주재원은 10명이었다. 공장 주변의 사람들은 250명 정도 고용되었다. 나머지 대부분은 산동성 사람들이었고, 마을에서 직공들을 위한 기숙사를 운영하였다. 한국인이 기숙사를 운영할 경우, 중국인들 사이에 발생 가능한 의심을 해소할 수 있는 방법이었다. 촌村 정부가 수익사업으로 하는 기숙사였으며, 회사가 기숙사 운영에 지원을 하는 형식이었다. 1,600명이 들어가는 기숙사다. 회사에 조선족은 24명이었다. 조선족들은 통역과 관리에 배치되어 있으며, 생산라인에는 없었다.

위와 유사한 또 다른 한국계 기업에 근무하는 직공들은 90%가 미혼이며, 시골 출신이었다. 촌村 정부가 기숙사를 만들어서 제공하고, 직공들은 일인당 40위안씩을 받았다. 촌 정부와 회사가 각각 20원씩 부담하는 형식으로 직원들을 지원하였다. 250명이 기숙사에 적을 두었으며, 나머지는 인근의 주택에서 방을 빌려서 자취를 하였다. 점심시간에 공장의 식당에서 제공되는 식사는 야채계란덮밥이었다. 한 끼니에 2위안 50전分 정도의 비용이 소요되었다. 빵이 나오는 날은 반찬이 두 가지가 되었다. 적지 않은 직공들은 밖에 나가서 비닐봉지에 든 빵을 사들고 들어왔으며, 한국인 총경리가 나타나자 빵 봉지를 몸 뒤로 숨기고 들어가는 장면이 목격되었다. 빵을 선호하는 직원들의 식습관을 보여주는 것 같았다. 배식은 상당히 자유롭기 때문에 배가 고파서 빵을 사먹는 것은 아니라는 변명도 들었다.

한 전자부품업체의 총경리는 다음과 같은 진술을 하였다. 그는 이 기업에 부임한지 3년 1개월 되었다. 회사는 1993년 12월 30일 영업허가를 취득하였다. 생산가동은 1995년부터 시작되었고, 투자금액은 440만 불이었다. 이 기업은 원래 일본의 재일교포 자본으로 설립된 모회사母會社의 산하 기업이었으며, 전자부품으로서 백색 가전에 들어가는 스위치 종류를 생산하는 업체였다. 주재원은 8명이었으며, 중국인 관리자 22명 중에서 12명은 본지인이고, 나머지 10명은 조선족이었다.

북경北京의 한 유흥업에 투자한 한국인55세 남성의 경우는 다음과 같다. 그는 대련大連에서 수산물관계의 업종에 종사하다가 파산하고 난 뒤, 빚을 지게 되어서 한국으로 돌아가지도 못한 채로 7년이라는 세월을 보냈다. 대련에서 음식점도 해보았으나 실패하였고, 거기서 현재의 조선족 파트너를 만남으로서 유흥업을 시작하게 되었다. 저자가 면접을 하였던 당시는 중국음식점도 경영하고, 그 상층에 가라오케를 경영하고 있었다. 음식점에는 240명의 직원을 고용하였으며, 주방廚房은 일종의 아웃소싱 방식을 취하였다. 최고 주방장 밑에 9명의 부문별 주방장들이 있고, 그들에게 총 8만 위안을 월급으로 지급하면, 그들 내부에서 스스로 분배하였다. 일종의 도급 형식인 셈이다. 주방의 책임자들은 모두 광동성廣東省에서 온 중국인들이었고, 웨이트레스는 조선족도 있고 한족도 있었다. 이들의 월급은 600위안 정도였으며, 주방에서 설거지하는 사람은 450위안이었다. 투자율 대비 수익률은 30%로 계산하였다. 이 업종은 단기간에 승부를 걸어야 하는 사업이었다. 가라오케에는 140명의 '아가씨'들이 있었으며, 한족漢族이 절반 정도 되었다. 당시에 공안公安으로부터 습격을 받아서 40명의 조선족 아가씨들이 강제적으로 목단강牧丹江으로 실려간 적도 있었다. 저자와 면담할 당시, 마담 한 명이 그들을 다시 데려오기 위해서 목단강牧丹江으로 출장을 나간 상태였다.

스피커 부품을 생산하는 중소기업의 젊은 총경리는 군대 한 번 더 가는 셈치고, 주재원으로 왔다. 이 회사에 6명의 주재원이 있는데 기술자 2명, 디자이너 1명과 3명의 관리자를 포함하였다. 총경리까지 포함하면 한국인 주재원이 7명이었다. 주재원의 경우 본사에서 월급을 받고 현지 회사에서 주재수당만 받았다. 청도에 있는 중소기업의 규모인 신발공장에서는 주재원의 숫자를 17명에서 10명으로 줄였다. 동사장의 증언으로는 앞으로 주재원의 숫자를 더 줄일 계획이었다. 1990년대 초에 설립한 한 신발업체는 초기에 전체 주재원의 숫자가 60여 명이었으나 당시에는 주재원이 20명으로 줄어 들었다. 총경리는 가능한대로 주재원의 숫자를 줄임으로서 비용절감의 노력을 하고 있었다.

중소기업의 경우, 주재원 1명의 유지에 4~5천만 위안이 소요되고 있었으며, 그 액수는 한국의 연봉과 비교할 때 1.5배 정도 되었다. 고액의 경비를 지불하면서 주재원을 두는 것은 기업 오너의 불안감에 대한 보험의 성격을 갖고 있다고 생각되었다. 중소기업의 경우, 가족이 합류할 수 있는 능력을 가진 업체들은 많지 않았다. 따라서 어떤 기업에서는 주재원을 위한 아파트를 지어서 일층과 이층에는 주재원들이 거주하고, 삼층에 주재원의 대표인 총경리와 그의 가족이 거주하는 경우도 있었다. 중소기업의 경우, 주재원들은 대체로 4~6개월에 1회씩 1주일간 또는 2주일간 정도로 한국에 출장을 가도록 되어 있었다. 그 기간을 휴가기간으로 간주하고 있는 것이 일반적인 관행이었지만, 그 기간 동안에 본사와의 연락업무도 보아야 하였다.

대기업의 경우는 상황이 달랐다. 주재원들은 대체로 가족들과 함께 거주하는 조건으로 파견되었고, 그들의 근무기간도 일정하게 정해져 있었다. 처음 1년 동안은 업무를 파악하느라 정신이 없고, 2년째 일을 좀 배우고, 3년째가 되면 일을 할 만하게 되는 것이 보통이었다. 4년 차가 되면 순환근무제를 따라서 귀국할 준비를 하였다. 따라서 대기업의 주재원들은 파견근무 기간을 5년 정도로 정하고 나오는데, 그들이 효율적으로 일을 하는 기간은 1년 밖에 없게 된다는 문제점이 지적되었다. 따라서 주재원들의 근무기간이 5년 이상으로 길어지는 경향이 증가하고 있었다.

한 대기업에는 전체종업원수가 1,150명인데 그중에서 법인장총경리 이외에 7명 주재원이 있었다. 제1기에 파견되었던 11명의 주재원들이 재무·구매·품질·기술·전산 등을 맡아왔고, 그들은 근무기간이 완료되어 이미 한국으로 귀국하였다. 당시의 주재원들은 제2기였다. 이들은 제1기와 달리 중국어를 어느 정도 습득한 뒤에 파견되었기 때문에, 주재원들은 비교적 중국어를 잘하는 편이었다. 5년이라는 근무기간이 일반적으로 적용되고 있었지만, 기업의 핵심적인 업무를 맡고 있는 주재원은 그러한 근무기간이 연장되는 경우도 있었다.

4. 본지인本地人과 주재원駐在員의 관계
파트너쉽과 '꽌시關係'

한국에서 파견된 소수의 주재원과 본지인들 사이의 관계는 고용-피고용관계 또는, 합작기업의 경우에는 대등한 관계의 파트너로서 역할을 하고 있다. 기업의 경영을 주로 담당하는 주재원들은 경영 과정에서 필연적으로 공무원들을 포함한 중국 사회의 엘리트들을 상대한다. 본지인들은 기업의 관리 차원에서 종사하는 경우와 단순 노동이나 간단한 기술을 담당하는 노동자들로 구성된다. 따라서 주재원들이 상대해야하는 본지인은 대체로 두 가지 종류의 계층으로 구분된다. 위에서 언급한 농민공인이나 민공들은 대체로 한국계 기업에 피고용인으로 저임금의 노동력을 제공하는 사람들이다. 주재원들은 중국 사회의 엘리트 계층과 새롭게 출현한 농민공인 계층을 동시에 상대해야 하는 구도 속에 놓여 있다.

한국인 기업가들이 '중국에 가서 일을 해보겠다'라는 생각을 하는 것은 곤란하다는 지적이 있다. 중국이라는 곳이 워낙 넓고 지역성이 강하기 때문에, 반드시 세부적인 지역을 구분하여 대응하는 자세가 필요하다. 북부 사람들은 의義를 중시하고, 남부 사람들은 리利를 중시한다는 정도의 지역구분을 하고 있는 것이 중국을 잘 알고 있다는 주재원들의 중국 이해 수준이다. 지역에 따른 차이뿐만 아니라 계층과 직업에 따른 중국인들의 차이도 상당하다는 점을 지적할 수 있다.

한국계 대기업의 총경리가 설정한 중국 사업 성공을 위한 중점 추진 활동으로서는 ① 로칼리제이션 즉 경영의 조기 현지화로서 입향수속入鄕 隨俗과 근로자 조기 전력화 및 합자 쌍방의 강점결합 및 지역 사회 공헌도 제고 ② 프로닥트 리더쉽 즉 중국시장에서 제품의 경쟁력 확보 ③ 마케팅 방면에서 중국시장 최상위수준top tier으로 진입하는 세 가지를 목표로 삼고 있다. 본서에서 관심을 갖고 있는 부분은 첫 번째의 활동 내용이다. 대기업 쪽에서는 대체로 이러한 체계적인 목표를 세우고 있지만, 중소기업에서는 상황에 따른 임기응변의 방식을 채택하고 있는 것이 일반적인 현상이라고 말할 수 있다.

대기업 쪽에서 제시된 활동 목표도 실질적으로 얼마나 실현이 되고 어느 정도 성과를 거두고 있는 지에 대해서는 적지 않은 의문점들이 있는 것이 사실이다. 총경리들이 로칼리제이션을 위해서 가장 먼저 염두에 두고 있는 단어가 중국인들의 '꽌시' 개념인 것은 분명하다. 원래 꽌시는 개인적인 관계망을 기초로 한다. 인제관계人際關係에 대해서는 이미 유가학설儒家學說에서 많이 전개되어 있다.

농업경제를 생산기반으로 하고 가국일체적家國一體的 종법 사회宗法社會에서 발달된 특수한 중국적 인간관계라고 말할 수 있다. 인仁이 인제관계의 핵심, 례禮가 인제관계의 규범이며 준칙이고, 종친관계宗親關係가 인제관계의 출발점이다.樂國安(2002), 167 인제관계의 문화전통은 인륜이 본이고, 친연관계가 외형이며, 인정이 주요한 유대이다. 그리고 면자面子가 그것의 방향과 정도를 가늠하고, 신임과 화계가 인제관계 건립의 심리기점이다.樂國

安(2002), 177~197 그러나 최근에는 '등급원칙 약화, 계약화, 인정보다 공리성이 앞섬, 종친관계의 약화, 잠재적 개인주의의 강화'樂國安(2002), 199~209 등으로 인하여 인제관계의 성격과 내용이 변질되는 경향도 발견된다. 한국계 기업가들이 언급하는 다양한 차원과 상황에서 등장하는 꽌시의 내용들을 구체적으로 살펴보기로 한다.

한 한국계 기업의 법인장은 중화인민공화국외국인입경출경관리법中華人民共和國外國人入境出境管理法에 의거하여 영구거류자격을 획득하였다. 즉 중국의 관공서에서 유력한 한국인 기업가에 대해서 기업경영의 공로에 대한 보답으로 제공한 것인데, 이 법인장은 이것을 상당한 위세와 중국 측과의 깊은 꽌시로 표현하고 있다. 이 기업은 7대 기관공안, 세관, 세무국, 노동위, 전기, 대외경제무역위, 시정부과 꽌시를 유지하고 있음을 시인하고 있다. 시정부와 기업간의 교류도 돈독하다는 설명이 있었다. 시 당서기와 시장이 공장을 방문하기도 하였고, 한국에 있는 본사의 부회장이 시의 경제고문에 위촉되었다. 당서기가 공장을 방문하였을 때 현장판공회現場辨公會를 실시함으로서 기업의 애로점을 현장에서 즉석 해결하는 방식을 취하기도 하였다. 기업과 정부측의 꽌시를 보여주는 사례이다.

지역 사회에 공헌하는 기업으로서의 이미지 제고를 시도함으로서 대사회적인 꽌시를 구축하는 시도도 있다. 기업에서 생산하는 상품을 판매할 때 일정기간을 정해서 판매되는 상품의 개당 0.5%를 불우이웃 돕기의 성금으로 제공하였다. 시에서 주최하는 세계적인 체육대회의 공식 스폰서가 되어 250만 불을 제공하였으며, 지역의 유수한 대학도 간접적으로 지원하고 있다. 관할 지역의 세관과 축구 교류회도 가졌고, 관련 은행이나 세무서 등과 볼링대회와 낚시대회를 가짐으로서 대 사회적인 꽌시의 망을 구축하고 있다.

또 다른 기업은 사회환원 차원의 투자로서 장학퀴즈를 4년째 지원하고 있었다. 한국의 대학으로 유학하는 중국인 교수들을 지원하고, 홍수 피해도 지원하였다. 음악회, 승마대회, 탁구팀 지원, 장애인재단 무료봉사, 올림픽유치축원, 중국 올림픽 팀 지원, 스타 마케팅 지원, 구조조정으로 생긴 이웃돕기, 판촉 이익금을 고아원에 지원, 대학생들의 명절 귀경 시 장학금 형태의 지원 등으로 사회적인 꽌시의 형성을 시도하고 있었다.

한편 상당수의 한국계 기업 책임자들은 '내가 당서기黨書記를 만나고 있으며, 그와 꽌시가 좋다'는 식으로 위세威勢의 정도를 내세우는 경향이 있었다. 그러나 중국 사회에서는 일반적으로 열려진 꽌시는 의미가 없다. 중국인들은 꽌시를 은밀하게 유지하고, 재량의 발휘 정도로 사용한다. 한편 노동자의 가족을 잘 안다든지, 공장이 있는 마을의 촌로를 잘 안다는 식의 꽌시에 대해서 언급하는 주재원은 단 한 명도 없었다. 즉 꽌시를 위로만 적용하려는 것이 주재원들의 일반적인 인식과 행동이라고 말할 수 있다. '중국을 안다'는 사람도 최대한도 인간관계의 절반 정도만 바라보고 있다고 이해할 수 있다. 중국식으로 해석을 하자면, 꽌시가 없으면 몰판법沒判法, 메이 판 파 이른바 '어찌할 도리가 없는 상황'으로 종결된다. 살아가면서 자연스럽게 형성되는 인간관계로서 이해되어야할 꽌시가 기업경영의 차원에서 이익과 손해를 가르는 분기점으로 이용되는 것의 한계가 분명함은 부정할 수 없을 것이다.

꽌시를 위해서 평상시에 기간을 정하여 분기별로 만나려는 시도를 하기도 하고, 명절에 맞추어서 만나는 시도도 하였다. 그럼에도 불구하고, 한 총경리는 지난 3년 동안 중국인의 가정집에 초청받은 적이 없었다. 관계의 단계를 몇 가지로 나누어 볼 수 있다. 최상의 대우가 자신의 집에 초청하는 것이고, 그 다음은 양쪽의 식구들이 함께 식당에서 식사를 하는 경우가 있고, 다음에는 함께 식사를 하고 술을 마시는 관계이고, 가장 낮은 단계가 선물을 주고받는 정도의 관계다. 대부분의 기업들은 춘절春節과 10월 1일에 선물을 돌리는데, 보통 200~300위안 짜리 월병月餠을 구입하지만, 약간 신경을 더 써야 하는 곳에는 500위안 짜리 정도로 선물을 한다. 어떤 기업의 경우는 선물은 주로 회사의 판촉물을 이용하기도 하고, 월병月餠은 기본인사 정도로 한다.

주재원들 중에는 중국인들이 선물을 잘 받지 않으려고 한다는 경험을 진술하였다. 살아가는 과정에서 자연스럽게 그리고 물 흐르듯이 부드럽게 진행되어야할 인제관계임에도 불구하고 기계적으로 또는 너무나 뻔하게 선물의 목적이 드러나는 상황을 설정한 주재원들에게 문제가 있는 것이라고 생각된다. 꽌시의 확보도 '빨리빨리'가 적용되고 있었음을 부정할 수 없었다. 한 봉제업체는 천진시의 모범업체로 선정되었고, 특히 회계부문은 인정받는 기업이었다. 회계담당으로는 53세의 국영기업체 간부 출신을 모시고 왔다. 그의 꽌시가 여러 가지 면에서 도움이 되었다. 예를 들면, 하수시설이 잘 되지 않는 지역이기 때문에, 비가 온 뒤 배수가 잘 되지 않았다. 지역주민들과 그의 꽌시에 힘입어서 그 문제가 해결되었다.

중국은 인치 사회人治社會에서 의법치국依法治國의 사회주의 법제건설을 목표로 전환기를 경유하고 있었으며, 대강의 법규는 그 체제를 갖추었으나, 구체적 사항에 적용되는 세칙은 아직 정비되지 않은 경우가 있다. 이러한 면에 적응해야 하는 외국계 기업들이 상대적으로 꽌시의 비중을 중요시하게 생각하는 것이라는 점도 있다. 상층부는 상층부대로 중간층은 중간층대로 각각 수준을 맞추어서 꽌시를 관리해야 한다. 즉 꽌시는 보험의 성격이 강하다고 이해할 수 있다. 성공요인으로 보기보다는 실패방지를 위한 보험이라고 생각된다. 꽌시가 좋아서 성공했다고 이해하기보다는 꽌시가 나빠서 기업이 망하는 경우는 있다는 인식이 한국계 주재원들의 일반적인 견해다.

본지인 공무원의 한국계 기업에 대한 충고는 다음과 같다. 정보를 교환하는 것도 꽌시를 만드는 방법이라고 한다. 그러한 과정에서 담당 공무원들도 기업의 어려움을 잘 알게 되고, 무엇을 도와줄 것인가에 대해서 문제를 파악하게 된다. 이런 것은 일종의 업무적인 꽌시라고 말할 수 있다. 기업경영에 있어서는 업무적 꽌시가 바람직함에 비해서, 한국인들은 지나치게 개인적 꽌시에 의존하는 경향이 있다. 개인적 꽌시는 친구로서 퇴근 후 술을 마시고 식사를 함께 하는 정도이다. 교류가 적으면 상대방에 대한 이해의 정도가 낮게 되고, 문제가 발생하였을 때 문제 해결이 어려워진다. 한국계 기업들의 불만이 많은 보험 문제의 경우에도, 기업의 사정이 어려워서 보험금을 낼 형편이 되지 않으면, 평소에 교류를 하는 가운데 설명할 기회를 마련할 수 있고, 그러한 과정을 밟으면 정부 차원에서 해당 기업을 도와주는 방법을 모색하게 된다.

파트너쉽은 계약관계임에도 불구하고 한국계 주재원들은 꽌시를 앞세운 신분관계를 강조하는 경향이 농후하였다. 파트너를 깊이 잘 이해하고 발생하는 문제를 최소화하여 기업이윤을 극대화하기 위해서는 가능한 한 파트너를 포함한 중국인 사회에 가까이 접근하는 것이 최선책이라는 것은 분명한 이성적 판단일 수 있음에도 불구하고, 한국계 주재원들의 대부분이 선택한 본지인들을 대하는 최선책은 '불가근불가원不可近不可遠'이라고 주장되고 있다. 즉 한국계 기업의 현지화 정도와 수준은 근近과 원遠의 중간 정도에 머물러 있다고 이해할 수 있다.

불가근불가원不可近不可遠의 현지화 방식에서 예외를 보이는 경우가 지퍼를 생산하는 공장의 총경리인 안사장의 사례로 이해할 수 있다. 안사장은 중국인들에게 웬만한 기술을 모두 가르쳐준다. 공정에 따라서 관리하는 방식도 가르쳐주기 때문에 경쟁관계에 있는 본지인 공장들도 안사장을 좋아한다. 그 결과 그는 중국지퍼협회의 이사가 되어 있다. 그 협회에는 200개 회원사를 두고 있고, 협회 중심의 세미나를 하면 300~400명이 모였다. 안사장은 공장 건물의 3층에서 9년째 방 하나에서 생활하고 있었고, 직원들이 모두 그것을 알고 있었다. 안사장은 직원들에게 엄격하게 야단을 잘 쳤다. 과거에 직원들에게 '5S 교육'이라는 것도 시켰다. 교육 후 시험을 쳐서 그 결과를 고과에 반영하고 봉급과 진급에도 적용하였다. 그는 현재까지 공장을 중심으로 20쌍의 결혼식 주례를 섰다. 23세 이하의 조혼은 300위안을 부조하고, 25세 이상의 만혼은 500위안 부조하며, 장례식에는 1,000위안 정도의 부조를 한다. 초창기에는 직원의 가정을 방문하여 직원 부모들과 면담을 하였고, 그러한 경우 400위안씩 인사 치레를 하였다. 현재까지 본지인 직원을 한국의 본사에 250여 명 연수시켰으며, 본사에서도 이곳을 연수차 방문하는 경우가 있었다.

안사장의 영향으로 주재원들 중에서 5명이 한족漢族, 본지인과 결혼하였다. 그중에서 2쌍은 한국으로 귀국하였다. 한국인 주재원 차장인 남성이 같은 부서에 근무하던 한족 유압기계 전공의 여자와 결혼하였다. 부인은 대학을 졸업한 사람으로서 산동성山東省의 시골 출신으로서, 자녀를 2명 낳고 잘 살고 있었다. 결혼 후 한국에서도 1년 근무하였으며, 부인은 현재 다른 기업에서 일을 하였다. 다른 한 부부는 심양沈陽으로 이사하였고, 그곳에서 여행사를 한다. 이 집의 부인은 깔끔하게 청소도 잘하며, 친정이 청도시靑島市이다. 5명 중에는 이혼한 사례도 있었다. 한국인 남편은 전기 책임자이고 전문대를 졸업하였는데, 한족 여자는 고졸이었다. 결혼 후 부부가 한국의 시부모 밑에서 훈련을 받고 왔는데, 결국 이혼하였다. 그 한국인 주재원은 현재 다른 한족 여자와 동거 중에 있었다.

주재원 식당이 따로 존재하지 않고, 총경리가 공원들과 마주 앉아서 식사를 함으로서 본지인 노동자들과의 거리를 좁히려는 노력을 하는 기업도 있었다. 식사 도중에 총경리는 여공들과 함께 이야기를 나누며, 식판을 씻는 장소를 만들어서 모든 사람이 스스로 자신의 식판을 씻도록 함으로서 주재원과 본지인 노동자들의 거리를 좁히는 노력을 제도적으로 시도하였다. 공원을 채용할 시에는 부모를 면접하며, 그러한 인연으로 공장에 부모들이 놀러 오도록 함으로서 '불가근不可近'의 방식을 철폐하려는 노력도 있었다.

천진에 있는 한국계 기업들의 모임에서는 1년에 한 번씩 대규모 행사로서 운동회를 개최하였다. 그것이 운영되는 내용을 보면, 본지인 노동자들과의 꽌시를 위한 노력의 일환으로 운동회를 실시하는 것이 아니라, 한국인 사회를 만들어 가는 과정의 일환으로 기업들이 중심이 되어서 만든 조직이 가동하고 있었다. 운동회의 실시 목적을 '한국기업간의 친목 및 단화를 도모하기 위해 운동회를 개최한다'고 한 것처럼, 분회의 29개 업체의 전직원과 가족들이 함께 모두 2천 여 명을 대상으로 참여하는 운동회로서 2001년에는 6월 9일에 시행하였다. 경기종목으로는 남자축구, 남녀혼성 400미터 릴레이, 남녀혼성줄다리기, 남녀혼성족구, 여 400미터 릴레이, 남 2,000미터 릴레이, 주재원 1,200미터 릴레이 등이다. 종목별로 11개 팀 내지 26개 팀이 참가하였다. 운동회 협찬금으로 14,300위안元이 회원사에서 모금되었고, 임대비운동장, 심판, 운동기구 포함와 상품 그리고 기타 비용으로 사용되었다. 총 사용경비는 18,056위안이 되어서 부족분 3,756위안은 2001년도 회비로 충당하였다. 회원사들은 운동회의 성적에 따라서 제공되는 상품들을 희사하였다.

분회 회원으로는 동일 경쟁 업종이 없는 상태였다. 한국인끼리 서로 모이고 싶지 않고 다른 지역예를 들어 개발구가 아닌 어느 마을에서 공장을 세우고 싶어하는 경우도 있었다. 그럼에도 불구하고 내부관계의 구축을 위하여 적지 않은 역동성을 발휘한다. 대외관계를 기업 활동의 전부로 해야 할 한국계 기업들은 한국계 기업들 간의 친선과 화목을 목적으로 하는 기업외적인 활동에 에너지를 쏟는 부분도 발견되었다. 결과적으로 응축현상凝縮現狀, involution이 나타나게 된다. 즉 외부와의 관계 속에서 역동성이 진화되는 것이 아니라, 원래 내부용으로만 존재하던 역동성의 방식이 유일하게 진화의 원동력으로 작동하기 때문에, 외부와의 관계에 있어서는 점점 더 격리현상을 일으킬 가능성이 커지는 것이다.

한국계 기업이라는 조직의 차원에서 볼 때, 한편에서는 중국 사회와의 꽌시를 경영의 중요한 틀로서 관리를 하고 있으면서 동시에 또 다른 한편에서는 한국계 내부 꽌시를 돈독하게 하는 현상에도 주력하고 있음을 알 수 있었다. 이것은 궁극적으로 한국계 기업을 만들어 가는 논리와 한국계 사회를 만들어 가는 논리를 병존시키고 있다고 이해할 수 있다. 전자를 외부 꽌시라고 한다면 후자는 내부 꽌시이다. 관리라는 면에서 전자는 어렵지만 후자는 상대적으로 몸에 배어있는 편이다. 후자의 역동성이 어느 정도 전자의 관리를 위한 과정에 효율적으로 작동하고 있는 지에 대해서는 의심의 여지가 있다.

한 봉제업체의 총경리는 현재까지 6년 동안 근무하였고, 기술자들만 주재원으로 왔을 때는 문제가 많았으나, 관리자가 들어오면서 상황이 호전되었다. 기술자들만 왔을 때 파업이 있었다. 봉제업의 특성상 노동 강도가 높고, 한국식의 봉제업 문제가 중국으로 그대로 이전되는 경우가 있었다. 경리經理란 '경영관리하다' 또는 '경영처리하다'의 의미, 즉 지도력과 직결되는 의미라고 본지인 관리자는 해석을 한다. 따라서 해외에 파견된 회사의 총경리는 자기 특유의 능력과 덕목을 견지해야 하는 것이며, 중국인들의 마음에 경리에 대한 의미가 각인된 것처럼 역할을 하는 경리는 관리자의 경험이 있어야 한다. 기술자의 경력만을 가진 총경리로는 본지인 관리자나 노동자들과의 원만한 관계 설정이 어려운 것으로 판단할 수 있다.

성공적으로 기업을 경영하고 있는 한 한국인 총경리의 경험담을 통해, 꽌시라는 것이 어느 정도의 역할을 하고 있는지 판가름하는 일화를 보기로 한다. 처음 공장을 건설하는 과정에서 한국으로부터 건축자재가 들어왔는데, 공사는 진행 중인 상태에서 세관의 자재 통관이 늦어지는 바람에 문제가 발생하였다. 소위 '삼가三假'가짜비문, 假批文; 가짜증명, 假單据; 가짜인장, 假印章가 있다는 정도로 세관과 관련된 문제는 얽히고 설킨 부분들이 있는 것이 당시 중국의 현실이기도 하였다. 따라서 세관의 담당자는 통관 절차를 밟아야 한다고 하면서 일이 더디게 진행하였기 때문에, 총경리가 진두지휘하여 세관의 창고 있는 자재들을 가지고 나와 버렸다. 그 후 세관에서 불법행위에 대한 조사를 단행하였고, 이에 대해서 총경리는 문제를 제기하였다. 당시 총경리는 세관의 담당자와 식사를 하면서 전후 사정을 조용하게 설명하였다. 그 후 그 문제는 큰 어려움 없이 해결되었다.

또 다른 그의 경험은 소방검열에 관한 것이다. 운영 중인 공장에 대해서 소방검열이 자주 있고, 소방법대로 소방시설을 하려면 5억 원이라는 자금이 소요되기 때문에, 소방대장과 협의하여 관계법을 이해시켜서 1억 원 정도로 해결하였다. 생산원가를 절감하기 위해서 반제품으로 들어오는 자재에 대해서 완제품에 대한 관세를 내라고 요구하는 경우가 있었다. 그는 세관당국을 설득하여 완제품이 아니기 때문에, 원자재로 간주하

자고 협의를 하였다. 일 년에 관세 혜택을 몇 억 원씩 보지 않고는 이윤을
제대로 남기기가 쉽지 않다는 설명이었다. 관공서에서 '안된다'고 말하는
한마디에 일을 포기해서는 안 된다. 끝까지 따라가서 이쪽의 입장을 설명
하고 설득을 시키고 부탁을 시도하면, 상당한 정도로 문제가 풀렸다는 경
험담이 있었다.

회사 설립의 초창기에 노사 분규의 경험이 있었다. 노사 분규가 발발하
자마자 총경리는 시 정부와 논의를 하였고, 시 정부가 나서서 문제를 신
속하게 해결을 하였다. 그러나 회사에서는 앞으로의 문제를 고려하여, 주
동자를 색출하여 처벌해달라는 요구를 하였다. 시의 담당자들은 말을 듣
지 않았으나, 총경리는 시장을 찾아가서 그러한 문제를 제기하고 궁극적
으로는 주동자를 처벌하는 선까지 문제를 해결하였다.

이상과 같은 기업 경영의 과정에서 발생한 문제들을 해결하는 방법을
총경리는 꽌시의 문제라고 설명하였지만, 사실상 그것은 꽌시의 문제가
아니라 문제를 풀어가는 총경리의 개인적인 수완 발휘에 해당되는 사항
들이다. 물론 그러한 과정에서 총경리는 관공서의 담당자나 책임자들과
모종의 꽌시를 수립해나가는 점도 경험하였을 것이라고 생각된다. 주재
원들은 꽌시의 개념을 지나치게 확대해석하는 경향이 있음도 지적하고
자 한다.

다른 총경리의 경험은 인내력이 본지인들과의 관계에서는 가장 중요
한 사안임을 내세웠다. 파트너와의 갈등은 처음부터 있었다. 문제가 생기
는 경우에는 몇 일간 서로 만나지 않았다. 공장의 건설 공사 중에 대금지
불이 문제된 적이 있었다. 75만 위안의 내부공사가 있었는데, 일이 제대
로 진행되면 보너스로 3만 위안을 더 지급하기로 하였다. 그러나 일이 3
개월이나 지연되었기 때문에, 보너스 3만 위안을 지급하지 않으려고 하

였다. 공사를 맡은 측의 잘못이라고 지적되었기 때문이다. 그런데 중국 측 파트너가 적극적으로 공사를 맡은 측을 옹호하면서 보너스를 지급하자는 주장을 하였다. 결국 그 대금을 지불하게 되었다. 그 이후 중국인들과의 분쟁은 사전에 피해야 한다는 것을 알았다. 사전 대책을 충분하게 마련하는 일이 중요하다는 점을 학습한 셈이었다.

중국에 대해서 '아는 것'과 '이해하는 것'이 다르다는 것을 알았다는 경우도 있었다. 한국인들로서는 본지인 부하직원들에 대해서 불만이 적지 않았다. 중국인 직원이 일을 제대로 기일 내에 하지 않는 경우에 대해서 주재원들은 본지인들이 '일을 빨리 해야겠다'는 생각이 없는 것 같다고 생각하였다. 그 이유를 주재원은 다음과 같이 설명하였다. 주어진 일이 끝이 나고 나면 자신의 일거리가 없어지고, 결과적으로 본지인 자신의 직업이 사라지는 것이라고 생각한다는 것이다. 한국인들에게 습성화되어 있는 '빨리빨리'의 문제일 것이라는 생각을 하지 않고, 문제의 발생을 본지인의 습성으로 전가하는 결과를 가져오는 것이다.

일에 대한 책임감이라는 측면에서도 흥미로운 해석들이 주재원들에 의해서 제기되었다. 외자기업에서 중국인에게 과장의 직을 준다는 것은 과장으로서 결정을 하고 권한을 주고 책임을 지라는 것인데, 그렇게 하지 않으려고 한다. 본지인들은 책임질 일은 기피하는 것이 보통이다. 의사결정은 거의 대부분 위의 직급에 있는 한국인 주재원에게 돌리는 것이 일상화되어 있다. 나중에 문제가 생길 가능성이 있는 결정은 모두 주재원들에게 미룬다. 따라서 주재원들의 업무량이 폭증하게 된다. 중국인들은 책임추궁을 하면, 그만두라는 것으로 확대 해석하는 경향도 있다. 세부규정을 정해놓지 않으면 일이 되지 않는다. 구체적인 사항 한가지의 잘못을 따지더라도 자신의 전체적인 잘못을 지적하는 것으로 받아들이는 것이 중국인이다.

한국계 대기업에 근무하고 있는 공회 주석이 피력한 한국인들에 대한 평가는 다음과 같다. 그는 한국인들의 장점에 대해서 다음과 같이 인식하고 있다. 첫째, 한국인이 일을 할 때 집착하고 웅심장지雄心壯志가 있는 것으로 보인다. 둘째, 경업敬業하고 근면하다. 한국 관리자들이 매일 11~12시간 정도 근무하는 모습이 참 대단하다. 특히 창업초기에 이런 면이 잘 나타났다. 주재원들이 항상 목적을 달성하기 위해 대가·이유가 없이 열심히 일한다. 셋째, 관리 및 기술 차원에 엄격하고, 단결하고, 진취심이 강해 보인다. 단점에 대해서 공회 주석은 다음과 같이 지적하였다. 위계구조와 권위성이 심한 동시에 성격이 급하다. 예를 들어 작업현장에서 한국 주재원 관리자가 중국인 과장 및 근로자를 체벌한 사건이 있었다. 이런 사건이 지난 4년 동안 12차례나 발생했다. 체벌의 형식은 손으로 본지인인 과장이나 근로자의 얼굴을 때렸고, 맞은 사람의 얼굴이나 코에서 피가 나왔다. 이런 일이 발생하면, 공회가 항상 인사부문과 공동으로 나서고 적극적으로 처리해왔다.

둘째로, 한국인들은 노골적인 행동을 잘한다. 공평해야 하는데, 그렇지 못한 점을 잘 보여줌으로서 문제를 일으킨다. 한국상회의 지부 회장은 그가 지부 회장에 오른 후 6개월 뒤에 그의 회사가 세무조사를 집중적으로 받았다. 6개월 동안 그가 회장이 되었다고 으쓱대는 것을 본지인 공무원들이 줄곧 감시해온 결과인 것이다. 본지인들은 한국인들을 1년 내지 1년 반 동안 기간을 두고 보며 평가한다.

셋째, 한국인 주재원은 사소한 일에 대해서 화를 자주 내는 편이다.脾氣大 특히 위계가 높을수록 화를 더 잘 낸다. 두 가지 예를 들어 보자. 중국인 과장, 그 위에 한국인 부장, 그 위에 한국인 공장장이 있는 기업에서 일어난 일이었다. 공장장은 등급 관념이 심한 사람이었다. 어느 날에 중국인 과장이 한국인 부장에게 '김 부장'이라고 불렀다. 옆에 있었던 공장장은 이 말을 듣고 당장 화를 크게 내고 "당신이 김 부장님이라고 불러야 된다"고 지적하였다. 그로 인하여 중국인 과장이 사표를 내려 하였고, 그는 나중에 판매부서로 옮겼다. 또 다른 예는 다음과 같다. 본지인 한 사원은 입사한 첫 출근 날 10만 달러 어치의 물품을 밤 12시까지 정리하였으나 다 완성하지 못했다. 그 다음 날 본인은 근로자를 훈련해야 하고 한국인 기술자와 설비 설치에 대해서 논의하였다. 공장장은 다 정리되지 않은 물품을 보고 화를 내었다. 당시에 본인이 그렇게 열심히 일을 했지만 야단을 맞은데 대해서 이해를 하지 못했다. 다음 날 사표를 제출하고 싶었다. 중국인 부총경리의 만류로 사표를 내지 않았다.

주재원들은 중국에서 근무하는 동안에 본지인에 대해서 배우는 부분이 있고, 새롭게 배운 점들에 대해서 적응해나가는 모습도 보인다. 본지인들 사이에는 평등이 가장 중요한 점이라는 것을 배우게 되었다. 본지인과 주재원 사이에 차별을 두면 그것이 불만의 소지가 된다는 점을 알게 된 경우도 있다. 규칙을 세우는 것이 중요하고, 세워진 규칙들은 반드시 대자보로 게시해야 한다는 점도 알게 되었다. 한 주재원은 이것을 '대자보문화'라고 지적하였다. 따라서 주재원들은 본지인들이 제시한 대자보에 등장한 것은 대체로 받아들이고 기정사실화 하는데 익숙해 있었다.

노동자들은 한국계 기업이라는 인식이 확실하며, 외상투자에 대한 인식과 편견이 있는 것도 사실이다. 노동자들 입장에서는 국영기업은 자신들의 앞날이 보장되지만, 외상기업에서는 그렇지 못하다는 것을 잘 알고 있었다. 외상기업에서는 능력위주라는 점도 고려되었다. 외상기업에서는 평균적으로 계약기간이 2년이다. 따라서 근로자들은 늘 평가에 대해서 민감해야 하고, 그에 대한 불안감이 있는 것도 사실이었다.

노동력 관리에 문제가 있는 부분은 주로 한국계·대만계의 노동집약형 기업이다. 대기업에 노사분쟁이 별로 없으나 중소기업에 문제가 많았다. 특히 한국 주재원들이 본지인 부하를 훈계할 때, 상대방의 체면[面子]을 고려해주지 않아서 문제를 야기했다. 이런 현상이 보편화되어 있지 않더라도 '미꾸라지 한 마리가 강물을 흐리게 한다'_{중국의 속담으로는 '一條魚腥了一鍋湯'}는 식의 부정적인 효과가 있다.

대체적으로 한국계 기업들은 본지인 직원들을 경쟁력 있는 재목으로 만드는 노력을 하고 있었다. 경쟁력이 기업문화의 기초이기 때문에, 사회주의식 교육방식과 작업방식에 익숙한 사람들이 결과적으로 얻게 된 평등이라는 사상 속에 경쟁력 개념을 주입시키는 것이 최대의 과제라고 한 한국인 총경리는 생각하였다. 따라서 본지인들로 하여금 경쟁 사회의 실상을 보여주는 활동과 경쟁 개념의 이해에 치중하고 있고, 직원들로 하여금 경쟁업체에 대한 정보보고서를 작성하도록 하였다. 사내의 활동으로부터 경쟁사에 관한 관심으로 주의를 돌리는 노력도 하였다. 한 기업은 본지인 직원들을 한국의 본사로 보내어서 지난 5년 간 600여 명에 대해서 연수교육을 시켰다. 또 다른 기업은 한국으로 연수한 조장들에게 부주임 대우를 함으로써, 한국으로의 연수에 대한 동기부여를 키우기도 하였다.

중국은 평등주의가 강한 사회라는 점을 이해할 필요가 있다. 현재는 본지인들이 주임의 직급까지 담당하고 있는데, 얼마 가지 않아서 과장의 직급까지 본지인들이 맡을 것으로 예상하고 있었다. 승진을 위한 평가기준은 생산성, 품질, 조직에 대한 협조 등이다. 부작용이 없도록 하기 위해서는 명확하게 평가되어야 하는 과제가 있다. 현재는 조장과 반장을 하려는 사람이 없다. 왜냐하면 일만 많아지고 야단을 혼자 들어야 하는 방식이기 때문이다. 여기에 성과급을 적용하여 수정하려고 시도하였다. 계획과 부주임이 매일 모든 부주임들을 모아서 회의를 한다. 본지인들끼리 회의를 한다. 이러한 경우에는 한국인 관리자가 참여하지 않는 것이 더 잘된다는 것을 알았다.

고객이라는 개념을 주입시키는 것을 중요한 과제로 생각하였다. 친구에 관한 얘기도 좋고, 일상적인 일에 관한 내용도 좋다고 하였다. 궁극적으로는 심성을 어떻게 변화시키는가 하는 점에 역점을 두었다. 사내의 교육적인 효과를 위해서 구호를 '품질' 또는 '고객' 등으로 바꾸기도 하였다. 즉 조직 바꾸기에 역점을 둔 것이다. '일하면서 배우고, 배우면서 일하자' 등의 구호를 걸었다. 지극히 한국적인 사고방식을 적용하였다. 한국을 벤치마킹해서 이기자는 식이었다. 매일매일 바뀌자日日新는 구호도 걸었다. 공부하는 것을 기업의 중요한 목표로 생각하기도 하였다. 사람 품질이 업무 품질에 영향을 주고 업무 품질이 제품 품질을 결정짓는다는 공식을 제안하였다. 이것은 모두 주재원의 대표인 총경리의 아이디어였다. 이러한 결과로 인하여 한국계 업체에 근무하는 본지인 노동자들이 다른 업체들보다도 훨씬 더 스트레스를 많이 받고 있다는 지적도 있었다.

중국인은 근면·열정·노력의 동기 등의 면에 한국인과 별 차이가 없다는 판단이 일반적이다. 상해에 있는 한 기업의 상황은 다음과 같았다. 사무실에 있는 사무직은 상해上海의 본지인들이다. 공장에서 일을 하는 노동자들의 90%는 안휘安徽, 강소江蘇, 사천四川 등 지방에서 온 외지인들이다. 현장부문의 책임자들은 모두 본지인들이다. 주재원은 전체 운영과 자금관리 그리고 생산기술지도만 맡고 있었다. 주재원들의 중국에 관한 인상도 많이 변화되었다. 초기에는 중국인이 천천히 행동하는 것이나 야근을 하지 않는 것에 대해서 불만이 많았다. 이제 본지인과 주재원이 섞인

간부회의에서 업무현황을 충분히 교류하고 업무도 공개하고 본지인의 앞에서 한국인 주재원의 잘못에 대해서 야단을 치는 한국인 총경리가 존재하는 상황으로 바뀌고 있었다.

주재원들이 상대하는 본지인들은 거의 대부분 어떤 사안에 대해서도 처음에는 "커이可以"이 단어의 의미가 아주 다양하다는 점을 감안해야 함라고 응답한다. 시간이 지나면서 실제로 일이 이루어지는 과정에서는 제대로 성사되는 것이 없음을 경험하는 경우가 많다. 이러한 문제를 파악한 주재원이 서류를 만들어서 본지인들과 구체적인 문제를 따지게 되면 이후의 과정은 상당히 달라진다. 이 과정을 위해서 본지인들의 '만만디'는 천천히의 의미가 아니라 느긋하다고 해석되는 것이 더 바람직하다. '길이 길어야 말의 힘을 알 수 있고, 시간이 많이 지나야 사람의 마음을 알 수 있다路遙知馬力, 日久見人心. 君子之交淡如水, 酒肉賓朋不久長'는 중국의 속담을 배움에 있어서 한국인들은 시간과 수업료를 투자해야 한다.

중국인들은 자존심이 세기 때문에 일도 책임감 있게 잘 한다는 평가가 있다. 중국인들은 상대방이 싫어할 소리를 절대로 하지 않는다. 따라서 일이 진행되지 않고 시간이 그냥 흘러가는 경우도 있다. 상대의 진의를 파악하기가 쉽지 않기 때문에, 중국인들을 대하는 것이 어렵다. 상담에서 일이 성사되는 경우는 거의 없다. 상담은 단지 초면에 분위기를 잡는 정도의 역할을 할 뿐이다. 문서로 계약한 뒤에 구체적인 일의 진행이 가능하게 된다.

한국인들이 본지인을 대함에 있어서 미루어 짐작하면 모두 실패한다. 중국인 부하 직원에게 일을 주문해놓고 일이 되었는지를 확인하였을 때, 일이 되어 있지 않으면 틀림없이 그에 관련된 불만이 있다는 표시라고 이해하게 된다. 그때 불만이 있음을 알게 된다. 회의를 하면 아무런 말을 하지 않는 것이 중국인들이다. 따라서 중국인 직원들이 의견을 내게 되면, 그것이 회사의 기본방침에 크게 저촉되지 않는 한 의견을 따르려고 노력한다. 그래야 다음에도 의견을 낼 수 있도록 유도하는 방법이 된다.

중국인들은 물품매매, 가옥매매 등 일과성인 계약은 '합동合同'이라는 말을 쓴다. 이것은 각자의 권리 의무를 확정하고 서로 지켜야할 조문이다. 그리고 앞으로 20~30년 같이 협력해서 운영할 사업이나 공동투자하여 운영할 사업인 경우는 계약을 할 때, '협의서協議書'를 쓰게 된다. 20~30년 같이 사업을 하자면 협심을 통해 어떻게 회사를 운영할 것이라는 일치된 의견을 도출해서 그대로 경영해야 하기 때문에, 그러한 일치된 의견을 약속할 때는 '합동合同'을 쓰지 않고 '협의協議'라는 말을 쓰게 된다. 그런데 한국인들은 협의라는 말을 잘 이해하지 못하고 계약이나 합동이라는 단어로 바꾸라고 실랑이를 벌이는 수가 있다. 참고로 협력을 중국어로는 합작合作이라고 하고, 공동투자를 합자合資라고 한다. 식사를 할 경우에도 여러 사람들을 함께 초대해야 한다. 그렇게 하는 것이 위와 아래 사람들이 함께 공동으로 모든 일에 책임을 지게 하는 방식이다.

주재원들이 기업의 관리에 참여하는 정도에는 한계가 있게 마련이다. 그러한 의미에서 '불가근불가원不可近不可遠'이라는 얘기가 주재원들 사이에서 회자되고 있는 것이다. 한국계 기업의 현지화 정도가 당시 이 수준에 왔다는 점을 말하는 것으로 이해할 수 있었다. 궁극적으로 현지화는 중국제도 속에서 중국문화에 맞게 일을 하면서 외상기업의 좋은 기술을 접목시키는 것이라고 말할 수 있다. 특히 내수를 목적으로 하는 기업은 이러한 내용들 중에서 하나라도 거부하게 되면, 현지화는 실패한다. 최종적으로 주재원들은 모든 것을 다 가르쳐주고 떠나게 된다. 이러한 기반 조성에 상당한 시간이 걸릴 것으로 생각한다. 한국계 기업의 현지화 과정

에서 궁극적으로 주재원들은 언젠가는 사라져야 할 일시적 종一時的 種이
될 수밖에 없다.

5. 조선족朝鮮族과 주재원駐在員의 관계
동족同族이라는 '뜨거운 감자'

'조선족의 정체적인 문화심리를 분석하면, 조선반도는 '친부모親父母'이
고 중국은 '양부모養父母'라는 관점을 지니고 있다. 망국의 설움을 안은 조
선족을 키워준 중국을 분명히 알고 있다. 그러므로 조선족은 그 어느 민
족과 달리 이중성나쁜 의미가 아님을 띤 민족이다. 이런 견지에서 볼 때, 조선족
은 언제나 '친부모'와 대화하려 하고 '친부모'에게 지난날의 서러움을 토
로하고 싶어한다.'천진에서 발행되는 『광장(廣場)』지에서 발췌 이상은 중국의 조선족 사
이에서 적용되는 거의 보편화된 진술이며, 흔히 조선족 엘리트들에 의해
서 언급되는 내용이기도 하였다. 이러한 분위기도 국제정치적이고 양국
의 국내 상황에 따라서 언제든지 변할 수 있다.

중국의 개혁개방과 동시에 조선족들은 그들의 '친부모'가 중국 땅에 등
장함을 알게 되었고, 여러 가지 통로를 경유해서 조선반도의 남쪽에 있는
한국을 방문하는 기회를 갖게 되었다. 즉 오랫동안 단절되었던 혈육의 끈
을 이을 수 있게 되었으며, 그러한 통로는 중국에 거주하고 있는 조선족
들의 경제적인 활동에도 적지 않은 영향을 미친 것이 사실이다. 조선족들
이 집거하고 있는 동북 3성, 특히 길림성의 연변지역은 한국의 영향을 깊
이 받았다. 한국과의 연결은 곧 경제적 이익과 직결되는 것으로 이해될
정도로 조선족들의 경제생활과 그에 연결된 일반적인 조선족 사회는 적

지 않은 변화를 경험하게 되었다.

　중국과 기업 활동을 하게 된 한국계 기업인들은 중국인 파트너들과의 커뮤니케이션 문제를 처음부터 전적으로 조선족들에게 의존하면서 기업 활동을 시작하였다. 조선족들은 한국계 기업에서 통역이라는 고유하고도 독보적인 영역을 확보하게 되었고, 이러한 점은 중국어에 대한 필요성 정도가 많으면 많을수록 한국계 기업들은 커뮤니케이션의 측면에서 조선족들에 대한 의존도를 높여간 것이 사실이다. 사실상 기업 활동에 있어서 통역이라는 영역은 기업외적인 문제이기 때문에, 한국계 기업에서 통역의 역할을 부여받은 조선족들은 처음부터 언젠가는 도태될 수밖에 없는 일시적 종一時的種의 운명을 타고난 셈이라고 말할 수 있다.

　초기에는 주재원들의 중국어 구사 능력이 원만하지 못했기 때문에, 조선족들이 중간자로서 통역의 기능을 담당해왔다. 주재원들은 기본적으로 5년 근무를 한 뒤에 본국으로 귀환한다. 따라서 중국어를 하는 주재원들의 숫자가 적게 마련이고, 이 부분을 보완하기 위한 방법으로 조선족들을 많이 이용하는 셈이었다. 한 대기업의 경우, 후속으로 배치된 주재원들이 중국어 교육을 받고 부임하였기 때문에, 주재원들의 회의와 업무는 모두 중국어로 진행하면서 통역 부문에 종사하였던 조선족들이 많이 탈락하였다. 한 기업의 직원 1,150명 중에 주재원은 법인장 외에 6명이 있었다. 조선족은 기술 쪽에 2명, 재무에 2명이 근무하였다. 기술 쪽은 중국어로 번역하는 문제가 있기 때문이었다.

　조선족과 주재원의 관계를 통역이라는 영역이 필요로 하는 역할 이상으로 밀접하게 만들어준 것이 양자간의 동족同族이라는 신분적인 관계라고 말할 수 있다. 문화적이고도 역사적인 공유성을 배경으로 한 동족의 관계로 인한 조선족과 주재원의 관계는 기업 활동이라는 장이 아닌 곳에서도 얼마든지 전개될 수 있는 문제다. 이러한 신분적인 관계가 근본적으로 계약적인 기업 활동의 영역에 삽입됨으로 인하여 발생된 문제들도 적지 않게 나타난 바 있으며, 그로 인하여 유형적으로 발생되는 문제들에 대한 반성의 목소리도 제기되고 있는 실정이었다.

한국계 기업 속에서 조선족의 등장은 구조적으로 양면적인 문제를 안고 있는 것으로 지적할 수 있다. 계약관계의 기업 활동 속에 개입되는 동족이라는 신분관계는 양자의 관계를 돈독하게 만들어주는 시너지 효과를 제공하는 반면에, 계약과 신분이라는 두 관계의 혼돈된 접합으로 인한 불협화음의 효과도 발생하고 있는 것으로 관찰되기도 하였다. 한국계 기업 내에서 활동하고 있는 조선족들과 관련된 현상을 일별해 보고, 양자관계의 양면성에 대해서 구체적인 자료들을 검토해보기로 한다. 1999년 5월 현재 천진에 투자한 한국기업은 750여 개에 조선족 5,000여 명이 근무하고 있다.『광장(廣場)』 제19호 참조

한 중소기업의 경우, 8명의 조선족 직원이 있는데, 5명은 통역이 가능하고, 나머지 3명은 언어 수준에 있어서 중국인 한족이나 마찬가지였다. 처음에는 부서별로 조선족 통역을 두었는데, 이제는 그것을 줄인 상태다. 현재는 통역 전문으로는 1명밖에 없다. 또 다른 중소기업에서 조선족은 50명에서 30명 선으로 줄었다. 그중의 절반 이상이 통역요원들이었다. 이 기업에서는 조선족 남자 10명을 뽑아서 키워 보려고 시도했었는데, 실패하였고 지금은 그들 중에서 1명이 남았다.

한 중소기업에서는 중국인 기술자와의 한국인 동료의 의사소통에 통역이 있다. 초창기에 연변延邊에서 나온 조선족을 통역으로 채용하였다. 그들은 상대적으로 교육수준이 낮아서 잘못 통역한 경우가 적지 않았다. 노동자들의 간단한 요구사항에 조선족 통역을 통한 회의를 하게 되면, 아

주 간단한 경우에도 5~6시간씩 소요되었다. 따라서 그로 인하여 문제도 발생하였다. 현지화를 위해 조선족 직원 수를 줄이는 경향이 강하고, 주재원들이 중국에 오기 전에 중국어를 연수하며, 주재원들의 중국어 수준도 많이 향상되었다. 따라서 조선족 숫자는 최소한으로 하면서 조선족과 한국인 사이의 구분이 약화되었다. 조선족의 근본은 중국인이며, 한국식 잣대로 조선족을 대하는 것은 문제 있다는 점을 터득하게 되었다.

또 다른 경우, 한 기업의 직원 전체 600명 중에서 조선족이 7% 정도로서 40명이다. 그들은 주로 한국의 본사와 연락하는 업무를 맡고 있었으며, 대체로 사무직이다. 대학이나 전문대 졸업생으로서 한글로 처리해야 하는 서류를 담당하고 있었다. 이들이 책임감과 속도 면에 있어서 한족들보다도 낫다는 평가를 받았다. 그러나 이들은 모두 외지인들이거나 처음으로 농촌에서 도시로 취업을 해서 온 사람들이기 때문에, 처음에는 모든 것을 감수하고 취업을 했다가 몸값을 올린 후에는 이직을 하는 경우가 많았다. 따라서 조선족들의 이직률이 본지인들 보다도 비교적 높은 편이었다. 한국계 기업으로 보면, 조선족을 채용함에 있어서 분명한 득과 실이 병존하였다. 조선족들에게 일을 가르쳐서 자동적으로 일이 돌아갈 만한 정도로 근무능력이 향상되면, 조선족들은 퇴사하는 경우가 많았다.

한 대기업에서는 전 인원의 2~3%가 조선족이고, 부문에 따라서는 40%가 조선족인 경우도 있었다. 초창기에는 조선족이 아주 많았는데, 조선족들이 월급과 처우 문제에 있어서 많은 불평을 제기하였다. 그 후 한족으로 대체하는 경향이 강했고, 서서히 조선족에 대한 의존도가 줄어들었다. 영업과 마켓팅 부문에서 특히 조선족이 불리하였다. 조선족은 주재원을 도와주는 기능을 하고 있는 정도로 판단되었다.

직원은 모두 530명인 한 전자부품 회사의 경우, 조선족은 모두 서무

쪽에 근무하였다. 한족은 한글이 되지 않기 때문에, 서울의 본사와 연락을 위해서는 한글을 구사하는 직원이 필요하였다. 조선족들은 초창기의 사람들로서 70~80%가 3년 이상 근무하였다.

조선족 대졸자들의 취직 방향은 주로 대기업에서 관리자로 근무한다. 중소기업에서 근무하는 조선족은 대부분 대졸 및 그 이하 수준이다. 한 중소기업의 경우, 조선족이 8명이 있는데 통역능력이 있는 자가 5명, 통역능력이 없는 자가 3명이다. 전자의 경우 주로 기숙사·생산·무역·총무·비서 등의 업무에 있다. 조선족이라고 해서 모두 중국어의 통역 능력이 있는 것은 아니다. 통역 능력이 없는 조선족들은 주로 중졸·고졸 학력이다. 전자산업의 경우에 사원이 최소한도 물리학과 화학의 상식을 알아야 한다. 그러나 그들이 수준과 자질이 낮고 전문지식이 없다면, 통역할 때의 잘못으로 인해서, 업무에 안 좋은 영향을 미치기도 하고, 전체 직원의 분위기에도 영향을 미친다. 따라서 한국계 기업은 교육 수준이 높은 조선족 직원을 채용할 필요가 있다는 주장도 제기되었다.

통역자가 수요자의 문화를 잘 알아야 하는 것은 필수적이다. 그래야 제대로 통역을 할 수 있다. 미국과 일본 업체들은 기업의 고위직에 중국인을 고용한다. 한국계 업체들은 총경리가 값싼 통역을 대동하는 경향이 강하다. 총경리가 직접 언어와 문화를 배워서 중국인들을 접촉하는 것이 가장 바람직하다. 이렇게 하지 못하는 데에는 중국인들을 믿지 못함에서 기인하는 부분도 있다. 한국인 총경리들은 현장에 와서 직접 보고 듣는 것으로 만족하려는 습성이 있다. 선진국 업체들은 고급 중국인들을 고용하기 때문에, 그들을 통한 꽌시가 좋아질 수밖에 없다. 한국계 업체에서는 대체로 조선족이 부서별로 통역과 업무를 겸하는 경향이 강하다. 중국의 관공서에 업무차 대동되는 대기업 측의 통역은 대체로 대졸자들이지만,

중소기업에서는 그 밑의 학력을 소지한 사람들이 담당하는 경우가 많다.

한 중소기업의 경우, 회사 내에 조선족 직원이 30명이 있다. 그들은 통역직으로 입사하였다가 기술을 배운 후에 기술직으로 변신하였다. 조선족들이 있다고 하더라도 그들에게는 통역이 주업이 되어서는 안 되고, 그들의 고유 업무가 있어야 한다. 고유 업무를 전제로 하고, 부수적으로 통역업무가 부가되는 것이 바람직하다. 또 다른 한 중소기업에서 조선족은 모두 25명이 있는데, 단순통역으로 쓰지 않고 업무용으로 근무한다. 조선족이 많아지면 회사 내의 갈등이 커진다. 조선족들은 빵을 먹지 않고 밥을 먹으며, 별도 숙사를 마련해주어야 한다. 이런 것을 기본을 해결해주어야 함에도 또 다른 문제도 발생한다. 조선족들은 그 이외에 더 요구해오는 경우도 있다.

천진의 한국계 기업에 근무하는 박설매朴雪梅, 21세는 길림성 왕청현 출신의 조선족이다. 전문대를 졸업한 후 이곳으로 취직하여 2년 계약으로 왔다. 조선족 애인도 함께 천진의 다른 공장에서 사무직으로 근무한다. 그녀는 월급으로 1,200위안을 받고, 500위안 정도 저축하며, 애인과 함께 돈을 합해서 애인의 집에도 보내고, 고향의 본가에도 보낸다. 그녀는 고등학교에 다니는 남동생의 학비도 보낸다. 친구와 함께 방을 얻어서 방세를 나누어서 낸다. 한 달 방세로 125위안을 낸다. 2년 계약이 끝나면, 더 이곳에 있을지 어떨지는 그때 가서 생각할 것이다.

조선족으로서 한국계 기업에 오래 동안 근무한 경력을 갖고 있는 김경세金京世, 1972년생, 고졸는 길림성 교하현蛟河縣 출신이다. 교하현 제1고등학교의 전前 교장선생이 산동성 청도에 가서 직업소개소를 세웠고, 김경세는 그의 소개로 청도의 한국계 기업에서 취직하였다. 그때는 스무 세 살이었다. 그 후에 상해上海에 있는 친구의 소개로 상해로 갔다가 다시 곤산의 현 회사에 온 것이 1996년이었다. 여기서 7개월 동안 기술을 배운 후에 개발과에 들어왔다가, 현재 개발과에서 부과장직을 맡고 있다. 그의 증언에 의하면, 조선족들은 중소기업보다도 대기업에서 더 많은 스트레스를 받는다. 같이 입사한 한국인들은 부장이 되었지만, 그는 아직도 과장으로 있다. 본인이 채용한 부하 직원이 자신의 상사가 되었기 때문에, 그가 자신에게 제대로 명령을 하지도 못하는 상황이 벌어졌다. 따라서 업무가 제대로 이루어지지 않았고, 이것이 스트레스가 되어서 자신은 다른 대기업으로 이직을 하였다. 한국인으로서 당지에서 채용된 '현채現採, '현지채용'의 준말'와 동등한 기준으로 대우를 받으면서 현재의 직장에 4년째 근무하고 있다. 조선족들은 한국인과 한족 사이에서 양쪽의 기대치를 다 받는 것이 괴로운 측면이다. 따라서 이러한 스트레스를 이기지 못하는 경우가 흔하기 때문에, 조선족의 이직률이 높게 나타나기도 하였다.

천진개발구의 김향화金香花 부과장은 조선족으로서 연길 화룡현 출신이며, 1988년 북경교통대학에서 공부를 시작하였고, 졸업 후 1992년 천진으로 직장을 얻어서 왔다. 그녀의 한국인 주재원들에 대한 평가도 귀담아 들을 만하다. "한국업체들의 관리자들은 조선족들에게 반말을 한다. 이러한 문제는 대기업들보다는 중소기업 쪽에서 더 많이 일어나고 있다. 주재원들이 부하 직원들에 대해서 훈계할 때 반말을 쓰는 것이 가장 큰 문제라고 지적된다. '개새끼'라는 욕설이 자주 나온다는 보고도 있다. 한국 기업가들과 관리자들은 급면자給面子, 체면을 세워줌를 하지 않기 때문에 손해를 보고 있다." 의미심장한 진술이었다.

한국음식점과 조선족은 실과 바늘의 관계로서 항상 세트로 묶여서 생각해야할 과제다. 전체 천여 명의 직원이 있으며, 2호점에만 230명이 근무하는 대형 음식점 기업이다. 한국인 고객을 주로 유치한다는 특수상황을 들어서 노동국에 조선족을 많이 고용한다는 신청을 하였다. 노동국에서 조선족의 고용숫자를 1/4까지 동의를 하였는데, 회사에서는 1/3까지 늘렸다. 주방에 조선족을 많이 고용하고 있다. 언어가 통하기 때문에 능률면에서 조선족이 월등히 유리하다. 초기에 한족 직원들은 고자질을 우려해서 조선족을 경계하는 경우도 있었다.

중국에서는 소고기를 부위별로 도축하지 않기 때문에, 원자재 조달에 어려움이 있었다. 한국에서 수입하면 200%의 관세를 물기 때문에, 원자재의 현지화를 시도하였다. 고추장, 된장, 새우젓 등의 기초자료는 북경 시내에서 유사제품들을 사 모아서 섞어서 맛을 맞추는 노력을 하였다. 조선족들 사이로 탐문하여 연길로부터 재료를 많이 구입할 수 있었다. 조선족들이 원자재를 납품하는 역할도 맡았다. 주방장과 영업부장과 사장은 서울에서 왔고, 중간관리자는 민족의 출신에 관계없이 현지화시켰다. 한국인 관리자들의 급여와 복리 문제에 대해서는 중국의 파트너가 이해를 하였다. 주방장이 기술 감독을 하고 중간 기술자들이 맛을 내어야 하는데, 조선족은 대체로 맛을 맞출 수 있지만, 한족을 그것을 함에 있어서 많은 문제가 있다.

조선족 두 명과 한국인 한 명이 합작하는 방식을 취한 음식점과 가라오케를 겸업으로 하고 있는 한 업체는 영업허가를 조선족의 이름으로 하였으며, 세 명이 업무를 분담하여 관리를 한다. 영업 내용의 성격상 불법적인 면이 많은 업체이기 때문에, 조선족 한 명이 공안 쪽을 담당하고 있다. 한국인 투자자는 공안의 고위직 한 사람을 잘 사귀었다. 그의 장모가 병원에 입원해 있다는 얘기를 듣고, 퇴원하는 날 입원비 7천 위안을 먼저 갚아 주기도 하였다.

조선족 깡패들로 인하여 업체에 피해를 주는 사고가 몇 번 있었다. '흑룡강파'와 '연변파'가 세력다툼을 하고, 그들은 주로 한국인을 상대로 현금을 갈취하고 있다. 최근에도 한국인 투자자의 집에 강도가 들어서 모든 가재를 털어 갔다. 아편 중독자인 깡패 두목의 동생이 자신에게 그러한 사실을 제보해왔다. 공안에게 그러한 사실을 신고하였는데, 이주일이 지나도록 반응을 보이지 않아서 다시 찾아갔는데도 움직이지 않았다. 그 자리에서 인민폐 만원을 주었고, 일개 소대의 공안은 즉석에서 중무장을 하고 출동하였다. 자신이 맨 앞차에 타고 안내하였다. 조선족 깡패들이 거주하고 있는 방 한 칸을 습격하는 줄 알았는데, 출동한 공안들이 그 방이 속해 있는 집 전체를 부수어 버리는 일이 발생하였다.

가라오케의 마담 역할을 하는 여자는 조선족이다. 아직 미혼인 그녀는 흑룡강성 출신이며, 한국으로 연수를 다녀오기도 하였다. 포항과 울산 등지의 가라오케를 두루 둘러보고, 주로 한국인 손님들을 대하는 방식을 배워 왔다. 그녀는 서울 말씨도 많이 배워왔다. 가라오케에 한국인 손님들이 들어가면, 방안에 아가씨들이 들어오도록 안내하고, 손님들로 하여금 아가씨를 고르도록 한다. 조선족을 먼저 세우고, 다음에 한족을 세운다. 손님에게 어디까지 조선족이라고 소개한다.

이 업체에 투자한 한국인 사장은 조선족 때문에 업체의 경영이 어려울 뿐만 아니라 재산의 강탈과 생명의 위협을 받기도 하지만, 조선족이 없으면 자신의 사업을 할 수가 없는 관계를 맺고 있다. 한국계 업체와 조선족의 애증관계愛憎關係라고 말할 수 있다. 업체의 내용에 따라서는 조선족이 필요악의 존재가 되어 있는 경우가 적지 않은 점을 지적할 수 있다. 조선족은 꼭 필요하다고 주장하는 중소기업의 총경리는 조선족들에 대해서 두 가지 점을 경계해야 한다고 주장한다. 첫째 조선족은 공산주의 사상이 박혀 있다는 점이다. 둘째, 조선족을 한국민족으로 생각하여 이들에게 회사의 비밀을 다 가르쳐주면, 그것이 화근이 되어서 노사 분규의 원인이 되고 있다는 점이다. 이렇듯이 조선족에 대한 주재원들의 감정은 극단적으로 양가적이다.

한국계 기업의 공예품공사에서 출납으로 1년 반 정도 근무하던 조선족 여사원이 회사공금 25,000위안을 횡령하여 도주한 사건, 식당을 경영하는 한국인 자택에 조선족 강도 2명이 칼을 들이 대고 침입한 사건, 한국계 기업에 근무하는 한국인 주재원 1명과 조선족 직원 4명이 가라오케에서 다른 좌석과 싸움을 일으킨 안전사고 등이 언론에 보도되었다. 최근의 한국인 상대 강력사건들 중에서 상당한 수가 조선족 납치범에 의한 것이었다.

1999년 3월 6일 대련大連에서 한국인과 조선족의 갈등 해소를 위한 대화마당이 열렸다. 100여 명이 모여 4시간 동안의 토론이 있었다. 그 결과를 정리하면 다음과 같다. 첫째, 조선족 관리자는 한국인에 대해서 "실현성 없는 약속을 남발하지 말라", "당지의 관행을 제대로 알고 일하라", "최소한의 관리교육이라도 배워서 오라", "돈만으로 해결되지는 않는다", "기업문화가 필요하다", "한국인들끼리의 패가름이 본지인들에게 큰 부담을 준다" 등의 지적을 하였다. 둘째, 한국인은 조선족에 대해서 "철새처럼 날아다니지 말고 장기적인 자기목표와 계획을 가져라", "한국어의 통역에만 매달리지 말고 전문기능을 제대로 배워라", "한국에 연수가면 도망가고 돌아오면 분쟁의 주동자가 되지 않는가" 등의 지적을 하였다. 셋째, 조선족관리자는 다음과 같은 종합적인 제안을 하였다. "조선족은 현실을 바로 보아야 하고, 한국인은 나눔의 철학을 가져야 한다. 조선족은 책임감이 필요하고, 한국인은 인내심을 갖고 조선족을 가르쳐 주어야 한다." 또 다른 한국계 기업의 책임자는 "조선족들은 삼불三不. 不 : 안된다, 不知道 : 모른다, 不

管：나와 상관없다을 추방追放해야 한다"고 주장한다.

한국계 기업이 빠른 시일 내에 정착함에 있어서 조선족이 기여한 것은 사실이다. 중소기업은 처음에 어떤 조선족을 만나는가에 따라서 회사의 운명이 좌우되는 경우도 있다. 시스템이 갖추어져 있지 않은 중소기업이나 개인 업체는 조선족 활동의 정도에 따라서 영향을 크게 받는다. 조선족과 한국인 사이에 피차 기대가 커서 생기는 문제도 있다. 조선족들은 한국인들로부터 무시당하는 느낌도 받고 있다. 한국계 기업에 대한 조선족들의 심리상태는 상당히 불안정한 면이 있다고 생각된다. 한 조선족 직원의 진술은 다음과 같다. "한국계 기업의 '현지화'라는 모토 때문에, 한족을 더 높이 대우하는 경향이 강해지고 있다. 회사가 정착되면서 조선족의 값이 떨어져 갔다."

조선족의 역할에 대해서 중국 내에서 일본계 기업보다 한국계 기업들이 성공하는 요인들 중의 하나가 조선족의 역할이라고 한 대기업의 총경리가 주장한다. 조선족은 중국에 대한 인식상의 중개 역할을 하고 있기 때문에, 한국인들이 상대적으로 유리한 입장에서 중국에 접근하고 있다는 설명이다. 그러나 한국계 기업에서 '조선족들은 잘 쓰면 보약이고, 잘못 쓰면 독약이 된다'라는 인상도 남아 있으며, 주재원들은 조선족에 대해서 상반된 엇갈리는 평가를 하고 있음도 분명하다. 그 이유는 기업의 구성원으로서 조선족을 고려하기 이전에 조선족들에 대한 일종의 편견으로부터 작동되는 것이라고 생각된다. 계약에 의해서 기업의 구성원으로서 일을 하는 조선족을 바라보는 시각과 계약관계를 설정함에도 불구하고 조선족에 대한 감정적인 신분관계를 바탕에 깔고 있는 시각의 차이에서 비롯된 문제라고 생각된다. 상대적으로 조선족들의 주재원들에 대한 평가도 엇갈리는 부분이 있다.

업종별로 조선족의 역할과 그들에 대한 기대가 다른 점이 분명하다. 음식업이나 유흥업을 주로 하는 업종에서는 조선족이 지속적으로 필요한 존재로 남아 있다. 그러나 그 이외의 업종에서는 대부분의 조선족들의 숫자가 초창기에 비해서 상당한 정도로 삭감되고 있으며, 조선족의 불필요성에 대한 고려도 적극적으로 제기되고 있다.

한국계 기업의 필연적인 일시적 종의 지위로서 참여를 시작했던 조선족은 동족이라는 신분개념에 기초한 의존성집단에서 사원이라는 계약개념에 기초한 노동 창출성 집단으로 변하고 있다. 이미 한국계 기업 내에서 통역이라는 지위는 조선족들로부터 이탈되고 있고, 조선족들은 주재원들을 위한 통역이라는 특수한 지위로부터 고유한 기능을 갖고 있는 기업의 조직원으로 전환하고 있는 점이 관찰되었다. 조선족이 절대적으로 필요한 한국식 음식점이나 유흥업소와 같은 한국계 기업에서도 조선족들은 통역으로서 고용되는 것이 아니라 한국음식의 조리와 관리 및 접대라는 직능과 관련된 지위로서 선호되고 있다.

조선족과 주재원 사이의 동족관계는 신분에 기초한 것으로서 어떤 경우에는 기업 조직의 기본인 계약관계를 지배하는 경우가 있다. 기업의 경영과 관리라는 측면에서는 신분보다도 계약이 앞서는 것이 상식임에도 불구하고, 동족이라는 신분을 기초로 하여 발생하는 계약을 넘어서는 기대가 선행되고 항존하고 있는 점을 지적할 수 있다. 그로 인하려 필연적으로 발생하는 애증관계가 진행되고 있는 점이 관찰된다. 중국어와 중국문화에 익숙하지 못한 주재원이 파견되는 한국계 기업은 태생적으로 조선족의 고용을 필수적인 것으로 간주하는 경향이 강하다. 이러한 현상이 한국계 기업의 현지화에 적지 않은 걸림돌로 작용하고 있다.

6. 본지인本地人과 조선족朝鮮族의 관계

한족漢族과 소수민족少數民族

조선족이 중국 영토에 등장하는 것은 19세기 중후반이라는 견해가 지배적이다. 조선족은 중국내의 50여 개 소수민족들 중에서 유일하게 '월경소수민족越境少數民族'의 지위를 점하고 있고, 중국의 동북 3성요녕성, 길림성, 흑룡강성을 중심으로 분포하고 있으며, 그 집거의 역사도 상대적으로 일천한 편이다.전경수, 1995 중국의 개혁개방 상황은 조선족들로 하여금 집거지들을 벗어나서 일자리를 찾아서 도시로 이주하도록 하는 조건을 만들었고, 조선족들은 한국계 기업들이 있는 곳을 찾게 되었다. 그들은 한국계 기업으로부터 통역자로서 환영을 받았고, 그들의 적소는 한국계 기업의 통역으로 한정되는 경향이 있었던 것이 사실이다.

한국계 기업에 등장한 조선족의 숫자는 소수일 수밖에 없고, 대부분의 본지인들 사이에서 근무하는 상황이 전개되었다. 중국어를 잘 구사하지 못하는 주재원들을 위한 통역의 과정에서 조선족들은 본지인인 한족들을 상대할 수밖에 없고, 한족과 조선족의 관계는 특별한 상황으로 설정되었다. 즉 대한족주의大漢族主義를 발휘하는 본지인과 소수민족인 조선족의 관계 설정이 한국계 기업 내에서도 역동적으로 작동하고 있음을 할 수 있다. 동시에 조선족들은 스스로 중국인임을 잘 자각하고 있기 때문에 중국인으로서의 조선족은 중국인으로서의 한족과 맺어야 하는 또 다른 관계설정에 부딪힐 수밖에 없다.

한 한국계의 중소기업에서는 백혈병으로 고생하는 조선족 직원을 동포애로서 2년 동안 헌신적으로 지원하였다. 한국인인 주재원들은 이 문제에 대해서 동포애로서 접근하였지만, 중국인들은 외국인이 자국인을 도와준다고 고마워했다. 한 기업에서 파업사건이 있었다. 주재원인 팀장과 조선족 통역이 함께 술을 마시고 들어와서 부린 행패를 발단으로 시작되었다. 한국인인 총경리의 고모가 공장의 삼층에서 총경리와 함께 살고 있었다. 이 두 사람이 고모가 거주하는 방의 방문을 발로 박차는 것에 격분하여 고모가 한국인을 때린다는 것이 빗나가서 조선족이 맞았다. 조선족은 그 길로 한족들에게 달려가서 한국인이 중국인을 때린다고 고함을 질렀다. 조선족이 포함된 팀은 태업에 들어갔고, 다른 팀들은 순순하게 일을 하였다. 그러나 그것을 구실로 하여 공회는 수당을 올려달라는 태업으로 발전시켰다.

이러한 이유로 인하여 조선족들도 본지인과 마찬가지로 중국인이라는 점을 재확인하는 것이 필요하다는 주장도 강력하다. 조선족들을 포함한 중국인들은 하나를 시키면 그것에 부수되는 과정들을 하지 않는다는 경험담을 털어놓는 주재원들이 있다.

주재원과 본지인 사이에서 조선족 통역이 통역의 역할을 할 경우에, 조선족 통역이 주눅이 들어서 제대로 통역을 하지 못하는 경우도 있다고 하며, 실제로 조선족들이 통역을 잘 못하는 경우도 적지 않다고 한다. 한 가지 사례를 들어보기로 한다. 중국인이 '可以커이'라는 단어를 사용할 경우이다. 이 단어는 상황에 따라서 여러 가지로 번역이 될 수 있는 용어이다. 예를 들면, "할 수 있다^{그러니 귀사와 일이 이루어지도록 노력해보자}", "수락할 수 있다^{그러니 수락되도록 노력해 보겠습니다}", "가능하다^{그러나 여러 관계기관의 동의와 협조가 필요하니 시간이 걸린다}", "될 수 있다^{그러나 별도의 조건들이 해결되어야 한다}" 등등의 다양한 의미가 있다. 조선족 통역원들의 99%가 커이를 '된다고 합니다'로 통일하여 통역하는 경향이 있기 때문에, 통역의 결과에 따라서 원래의 의미가 상당한 정도로 왜곡되는 수가 있다.

세밀하게 관찰해보면, 한국어와 조선족들이 상용으로 사용하는 조선어 사이에 존재하는 격차도 적지 않다. 예를 들어서, 조선족들이 '바쁘다'고 하는 것은 일이 불가능하거나 상황이 어려울 때 사용하는 말이다. 주재원들은 조선족들이 사용하는 '바쁘다'라는 표현에 대해서 혼란스러움을 느낄 수밖에 없다. 한국인인 주재원들이 '바쁘다'고 하는 것은 일이 많아서 상황의 복잡성에 대한 표현이다. 유사한 또는 또 다른 상황의 격차가 조선족이 사용하는 중국어와 한족들이 사용하는 중국어 사이에도 존재한다고 가정할 수 있다. 또한 기본적으로 통역을 사용하면 의사전달이 잘 되지 않는 경우가 허다하다고 한다. 왜냐하면 한족이든 조선족이든 간에 상대방이 듣기 싫어하는 말은 전하지 않는 것이 중국의 문화다. 체면이라는 메커니즘 때문에 일어나는 문제인 것이다.

집거하여 살고 있는 대부분의 조선족들은 어린 시절에는 가정에서 조선어를 배웠고, 초등학교에서도 소수민족 언어인 조선어를 배웠다. 따라서 그들이 제대로 된 중국어를 교육받게 되는 것은 대학에 진학하여 비로소 배우게 되기 때문에, 그들의 중국어 실력이 약한 것은 당연한 결과다. 소수민족에 대한 우대정책으로서 소수민족의 언어를 지키도록 한 정책의 결과가 소수민족으로 하여금 중국어를 잘 구사하지 못하게 하는 결과를 생산하였다고 생각할 수도 있다. 소수민족에 대한 우대정책이 거꾸로 차별의 결과를 가져온 것으로 해석할 수 있다. 조선족들은 교육받은 방법이 중국인들과 다르다. 소수민족 정책이 별도로 있고, 그들에 대한 우대정책들이 있었기 때문에, 그들에게 교육을 따로 시키면서 기본적으로 중국인들과 경쟁을 할 만한 자질을 갖추기에 약한 토대 위에 있게 되었다. 조선족 사이에서 드러나는 경향 중의 하나는 논리 정연한 글쓰기에 가장 약한 면을 내보인다. 동북삼성의 조선족 사회에서 성장한 배경을 갖고 있으면서 현재 일본의 한 대학에서 강의를 하고 있는 저자의 지인에 관한 일화를 소개한다. 그가 저자에게 털어놓은 자신의 고민이 한 가지 있다. 자신은 '80%짜리 인생'이라는 것이다. 일본어도 80%, 중국어도 80%, 한국어도 80% 밖에 할 수 없는 것이 자신의 기본이라는 것이다.

한족들은 조선족들에 대해서 수준이 떨어지는 사람으로 생각하는 경향이 있다는 본지인의 진술이 확보되었다. 따라서 조선족이 한족 사회에서 견뎌내기가 쉽지 않은 것이 일반적인 상황이다. 한국계 기업에서 한국인의 배경이 없으면 조선족들은 한족에 비해서 능력이 떨어지기 때문에 조선족들은 한족들에 의해서 무시당한다는 표현이 본지인에 의해서 진술되었다. 물론 중국인들이 조선족들에 대해서 소수민족이라고 차별하는 경우도 있다. 소수민족 보호정책이라는 것이 개방 이후에 와서는 오히려 소수민족들의 경쟁력을 떨어뜨리는 결과를 생산한 것이라고 생각할 수 있다. 한족과 조선족을 구분하는데서 발생하는 문제가 본질적으로 내재한다.

본지인 관리자의 진술은 다음과 같다. 한국계 기업이기 때문에, 회사 내에서 조선족이 우월감을 갖는 경향이 있다. 조선족들은 '옛날에는 고생했는데, 이제는 덕을 좀 보자'라는 인식을 갖고 있는 것 같다. 한국계의 주재원을 배경으로 하여 조선족이 한족을 깔보는 경향도 있다. 한족은 '조선족이 한국어를 좀 한다고 까분다'라는 감정을 갖고 있다. 또한 한족들은 '조선족은 앞잡이다'라는 인식이 있다. 영도자가 반드시 분명한 언어로 지시하는 것이 가장 확실한 통솔 방법이다. 공개적으로 임무를 분명하게 지시하는 것이 좋으며, 그러한 과정을 거쳐야 책임소재가 분명해진다.

한 한국계 대기업에 근무하는 본지인은 회사의 한족 직원과 조선족 직원의 사이가 좋다는 진술을 하였다. 회사 안에서 일반적인 업무교류의 경우에 한국인으로서의 총경리와 부장은 중국어를 쓰는데 정식회의나 외부와 교류할 경우에 통역을 통해 진행한다. 회사의 내부 의사소통을 위한 통역은 없다. 이 회사에서 근무하고 있는 조선족 직원이 대졸수준이며 재무회계·철강이나 기계제조 공학 등의 출신임으로서 다들 해당하는 구체적인 업무를 맡고 있다. 개인이 분담하는 업무를 하면서 동시에 경우에 따라서 외부와의 통역을 맡은 조선족 직원이 때때로 상당히 바쁘다고 한다. 그는 열심히 일을 한 결과 그로 인하여 아프기도 하였으며, 이에 대해서 다른 사람들이 모두 그를 존경하고 있으며, 이 기업의 한족들과 조선족들 사이에는 서로 마음이 잘 통하고 있다고 한다. 즉 조선족들이 한국계 기업 내에서 고유한 업무를 담당하고 있을 경우에는 한족들과의 관계설정이 달라지고 있음을 알 수 있다.

한국계 기업들이 중국에서 제대로 대우를 받지 못하는 또 다른 이유는 조선족과 관련된 부분이다. 조선족들이 중간에 끼어 있기 때문에, 한족들의 불만을 사는 요인이 되고 있다. 한국계 기업들이 조선족에 대한 의존도가 지나치게 크기 때문에 발생하는 문제다.

최근에 한국어를 전공한 중국인들이 많아지고 있다. 그들이 대학교에서 4년 동안 한국어를 배우고, 졸업 후에 한국에서 2년 정도 연수를 하면, 조선족 정도의 수준을 가질 수 있다. 이런 사람들을 쓰면 기능의 효과가 훨씬 잘 발휘할 수 있을 것이다. 중국의 명문대에서 한국어를 잘 하는 한족들이 탄생되는 것이 자못 기대되는 부분이다.

7. 결어 동상이몽同床異夢

중국의 개혁개방은 연해지역沿海地域으로부터 지극히 천천히 조심스럽게 진행되었다. 그것은 이미 19세기 중엽의 경험을 바탕으로 하고 있음을 알 수 있다. 근대동남연해오성시近代東南沿海五城市인 상해上海, 영파寧波, 복주福州, 하문厦門, 광주廣州의 다섯 군데는 중국의 자유무역自由貿易을 주도한 개념인 오구통상五口通商이라는 용어의 발생지이기도 했다.張仲禮(1996), 279 20세기 후반의 개혁개방도 오구통상五口通商의 기본 위에서 진행되고 있음을 이해할 수 있다. 먼저 시작되었던 혁명은 이제 시장과 함께 뒤섞이고 있다. '혁명과 시장 사이'가 아니라 '혁명과 함께 시장과 함께'의 현상이다.

시장에 참여한 사람들은 자신이 경영주가 되었든 노동자가 되었든 간에 기본적으로 '돈을 벌어 보겠다'는 상식선 위에서 행동을 한다. 사람은 시장의 노예가 아니기 때문에, 시장과 연결된 삶의 목표와 주체의 목적을 갖게 마련이다. 본지인과 조선족 그리고 주재원의 삼자가 각각이 그것을 형성하는 데, 가장 심각한 고민은 집단의 방향이 완전하게 다른 길을 가고 있을 경우에 하나의 기업 활동에 참여하고 있는 구성원으로서의 일치점이 확보되기 어렵다는 것이다. 시장과 삶이 분리되지 않기 때문에, 기업의 목표인 시장의 질서가 요구하는 방향으로 개인들이 참여하는 조직의 결속력과 추진력의 정도에 문제를 제공할 수 있다고 생각한다.

환언하면, 중국인과 미국인이 만나서 일구어나가는 미국계 기업의 경우에 발생하는 조직상의 문제와 한국계 기업이 안고 있는 조직상의 문제를 비교하면, 전자는 하나의 타이어로 구성된 것이지만, 후자는 세 개의 타이어로 구성되어 있다는 얘기다. 그렇게 된 이유는 조선족이라는 집단의 등장에서 기인한다. 그만큼 기업을 구성하고 있는 조직의 내용이 복잡한 현상을 보이는 것이 중국 내의 한국계 기업들이고, 이러한 문제를 알고 있는 기업들은 이미 그 복잡성을 제거하는 방향으로 조타^{操舵}하고 있음도 관찰되었다. 기업 활동의 외적인 문제 즉 언어라는 문제를 해결하기 위해서 이용했던 조선족이라는 존재는 특별한 분야를 제외하고는 궁극적으로 한국계 기업에서 제거되어야 하는 일시적 종^{一時的 種}의 지위를 점하고 있다.

현단계에서 생각해 보아야할 방향의 하나는 '삼사일언^{三思一言}'이라는 중국속담과 '삼개취피장 정개제갈량^{三个臭皮匠, 頂个諸葛亮}'이라는 금언이다. 세 명의 구두 수선공의 지혜라도 모으면 제갈량의 지혜를 능가한다는 뜻이다. 즉 본지인과 조선족 그리고 주재원의 삼자로 구성된 한국계 기업들이 제갈량^{諸葛亮}의 지혜를 능가할 수 있는 묘안의 물색을 기대하지만, 이미 그것은 쉽지 않은 구도로 자리를 잡고 있다. 조선족의 직원이 절대적으로 필요한 음식점과 같은 특수한 기업에서는 위의 속담이 적용되는 모습을 보이고 있지만, 생산 공장을 중심으로 하는 기업들 속에서 삼자의 구성은 오히려 부담으로 작용하는 경향이 강하게 나타났음도 발견되었다.

중국에 있는 한국계 기업들이 경험하고 있는 현지화의 첫 단계 걸림돌이 세 가지 축^{tiers}으로 형성되어 있는 동상이몽의 조직이다. 세 개의 타이어를 조직 속에서 다루어야 하는 조직관리상의 부담을 줄이기 위해서 하나의 타이어로 간단하게 하려는 노력이 이미 진행되고 있고, 그 과정에서 먼저 조선족이 일시적 종의 지위를 받게 되었다. 기업의 규모가 클수록 이러한 경향은 현지화라는 목표 하에서 빠른 속도로 진행되고 있음이 관찰되었고, 현지화의 최종 목표는 경영의 주인공 역할을 해온 주재원 마저 일시적 종의 지위로 만들 것이라는 점이 예상되고 있다.

대련大連개발구에 있는 일본공단의 일본 업체들이 중국인 종업원에게 교육훈련도 많이 시킨다. 일본계 기업은 기업체의 중국인 직원에게 택시를 타고 컴퓨터나 언어를 공부하라고 했다. 일본계 기업에서 일본어 우위를 갖고 있는 자가 단지 통역직만 맡고 관리자의 역할은 하지 않는다. 반대로 한국계 기업에서 조선족을 중용重用해서 조선족과 한족 사이의 갈등을 초래했다. 일반적으로 한국계기업의 조직구조는 '한국인 주재원-조선족 관리자-중국인 종업원'식으로 되어 있다. 이런 면에 대해서 한국계기업은 조직상에서 일본계 기업과 다른 면을 보여주고 있다.

조선족이 조선족이라는 신분으로부터 중국인 근로자라는 계약으로 적소適所, niche를 분명하게 바꿀 때 한국계 기업도 현지화의 정도를 제고시킬 수 있을 것이라는 생각을 해본다. 중국의 인민폐 중에 2각角 지폐에는 조선족 여자의 그림이 포함되어 있다. 중국인들은 조선족을 당연히 자기네의 일부로 보고 있다. 그러나 한국계 기업들은 경우에 따라서는 조선족들을 통역으로서 뿐만 아니라 중국에서 기업 정착의 과정에 필수적이라고 생각되었던 꽌시의 수립을 위한 다리의 역할로 이용하기도 하였다.

한국과 일본 기업이 서구 기업들에 비해서 실적이 떨어지는 이유는 중국어와 문화이해는 서구보다 앞서는데, 즉 중국인들의 사회 속으로 뛰어드는 것은 잘하는데, 그 다음에 중국인의 정서를 끌어들이는 방식이 약하다. 예를 들면, 주재원 중심의 사무소 운영이다. 서구인들은 중국인 직원들에게 재량권을 크게 주고 있다. 아예 맡겨 버리고 결과를 따진다. 사람의 채용에 있어서도 미국에서 대학을 졸업한 중국인이나 화교들을 이용한다. 현지인력 확보라는 점에서 서구 기업이 앞선다. 한국 기업은 공부는 잘하는데, 실전實戰에서 약하다는 비유를 할 수 있다. 외국 기업들은 중국인 중심으로 운영하여 분야별로 아웃소싱out sourcing을 한다. 세무전문기관,

노사전문기관 등으로부터 자문을 받는 것도 일종의 아웃소싱인 셈이다.

삼성三星의 중국본사 사장이 주장하는 현지화의 첫 단계는 주재원들이 중국화되는 것이고, 둘째 단계는 중국인을 사업 목적에 맞도록 활용하는 것이다. 중국인이 삼성을 'my company'라는 생각이 들게 해야 하는데, 한국계 기업에서는 그 단계가 이루어지지 않고 있다. 이유는 한국계 기업은 서울의 본사중심으로 활동을 하기 때문이라고 한다. 본사와 모든 커뮤니케이션을 해야 하고, 주재원이 중국어와 문화에 대해서 완전하지 않기 때문에 조선족이 본사와의 커뮤니케이션의 보조역할을 하지 않으면 안 된다. 따라서 궁극적으로 현지화의 주축을 이루어야할 한족의 눈으로 볼 때, 이 회사는 한국인과 조선족으로 돌아가는 분위기를 느낄 수밖에 없다. 보수체계는 서구 기업들의 구조와도 다르기 때문에, 능력이 있는 한족들은 쉽사리 이직하게 된다. 따라서 본사가 현지에 상당한 권한을 위임해주는 것이 현지화의 관건이라고 말할 수 있다. 본사에의 의존도는 조선족에의 의존도와 정비례하게 되는 현상을 보인다.

삼성전자三星電子의 법인장이 피력하는 현지화는 다음과 같다. 주재원들이 중국어를 잘 하는 편이고, 주재원이 11명으로 줄었다. 생산 쪽은 모두 본지인이며, 본지인만으로도 충분히 운영이 되고 있다. 생산에 관련된 과정은 모두 본지인들이 결정한다. 매월 1회 전간부 회의를 공개적으로 실시한다. 한국계 기업이기 때문에 본지인들에게 기업의 모든 과정을 공개하는 것을 원칙으로 하고 있다. 현지화의 최종단계에서는 총경리가 마지막 단계로 철수하는 것을 의미한다. 그러한 자리들을 본지인들이 인수해야 한다. 투자에 대한 배당만 받는 것이 최종적인 현지화의 목표일 것으로 생각하고 있다.

현지법인의 지역전략과 본사의 상품전략 사이에 충돌이 발생하는 수가 있고, 그 사이에 사각지대死角地帶가 생기기도 한다. 경우에 따라서는 두 전략이 중복되는 수도 생긴다. 지역전략을 우선적으로 세우는 것이 현지화의 지름길이라고 생각된다. 세계화 전략이 본사에서 지사로 할당되는 것인지, 아니면 역으로 지사에서 본사로 올라 간 내용들이 본사로 모여서 전략이 세워지는 것인지가 분명하지 않은 경우가 많은 것이 현재 한국계 대기업들의 문제점이라고 말할 수 있다. 마켓팅은 특히 지역중심으로 돌아가야 한다. 그러나 한국의 기업들은 활동의 70%가 본사를 지향하고, 내부 교섭에 주로 신경을 쓰고 있는 것으로 관찰되었다. 30%만이 현지의 고객들을 위해서 신경을 쓰는 것으로 생각된다.

앞으로 한국의 본사에서도 중국의 지사를 믿어주어야 하고, 믿어준다는 그 과정에 대해서 투명성이 확보되어야 한다. 중국 사회 전체를 믿지 못하는 한국 사회의 분위기도 문제라고 생각된다. 예를 들면, 한국계 기업의 총경리들은 자신의 기업이 중국의 은행에 예치한 예금이 '언제 날라 갈지 모른다'는 생각을 하고 있다. 특히 한국인들은 사회주의 사회에 대한 무신뢰無信賴의 감각을 갖고 있다. 여기에는 국력의 문제도 함께 거론되고 있다. 동일한 문제를 미국계 기업에서는 걱정이 없을 것이라는 코멘트도 있다. 왜냐하면, 만약에 중국에 정변이 일어날 경우, 미국계 기업보다도 한국계 기업이 피해를 더 볼 것으로 생각하고 있다.

중소기업의 경우에는 총경리를 어떤 사람으로 내보내느냐 하는 것이 해외투자의 관건인 것으로 나타났다. 총경리가 전권을 위임받은 것과 그렇지 않은 것의 차이가 크다. 어떤 중소기업의 경우, 본사가 중국의 현지 회사를 배우자는 의도가 강할 정도로 주재원과 총경리에 대한 신뢰가 강하다. 총경리는 한국의 본사에 대해서는 전혀 신경을 쓰지 않는다. 환언하면, 한국의 본사가 중국에 있는 자회사의 총경리에게 모든 일을 맡겨두면 투자에 성공할 가능성이 높다는 경험담이 있다. 특히 총경리에게는 장기간 지속적으로 업무를 맡겨야 하며, 지휘권을 일임함으로서 성과를 거두고 현지화가 가능하다. 상대적으로 대기업 계열의 한국계 기업들은 한국의 본사에 대해서 신경을 많이 쓰고 있다.

재중 한국계 기업의 한국인 관리자들의 공통적인 특성은 염언행 불일치念言行 不一致라고 규정할 수 있다. 생각하는 것 즉 알고 있는 것과 그것을 표현하는 말과 다음에 이어질 수 있는 행동에 있어서 일관성이 부족하다는 점이다. 생각하고 말하고 다음에 행동을 하는 과정을 순서대로 밟아가게 되면 시간이 소요된다. '빨리 한다'는 것은 이 과정에 소요되는 최소한도 필요한 시간을 무시하거나 무리하게 단축시킨 결과일 것이라고 생각한다.

꽌시[關係]는 이중성을 갖고 있다. 순수한 우정관계로 이루어지는 것이 있는 반면에 영리목적으로 설정되는 경우도 있다. 후자의 경우는 부작용을 많이 발생시키고 있다. 한국계 기업의 책임자들 중에서 상당한 숫자는 '중국에서는 되는 일도 없고 안 되는 일도 없다'는 경험담을 진술한다. 규정보다는 꽌시를 중시하는 사람들의 관점이다. 기업관계에서 순수한 꽌시가 이루어질 수는 없는 것이 아닌가. 이익 측면에서 꽌시를 활용할 뿐이다. 재가고부모, 출외고붕우在家靠父母, 出外靠朋友. 이것이 연장되는 것이 자연스러운 꽌시가 아닌가. 꽌시에도 기본적으로 자연스러운 방향이 있음을 선제적으로 이해하는 것이 중요하고, 사실상 그러한 인간관계가 일반적이고도 필연적이라는 생각을 하게 된다.

최근에 서구기업들이 중국과의 관계를 맺으면서 중요한 측면으로 언급하고 있는 '꽌시'는 이행경제 기간 동안에 만들어진 문화로서 이해해야 한다. 일반적으로 사회관계의 축으로서 작동하는 중성적中性的인 의미의 관계라는 것이 이행경제 기간 동안에 힘이 집중되어 있던 관료들과의 관계에 의해서 이익의 향방이 결정되었던 점을 간과할 필요가 있다. 이러한 특수한 관계로서 이해되고 있는 꽌시가 바로 만들어진 문화라고 이해되어야 할 것이다. 제도가 정비된 지금의 상황에서는 관료들의 재량권이 약해지고 제도에 의해서 움직이는 부분이 많기 때문에, 이행경제라는 특수한 상황 하에서 만들어진 꽌시의 위력은 점점 더 사라지고 있다. 당연히 꽌시는 원래의 중성적인 의미를 더 많이 갖게 되는 방향으로 움직이고 있다. 위계적 관료주의가 이행경제 기간 동안에 외부와 관계를 가지는 상황 하에서 의미가 달라진 것으로서 꽌시를 이해해야 하고, 그 꽌시는 이제 시장원리가 작동하는 제도화된 속에서 새로운 의미를 갖게 되는 것으로 생각된다.

본 연구를 마무리하면서 대두되는 두 가지 문제를 부기하고 싶다. 첫째는 홍콩과 마카오의 반환 이후에 진행되는 양안관계兩岸關係, 대륙과 대만의 관계를 말함 속에서 경제적인 측면은 예사롭지 않게 부각되고 있다. 대만의 기업 공동화 현상은 더 이상 '강 건너 불'이 아니다. 그 현상은 반드시 도미노를 불러일으킬 것이고, 그 여파는 한국에도 심대하게 영향을 줄 것이라고 생각된다. 어떤 부분에서는 이미 그러한 움직임이 감지되고 있기도 하다. 따라서 중국에 있는 한국계 기업들의 현황과 적응에 대한 연구의 과정과 결과는 앞으로 전개될 대규모의 '이기移企' 현상에 대한 예비적인 관점에서 심사숙고되어야 할 문제라고 생각된다.

둘째는 중국이 취하고 있는 대한국對韓國 전략에 관한 입장의 정리에 대한 커멘트다. 한 개발구위원회 한국담당직원이 조선족이고, 천진의 남개대학南開大學 국제상학원 한반도 연구자도 조선족이며, 또 상해 복단대학復旦大學의 한국문제연구소 연구원도 조선족이다. 조선족의 엘리트들은 현재 중국 측의 대對 한국 전략의 간판으로서 역할하고 있는 점도 발견된다. 이러한 점에 대해서도 심도있는 관찰과 분석이 필요하며, 그들과의 관계에 대한 새로운 접목에 대해서도 생각해볼 필요가 있다.

부록

이 글은 자료를 수집하는 과정에서부터 논문을 작성하는 단계까지 허시오苟喜有 박사의 도움을 받았다. 허시오 박사와 함께 답사하였던 구체적인 일정은 아래와 같다.

2002.1.3	서울-상해 출발, 복단대 초대소 입주
1.4~1.5	상해 조사(세진무역상해유한공사, 콩롱상사, 상해한인상회)
1.4	상해사회과학원 문학연구소 방문
1.6	소주 견학
1.7	상해사회과학원 자료실 방문
1.8	곤산 조사(선화제화유한공사)
1.9~1.10	영파 조사
1.9	상해-영파 이동, 주산군도 견학, 영파 숙소 입주
1.10	영파 조사 (이칠복장유한공사, LG용흥화공유한공사)
1.10	영파-항주 이동, 하모도 유적 견학, 항주 도착, 숙소 입주
1.11	항주 서호 견학
1.12	항주-상해 이동, 상해 도착
1.13	상해-서울 이동

제3장

베트남 내 한국계 기업의 현황

1. 서언

　기업이 해외로 나간다는 것은 기본적으로 이윤추구의 터전을 국내가 아닌 외국에서 마련하려는 의도의 표현이다. 1980년대 후반부터 한국에서는 소위 '3D 업종'이라는 노동집약적인 부분들이 국내의 생산기반을 상실하였다. 국내 노동자들의 임금수준이 급격히 상승하면서, 노동집약적인 산업들은 채산성이 있는 동남아시아 쪽으로 생산시설을 이전하였고, 그러한 과정에서 1986년 베트남의 '도이머이' 정책이 한국기업인들의 호감을 산 것이다. 봉제와 신발 및 방직업을 중심으로 한 노동집약적 산업들이 노동력이 풍부한 베트남의 남부 지역에 정착하기 시작한 것은 1990년대에 들어서다.

　공산화 이후의 남베트남은 구舊 소련을 중심으로 결성되어 있었던 코메콘COMECON의 서클 내에 존재했던 분업체계에서 봉제나 방직업 등에 중점적인 역할을 하였기 때문에, 이미 노동집약적인 생필품의 생산에 적지 않은 경험을 쌓은 바 있다. 이러한 조건도 한국계 기업들이 베트남에서 기업 활동을 할 수 있는 기반으로서 작용한 것이라고 볼 수 있다. 방직과 봉제 계통에서 이미 국제적인 협력관계에서 기업과 공장이 가동되어 있었던 경험이 한국계 기업들의 등장에 어떤 형태로든 영향을 미쳤을 것이라는 점도 지적하지 않을 수 없다. 한국계의 방직업이나 봉제업 분야 기업들이 베트남에 등장할 때, 이미 베트남에는 그러한 외국기업을 수용할 수 있는 능력을 보유하고 있었다고 평가해야 할 것이다.

이미 베트남에서는 외국계 기업으로서는 한국계 기업들이 노사관계에 있어서 가장 문제가 많은 기업으로 손꼽히고 있고, 국제적인 인권단체들에서도 이 문제에 대해서 심각한 관찰을 하기 시작하였다. 이러한 문제에 대해서 기초적인 자료들을 수집하고 바람직한 방향의 대책을 마련하기 위한 사전 작업으로서 저자는 한국계 기업들이 주로 활동하고 있는 호치민시와 동나이성을 중심으로 하여 한국계 기업의 현황을 파악하려고 한다. 여기서 한국계 기업이라고 하는 것은 한국인 기업가가 어떤 형태로든 베트남에 투자하여 기업이나 공장과 같은 법인체를 설립하고 경제활동을 하고 있는 기업들을 지칭하는 편의상의 용어이다.

한국계 기업들에 관한 자료를 구하는 원천은 두 가지 정도이다. 하나는 베트남 측의 노동관계와 기업관계 그리고 그러한 문제들을 통괄하는 관공서이고, 다른 하나는 한국 측에서 파견되어 있는 관공서나 관련단체들이다. 양쪽에서 수집된 자료들을 하나의 덩어리로 간주하여 전체적인 자료를 구성하려고 시도하였다. 물론 이러한 자료는 어느 정도의 경향을 보여주는 것이기 때문에, 정밀도에 있어서는 상당히 모자라는 점이 있다.

2. 호치민시市와 동나이성省의 한국계 기업현황

도이머이 정책이 표방된 이후 외국기업들은 호치민시를 중심으로 하는 베트남의 남부에서 주로 기업 활동을 하고 있다. 호치민시와 인근의 동나이성에서는 외국기업 유치를 위한 전용공단을 건설하여 외국기업들을 유치함으로써 도이머이 정책의 경제적 효과를 극대화하려는 시도를 하고 있다.

베트남에서 활동 중인 한국계 기업들은 주로 호치민시와 동나이성에 집중적으로 분포하고 있다. 주된 이유는 전통적으로 상공업 활동이 이루어져 온 지역이라는 점과 베트남 정부가 정책적으로 공단을 조성하여 외국계 기업들을 유치하고 있다는 점을 들 수 있다. 그 이외에 생산품의 수송이나 유통이라는 점에서 호치민시를 배경으로 하고 있는 것이 여러 가지 면에서 장점을 갖고 있을 뿐만 아니라 호치민시와 그 외곽을 중심으로 형성되어 있는 풍부한 노동력이 노동집약적인 기업을 주로 운영하고 있는 한국계 기업의 매력 점으로 지적할 수 있다. 아마타AMATA 공단은 과거에 미군의 군사기지였다. 즉 군사기지에서 산업공단으로 변신하고 있다. 어차피 외국인들을 불러들이기는 마찬가지인 셈이다. 외국 군대가 왔던 자리에 외국 기업이 들어서고 있는 것이다. 베트남 정부에서 추진하고 있는 지역배치 정책의 기본적인 입장을 읽을 수 있는 부분이기도 하다. 호치민시 개발계획의 기초인 셈이다.

논의를 위해서 필요한 자료는 양 지역과 공단의 외국인 기업에 관련된 노동관계 책임자들과 한국총영사관의 자료 및 대한무역진흥공사의 자료들을 종합적으로 검토 비교하여 구성하였다.

동나이성에는 230만 명의 인구가 있고, 그중에 18세 이상의 가용 노동인구는 성도省都인 비엔 호아를 중심으로 한 지역에 백만 명을 웃돌고 있다. 동나이성에는 130개의 베트남 국영기업체가 있고, 4,900개의 베트남 개인기업이 있다. 동나이성에서 외국 업체에서 근무하는 베트남인 근로자 총 숫자는 6만 5천 명 인데, 그중에서 3만 2천 명이 나이키 제품 생산

회사에서 근무하고 있다.

　외국인 업체는 모두 231개로서 나라별로는 다음과 같다. 대만 68, 한국 37, 일본 29, 홍콩 16, 타일랜드 14, 프랑스 11, 말레이시아 8, 싱가포르 8, 미국 8, 오스트레일리아 6, 네덜란드 5, 영국 4, 독일 3, 스위스 3, 벨기에 2, 러시아 2, 중국 1, 인도 1, 우크라이나 1, 캐나다 1, 인도네시아 1, 노르웨이 1 등이다. 점유비율을 보면, 대만 29%, 한국 16%, 일본 12.6%, 홍콩 7%로서, 동아시아 나라들(대만, 일본, 한국, 홍콩)만 모두 150개다. 전체 외국인 업체의 65%에 달하는 셈이다. 서구 국가들 중에서 프랑스가 상대적으로 많은 것은 과거의 식민지적인 관계와 무관하지 않을 것 같다. 외국기업들의 주 생산업종은 섬유 15, 의류 11, 신발 7, 그리고 전자제품과 화공약품 순이다.

　베트남에서 활동하고 있는 외국인 업체들 중에서 동아시아 나라 출신이 다수를 점유하고 있다는 현상은 어떻게 설명되어야 하는가. 경제적 우위와 지리적 근접이라는 장점을 갖고 있는 동아시아 나라들이 공유하는 문화적인 문제는 없는가. 경제적 우위나 지리적 근접이라는 점에서만 본다면, 호주나 싱가포르 및 타나 말레이시아에서 동아시아의 여러 나라들보다도 덜 투자하라는 이유는 발견할 수 없다. 동아시아 나라들의 업체들이 압도적인 다수를 차지하고 있다는 점은 베트남과의 문화적 공유라는 문제를 완전히 도외시할 수 없다고 생각한다.

　원래 베트남은 구 공산권내에서 구상무역의 의류생산기지였기 때문에, 일찍부터 의류 생산에는 노하우가 쌓여있는 곳이다. 코메콘의 구상무역권求償貿易圈 내에서 베트남은 쌀과 의류를 맡았던 것이다. 동구권東歐圈이 무너지면서 베트남의 봉제품들이 갈 곳을 잃게 되었다. 이것이 바로 한국의 봉제품 생산이 넘어오게 되는 기반으로 존재한 끈이다.

호치민시 당국자가 밝힌 호치민시에서 활동 중인 외국인기업 총 숫자는 558개소이며, 그중에서 기업 활동의 허가를 정식으로 받은 기업들 중에서 한국기업 단독투자의 숫자는 38개소, 합작인 경우는 28개소, 기타가 2개소다. 호치민시 세관으로부터 얻은 자료에 의하면, 호치민시에 투자한 한국기업은 전체 75개에 713백만 달러이다. 업종의 분야별로 보면, 주로 봉제와 신발이고 규모가 큰 것도 있고, 중간정도의 것도 있다. 규모가 큰 것은 230만 달러의 투자액도 있다. 자동차메콩이라는 지-프 35만 달러, 제철 4백만 달러 이상도 있다. 백 퍼센트 단독투자업체는 10개가 허가를 얻어서 활동 중이고, 그중에서 170만 달러 이상 투자한 기업이 있다. 한국계 기업에 근무하는 총 노동자수는 20,100명이다. 그중에서 16,860명이 단독투자회사에 근무 중이고, 3,240명이 합작회사에 근무 중이다.

시 당국의 자료 중 7군데의 표본을 선택하여 그들의 노동자 숫자와 월 평균임금 상황은 다음과 같다. 풍국 : 386[263] 여, 80만 동 / 그라비나 : 128[111] 여, 75만 동 / 카스비나 : 165[57] 여, 61.1만 동 / 세모비나 : 697[575] 여, 70만 동 / 아스트로사이공 : 507[419] 여, 59.1만 동 / 대윤 : 931[764] 여, 60.1만 동 / 다누비나 : 755[708] 여, 56.1만 동이다. 한 회사에 근무하는 평균 노동자수는 496명 정도이고, 그중에서 여성이 평균 414명을 차지한다. 월 평균 임금은 66만 동미화 66달러 정도이다. 호치민시에서 활동하고 있는 한국계 기업들은 여성노동에 의존하는 비율이 압도적임을 알 수 있다.

외국인 기업 전용공단 관계자가 밝힌 한 자료는 시 노동청에 접수된 128개의 업체를 대상으로 하고 있으며, 그 업체들의 사업내용은 주로 봉제와 신발의 노동집약적인 기업들이다. 즉 한국계 기업들은 여성노동에 주로 의존하는 노동집약적인 봉제와 신발 등의 품목에 집중하고 있다는 점을 지적할 수 있다. 한국에서 최근에 소위 3D업종으로 지목을 받고 한국의 노동계로부터 '퇴출'당한 업종들이 베트남에서 주로 활동하고 있음을 알 수 있다.

대한무역투자진흥공사 호치민시 무역관에서 작성한 자료인 「97/98 베트남진출 한국업체 디렉토리」에 의하면, 한국계 기업들에 대한 비교적 상세한 정보를 접할 수 있다. 이 '디렉토리'는 이미 활자화되어서 일반에게 배포되어 있기 때문에, 작성자의 허락을 득하지 않고 인용하였다. '디렉토리'에 제시된 총 298개 업체에 대한 투자방식의 분류에 따르면, 대표사무소를 개설한 곳 112$^{37.6\%}$, 단독투자 65$^{21.8\%}$, 합작투자방식 63$^{21.1\%}$, 기업협력계약을 체결한 곳 5$^{1.7\%}$, 기타 53$^{17.8\%}$이다.

업종별로는 무역 43$^{대표 36, 기타 7}$, 건설·건축자재 27$^{대표 18, 계약 1, 합작 8}$, 의류봉제·자수 26$^{대표 3, 합작 3, 단독 12, 기타 8}$, 금융·보험 20$^{대표 15, 합작 5}$, 운송 19$^{대표 4, 합작 1, 기타 4}$, 가방·텐트 19$^{합작 1, 단독 9, 기타 9}$, 전기·전자 16$^{대표 4, 합작 8, 단독 2, 기타 2}$, 신발 14$^{합작 2, 단독 10, 기타 2}$, 철강·철구조물 12$^{대표 4, 합작 7, 기타 1}$, 화학·플라스틱 12$^{대표 2, 계약 1, 합작 4, 단독 3, 기타 1}$, 섬유·직물 11$^{대표 2, 합작 2, 단독 7}$, 기계·금형·플랜트 8$^{대표 7, 합작 1}$, 호텔·건물임대·관광서비스 7$^{합작 6, 기타 1}$, 의약품·의료기기 7$^{대표 1, 합작 4, 단독 1, 기타 1}$, 가구·목재·목공예품 6$^{합작 1, 단독 2, 기타 3}$, 음식료품 6$^{대표 2, 합작 1, 단독 1, 기타 2}$, 완구 6$^{계약 1, 단독 4, 기타 1}$, 모자·장갑 5$^{대표 1, 단독 3, 기타 1}$, 주방용품 5$^{합작 2, 단독 2, 기타 1}$, 사무용품 5$^{단독 4, 기타 1}$, 나염·생수·박스 4^{기타}, 차량 및 부품 4^{합작}, 가죽제품 2$^{단독 1, 기타 1}$, 운동용품 2$^{합작 1, 단독 1}$, 광산·석유개발 2$^{계약 1, 합작 1}$, 조선 1^{합작}, 화장품 1^{합작}, 통신 1^{대표}, 기타 7$^{대표 1, 계약 1, 합작 1, 단독 1, 기타 3}$ 등이다.

건설·건축자재, 기계·금형·플랜트 및 무역과 금융·보험업종들은 대표사무소의 개설이 위주임을 알 수 있다. 대표사무소만을 개설하고 있는 업종들은 사실상 직접적인 투자활동이 미약하며, 경우에 따라서 투자

를 고려하면서 관망하고 있는 경우
가 많다. 섬유·직물, 의류봉제·자수,
모자·장갑, 가방·텐트, 사무용품, 완
구 등에는 단독투자가 우선이다. 차
량 및 부품, 화학·플라스틱, 철강·
철구조물, 전기·전자, 호텔·건물임
대·관광서비스에는 합작투자가 주
류다. 따라서 베트남에서 활동하고
있는 한국계 기업들의 주종을 투자
형태별로 구분해본다면, 단독투자와
합작투자라고 정리할 수 있다.

　투자형태와 노동을 연결해서 생
각해보면, 노동집약적 산업에 단독

호치민시 외각의 공장에 위치한 한국계 기업
베트남 국기와 기업의 깃발을 공장 입구에 계양하였다

투자가 우선순위를 지키고 있다. 여기에서 가장 노동 문제가 많이 발생하
는 점에 대해서 생각해볼 필요 있다. 노동 문제를 고려한다면, 베트남의
파트너에게 그 문제를 맡기는 방식이 좋을 것이고, 그렇게 하려면 아예
합작으로 가는 것이 편 할텐데, 그렇게 하지 못하는 두 가지의 이유가 있
는 것 같다. 단독투자의 경우에 많은 숫자가 규모가 작은 업종들이기 때
문에, 개인 업체의 성격이 강하다. 개인 업체들은 상황에 따라서는 '한 건
하고 나간다'는 계산이 크기 때문에, 파트너를 구함으로서 규모가 커지는
합작을 하지 않는 것이다. 상황이 불리해지면 쉽게 빠질 수 있다는 장점
이 작용하는 것 같다. 또 다른 문제는 규모가 작은 업체에 베트남 국영기
업들이 합작으로 응하지 않을 것이다. 한국계 개인 업체들은 베트남 사기
업과는 서로 경쟁관계에 있기 때문에 합작이 쉽지 않다.

3. 한국계 기업의 경영형태 사례들

투자형태에 따라서 분류해볼 때, 현재 베트남에서 활동 중인 한국계 기업들은 세 가지로 나누어 볼 수 있다 : 단독투자기업, 합작투자기업, '임의진출기업'. 한국기업들이 공통적으로 경험하는 문화차이와 그에 따른 문화적응의 문제도 있겠지만, 기업의 형태에 의해서 발생하는 문제도 있을 것이라는 가설을 제시한다. 투자형태에 따른 체계적인 비교는 현 단계에서는 어려운 상태이기 때문에, 경험적인 사례들을 동원하여 투자형태와 문화적응의 관계에 관련된 문제를 일별하고자 한다.

단독투자기업이란 한국의 국적을 가진 기업가가 베트남에 설립한 기업들 중에서 법인 자본금의 100%를 투자한 경우다. 이러한 경우의 기업에는 베트남 측의 투자는 전무하다. 베트남 측에서는 이러한 기업들을 외국기업이라고 부른다. 합작투자기업이란 한국인 기업가가 베트남의 파트너와 함께 회사를 설립한 경우를 말하며, 투자비율은 회사의 설립과정에서 양측의 협의에 의해서 분담액이 정해진다. 이 경우에도 투자비율로 볼 때, 한국 측이 최소한도 51% 이상의 투자를 하고 있다. 세 번째의 '임의진출기업'이란 법적으로는 완벽하게 베트남인들이 설립한 기업으로서 베트남의 법인 지위를 갖추고 있지만, 기업의 내부적으로는 실질 소유주가 한국인인 경우를 말한다. 따라서 임의진출기업의 명목상 대표자는 국적 상 베트남인으로 되어 있고, 기업에 대한 실질적인 투자와 운영은 한국인이 하며, 명목상의 대표자는 일종의 고용인이 되어 있거나 또는 기업의 경영에 전혀 관계를 하지 않는다.

1) 단독투자기업의 사례들

(1) SAV

나이키 제품인 신발을 생산하는 현지공장으로서, 공장설립은 1994년 11월 21일, 생산시작은 1995년 11월 1일, 공장의 설립허가에서 제품의 최초생산 시작까지 약 1년의 시간이 걸린 셈이다. 생산제품은 전량 수출품이다. 유럽으로 약 55%, 미국으로는 우회하여 약 15%, 나머지 약 7~8%가 일본으로 수출된다. 한국의 부산에 개발센터가 있고, 베트남에서 생산을 하는 체제를 갖추고 있다.

1998년 6월 9일 현재 공장의 총인원은 4,713명노동자 4,574명, 사무직 139명이다. 이중에서 한국인 38명, 베트남인 4,670명노동자 4,574명, 사무직 96명, 필리핀인 3명이 있다. 필리핀인들은 부산에 있는 개발센터에서 훈련을 받고 넘어온 기술직에 있는 사람들이다. 한국인들은 모두 관리직에 근무하고 있다. 한국인 대 베트남인의 비율은 1대 117인 셈이다.

베트남 생산직 노동자들의 평균임금은 74달러미화이며, 이 속에는 점심, 사회보험, 보너스, 능력급 등이 포함되어 있다. 점심시간은 2교대로 진행하며, 일차가 11시 15분 이차가 11시 45분에 식당에 들어간다. 이 공장의 경우, 인건비 대 생산비의 정도를 보면 20% 정도이다. 이러한 숫자는 한국에 비해서 12~13%의 수준으로 볼 수 있다. 베트남의 인건비가 싸

한국계 봉제공장에서 일하는 베트남 노동자

기 때문에 경쟁력이 있는 것은 사실이다. 이 공장에 의해서 인근 지역에 뿌려지는 전체 급여는 한 달에 약 30만 달러 정도 된다. 이 액수가 지역 경제에 어느 정도 도움이 되고 있다는 점을 당국에서도 잘 알고 있다.

공장 노동자들의 인력충원 방식은 해당 노동부에 의뢰해서 추진하며, 관계기관에 10%의 소개비를 지급한다. 이직과 퇴직으로 인하여 월 60명 정도의 보충인원이 필요하다. 그 기관에서는 회사에서 요청한 인원의 약 3배를 보내주고, 회사에서는 그들 중에서 필요한 인원을 다시 선별한다. 노동자들은 일단 관계기관예를 들면 노동부나 지역 공산당에서 일차 선별한 형식을 밟는 것으로 되어 있으나, 노동자들의 기술정도에 대해서는 회사가 다시 선별 작업을 해야 한다. 노동자들의 거주지는 주로 인근으로서, 공장으로 부터 2킬로미터 이내에서 통근하는 노동자가 30% 정도다. 15킬로미터 이상의 먼 곳에서 통근하는 경우도 있다. 멀리서 통근하는 노동자들은 자신들이 카풀제를 하여 스스로 문제를 해결하고 있다.

이전에는 회사에서 지명한 노조간부들이 있었고, 노조위원장도 회사에서 지명된 사람이었다. 1997년 6월 종업원들에게 노조위원장의 선출을 요구하였고, 그에 따라서 노조위원장은 과거에 회사에서 지명하였던 사람이 재선출되었다. 노조회원들의 회비가 5천 동이기 때문에, 회비가 아까운 노동자들은 노조에 가입하지 않는다. 노동자들과 사무직원들은 1개월에 1회씩 친선 탁구시합을 한다.

매년 6월이 임금을 개정하는 시기다. 현재 노조와의 관계는 아주 좋다. 회사의 건물 곳곳에 제안함을 설치하여 종업원들의 의견을 듣는 장치를 마련하였다. 노조와 회사 직원이 함께 공동으로 수거하여 내용들을 검토하며, 48시간 이내에 답변을 마련하도록 정하였다.

회사는 월 1회 노조와 정기회합을 한다. 임금에 관계된 사항은 연 1회

임금협상으로 처리하는데, 이번에는 2개월간에 걸쳐서 실시하였다. 협상이 난항을 겪어서가 아니라 미리미리 노동자들에게 임금협상에 관련된 지식을 전달하고 노동자들 스스로 생각하는 시간을 갖도록 하기 위해서이다. 현재의 노조가입원수는 전체 노동자의 절반 정도다. 노조위원은 14명이고, 부서별로 분배되어 있다. 1997년 4월에 150명 정도가 모여서 소규모의 분규를 일으켰으나, 베트남의 언론들은 과거의 문제부터 모두 거론하여 과잉보도를 한 적이 있었다. 당시 자기네끼리 연판장을 만들어서 약간의 작업거부 현상이 있었다. 당시 호치민시의 노동부와 구치지구 노동부의 직원들이 출장을 나와서 문제를 해결하였다. 그 문제는 노동자들이 사안을 잘 모르고 이해가 되지 않아서 일으킨 문제였던 것으로 결론이 났다.

1996년도의 '백장미'사건이 여기서 일어났다. 백장미라는 이름의 한국인 여자 기술자가 조장급의 종업원들이 모인 자리에서 지적을 받은 한 종업원의 어깨를 신발 밑창으로 때린 것이 사건의 발단이었다. 그녀는 구속되었지만, 실제로는 회사의 기숙사에서 한 달간 연금 상태로 지내다가 곧바로 귀국하였다. 그로 인하여 회사의 이미지가 좋지 않은 것도 사실이기 때문에, 회사의 홍보에 많은 신경을 쓰고 있다. 사장은 당시 베트남 언론의 매도에 의해서 "억울하게 과장된 부분이 없는 것도 아니다"라는 주장을 하고 있다.

회사 설립 후 초창기에 문제가 많았던 것은 한국인 관리자들이 상황을 잘 모르고, 또 베트남에서 노조의 기본적인 성격에 대해서 잘 모르기 때문에 발생한 것으로 생각하고 있다. 1996년의 소요사태 후 전 종업원들을 대상으로 정부 직원을 초치하여 강의교육을 실시하였고, 조반장 교육도 따로 시켰다.

현재의 현지법인 한국인 사장은 1972년부터 신발업계에 종사하였다. 한국인 38명 중에서 여자가 2명이고, 남자들 중에서 2명이 미혼이다. 가족이 함께 와서 있는 경우는 사장뿐이다. 나머지는 모두 홀아비 생활을 하고 있다. 그러한 상황에서 발생할 수 있는 문제를 줄이기 위해서 한국인들의 휴가를 3개월에 한 번씩 일주일간 시행하고 있다.

관리자의 자질향상이 가장 큰 문제다. 한국인 관리자들은 베트남어를 잘 모른다. 언어수당을 지급할 계획을 세워놓고 있지만, 얼마나 효과적일지는 의문이다. 한국인들에게 베트남문화와 역사에 대한 교육도 4회 실시하였다. 1개월에 1시간씩 한국인들만 모아서 실시하고 있는 중이다. 현재의 필리핀인 3명은 영어를 잘하기 때문에, 회사에 유리한 점이 많다. 나이키와의 업무에 있어서 능력을 발휘하고 있다. 이들 중에서 2명은 내년에 귀국시키고, 그 부분을 베트남인으로 현지화할 계획을 세워놓고 있다.

베트남인으로서 인력 관리의 책임자로 있는 사람은 현재 46세로서 그의 한 달 월급은 미화 5백 달러이다. 그와 그의 하부에서 단위조직의 책임자로 일하는 사람은 통역과 사무직을 겸하고 있고, 그들의 통역 배경은 과거 북조선에서 유학한 경험이 있기 때문이다. 베트남 종업원들에게 한국어를 가르치는 시도도 3개월간 하였다. 현재는 본사에서 회장의 방문으로 일시 중단한 상태다. 2명의 현지인 간부로 하여금 호치민시에 왕래하면서 한국어를 배우도록 하는 경비를 지원하고 있다.

생산라인은 직원-반장-조장으로 조직되어 있다. 조장과 반장들의 능력 향상이 아주 중요하기 때문에, 회사 내에 고등학교의 설립을 준비하고 있다. 자질향상을 위한 프로그램을 준비 중이다. 사무실에는 대학졸업자들이 있지만, 생산현장에는 그렇지 못한 것이 과거의 문제라고 생각하였다. 그래서 생산현장에 현재 35명의 대학졸업자들을 투입하여, 그들이 관리자가 되도록 교육 중에 있다. 이들이 관리자가 되기 위해서는 약 2~3년간 걸릴 것으로 예상하고 있다.

현지화가 되기 위해서는 중간관리자의 형성이 필요하고, 동시에 한국 인의 인건비를 줄이는 것이 급선무라고 생각한다. 현지인 10명을 계장으로 승진시켰고, 17명의 현지인 대학졸업자들을 직원으로 승진시켰다. 현지인 간부화의 계획이 진행 중이다. 종업원은 일급제이며, 직원은 월급제다. 직원이란 계장부터다. 계장은 월급으로 170달러 정도 받는다.

(2) TOK

면사와 면직물을 생산하는 공장을 경영하고 있다. 호치민시내에서 75 킬로미터 떨어진 곳으로서 약 한시간 삼십 분 정도 걸리는 거리에 위치하고 있다. 동나이성의 년짝이라는 지역인데, 이 지역은 공단으로 만들어진 곳이기 때문에, 가까운 주변에 사람들이 많이 살지 않는 곳이다. 이 공장이 있는 공단은 건설부 소속으로서 동나이성의 지시를 받고 있다.

총 종업원 1천 명 중에서 한국인이 33명이다. 생산물은 수출 80%, 베트남 내수 20%로 배정하고 있다. 한국의 본사에서 모든 생산계획이 내려오며, 이 공장의 생산능력은 5만 추다. 비교해본다면, 한국 본사의 경우는 14만 추다. 하루 3교대로 24시간 공장이 가동되고 있다. 저녁 10시와 새벽 6시 낮 2시가 교대시간이다. 저녁 10시에 시작하는 근무에는 임금을 30% 더 지급한다.

전기사용료는 킬로와트 당으로 계산해서 요금을 내는데, 한국의 경우와 비교해서 베트남이 월등하게 비싸다. 예를 들어서 한국이 43원이라면, 베트남은 220원 정도이다. 모든 것이 달러로 계산되기 때문에, 이것도 환율이 760원대의 얘기이다. 지금은 그 문제가 더 심각해져 있다. 외국인 회사에 대해서 전기료나 물 값이 비싸게 적용되고 있는 것이 문제점이다. 임금은 전기 사용료의 5분의 1밖에 되지 않기 때문에, 저임금을 겨냥해서 이곳으로 나온 것이 사실상 전기세에서 다 상쇄되는 것 같다. 노임은 매월 3만 달러 지출이 되지만, 전기세는 매월 17만 달러 지불되고 있다. 섬유는 습도가 높아야 되는데, 예를 들면, 실을 빼는 곳에는 65%, 핀 빼는 곳에서는 75%가 필요하다. 그런 면에서 이곳이 유리하다.

노동자의 충원은 노동 서비스센터에 의뢰하며, 성(省)의 하부조직을 통하여 모집을 할 수 있다. 베트남인 노동자들에게 해당되는 문제는 천 명당 15%의 위장취업이 있다는 것이다. 예를 들면, 언니 대신에 노동해당 연령미만의 아이가 노동현장에서 작업을 하고 있는 경우, 또는 학력을 위조하는 경우 등이다. 실제 인물과 서류가 맞지 않는 경우에 현장에서 사고가 나면, 문제가 심각해질 수 있다.

노동자들의 월급은 평균 60만 동이며, 수습기간 동안에는 월급의 70%를 지급한다. 봉급 중에서 20% 내지 25%는 능력급으로 주고 있다. 등급을 ABC로 정한다. 개근수당 5만 동을 추가로 지급한다. 근무시간 중 지속적으로 서서 일을 해야 하기 때문에 다리가 퉁퉁 붓는다. 공장의 업무에 적응하기가 쉽지 않다. 취업 시작한 지 1개월 미만에 이직하는 경우가 많다. 노동자들의 이직률이 높은 것이 문제다.

이곳에는 노사 문제가 없고, 노사 문제는 한국의 노동 문제에서 오는 것이다. 이곳에 있는 한국인들의 근무태도에 문제가 큰 것이지 베트남인들에게는 문제가 없다고 한다. 이곳의 여직공들이 주로 '팬티'와 '브라자' 라인이 보이는 옷을 입고 다니기 때문에, 한국인 남자들의 주의를 끌 수밖에 없다. 그러한 조건이 성희롱으로 연장될 수 있다. 이 공장에서도 구타 사건이 있었으나, 개인적인 차원에서 문제를 해결하였다.

한국인 근무자들은 여기에 파견될 시에 2~3등급 진급이 되어서 나온다. 급료는 기본급의 2배로 지급된다. 파견된 한국인들은 시간이 지나가면서 적응에 문제가 발생하여 이곳에 도착한지 백 일이면 문제가 터진다고 한다. 한국인들은 가장 많았을 때 백 명 정도 있었으며, 모두 남자들뿐이다. 한국의 기능공들이 외국을 동경해서 나오는 경우도 있는데, 동경이 발작으로 전환하는 시점이 100일이라는 것이다. 따라서 한국인 7명 쓰는 것보다 베트남인 700명 쓰는 것이 훨씬 더 효과적이라는 말이 있다. 현재의 한국인 33명을 앞으로 2년 안에 약 10명으로 줄일 계획이다. 현재 33대 1의 한국인대 베트남인 비율을 100대 1로 하려는 계획이다.

현재의 한국인 사장은 건축분야 출신으로서 공장 건물을 지으러 왔다가 생산 공장의 가동 후 현지법인 사장으로 주저앉게 되었다. 6개월에 1회 12일간 한국으로 휴가를 간다. 이곳에 있는 한국인 근무자들은 아침 7시에 출근하여 저녁 5시에 퇴근한다. 사장의 진술에 의하면, 이곳 노동자들을 한국으로 보내어서 교육을 시켰으나, 한국에 연수를 가서 한국노동계의 나쁜 점만 배워왔다고 한다. 과거보다도 한국의 근로자들이 질이 나빠졌기 때문에, 그러한 점들을 흉내내는 경우들이 있었다는 것이다. 베트남인 통역을 2명 고용하고 있는데, 한 명은 인사담당이다. 한국인들은 베트남어를 잘못하고, 한국인들 중 30%는 베트남어를 약간씩 하고 있다.

1997년 6월에 한번 이틀간의 파업이 있었다. 임금인상을 요구해 와서, 임금을 인상하는 대신에 그 자리에서 만 동씩 지급하는 것으로 해결하였다. 문제가 생기는 경우 회의를 통해서 일을 진행하면, 일이 비교적 순조롭게 풀린다고 한다. 노동자들이 화장실 밖에서 오줌을 누는 경우가 있는데, 이러한 점도 훈련을 시켜야 한다.

이곳에 법인을 설립하기 전에 현지의 전기 값과 물 값에 대한 정보가 전혀 없었다. 베트남인 기업에 대해서는 싼값을 적용하고 있지만, 외국인 기업에 대해서는 비싼 값을 적용한다는 정보가 없었다. 시장조사가 되어 있지 않았다는 얘기다. 이곳의 자연습도는 건기에 낮에는 40% 밤에는 90%라는 정보도 조사되어 있지 않았다. 그런 것을 모르고 가습기를 설치하였기 때문에, 과잉 투자된 면이 있다. 따라서 공장시설 환경이 전반적으로 과잉 투자된 면을 부인하기 어렵다.

공장을 건설하고 기계를 설치하는 과정에서 여러 종류의 직원들이 섞여 있었다. 그때 도난사건이 있었다. 공장의 담 밖으로 물건을 던져서 도망가는 것을 붙잡았는데도 현장에서 도둑질을 부인하였다. 야간에 전기선을 훔쳐가는 경우도 있다. 그런 경우에는 공장 생산라인이 서게 마련이다. 이곳의 경찰[公安]에게 그러한 문제를 보고하고 조사를 요구하면, 궁극적으로는 자국민 우선의 결론을 내는 것이 통상적이라는 인식이 강하다.

(3) CAX

1992년에 진출하여 1996년 12월에 가동하였다. 1992년에 호치민시에서 월남공장의 하청생산을 하면서 현지를 익힌 후에 단독법인을 세우는 방식을 취했다. 1997년 3월부터 생산을 시작하였고, 생산품에 대한 주문은 주로 유럽에서 오고 있다. 자재는 대만산과 한국산 그리고 이태리산을 주로 사용하고 있다. 샘소나이트Samsonite 상표를 만들어서 사용하고 있다.

현지인 관리자가 20명이다. 18명의 팀장이 있고, 이 속에 3명의 관리직이 포함되어 있다. 총무과장은 현지인이고, 생산과장은 한국인이다. 사무직은 주로 대학졸업자들이기 때문에, 웬만한 일에는 영어가 통한다. 이 업종은 베트남 종업원과의 대화 불편으로 인해서 생기는 문제는 크지 않

단체로 출퇴근하는 베트남 노동자들

다. 기술을 가르치는 것이 큰 과정이다. 1개조의 생산라인에 25~27명이 있고, 그중에 남자공원이 3~5명 끼어 있는 편성이다. 남자들이 조별로 필요한 물건들을 운반하는 일을 주로 맡고 있다. 한국인 5인에 베트남인 400명이 있다. 근로자들의 평균 연령은 18~20세이며 학력은 평균 중졸이다. 여자의 비율이 80%이다.

노동계약은 모두 일년 단위로 한다. 채용 후 2달간은 임시직으로 있고, 임시기간이 지나면 1년 간의 정식 계약을 체결한다. 최저임금은 45달러다. 그 외에 식대보조와 사회보험 및 의료보험이 일인당 약 15달러 정도 지불되고 있다. 재계약 들어갈 때 그동안의 성과에 의해서 임금을 재조정할 수 있다. 노무관리에 가장 중요한 문제는 노동자들의 결근이다. 베트남인들은 비교적 약체여서 결근이 많다. 노동자 450명 중에서 항상 15~20명이 결근을 하는데, 그 이유는 건강상이다. 퇴직율은 거의 없다.

1997년 3월 이후의 노사 분규는 모두 추석과 11월 그리고 정초에 있었다. 1998년 6월에도 한 번 있었는데, 모두 금전 문제였다. 임금인상이라는 것을 내세우고 있으며, 추석과 정초에는 보너스가 목적이었다. 임금 이외의 내용은 야근거부와 식당부식불량, 상여금 문제 등이 제기되었다. 야근거부에 대한 한국인 사장의 해석은 다음과 같다. 야근을 하게 되면, 수입은 많고, 돈을 사용할 시간은 없게 된다. 그러나 평일은 수입이 상대적으로 적게 되고, 돈을 쓸 시간은 많아지는 경향이 있다.

베트남 노동자들은 변명을 잘하며, 책임지지 않으려고 한다. 총무과 소관에 경비를 포함시켜서 경비는 3부제로 운영한다. 신발을 신도록 교육시키는 것도 쉽지 않다. 신발 벗는 습관이 강하기 때문이다. 야간에 경비가 취침을 함으로 인해서 생기는 문제도 있다. 이러한 문제들을 모두 현지인 과장인 총무과에서 책임지도록 하고 있다. 야간경비가 근무 중에 잠잔 것을 봤는데도, 중간관리자가 그것을 보고하지 않는다.

자재 분실의 경우도 종종 있다. 쓰레기처리를 용역으로 주고 있는데, 생산완제품이 덩어리로 쓰레기 더미 속에 묻어서 나가는 경우가 있었다. 몸 속에 감추어서 나가는 경우도 있기 때문에, 여자 경비가 여자 종업원들의 몸수색을 한다. 경비가 도둑질하는 수도 있고, 서로 일러주는 수도 있다.

현재의 생산성은 능력의 70% 정도까지 왔다. 생산성이 떨어지는 첫째 이유는 생산라인의 게으름으로 인해서 단위당 나와야 하는 물건의 개수가 떨어진다. 일을 많이 한 달에는 퇴근 시에 금일봉을 주는 경우도 있다. 이때에는 5만 동을 봉투에 넣어서 준다. 노동자들의 관혼상제에는 가능한 한 많이 참석한다. 제사 때 방문하는 경우도 있다. 직원들이 개인적으로 초청해오는 경우는 가능한 한 초대에 응한다. 간부직 중심으로 반드시 경조사에 참석한다.

한국인 직원들은 미니호텔 식으로 지어놓은 숙소에서 독신생활을 한다. 독신으로서 외국생활을 함에 있어서 스트레스가 있게 마련이다. 부임한 후 3개월 정도가 지나면 거의 문제를 일으키며, 상황이 나빠지면 귀국조치 시킨다.

기업 운영에서 가장 어려운 부분이 노동관계다. 첫째, 직원교육을 통해서 직원들로 하여금 경영진과 뜻을 일치시키려는 의도다. 둘째, 생산성 제고를 위한 공장기술을 지도하는 문제다. 셋째, 사무실 기구의 편제를 '서울식式'으로 운영하고 있다. 즉 과 및 부별로 운영을 하는데, 베트남인들의 마인드 컨트럴이 쉽지 않다. 분위기 조성을 위해서 한국인이 먼저 솔선수범을 하기도 한다. 한국식으로 끌고 가려는 의도가 강한 노무관리방식이 기업경영의 핵심으로 적용되고 있는데 문제가 있는 것 같다.

모든 직원들을 현지인으로 대체하는 것이 현지화다. 경리과장은 현지인 여성이고, 자재과장도 한국회사에 근무해본 경력이 있는 현지인이다. 1개월에 10~13개의 컨테이너가 들어오기 때문에 물동량이 많은 편이다. 물동량 움직임이 많기 때문에 어려운 점도 있다. 무역과장은 세관업무와 자재소비 절차의 책임을 지는 현지인이다. 세관업무를 처리하면서 컨테이너 한 개에 백 달러씩 해먹은 경우도 있었다. 그런 경우에 알면서도 해고를 시키지 못하는 고민이 있었다. 그때 그가 스스로 사표를 썼기 때문에 일이 풀렸다. 현재 생산을 현지인 중심으로 잘 진행되고 있지만, 생산성이 떨어지는 것이 문제다. 앞으로 중역理事級까지 현지인 중에서 1명 정도 두는 것을 계획하고 있다. 현지화라는 것은 봉급에 있어서 뿐만 아니라 현지인들이 이 공장에서 근무하는 것에 대해서 긍지를 느끼도록 하는 것도 포함하고 있다.

현지에서 일을 하고 있는 한국인들에 대한 대우 문제도 있다. 비자 때문에 한국인 과장이 3개월에 한 번씩 한국을 다녀와야 하며, 그때마다 식구들이 모두 한꺼번에 움직이는 경비상의 문제가 수반된다. 기업 현지화에 큰 걸림돌이 되고 있다.

현지인 과장은 250달러에서 300달러 정도 월급을 받는다. 이들의 임금 상승율도 비교적 빠른 편이다. 한국인 직원은 한국기준으로 월급을 받는다. 그들의 정식 봉급은 서울에서 통장으로 들어가고, 한국인 과장 일인과 그들의 가족생활을 유지시키기 위해서는 약 3,000달러 이상이 든다. 베트남인 과장과 한국인 과장^{중간관리자} 사이에 소요되는 총경비의 비율은 약 열 배 이상의 차이가 나는 셈이다.

한국공관 쪽의 문제도 있다. 노사 분규가 났을 경우에 현지의 공관에 있는 노무관이 제대로 대응하는 경우는 극히 미약하다. 물론 일 손이 딸려서 그렇다는 점에 대해서는 이해한다. 한국인이라는 신분이 호혜적인 원칙에 의해서 보장받지 못하고 있는 점도 있다. 경리과의 여직원이 전표를 조작하여 돈을 훔쳐간 경우가 있어서 경찰에 신고하였고, 검찰이 조사를 마쳤고, 법원까지 올라가서 계류 중이다. 시간만 지나가면서 그 사건에 대해서 결과가 나오지 않고 있다.

(4) TAS

나이키 제품을 만들어서 유럽으로 수출하는 회사로서 부품수출도 하고 있다. 한국인 직원이 8명 있고, 베트남인들이 모두 420명이 일하고 있다. 그중에서 25명이 부서장이라고 말할 수 있다. 이들은 생산라인의 책임자들이다. 주야간에 각각 경비 10명을 두고 있다. 통역하는 아주머니는 북조선의 함흥에 유학한 경험이 있는 사람이다. 한국인 4명으로 시작했다가 현재는 8명으로 늘어났다. 불량제품의 방지차원에서 한국인 기술자들을 늘인 것이다. 많은 비용을 들여서 한국인을 데리고 오는 이유는 베트남인들이 경영에 있어서 책임감이 없기 때문이라고 한다. 한국인 한 명을 고용하면 평균 삼 백 만원이 드는데, 그 돈으로 베트남인을 고용하면 평균으로 40~50명분이다.

사장은 월남전 동안에 백마부대원으로 캄란에 파병되었던 경험이 있고, 부산에서 17년간 신발업계에 종사하였다. 과거에는 베트남어를 조금 했는데, 지금은 다 잊어버린 상태다. 1993년에 베트남 국영기업과 50 대 50으로 합작 투작하였다. 당시 한국인 직원 3명에게 모든 것을 맡기고 1년 뒤에 와보니 투자액 30만 달러를 전부 날린 상태였다. 그 후 1994년에 단독투자로 230만 달러를 재투자하여 현재에 이르고 있다. 처음에 110만 달러 투자했고, 120만 달러를 추가하였다. 부지는 8천 평 정도이고, 과거의 초등학교 건물이었는데, 전쟁 중에 방치되었던 것을 임대하여 수리해서 사용하고 있다. 이 공장이 한국계 기업으로는 구치 지역에 처음 들어온 것이다. 30년 계약을 하여 정부의 토지를 빌려서 공장 설비를 하였다.

노동자들은 모두 노동부에 부탁해서 충원하고, 임금 평균은 60달러 정도이다. 이 공장에서는 동종업체보다 조금 더 지불하고 있다고 생각한다. 노동자의 교육수준은 90%가 초등학교 졸업이었는데, 현재는 중퇴가 대다수를 차지하고 있다. 처음에는 노조가 결성되어 있지 않았는데, 처음 분규가 있은 이후에 즉시 노조의 결성을 종용하였다. 노조는 2년 전에 결성되었고, 여러 번의 스트라이크가 있었다. 그때마다 사장은 공장의 문을 닫아버렸다. 분규의 요구사항은 주로 식당음식과 휴게실 및 화장실 개선에 관한 것들이다. 노사 분규는 임금 때문에 생기는 것이 아니라고 한다. 베트남인들에게 기대이상의 업무수행이나 작업장 주변의 청소를 따로 요구하는 것 등이 노사 분규의 원인이라고 한다. 작업과 관련되는 주변의 다른 일들을 시키는 것은 금물이다.

신발을 만들면서 자재의 찌꺼기로 나오는 고무제품들의 '스크랩'^{제품을}
만들기 위해서 원자재로부터 필요한 부분들을 잘라내고 남은 찌꺼기를 말함들을 4개월 전부터 일본
으로 수출하고 있다. 일본에서는 이것을 모두 건축자재와 도로의 보도용
블럭에 섞어서 쓰는 것으로 사용한다. 공장의 한쪽 구석에 따로 '스크랩'
을 분쇄하는 기계를 설치하고 잘게 썰어진 '스크랩'들을 재포장하여 반출
준비를 하고 있다. 이 '스크랩'이 수출되기 전에는 모두 쓰레기 처리했고,
인근의 주민들이 가져다가 연료로 사용하였기 때문에 대기오염이 심각
하였다. 그러나 자재의 부산물에 대한 수출의 길이 열리고 난 후에는 일
석이조의 효과가 생겼다. 따라서 공장에 하나의 독립적인 '스크랩' 부서
를 만들어서 운영하고 있다.

공장의 운영에 있어서 애로점은 좀도둑이 많다는 점이다. 독일서 수입
한 기계를 설치한 직후 범인 셋이 들어와서 기계를 뜯어갔다. 그 다음날
그러한 기계를 전문적으로 취급하는 상점으로부터 범인들이 장물을 팔
러왔다는 제보를 해주었다. 그들을 잡아서 경찰에 넘겼는데, 그때 곧바로
해고하였다. 그후 법원으로부터 소환장이 와서 가보니 부당해고 사항으
로 꼼짝없이 걸려들었다. 법 절차를 따라가면 시간이 오래 걸린다. 재판
이 끝나야 사실상 부당해고가 가능한 것인데, 그러한 절차를 몰랐다. 해
고예고 수당을 3개월 요구해왔고, 명예훼손으로도 걸려들었다. 그러한
문제가 생겨서 통역을 쓰게 되면, 2~3배의 시간이 걸리고 경찰이나 검찰
그리고 재판정의 자국민보호 정책이 강하기 때문에, 외국인은 반드시 불
리한 상황에 처하게 마련이다. 도둑 자체가 문제가 아니라 그 이후의 처
리과정에 대해서 성질이 나는 것이다. 해고예고 수당을 백 불 요구해 와
서 결국 판사의 중재로 70달러에 모든 문제들을 해결을 하였다.

공장에 근무하는 아이들이 담배를 많이 피우기 때문에 불조심에 상당한 우려가 되고 있다. 그러한 문제도 해고사유가 되는데, 그 경우에는 반드시 시말서를 받고 세 장의 시말서가 축적되면 노조의 징계위원회에 회부하여 종결하도록 하였다. 기업진출에 있어서는 이 나라의 법부터 먼저 아는 것이 중요하다. 그 과정을 모르는 상태에서 기업이 들어오는 것은 문제가 있다.

사장은 사무실의 여직원을 가까이서 부를 때는 항상 팔을 툭툭치는 방식을 취한다. 말이 잘 통하지 않으니까 생겨난 비언어통신 방식일 것이다. 베트남에서 남자가 여자의 팔을 툭툭치는 것은 일상적인 상황에서는 성희롱에 걸릴 수 있다는 점을 명심할 필요가 있다. 물론 이 여직원은 사장의 그러한 습성에 대해서 이미 익숙해져 있는 상황이라는 것을 파악할 수 있었다.

한국인 직원들은 6개월에 한번 고국으로 휴가를 나가도록 조정하고 있다. 지금 IMF로 한국이 어렵다고 하지만, 이곳에서는 이전부터 모든 것을 달러로 결재해왔기 때문에, IMF로 인하여 특별히 어려워지는 것은 없다고 본다. 한국인들 사이에는 '고스톱'이 심하여, 한 달 봉급을 날리는 경우도 있다. 작은 불만이 쌓여서 나중에 큰 문제가 생기기도 한다. 외출 너무 많이 나간다고 얘기하거나 노름하지 말라고 얘기하면 그것을 잔소리라고 싫어한다. 3년간의 계약기간을 군대 한 번 더 갔다고 생각하고 근무해달라는 부탁을 하는데, 그것이 그들에 대해서 하는 사실상의 최고의 충고다.

부산외국어대학 베트남어 출신의 통역을 고용하였는데, 통역이 잘 이루어지지 않았다. 그 이유는 한국에서 배워온 말이 하노이 쪽의 말이기 때문에, 이곳 남부 사람들의 말과는 잘 통하지도 않고 이곳이 방언이 있기 때문이기도 한 것 같다. 해피비나라는 냄비 만드는 곳에서도 동일한 얘기가 진술되었다. 그곳에서는 원래 통역으로 '라이따이한'을 고용한 적이 있었다. 통역은 아주 말끔하게 잘 되었는데, 그 아이가 한국인 직원들과 함께 놀면서 씀씀이가 헤퍼져서 경제적인 파탄이 생겼다. 결국 한국인들이 그 아이의 버릇을 잘 못들인 셈이 되었다. 그의 행동에 문제가 생겨서 해고하였고, 후임으로 베트남어과 출신을 데려다가 현장에서 사용하고 있다. 이 경우에도 약간의 통역 문제는 있게 마련이다.

베트남어과 출신 통역을 사용했을 때의 문제는 말을 잘하는 것이 문제가 아니라 인간적인 태도가 기본적으로 문제가 되었다. 창문의 고리가 떨어져 있어서, 통역으로 하여금 그러한 문제를 알려서 고리를 새로 달도록 부탁을 하였는데, 얼마 후에 와 보니, 문을 고치는 사람이 고리만을 고치는 것이 아니라 문을 전부 떼어내 버렸다. 통역이 베트남인을 향해서 "개새끼"라고 야단치길래, 사장은 통역에게 "니가 개새끼다"라고 말했다. 한마디 말로 문을 고치라고 통역이 말을 하게 되니, 베트남인은 문 전체를 새로 다는 것으로 생각했던 것이다. 자세하게 가까이서 설명을 하였으면 전혀 그러한 문제가 발생하지 않을 것이었다. 통역자를 고용하는 사람은 통역자의 통역을 검증해야 한다^{Varner, Iris & Linda Beamer(1995), 46}는 점에서, 사장이 통역자를 대한 방식은 잘 한 것이지만, 통역에 대한 검증 방식이 항상 일관적이지 못한데서 문제가 발생할 수 있는 것이다.

베트남인을 대함에 있어서는 말보다는 인간적인 태도가 우선이라고 생각한다. 사장은 종업원들의 경조사에 참석하는 경우 평균 20~30달러 정도를 부조금으로 낸다.

(5) ELD

전 세계의 7개국에 진출하고 있는 업체영국, 미국, 대만, 중국, 홍콩, 스리랑카, 베트남의 베트남 지사라고 한다. 제품을 생산하는 공장은 중국, 스리랑카, 베트남, 영국에만 있다. 현재의 사장은 1990년에 입국하여 1991년부터 상주하기 시작하였다. 베트남어가 비교적 유창한 사람이다. 예전에는 타일랜드와 필리핀 등지에서 근무한 적이 있다. 단독투자로서 75만 달러가 최초에 투입되었고, 후일 증자되어 현재 135만 달러 투자한 회사다. 정부의 국유지관리회사로부터 토지를 임대하여 시작하였고, 사업허가기간은 15년이다. 허가일자는 1994년 11월이다. 만 3년간 준비하였다. 언어 배우고, 베트남 회사에 위탁가공부터 시작하였다. 위탁가공이란 원자재를 베트남 회사에 주고 물건을 만들어 달라고 부탁하는 것을 말한다. 이 회사는 90% 수출 10% 내수로 허가가 났다. 수출 코타가 필요한 지역에 대해서는 정부로부터 허가를 받아야 한다.

사회주의권이 무너지면서 구舊 소련의 권역이 끊어지자, 그때까지 통역을 하던 사람들은 직책을 잃게 될 위기에 있게 되었다. 그러니 직책상의 통역이 배정되었다. 통역은 러시아어가 유창하다. 그는 영어를 6개월 동안 공부를 하여 통역으로 들어왔지만, 통역 내용이 시원치 않아서 통역제를 아예 철폐해 버리고 직원들이 무조건 베트남어를 배우도록 하였다.

종업원의 평균 임금은 70달러, 무기능자 초봉은 54달러 정도다. 동종업계 베트남회사의 최저임금은 19달러인 것으로 알고 있다. 외국기업에게는 법정 최저임금을 강제로 적용하고 있다. 이 기업에서는 45달러 더하기 식비수당 9달러를 보태어서 54달러를 지급하는 셈이다. 아침과 점심을 무료로 급식하고 있다. 직원들의 복지에 특별한 신경을 쓰고 있으며, 직원들의 건강을 최우선으로 생각하고 있다. 종업원의 20~30%가 아침을 굶고 출근하는 것 같다. 베트남의 1994년도 엥겔계수는 83이라고 한다. 종업원의 실질소득을 올리고 건강증진에 각별한 신경을 쓰는 것이 노무의 전부라고 생각한다.

생산시설이 두 군데 있는데, 양쪽에 모두 의사를 고용하고 있다. 의료보험제 통해서 중환자는 모두 무료로 입원하도록 주선한다. 간부자녀들의 장학금도 지급하고 있다. 주변의 주민들에게 종돈을 분양하였다. 주민들 3만 5천 명에게 구충제를 공급하였다. 이것은 매년 1회씩 실시하도록 하고 있다. 호치민의 지역대학에 장학금을 제공한다.

근로자의 평균 연령은 28세로서 학력은 중졸에서 고퇴가 가장 많다. 이직률이 적고, 입사 경쟁율은 최근에 30~40대 1이었다. 전체 직원의 보험금이 임금의 17%에 달한다. 근로자들은 불교신자가 가장 많고, 천주교가 소수 있다. 극소수의 개신교도도 있다.

일부 노동자들이 법이 허용하는 범위를 넘어가는 과도한 요구로 소요가 있었다. 항상 노조를 통해서 요구해오면, 7일 이내에 응답을 해주도록 되어 있다. 한 노동자가 다림질을 다한 물품을 땅바닥에 던지는 것을 적발하였다. 마침 그 물건을 주문해온 회사의 사장이 회사를 돌아보고 있는 중이었다. 그래서 그 노동자에게 주문자가 보면 어떻게 하려느냐고 야단을 쳤다. 시말서를 쓰라고 하니 거부하고, 역으로 회사를 고발하였다. 허위로 자신을 곤란하게 만들었다는 것이다. 한국인 감독이 베트남인 노동자에게 옷을 던지고 베트남인을 모독했다고 고소하였다. 현재도 그 사건은 노동재판소에 계류 중이다. 모두 다섯 가지 허위사실로 고발된 상태다. 판사가 사장에게 이르기를 "외국회사가 이긴 경우가 없다"고 충고하더라. 타협하라고. 노조도 그 노동자를 인정하지 않는다. 외국기업이 이런 경우를 당하는 것은 비일비재한 일이다.

IMF 직후 한국 바이어들의 임가공이 3% 정도 삭감된 것을 노동자들이 알고, 하루 2시간씩 무임금 노동하겠다고 자원하고 나서서 현재 실시 중이다. 노동자들이 연명으로 서명하였다. 현재 미국의 한 대학생이 3개월 동안의 계약으로 무보수로 이곳에서 인턴쉽으로 근무 중이다. 영어문서를 정리해주고 인터넷을 시험하고 있고, 마켓팅 시작을 위한 준비도 하고 있다. 직원들에게 영어도 가르치고 있다. 숙식만을 제공하고 있다.

종업원들의 가족 내 경조사에는 아는 대로 가능한 한 참석하려고 노력한다. 돌풍에 집의 지붕함석이 날아가 버려서 개인적으로 도와주는 경우도 있었다. 출결을 통해서 종업원들의 근황을 알아낼 수 있다. 회사가 인격적 공동체로 형성될 수 있도록 노력하고 있다.

종업원들은 자연 퇴직율이 조금 있을 뿐, 결근율은 0.5% 정도다. 생산라인을 유지하기 위해서 반장 중심의 집단적인 생산을 독려하고 있다. 생산관리의 기본을 생산필요시간을 초로 재어서 관리한다. 중급의 생산능력을 가진 노동자로 하여금 10번 일을 하게 해서 평균치를 재어서 0.8을 곱한다. 그 시간에 기초해서 생산량을 할당한다. 그리고 직원의 생산성평가의 기준이 된다. 여러 가지의 상황을 비교해볼 때, 베트남기업의 2.5배 생산량을 유지해야 회사의 존립이 가능하게 된다. 모든 일의 과정이 공정별로 표준화되어 있다. 초과달성의 경우, 개인별 인센티브를 적용한다. 생산성이 상당히 올라가고 있다. 15% 이상 향상된 것으로 계산되고 있다. 봉급은 생산량을 한 달로 통계를 내어서 추가분에 대한 인센티브를 지급하는데, 라인별로 집단 보너스 개념을 도입하고 있다.

베트남인 390명과 한국인 13명으로 시작하였다. 33대 1로 투입한 셈인데, 1년이 지난 뒤에 한국인 7명을 귀국시켰다. 한국인 근로자 많으면 손실경영을 할 수밖에 없다. 그러면서도 한국인 기술자들을 둔 것은 베트남인들에게 기술을 전수해주기 위해서였다. 어느 정도 베트남인들의 기술이 따라 올라간 상태에서 한국인들을 돌려보내어, 이제는 70대 1이 되었다. 공장 설립 후 2년이 되어서 손익분기점에 다다랐고, 그 시점에서 한국인 3명만 남고 다 돌려보냈다. 생산성 향상과 현지화의 결합상을 시도한 셈이다. 3년 차에는 1명만 남기고 한국인은 모두 돌아갔다. 제1공장은 1,300명의 베트남인에 한국인 5명이고, 제2공장에는 베트남인과 한국인의 비율이 500대 1이다.

한국인 고급기능인 경우에는 베트남인과 비교했을 때 월급과 휴가비 등을 포함하면 비용이 80배 든다. 다른 기업의 경우에는 평균 100배를 주는 것으로 알고 있다. 과거에는 중저급 기술자들이 한국에서 왔지만, 그러한 수준의 기술자들을 베트남인들 사이에서 구할 수 있을 정도로 베트남인들의 기술수준이 향상되었다. 따라서 한국에서 기술자를 데리고 오려면 최고의 기술자를 데려와야 한다.

궁극적으로는 한국인을 줄이는 것보다는 사업 확장에 목표를 두는 것이다. 베트남인과 한국인의 비율을 300대 1로 확장시킬 계획인데, 그만큼 사업도 확장하면서 비율을 확장시키려는 생각을 하고 있다. 따라서 무조건 한국인들을 줄이는 계획은 좋지 않다고 생각한다. 한국내의 사정과 함께 생각해보면, 이러한 전략이 바람직할 수도 있다.

현지화란 현지의 상황에 맞게 목표를 설정하고 현지여건에 가장 적합한 전략을 적용하는 것으로서 사업목표를 달성하려는 노력이다. 예를 들면, 베트남의 특수한 사정을 고려하는 것이 바람직하다. 노동자들은 잔업에 대해서는 불평이 없고, 기술습득의 속도가 빠르다. 내일을 위해서 무슨 값이라도 치르고 빨리 배운다. 이것이 베트남 현지화의 특징이다.

이곳에서 수출입 수속 때 5불을 내면, 수속이 빨라지지만 그런 방식을 따르지 않고 있다. 개인적인 부조리는 거부한다. 사회적 부조리설날 때 30여 군

베트남 호치민시 소재의 한국계 공장의 현지인 직원들의 단체 급식 장면. 기업이 점심을 제공한다.

데서 떡값을 요구해옴에는 응하고 있다. 이것이 베트남 사회의 특수 사정을 고려한다는 말이다. 동사무소에서 옷 300벌을 요구한 경우도 있다. 그들은 사돈의 팔촌이 필요한 옷까지 계산하여 요구해온다. 숙소경비를 줄이기 위해서 공장의 이층에 게스트하우스를 지었다. 법적으로 전혀 하자가 없는데, 외국인경찰이 와서 수색을 하고 늘 시설점검을 하겠다고 연락을 해오고 있다. 입주 시에 거주지등록을 보겠다고 했다. 이틀 전에 경리책임자를 불러서 경찰책임자가 한 달에 한 번씩 현으로 상납하라는 요구였다.

종업원들의 도난행위는 없다. 사장은 직원들과 함께 식사를 하고, 직원들의 식단을 직접 검사한다. 한국직원 4명은 기혼이고, 1명은 미혼이다. 부부가 사장으로 근무 중이다.

이곳에서 베트남어를 잘하면 현지처가 있다는 소문이 나기도 한다. 종업원들 중에서는 복지정책에 대해서 눈속임이라고 생각하는 경우가 있다. 복지비용이 월급의 2% 정도 된다. 이것은 주로 종업원들의 경조사 비용으로 나간다. 이미 이러한 일을 하고 있는데, 정부에서 노조에게 이익의 1%를 복지비용으로 지급하라는 공문이 왔다. 따라서 회사에서는 이미 훈령 내용의 2%를 실시하고 있기 때문에, 별로 그 공문에 대해서 대응하지 않았는데, 노조에서 사장이 1%를 떼어먹고 있다고 항의를 하였고, 이것이 최근에 신문에 보도된 적이 있었다. 그래서 사장은 경과를 밝히고, 이미 2% 지급하던 것을 중지하고 정부 훈령대로 1%를 공식적으로 노조에게 지급하고 있다. 이제 노조는 옛날로 환원해달라고 청원하고 있다. 노조와 아직도 임금을 가지고 협상해본 적은 없다.

(6) TAV

1995년 5월에 가동 개시하였고, 투자규모는 520억 원이다. 종업원 수는 모두 8,800명으로서 한국인이 55명이고 나머지 베트남인이 8,750명이다. 나이키 제품을 생산하고 있다. 단독투자 형태로서 제3국수출이 99%이고, 한국수출이 1%다.

종업원들의 경조사는 노조가 전담하여 지원하고 있고, 회사는 노조의 그러한 활동을 지원하기 위해서 노조에 매월 천만동의 경비를 지원한다. 베트남 관리자들의 경조사에는 사장에게 초청장이 오고, 그때에는 개별적으로 약 40달러 정도 부조금을 낸다.

이 공장의 근로자 연령은 모두 18세에서 25세다. 교육 정도는 다음과 같다. 대학교육을 받은 직원들은 모두 관리직에 근무하는 65명으로서 전체의 0.76%, 고등학교 교육을 받은 숫자는 관리직에 246, 수퍼바이저와 포어맨에 126명, 노동자가 873명으로 전체 1,245명에 14.68%, 중학교육을 받은 숫자는 포어맨에 225명, 노동자에 1,745명으로 전체 1,970명으로서 23.23%, 초등학교 교육만을 받은 숫자는 모두 생산라인 노동자들로서 5,200명으로 전체의 61.32%다. 동나이성이라는 시골에서 노동자들이 주로 채용되고 있다는 지역적인 현실이 노동자들의 교육 정도를 반영하고 있다.

〈표 3-1〉 노동자 직급별 봉급 상황표

근무기간	노동자(명)	월급액(만동)	포어맨(명)	월급액(만 동)	수퍼바이저(명)	월급액(만 동)
6개월 미만	125	52	0	0	1	61.8
6개월~1년	324	52	1	59.4	0	0
1년~2년	2,267	52.2	60	55.7	10	65.3
2년~3년	4,741	58.3	175	57.8	47	73.2
3년 이상	391	65.2	54	65.3	24	83.5

일일노동보고서에 의하면, 작업자는 모두 8,635명이고, 그중에서 남자는 1,276명, 여자는 7,359명이다. 166명 결근 중에서 127명은 사전에 허락을 받은 것이고, 38명은 무단결근이다. 결근율은 1.9%다. 허락을 받은 경우도 급료는 지불되지 않는다. 유급휴가는 모두 177명으로서 여성의 임신 때문으로 기록되고 있다. 낮 시간 출근자수는 6,900명이고, 야간작업자는 모두 1,392명으로서 주간에 비해서 야간작업인원 비율은 16.1%다. 작업 부서를 옮긴 노동자는 모두 89명이고, 이날 하루에 퇴직한 노동자는 4명이다. 이직률은 아주 낮다. 식당에는 한국식食을 만들기 위한 여성종업원이 13명 고용되어 있고, 베트남식食을 만들기 위해서는 76명이 고용되어 있다. 베트남인 99.4%가 근무하고 한국인이 0.6% 근무하는 공장에 식당에서 베트남 음식과 한국음식을 만드는 주방인원의 비율은 85.4%대 14.6%이다. 음식이라는 차원에서 한국인들이 베트남식의 문화에 제대로 적응을 하지 못하고 있는 하나의 증거로서 제시될 수 있다. 한국인 55명이 하나의 섬처럼 따로 놀고 있다. '바꿍ㄷ共' 정신의 입장에서 보면, 한국인 간부들은 전혀 베트남인들과 함께 살아볼 의사가 없는 사람

들인 것이다.

2) 합작투자기업의 사례들

(1) POL

김 사장은 공과대학 출신으로서 1993년에 하노이에 들어와 현지에서 2년간 베트남어를 집중적으로 교육받았다. 이 공장은 1995년 10월에 허가를 받고, 1996년 5월에 착공하였다. 총투자 금액은 1천7백만 달러이고, 그중 자본금은 30%이고 한국산업은행으로부터 차입금이 70%이다. 2년 거치 4년 상환조건이다. 대주주는 포스코개발이 60%, 포스틸이 10%, 베트남 측이 30%이다. 베트남 측은 토지를 투자한 셈이다. 1평방미터 당 연 1달러씩 지불하는 계산방식을 취하여 20년간 임대한 셈이다. 최근에는 지가가 0.6달러로 떨어져서 그것이 베트남 측 파트너가 투자한 자본금으로 들어와 있다. 파트너 회사는 베트남 건설부 산하의 플랜트 회사이며, 그 산하의 직업훈련소에서는 용접과 절단 등을 주로 교육하고 있는데, 노동자들은 그 훈련소를 통해서 공급받고 있다. 훈련소에 3개월간의 훈련비를 지급하고 노동자를 데려온다.

건물공사에 520만 달러가 들었다. 이것이 과잉투자다. 공장의 가동능력은 1만 5천 톤이다. 경영은 100% 한국에 위임되어 있고, 베트남 측 파트너의 간섭은 전혀 없는 셈이다. 1997년도 즉 첫해에는 감가상각비와 지급이자를 고려하면 적자를 본 셈이나, 전체적인 경영은 잘 이루어진 것이다. IMF로 인하여 아시아 경제 전체가 하락 상태여서 일감이 없어지고 있는 것이 문제이지만, 금년의 경영 예상은 나쁜 것만은 아니다. 이 업종은 철골과 배관 그리고 탱커 생산에 주력하고 있다. 일감은 대만과 독일의 지멘스 그리고 프랑스 회사로부터 발주를 받고, 현재 지멘스의 발전소

공사에서 일감을 많이 따고 있다. 생산비에서 차지하는 인건비는 6%밖에 되지 않고, 50% 이상이 자재비로 들어가기 때문에, 자재를 얼마나 잘 사오는가 하는 것이 경영에 핵심이다.

현재 이곳에 상주하고 있는 한국인 직원은 4명이다. 사장과 관리부장, 설계책임자와 생산부장공장장이다. 베트남인 직원 숫자는 206명이다. 한국인 대 베트남인의 비율은 1대 50 정도인 셈이다.

처음에는 월급제로 봉급을 지불하였으나, 생산성이 떨어지는 것 같아서 지금은 능력급으로 지급하고 있다. 팀별로 능력급을 지급하면, 한 팀 내에서 자체적인 분할을 한다. 처음 공장을 열었을 때, 노동자들이 일을 하지 않고 노는 경우가 허다하였다. 팀장을 모아서 회의를 하여 능력급으로 하자는데 합의를 하였고, 그 이후에 공장의 생산성이 배로 증가하였다. 불량품이 생산되는 경우에는 해당 팀에게 지급되는 봉급에서 필요한 양만큼 삭감하는 방법을 취하고 있다. 동종의 베트남 회사에서는 기본급에 생산성에 따른 능력급을 추가하는 방식을 취하고 있으나, 이 공장은 완전히 능력급이다. 필요한 물건이 설계가 되면, 도면대로 만들어내도록 반장에게 지시를 하고, 반장은 일정량의 물량을 각 팀에게 나누어준다. 이러한 방식을 취한 지가 약 1년 정도 경과하였다. 이 모든 사항은 노동조합과 합의된 사항이다. 한 달에 한 번씩 반장 간담회를 개최한다. 능력급으로 봉급을 지급할 때, 회사 측의 불리한 점은 노동자들이 적게 받는 달에 대해서 불만요인으로 남을 수 있다.

이곳의 베트남인 노동자들은 월 평균 160만 동 정도를 수령하는 셈이다. 노동규약에는 달러로 지급을 하도록 규정되어 있지만, 처음부터 베트남 동으로 지급하기로 계약을 하였다. 동종업체와 비교해볼 때 이곳이 임금이 높은 곳은 아니지만, 직업안정성이 노동자들에게는 장점으로 작용하고 있다. 동종업종에서 일이 없어서 쉬는 경우에도 이 공장의 경우는 지속적으로 일이 많이 있었기 때문에, 노동자들의 실질임금이 이 공장이 높은 편에 속한다.

대졸자의 관리직은 이직률이 높은 편이다. 통근 거리가 멀다는 점이 그들에게는 마음에 들지 않는 모양이다. 이러한 문제를 해결하기 위해서 관리직들을 위한 기숙사를 짓는 것이 앞으로 이 공장의 과제들 중 하나다. 대학졸업자들의 초임은 이백만 동 정도이며, 대리가 되면 250만 동, 과장은 삼백만 동이다.

이 공장에 근무하는 노동자들은 평균 22세 내지 23세이고, 중졸과 고졸이 위주다. 노조는 1997년 봄에 구성하였다. 전원이 노조에 가입되어 있다. 규정에는 공장설립 후 6개월 이내에 노조를 설립하도록 되어 있지만, 사정에 따라서 늦어지는 경우도 있다. 노조위원들은 전임이 아니다. 노조가 있는 것이 노동자를 상대로 일을 하기가 편한 것이 베트남의 특징이다. 위원장을 한국에 파견하여 교육도 시켰다. 파트너 회사에서 파견된 노동자들 중에서도 8명을 한국에 파견하여 교육을 시켰다. 봉급을 월급제에서 능력급으로 전환하면서, 식당운영도 노조에게 넘겨버렸다. 숙소와 출퇴근버스의 운영도 모두 노조에게 넘김으로서 많은 골칫거리를 덜었다.

베트남인 노동자들은 항상 지시된 사항만 한다. 덤으로 더 한다든지 또는 지나가는 길에 손을 조금 더 놀려주기를 기대하기는 힘들다.

한국인 관리자의 베트남어 이해수준에 오는 문제가 있다. 오전 10시 반에 현장에서 출발하여 30분 걸리는 거리를 오후 4시에 돌아온 운전수가 있었다. 교통순경에게 붙들려서 문제를 해결하느라고 늦었다고 했다. 교통순경과 문제를 해결하지 않고 그냥 돌아오면, 이백만 동의 벌금을 내야하기 때문에, 기다려서 십만 동을 주고 문제를 해결하고 늦게 온 것이다. 이러한 사실을 공장장이 거꾸로 알아듣고, 운전수를 심하게 나무랐다. 언어가 제대로 되지 않기 때문에, 일을 잘 해결하고 돌아온 운전수를 오히려 욕한 꼴이 되었다. 이러한 일들이 누적되면, 나중에 큰 사고가 나게 마련이다.

노동자가 거짓말을 하는 경우에 한국인 관리자가 어떻게 대하느냐 하는 문제도 결국 언어구사 능력과 평소의 개인적인 관계에서 원만하게 해결될 수 있다. 용접봉 종류가 여러 개 있다. L을 사용해야 하는데, B를 쓰고 있길래, "왜 그러느냐"고 질문을 하자, 그 노동자의 대답은 다음과 같았다. 자기는 그것을 쓰지 않았고, 다른 사람이 그것을 이 자리에 갖다둔 것일 뿐이라고 변명한다. 이 경우에 사장은 웃으면서 그 노동자를 쥐어박았다. 말이 잘 통하는 사장의 경우, 노동자들과 장난기 섞인 대화가 가능한 점이 유리하게 작용하고 있다.

베트남은 면식 사회다. 서로 얼굴을 모르는 것이 사고를 유발하는 가장 기본적인 조건이 된다. 현재의 파트너 사장은 5년 전부터 알고 있다. 회사를 설립하기 전 사무소장을 할 시기부터 알고 지내기 때문에, 서로 안면이 잘 조성되어 있다. 파트너끼리 서로 잘 봐주고 있다. 이러한 상황에서 길게 보면, 안면이라는 것도 제도화가 되어야 하는데, 제도화는 현지화일 수밖에 없고, 현지화는 언어가 안 되면 불가능하다. 영어만 사용하면 일이 되지 않는다. 상호 얼치기 영어가 문제의 화근이 되고 있다. 이곳의 생산부장공장장은 베트남어가 되지 않기 때문에 통역이 붙어 있다. 이 통역은 과거 북조선에서 유학을 한 사람이기 때문에, 통역에 있어서도 제대로 된 커뮤니케이션이 기대되지 않고 있다.

설계부문을 베트남인들에게 가르쳐주려고 노력을 하지만, 베트남인들의 동기부여가 약한 점이 있다. 관리를 베트남인들에게 넘기는 것이 가장 큰 숙제이다. 관리는 두 가지 측면에서 생각할 수 있다. 하나는 경영 관리이고, 다른 하나는 기술 관리다. 기술 관리에는 견적을 세우고, 도면을 그려서 외국회사에 보고서를 작성하는 것인데, 현재 베트남인 관리자들이나 노동자들의 능력으로는 이것이 거의 불가능한 상태다. 그러한 정도의 실력을 갖고 있는 베트남인들은 이렇게 멀리 떨어진 공단에서 근무하려고 하지 않을 것이다. 베트남인들 사이에는 이러한 일을 해본 경험을 갖고 있는 사람들이 많지 않다. 결국 전반적인 교육수준이 문제가 되는 것 같다.

노동자들이 공장에 필요한 기름을 팔아먹는 경우가 있었지만 궁극적으로 그러한 문제를 통제하기는 쉽지 않다. 그 사건이후에 현장직원들을 한명 씩 야간 당직을 세운다. 그 후에 다시 용접기 케이블 한 팀 것이 모두 없어진 사건이 발생하였다. 반장을 불러서 야단을 치고, 반장과 경비의 봉급에서 그 값을 제하는 방법으로 문제를 해결하였다. 회사의 편지지나 볼펜을 가지고 가는 것을 도둑질한다고 몰아세우는 것은 곤란하다.

사장은 가족과 함께 살고 있고, 자제 두 명의 학비를 본국의 본사에서 지급해준다. 인터내셔널스쿨에 보내고 있는데, 일년의 학비가 일인당 약 일만 달러이다. 이것이 전액 지원되었었는데, IMF이후 15% 삭감되었다. 부인은 베트남어를 잘 구사하기 때문에, 상당히 바쁜 생활을 하고 있다.

(2) SAS

한국 측과 베트남 측이 70대 30의 비율로 투자한 합작회사이며, 베트남 측의 30%는 땅값으로 계산된 것이다. 현재 1,500만 달러 투자되었다. 건물에 650만 달러, 자동화기계에 500만 달러 등이다. 파트너 회사 부사장과 정기적인 월례회를 개최하여 일반적 경영에 관한 정보를 공유하며 월간계획에 관한 논의를 한다. 한국인 주재원이 6명이고, 그중에서 현지채용이 2명이다. 전체 207명인데, 생산직은 65명이고, 간접부서가 많은 셈이다. 판매와 생산을 함께 하고 있는 기업이다. 생산라인 반장부터 직접인원이라고 하는데, 직접인원과 간접인원의 비율이 7대 3인 것이 가장 효율적이라는 계산이 나와 있다. 현재는 딜러숍 방식을 채택하고 있는데, 앞으로는 가전제품 판매 전략을 세우려는 생각을 하고 있다.

간부회의와 업무지시에는 반드시 통역을 사용한다. 북조선의 김책공대에서 유학한 경험이 있는 베트남 전문 통역이 고용되어 있다. 베트남인 관리직급들과는 영어로 통화를 한다. 구체적인 문제가 발생했을 시에는 반드시 통역을 불러서 이야기를 한다. 일상 업무는 영어로 하지만, 구체적인 사안은 통역을 사용한다.

이 회사는 본사의 경영철학을 중시하고 있기 때문에 노조를 설립하지 않을 것이다라는 주장을 현지법인장이 하고 있다. 노조를 천천히 설립하는 회사는 투자분위기의 제고와 관련이 있는 것이지, 반드시 노조를 설립하여야 하는 것이다. 현지의 한국주재원들은 회사설립 후 3년간 일요일도 없었다. 처음 주재원 10명이 왔을 때, 엄청난 일을 했다. 6개월 지난 뒤부터 베트남인들이 따라오기 시작했다. 모르는 상황에서 할 수 있는 방법은 내가 일을 엄청나게 하는 수밖에 없다. 베트남인들의 자존심을 지켜주어야 하고, 내가 그들의 방식이 싫어도 그들의 방식을 따라서 하는 수밖에 없다. 일로서 따라오게 해야 한다. 현지주재원 모두 자기희생을 크게 하였다. 이곳 주재원들 대부분은 골프도 제대로 치지 못하고 돌아갔다. 모두 계백장군이 되라는 방식이다. 가족도 버리고, 자신도 버리고.

현재 손익분기점에 와 있다. 이익이 나면, 첫째 종업원 복지에 사용할 것이고 둘째, 베트남 사회에 환원할 것이다. 이것이 현지화 개념의 핵심이다. 현재 호치민 종합대학에 기자재를 제공하여 가동중이고, 천재학교와도 연결되어 도와주는 부분이 있다. 앞으로 베트남의 소프트 발전에 거는 기대가 있기 때문이다. 선명회를 통해서 턴빈 지구의 빈민촌에 돼지를 키우는 것도 지원하고 있다.

하노이에는 판매서비스 지점이 있다. 그곳은 현재 100% 현지인에 의해서 작동되고 있다. 호치민은 현재 현지화율이 70~80% 정도 달하는데 앞으로 100% 달성시킬 계획이다. 경리 한사람만 한국인으로 두면 될 것으로 생각한다.

법인장의 주장으로는 베트남인 고용에 한 가지 선이 있다. 그는 베트남인들을 40세 이상이면 고용하지 않는다. 전쟁의 영향이 있기 때문에, 한국기업과의 관계에서 결국은 좋지 않을 수 있다는 판단이다. 딜러숍에도 연령관리를 하고, 여주인들에게는 선물공세도 편다.

지난 이년반 동안 베트남 근로자들과 단합대회를 한번 하였다. 그것도 며칠 전이었다. 복리후생은 그 국가의 소득수준에 맞추어서 해야 한다는 것이다. 그리고 현지법인은 재벌인 본사의 것이기도 하지만, 사실상 독립적인 중소기업이라는 생각을 갖고 일을 하고 있다. 재벌인 본사를 너무 크게 생각하면 이곳에서는 기업 활동이 안 된다. 본사는 대기업이지만, 현지법인은 중소기업이다.

사장이 아침에 화장실 청소부터 시작한다. 청소도 경영이다. 문화차이는 경영방법이고, 그것이 따로 가면, 문화충격이 온다. 솔선수범만이 문화충격과 토착화를 위한 최우선의 방책이다.

지난 6월 30일 자로 현지인 300명을 100명으로 줄였다. 감원이었지만, 별 문제가 없이 진행되었고 감원당한 직원들은 기회가 되면 또 이곳에서 일을 하고 싶다는 부탁을 하면서 떠났다. 감원은 임의로 하는 것이 아니고, 1년 계약이 끝난 뒤에 재계약을 하지 않으면 되는 것이다.

고졸 초임은 70달러, 평균 270달러^{복리후생비 포함} 지급되고 있다. 이것이 일인당 노동자들에 대한 발생비용이다. 과장급에게는 약 500달러 지급되는 셈이다. 이곳 베트남인들이 이 회사에 근무하려는 동기는 선진회사에서 경영법을 습득하려는 것과 시설이 양호하기 때문이다.

주재원들의 가족은 모두 함께 나와 있다. 그러나 시간상으로는 가족들이 삼성직원들과는 따로 살고 있는 셈이다. 부장은 일요일 오후 부인과 함께 9홀 골프를 함께 치는 것으로 가정봉사를 하는 것이 전부다. 식사는 아침만 집에서 먹고, 그 이외에는 가족과 함께 하는 시간이 극히 적은 편이다. 그러나 아이들은 학교에 다녀오면, 밖에 나갈 때가 없다. 아이들 입장에서 보면 이곳 생활이 상당히 불리하다. 운동과 여가 그리고 스트레스를 해소할 위한 시설이 전혀 없는 상황이 문제다. 자녀들은 한국으로 돌아가기를 원하지만, 본인은 해외근무를 지속하는 것을 원한다. 이곳에 오기 전에는 연구실에서 설계를 했는데, 이곳에 나와서는 공장경영이 전공이 되어 버렸고, 이 일이 몸에 더 맞는 것 같다. 이곳 공장을 짓고 경영하느라고 시행착오를 거쳤는데, 앞으로 이러한 일이 해외에서 더 연장되면, 더 잘할 수 있을 것 같다. 다음 신설공장에 또 파견되기를 바란다. 부인은 베트남보다는 일반적인 시설이 좋은 선진국으로 가기를 원한다. 자녀들도 선진국 쪽으로 전근한다면 희망할 지 모르겠다. 부인은 교회를 통해서 한국인들을 자주 만나지만, 본인은 그렇지 못하다.

한국인관리자들은 베트남 직원들의 경조사에 다 참석한다. 경비도 회사에서 지원한다. 10월부터 2월까지 결혼 시즌에는 일주일에 두 번 정도 결혼식에 참석하는 것이 보통이다. 장례식 때에도 참석하여 두 시간 정도는 앉아 있다가 돌아온다. 술을 마시지 않고, 보통 5일장을 하기 때문에 주재원들이 교대로 참석해준다. 경조사 참석이 적지 않은 비중이다.

베트남 직원들의 한국인에 대한 일반적인 인상은 '무섭다, 마구잡이다' 인데, 이 회사에서는 인상이 달라서, '이 회사는 한국회사가 아닌 것 같다' 라는 평가가 있다. 주재원들에게는 절대로 큰소리를 치지 못하도록 교육하였다. 업무상 야단칠 경우가 있을 때에는 야단을 친 다음에는 반드시 개인적으로 불러서 그 분위기를 풀어준다. 업무상 야단은 일종의 기술이 전이라는 생각도 있다. 그러나 오해가 일어날 소지가 있기 때문에 따로 불러서 조용히 설명하는 과정이 필요하고, 그러한 절차를 밟으면, 노동자들은 반드시 웃고 나간다.

회사 내에 식당이 있는데, 한국인과 베트남이 따로 먹는 것이 아니라 배식구가 동일하다. 가족이라는 생각을 심어주기 위해서 그렇게 했다. 메뉴도 똑같이 했다. 이제 2년이 지나니, 주방 측에서 자발적으로 한국인들을 위해 김치를 메뉴에 추가하였다. 베트남인들도 원하면 먹도록 주선되어 있다.

처음에 'OS'운동_{일본에서 시작된 경영방법의 하나} 즉 정리정돈, 청소청결, 표준화 등을 내걸어서 캠페인을 벌였으나 잘 먹혀들지 않았다. 문제는 왜 그러한 것을 해야 하나 하는 점을 구체적으로 설명하는 일이 더 중요하였다. 그리고 나면 스스로 움직일 수 있도록 하는 방안을 강구하는 것이 더 좋다는 결론을 얻었다. 자발적인 기준과 관리점검이 있어야 하는 것이지 운동으로 되는 것이 아니라는 점을 알았다. 전기절약으로 경비절감으로 시도하는 운동도 생활화하기 위해서는 인내가 필요하다. 반복적 점검과 교육이 필요한 일이기 때문에 성과는 오래 걸린다는 것을 알게 되었다.

(3) COV

1992년 5월 하노이의 경공업청으로부터 허가를 받고, 그해 8월 회사를 설립하였다. 1992년 10월부터 1993년 2월까지 기계와 설비를 운반해 와서 설치를 하였다. 1995년 3월부터 그해 5월까지 추가로 1만추를 더 설치하였다. 이 공장은 호치민시 투득구Thu Duc District의 린쯩Linh Trung 지역에 있다. 수출목적으로 원사와 베를 짜는 공장이다. 합작으로 15년간 허가를 받았는데, 금년에 다시 5년을 더 연장하여 운영 중이다. 한국의 충남방적이 70%를 투자하고 베트남의 비에탕 섬유주식회사VICOTEX가 30%의 지분을 갖고 있다. 부지는 2만 2천 평방미터이고 공장건물은 약 2만 평방미터다.

현재 한국인은 5명이 와 있고모두 남자, 베트남인들이 740명남 180, 여 560이 근무하고 있다. 이곳의 법정자본금은 전체투자금액의 30%면 되는데, 현재 전체투자금액은 923만 달러이고 법정자본금은 255만 달러. 작년과 재작년에 각각 백만 달러씩 흑자를 내었다. 이것을 발판으로 하여 1996년에 동나이성에 단독법인을 설립하였다. 이 공장에서는 기본적으로 한국식 경영을 하여 성공한 셈이다. 수당을 능력급으로 차별화하였다. 개인별 인센티브와 제안제도를 활성화하였다. 한국어, 영어, 컴퓨터를 하는 것에 대해서 인센티브를 제공하기로 하였다. 연간 생산목표와 품질계획 그리고 월간분석을 하고 있다. 베트남의 동종업종 공장에 비해서 적은 인원을 사용하였다.

국내의 3D업종의 하나로 나온 것이다. 여기에 기본적인 투자자금이 적었기 때문에 성공한 것으로 생각하고 있다. 건물임대비용만 내고 토지에 대해서는 임대료가 없다. 베트남 측은 임대료만 10만 달러 벌고, 충남은 임대료만 내고 안정된 건물을 확보한 셈이다. 파트너 회사의 내부에 건물이 있기 때문에 도난의 염려도 없고 관리도 수월하다. 일차적으로 파트너를 잘 만난 셈이다. 먼저 와 있었던 한국기업을 통해서 자문을 얻고, 개인적으로 경험이 있는 분들의 자문을 얻어서 시장조사를 단단히 하여 들어왔다. 파트너가 수석부사장이다. 현재의 노사장은 1996년 4월에 부임하였다. 단독 투자하여 공장을 신축하면 3년 내에 흑자를 내는 것은 불가능하다고 생각한다.

내수와 수출의 비율을 60대 40으로 잡고 있다. 이것이 역전되기를 기대하고 있다. 주로 수출지역은 중남미와 이태리 그리고 한국이다. 근무자들의 직급은 단순화되어 있다. 앞으로 가장 전망이 좋은 것은 염색가공 분야다. 이 나라에서는 이 분야가 약하고, 기업의 싸움은 이 방면에 사활이 걸려있다고 생각하며, 대미對美 상황만 바뀌면 엄청난 흑자를 예상하고 있다.

이 공장의 노동자 평균임금은 85달러다. 인건비 부분이 아주 적은 셈이다. 잔업은 시키지 않는다. 원래 3교대로 운영되던 것을 2교대로 전환하였다. 기술자 출신인 자신이 사장으로 부임 후 보일러 가동율을 점검해보니, 60%밖에 되지 않았다. 따라서 보일러로 인해서 발생하는 생산성의 저하를 고려하여 17명을 줄이니 보일러의 가동율이 85%로 향상되었다.

국내인력 부족으로 생산시설이 쉬기 때문에 해외 생산시설로 나갈 수밖에 없다. 현재 이 공장의 경리는 베트남인이기 때문에, 투명경영이나 마찬가지다. 일 년에 5회 정도 보너스가 지불되며, 야간대학에 다니는 직원들에 대해서는 학비를 보조하고 있다. 국립대에 대해서는 70% 사립대에 대해서는 50%를 지원하는데, 이들의 한 학기 등록금이 약 250만 동에서 300만 동 정도 된다. 현재 25~26명이 학비지원의 혜택을 받고 있다.

재투자하면 세금이 면제되는데, 작년 이익의 백만 달러 중에서 파트너에게 30만 달러 주고, 나머지 70만 달러를 동나이성 지역에 재투자하여 현재 공장이 시작되었다. 이익이 나면 이익유보금이라는 제도에 의해서 이익의 5%를 남겨둔다. 이 기금으로 해외에 1년씩 연수생도 보내고, 연수를 다녀온 사람들은 곧 바로 복직한다. 연 50~60명을 연수생으로 해외에 보내려는 계획을 유지하고 있다. 이익금 중에서 2%를 떼어서 경영기금으로 따로 두고 있는데, 이 기금으로 퇴직하는 부사장의 위로출장도 보내고, 근로자들의 위로출장서울로도 보낸다. 그 기금은 현재 2만 달러다. 근로자들이 서울에 위로출장 갔을 때 대전에 사는 사장의 집에서 그들을 초청하여 저녁 대접을 하였다. 그때 5명이 갔었다.

처음 투자할 시기에 한국인 40명이 왔다가 기계 설치를 끝내고 16명만 남았다. 현재의 사장이 부임하여 3명을 축소하여 현재의 한국인은 모두 6명이다. 한국인들에 대해서는 토요일은 7~11시가 근무시간이다. 토요일 오후 베트남인들만으로 운영해도 생산성은 동일하다는 평가가 나왔기 때문에 인건비가 비싼 한국인들을 오래 잡아둘 필요가 없다. 한국직원으로서 가족이 이곳에 와서 살고 있는 경우는 두 가족이다. 아파트를 얻어주고, 차량을 배정해주고, 관리직은 3년 근무기간으로 설정되어 있고, 생산직은 1년 6개월로 한정하였다. 그러나 현재는 모두 연장근무 중이다.

노조설립은 회사설립과 함께 시작되었으며, 노동자 전체가 노조원이고, 노조위원은 9명이 있다. 노사 분규는 첫 해에 보너스를 더 달라는 요청이었다. 당시는 적자였는데도 보너스 지급을 요구조건에 내건 것이었다. 현재 구 노조위원회에서는 이 회사를 모범회사로 칭찬하고 있다. 1,500달러를 들여서 불우이웃들에게 집을 지어주고, 성금과 수재의연금도 내었다. 그러한 요구는 주로 공문으로 전해지며, 그러한 요구에는 항상 모두 응하고 있다.

베트남인들이 손재주가 좋기 때문에, 기계와 부품관리를 잘해준다. 한국식 경영, 수당제 도입, 책임감 부여, 그리고 제안제도에 대해서 상금도 걸었다. 동기부여를 위해서 처음에는 한국인 기술자들이 많이 만들어서 해주었다. 제안에 따라서 기본금3만 동과 그 제안의 성과에 따라서 성과급도 지급하고 있다.

파트너 회사가 바로 옆에 붙어 있다. 그쪽의 근로자들은 근무연수가 오래 되어서 월급이 상대적으로 높으나 일감이 없어서 쉬는 날이 있다. 따라서 전체적으로 보면, 이곳 공장이 임금 면에서 그렇게 불리한 것은 아니다. 명절에는 반드시 보너스를 20만 동 내지 30만 동 지급한다. 현재 이 공장에 근무하는 직공들은 고졸이 70%, 중졸 이하가 30% 정도다. 현재 시골인 동나이성에 있는 공장에는 이 숫자가 역전되어 있다. 월급의 계산은 일당제이기 때문에 결근율은 거의 없는 편이다.

분기별로 사장주제의 회식을 개최하여 생산과 품질에 대해서 토론을 한다. 여기에 참석하는 인원은 계장 이상 20명이 된다. 회사의 통역이 여자인데, 그녀의 집에 가보니, 그녀는 과거에 한국군인과 결혼했던 경험이 있는 사람이었다. 남의 집 이층 다락방에 살고 있더라. 한 가구에 몇 세대가 함께 사는 것을 보았다. 사장은 직원들의 결혼식 피로연에 참석하는 경우가 가끔 있다. 연 중 5~6회 될 것으로 생각한다. 말단 종업원들은 자기 부서에 대해서만 초청장을 보내고 있다. 사장은 현지인들과 대화를 많이 하려는 노력을 하고 있다.

사장의 부인은 처음에는 이곳에 와서 2개월을 지내다가 나중에는 한달을 넘기지 못하고 한국으로 돌아갔다. 지난 2년 동안 6회 방문하였다. 부인은 체제하는 동안에 성당에 다니고, 직원 가족들과 대화를 하는 것으로 시간을 보내었다. 살림을 하는 경우, 50만 내지 60만 동이면 하녀 1명을 월급으로 고용할 수 있다. 이곳에서 하녀를 고용하면, 모든 일을 다 해주니, 부인들이 놀 수밖에 없다. 따라서 직원 부인들이 귀국을 하지 않으려는 경향도 있다. 직원들이 연장 근무하는 주된 이유 중의 하나가 여기에 있다.

3) 임의진출기업의 사례

이 범주에 해당되는 업체의 방문은 사실상 쉽지 않다. 왜냐하면, 이러한 경영형태를 유지하고 있는 업체는 법적으로는 베트남 업체임에도 사실상의 사주는 한국인인 경우이기 때문에, 잘못하면 이러한 경우는 불법업체로 적발될 수도 있는 여지가 있다. 본 연구의 목적을 이해한 업체의 한국인 사주가 회사의 내용을 일부 공개하여 줌으로써 조금이나마 이러한 경우의 실태를 파악할 수 있었다.

이 기업은 개설준비를 시작한 후 약 일년 정도의 시간을 경과하여 시험 가동되었다. 공장부지는 임대하였으며, 약 3천 평정도 된다. 전체가 세부분으로 구성되어 있다. 완구공장은 4천 평방미터, 자수공장은 6백 평방미터, 박스공장이 8백 평방미터다. 세 가지 품목 모두 수출을 주로 하고 있다. 완구에 870~880명, 자수에 60~70명, 박스에 30~40명, 기타 경비와 사무직에 20여 명이다. '한 지붕 세 가족'인 셈이다. 베트남 관리자 측에서 노무와 회계관계를 맡아서 운영한다.

이 기업은 형식적으로 베트남 기업이다. 실질적인 경영과 기술 및 자본은 한국 측이 부담하였다. 이곳의 사장은 베트남인으로서 공무원 출신이다. 그는 퀴넌에서 정부 소유의 공장 책임자를 역임한 경험이 있었고, 당시 한국인 사주가 업무관계로 그곳을 방문하였을 때 눈여겨본 사람이다.

전체 노동자 숫자는 955명, 이중에서 남자는 95명, 여자는 860명이다. 기혼자는 72명이고, 미혼자는 883명이다. 이들의 교육 정도는 초등학교졸업이 97명, 중학졸업이 712명, 고등학교 졸업이 125명, 대학졸업이 21명이다. 현재 이 공장에 근속한 개월 수는 3개월 미만이 121명, 4개월에서 6개월 근무 중이 155명, 7개월에서 12개월 근무 중이 289명, 13개월에서 18개월 근무중이 315명, 18개월 이상 근무 중이 75명이다. 연령분포는 다음과 같다. 18~20세는 148명, 21~23세는 420명, 24~26세는 192명, 27~30세는 155명, 31~35세는 18명, 36~40세는 14명, 40세 이상은 8명이다. 즉 이 공장에 근무하는 노동자들은 대부분 이십대 초반의 미혼여성들이며, 중학졸업 정도의 교육을 받았고, 근속근무기간이 짧다. 공장의 설립기간과도 관련 있음

이들은 모두 숙련공들이 아니다. 중학 졸업 후 장기간 가정에서 가사일을 돌보면서 있다가 미숙련공도 취업할 수 있다는 얘기를 듣고 이 공장에 취업하여 단순노동의 작업현장에 투입되어서 저임금으로 일을 하고 있는 여공들이 대부분을 이루는 상황이다. 거의 모두가 동일한 지역에서 살아왔고, 여러 가지 면에서 상당히 동질적인 인구집단인 셈이다. 노동조합은 구성되어 있고, 노조 간부들은 공산당원들이다.

초기에는 이직률이 상당히 높았으나 현재는 약 2% 정도다. 자수공장은 기계를 위해서 에어컨디셔너 시설이 되어 있으나, 박스공장과 가방공장은 그러한 시설이 되어 있지 않기 때문에, 상대적으로 덥기도 하고 육체적으로 힘든 것이 사실이다. 월급은 한 달에 2회에 나누어서 지급한다. 매달 20일에 기본급의 절반을 지급하고 월말에 정산하여 다음달 5일에 나머지 전체를 지급한다. 한꺼번에 다 지급하지 않는 것은 월급을 받는 사람 측에서 볼 때, 한 번만 받는 것이 아니라 두 번 월급을 받는다는 심리적인 측면도 사용자에 의해서 계산된 것이다. 노동자가 처음 입사를 하

면, 견습기간은 2~3개월이며, 견습공들은 25만 동부터 기본급이 시작된다. 견습공들은 기능의 정도에 따라서 5~6등급으로 나뉘고, 최고의 기능공은 80만 동을 받으며, 조장은 150만 동을 월급으로 받는다. 90%의 직공이 여자들이며, 남자들은 포장과 재단에만 투입되고 있다. 여직원 25% 정도가 시골출신이기 때문에, 공장의 후면 부에 간이막사를 지어서 기숙사의 역할을 할 수 있도록 준비되어 있다.

베트남인 노동자들을 효율적으로 관리하는 목적으로 관리직에 베트남인 노무과장이 1명 있다. 그는 노동조합원은 아니다. 노무관계의 문제가 발생할 수 있는 가능성이 있는 자리에서 한국인들은 구조적으로 빠지려고 노력하고 있다. 회사의 법률적인 지위라는 측면에서 보면, 한국인은 명목상의 경영자가 아니기 때문에, 만약에 일어날 수 있는 분쟁의 경우를 생각해서 어떤 경우에라도 전면에 등장하는 것은 탈법이라는 굴레를 둘러 쓸 위험성이 있는 것이다.

한국인 관리자를 줄이는 것이 이익발생에 큰 효과가 있다. 한국인 1인당 한 달에 약 3천 달러 내지 5천 달러의 비용이 든다. 물론 이 비용 안에는 항공료와 휴가비 등이 모두 포함되어 있다. 이 비용을 베트남 노동자에 적용하면, 약 일 백 명의 베트남 노동자 고용비용과 맞먹는 액수다. 따라서 기업 운영에 있어서 한국인이 많으면 많을수록 곤란한 상황이 발생하게 마련이다. 따라서 중간관리자의 경우, 처음에는 한국인 중심으로 운영을 하다가 베트남인으로 전환하는 것이 바람직하고, 실제로 그러한 방식으로 운영하고 있다.

그렇게 하기 위한 하나의 중간과정으로서 기술개발과 이전을 위한 샘플실을 운영하고 있다. 생산직 노동자들 중에서 일을 잘하는 사람을 선정하여 샘플실에 배치하고, 그들로 하여금 한국인들의 기술을 빠른 시간 내에 습득하도록 하는 것이다. 현재 샘플실에 8명의 베트남인 노동자가 참가하고 있다. 다른 측면에서는 직원들의 기술숙련도가 고정비용을 줄이는 면도 있다. 물건을 주문하는 측에서도 그러한 요구를 하고 있다. 생산성을 높이기 위해서는 어느 정도의 기계를 준비하는 것이 중요할 뿐만 아니라 종업원들의 기술 숙련도를 높이는 것이다.

노조는 형식적으로 결성되어 있으며, 위원장은 자신들 사이에서 선출하지만, 노조원들이 위원장의 이름을 모르는 경우도 허다하다. 노조가 결성된 이후 아직 한 번도 노사간에 단체협상을 해본 적이 없었다. 노동자들은 안정된 직장이 가장 큰 바램이다. 조장급들을 위해서는 월 1회 회식이 있다. 종업원 모두에게 점심급식이 있고, 종업원의 복지차원에서 정원을 꾸민다. 노동자들은 아침을 잘 먹지 않고 오는 경우가 많다. 저녁에도 집에서 밥을 잘 먹지 않는다. 따라서 노동자들이 제대로 밥을 먹는 것은 회사에서 제공하는 점심이라고 생각한다.

한국인 관리자는 모두 가족이 오지 않았다. 완구 부분에 있는 세 사람은 공장 내에 숙소가 있고, 박스에 근무하는 한 사람은 사장의 집에서 동거하고 있고, 자수에 있는 사람은 따로 자취하고 있다. 자수에 있는 여성은 미혼이다.

4. 소결

미국의 베트남에 대한 경제제재와 최혜국대우 문제가 해결되지 않고 있기 때문에, 아직도 사업규모가 신장되고 있지 않다. 그러나 그것이 풀리는 단계가 오면 이익도 많이 날 수 있을 뿐만 아니라 제품의 질도 좋아질 수 있을 것으로 생각하는 것이 기업책임자들의 사업전망이다. 현재는 중국이 미국의 혜택 속에 있기 때문에, 신발 생산에 있어서 중국이 베트남보다 유리한 입장이지만, 1999년도 정도에는 그 상황이 변할 것으로 예측하는 것이 일반적인 관측이다. 한국에서의 한계기업들이 지속적으로 기업 활동을 할 수 있는 호조건을 구비하고 있는 곳들 중의 하나가 베트남이라는 인식을 주효한 상황에서, 우리는 베트남에서 활동하고 있는 한국계 기업들의 현황과 문제를 보게 된다.

베트남의 노동비용은 스리랑카보다 30% 중국보다 15% 싼 편이다. 베트남이 직접노동비용은 낮으나, 판매와 생산관리 비용이 높은 편이다. 전기, 전화, 수도 등의 여러 가지 요금들이 다른 곳에 비해서 2~3배 비싸고, 또 외국기업에 대한 적용요금이 높은 것이다. 베트남 기업을 인수해서 외국기업의 간판을 다는 순간부터 적용하는 요금이 달라진다. 판매에 관계된 세금이 외국회사에게는 2배 이상 높게 적용된다. 일반적으로 외국회사에 대한 규제가 강한 곳이다. 수출업체임에도 불구하고 혜택이 없다.

베트남의 법인세율은 25%다. 여기에 영업세를 추가하면, 실제 세율은 약 40%가 될 것으로 생각한다. 1997년 동안에 한국 업체 300~400개 중에서 60여 개가 문을 닫았다는 풍문이 있다. 이상과 같은 문제로 인해서 최근에 홍콩기업 70%가 철수한 사태가 발생한 것이다. 법으로는 외국인이 들어와서 일할 수 있도록 되어 있지만, 일단 외국인이 그렇게 알고 들어오면, 법을 운영하는 사람들이 안면 몰수하고 따지고 묻는다. 일이 어렵게 되는 것이다.

베트남인들의 외국인에 대한 기본적인 시각은 착취와 수탈이다. 한국기업에 대한 기본적인 이미지도 문제다. 1990년대 초반에 한국계 기업들이 무리한 노무관리를 하였다. 한국인 관리자들이 베트남 노동자들을 때리고 무릎을 꿇여서 벌을 주는 행태가 있었다. 그러한 행태는 1940년대 일본인들이 들어와서 포로 취급을 할 때 했던 것으로 인상이 박혀 있는 것이 베트남인들이다.

한국계 기업들이 많이 모여 있는 공단이 배경으로 하고 있는 구치 지역은 과거에 전쟁이 심하였던 곳으로서 일반적으로 교육 정도가 낮고, 그 영향이 노동현장에 까지 연장되고 있는 점도 있다. 또한 이들이 전쟁 당시부터 강조하던 베트남인 결속의 이념이 강한 것도 외국인 기업들이 이 지역에서 기업을 하는데 하나의 장애물로 남아있는 것도 사실이다. 이러한 점도 베트남인들 노동관리 공무원들이 수긍하고 있는 문제다.

이상과 같은 배경을 바탕으로 현재까지 한국계 기업들이 닦은 경험에 의하면, 첨단부분은 합작투자가 유리하고, 노동집약적인 섬유나 신발업 등에는 단독투자가 유리한 것 같다. 한국의 기업들이 베트남에 설립하는 업체의 종류에 있어서도 일련의 유형이 만들어진다. 한국의 대기업을 배경으로 하는 곳에서는 첨단부분에 시설투자를 많이 하는 경향이 있고, 그렇지 않은 중소기업 또는 개인기업을 배경으로 하는 곳에서는 노동집약적인 업종을 선택하는 경향이 강하다. 노동집약적인 부문에서 합작을 했던 경우는 거의 모두 파산하였다는 한국인들의 경험이 이미 축적되어 있다.

합작투자로 실패를 하였다가 현재 단독투자기업을 경영하고 있는 한 한국계 기업인은 "합작은 결국 망하고 보따리 싸게 마련이다"라고 단언한다. 그는 베트남인들을 전혀 신뢰하지 않는다. 합작투자의 경영권이 50대 50인 경우에는 어려운 상황일 것이다. 그러한 경우에도 한국계 측이 사장과 영업 그리고 경리를 잡고 있으면 문제는 없을 것이다.

합작의 경우, 대체로 부사장은 베트남 정부 쪽에서 임명되어 내려오게 마련인데, 전문가가 오는 경우는 극히 드물다. 따라서 전문직이라는 측면에서 그들에게 기대할 수 있는 것은 없다는 인식이 강하다. 법적으로는 경리도 파트너 쪽에서 담당하도록 되어 있다. 내수영업을 생각하면, 합작이 유리하다고 생각한다. 이러한 경우, 시장조사를 철저하게 해야 한다. 가공형태의 제3국수출의 경우는 조금 다르다. 개인사업 즉 단독투자를 하러온 한국인들은 10% 정도 성공하고 90%는 전부 망하고 돌아간 것으로 생각된다. 이곳에서 원자재를 수입해서 내수를 겨냥하면 실패할 확율이 높다. 이곳은 품질이 아니고 가격이 우선이기 때문에, 현지 업체와 경쟁이 되지 않는다.

합작정신에 대해서도 문제가 있다. 걸핏하면 한국인들은 "베트남은 땅 내놓고, 우리는 돈 댔는데"라는 소리를 하는데, 베트남이 제공한 땅이 사실은 돈이나 마찬가지다. 그러한 발상에도 문제가 있다. 합작회사의 가장 큰 골칫거리는 베트남 정부로부터 파견된 부사장과 경리의 관리다. 일일이 자기 본사에 보고하면서 애를 먹이는 경우가 있다. 이 문제에 대한 관리를 잘못하면, 일이 아주 어렵게 된다. 파트너와의 안면관계가 경영에 있어서 중요한 관건으로 작용하는 것이 일반적인 상황이다.

베트남에 투자하는 경우, 기업의 운영형태가 노동집약적인 경우와 자본과 기술집약적인 경우가 상당히 다르다. 후자의 경우는 투자허가를 받는 것이 유리하다. 외국인 업체에 대해서 여러 가지 불리한 조건들이 있다. 예를 들면, 노동자 임금, 노동조합의 대응방식, 퇴직금, 사회보험, 전기요금에 이르기까지 외국인 업체에 대해서 불리하게 적용되는 것이 일반적이다. 공업용 전기가격은 외국인 업체에 대해서 30~40% 더 불리하게 적용하기 때문에, 저임금의 장점이 상실될 수밖에 없다.

투자금액 약 일이 백만 달러의 노동집약적인 업체인 경우는 투자허가를 받기보다는 효율적으로 베트남 업체의 형식을 빌리는 경우가 있다. 소위 임의투자업체로 형식을 갖추는 셈이다. 이러한 경우는 기업의 법적인 형태가 베트남인 소유로 되어 있기 때문에, 한국인 업주가 베트남인 파트너에 의해서 법적으로 업체를 빼앗기는 경우도 있을 수 있다. 따라서 이러한 경우, 한국인 업주는 파트너의 선택에 상당한 준비를 해야 할 뿐만 아니라 나중에 발생가능한 법적인 문제의 방지를 위한 조치가 필요하다. 물론 이것이 쉬운 일은 아니다. 임의진출업체의 경우, 한국인 사장은 베트남 파트너와의 관계를 고려하여 법적 효력이 가능한 공증문서까지 만들어두고 있다. 투자 라이센스가 없는 경우를 한국인들 사이에서는 임의진출업체라고 부른다.

문화적응이라는 면에서는 가장 취약한 부분이 영세한 단독투자업종이라고 말할 수 있다. 외국에서 기업경영이라는 것이 국내에서 기업경영이라는 문제와 본질적으로 다른 점은 문화차이의 관리라는 점이다. 문화가 다른 곳에서 기업경영이라는 것은 다른 문화에 대한 이해를 전제로 한다. 합작이라는 형태에서 등장하는 파트너의 존재는 문화차이의 관리자 기능을 담당할 수 있기 때문에, 파트너가 없는 단독투자의 형태는 구조적으로 베트남문화에 대해서 고려할 생각이 없다는 것과 마찬가지다. 그렇기 때문에, 이 부분에서 노동 문제가 가장 많이 발생하는 것으로 생각된다. 물론 단독투자의 경우에도 문화차이의 관리라는 문제를 어떤 방식으로 해결할 것인가 하는 문제는 기술적으로 고려될 수 있을 것이다. 예를 들면, 문화차이를 관리하는 전문부서나 전담직을 둘 수 있다.

한국 측에서는 자본과 기술, 베트남 측에서는 토지와 노동력을 내어서 현재 생산제품이 만들어지고 있기 때문에, 기업경영의 형태가 단독투자기업이든 합작투자기업이든 간에 관계없이 베트남에 있는 한국계 기업들은 기업과 공장의 기반이 되는 토지와 노동력에 대해서 심도 있는 고려를 하지 않으면 안 되는 실정이다. 토지라는 것은 기업이나 공장이 설립된 지역의 지역공동체로 의미가 확산될 수 있고, 노동력이라는 것은 노동자의 질적인 측면을 고려하지 않으면 안 되는 문제를 내포하고 있다.

단독투자의 경우든, 합작투자의 경우든 간에 본사가 한국에 있는 경우에는 오히려 한국에 있는 본사 관리가 더 어려운 상황이다. 한국의 본사에서는 일일이 판매계획서의 제출과 문제가 생긴 경우에 대책과 사유서 등의 작성을 끊임없이 요구한다. 따라서 베트남에 있는 현지법인은 자율권이 전혀 없고 본사로부터의 간섭이 문제가 된다. 크게 도와주는 것 없이 간섭만이 많은 것이 한국본사다. 베트남 파트너와 싸우는 것보다 한국본사와의 신경전이 더 어렵다. 현지법인에서 느끼는 본사의 태도와 입장은 도와주는 것 없이 잘못하는 것들을 찾아내려고 지속적으로 노려보고 있는 것 같다. 사장이 한마디로 "베트남에 일이 잘 돌아가나"라는 코멘트에 하급자들이 몇 배씩 부풀려서 보고서를 요구하기 때문에 쓸데없는 서류작업을 본사를 상대로 해야 하는 경우가 있다. 본사 국제화가 우선이라는 얘기가 있다.

가정이나 학교나 다 마찬가지의 한국문화다. 가장이 아이들과 부인의 행동거지에 대해서, 선생이 학생들의 행동거지에 대해서 갖는 기본적인 입장과 태도와 일관된 문제인 것이다. 잘하는 것을 발견해내려는 의지보다는 잘못하는 것을 색출해내려는 의지가 강한 가부장적 사회의 일면이 해외법인과 한국본사의 사이에서도 적용되는 면이 있다.

본사로부터의 근무고가 성적도 문제다. 대체적으로 해외 근무자들이 그 면에서 손해를 보기 마련이다. 귀국자의 자리가 본사에는 거의 없게 마련이다. 고가 성적을 작성할 때, 어느 정도의 할당율이 있기 때문에, 성적을 매기는 사람은 당장 눈앞에 보이지 않는 사람에 대해서는 나쁜 성적을 주기가 쉬운 법이다. 당장 안면이 받치지 않기 때문이다. 문제는 해외 근무자들이라는 것은 사실상 많은 자금이 투입되어서 길러진 인력들인데, 그들이 귀국하면서 일자리가 없어서 퇴사하는 경우가 많은 것이다.

한국 대기업의 베트남 현지법인 형태로서 합작투자의 방식을 구성하고 있는 기업에서는 한국 본사의 입장에 대해서 적지 않은 생각을 하고 있다. 설비투자와 홍보를 좋은 품질과 연계시키는 것도 효과적이다. 어떻든 보여주는 것은 광고의 효과를 줄 수 있기 때문이다. 광고와 홍보 시대에는 품질 이외에 무엇을 보여줄 것인가를 생각하는 것이 중요하다. 본사의 경영지침을 충실히 함으로서 본사의 이미지를 대리 구축하려는 의도도 있다. 한국본사와 해외현지법인의 관계는 많이 바뀌었다. 현지법인은 적자만 나지 않는 선에서 브랜드 이미지만 세우면 되는 것이 아닌가라는 주장이다.

거래에 있어서 상대가 한국계 회사인 경우에는 그쪽에서 꼭 한국인을 찾는다. 일을 쉽게 하는 것이라는 생각에서 한국인들끼리 만나서 처리하는 경우가 있지만, 한국인들이 갖고 있는 문제점이 있다. "알았다"고 해놓고 나중에 엉뚱한 짓을 잘한다. 남의 말을 잘 듣지 않고 자기 멋대로 하는 경향이 강하다. "한국인들은 벽창호다"라는 인식이 한국인들 사이에서도 만연되어 있다.

제4장

베트남 내 한국계 기업의
노동 문제에 관한 문화적 이해

1. 문제제기 방법과 윤리

　기업활동 그 자체를 문화로 보는 시각을 갖고 있는 것이 산업인류학産
業人類學 또는 기업인류학의 일반적인 입장이다. 기업이라는 조직의 특성
과 사회적 영향과 같은 문제에 집착하지 않더라도 현대 사회의 기업이라
는 현상은 인류학자들에게 충분히 매력적인 연구주제라고 하지 않을 수
없다. 여기에다가 한걸음 더 나아가서 문화간 기업활동이라는 현상은 전
통적으로 보수적인 입장에서 문화접변文化接變, acculturation을 연구해온 인류
학자들에게 뿐만 아니라 진보적인 입장에서 문화충돌의 문제를 제기함
으로서 인간의 문제에 초점을 맞추어 온 인류학자들에게 더할 나위 없는
연구주제라고 이해한다.

　서로 다른 문화의 경계들을 넘나드는 행위들은 이제 현대 사회의 필수
적인 사건들이 되었고, 문화간의 문제들을 대하는 인류학자들의 시선은
전통적인 고정된 목표물을 겨냥하는 것이 아니라 끊임없이 시간과 공간
을 이동하는 목표물을 추적하는 방향으로 향하고 있다. 지금 인류학이라
는 학문의 정향이 변하고 있다면, 바로 이러한 문제라고 생각하며, 인류
학자들이 문제를 보는 문제의식으로서 절차탁마해 온 비교연구라는 것

이 그 진가를 발휘할 단계가 된 것 같다. 연구의 목표물을 고정시킨 최상의 작업들이 지역연구라는 방향을 생산하였다면, 이동하는 목표물을 겨냥하는 방법은 이제 새로운 차원의 비교연구를 기대하고 있는 상황이라고 생각된다. 비교의 방법을 적극적으로 구사하지 않으면, 이동하는 목표물은 결코 명중시킬 수 없으며, 비교연구를 하는 인류학자의 입장은 분명하고도 투명한 시공의 좌표를 선택해야 하는 것이다. 즉 연구대상을 바라보고 있는 연구자가 어떤 위치에 있다는 점을 명시적으로 제시함으로서 비교의 과정에서 발생 가능한 문제들을 분명하게 노출시킬 수 있고, 그러한 연구태도는 윤리 문제와 직결되기도 한다.

한국기업들이 베트남이라는 다른 문화의 조건에서 기업활동을 한다는 것은 피할 수 없는 문화충돌의 현상을 노정시킨다. 문화접변이 시간적으로 서서히 진행되는 현상에 대한 문제의식이라고 한다면, 문화충돌은 시간적으로 즉각적으로 나타나는 문제다. 문화간 기업활동은 시간이라는 변수의 진행과정에서 우선적으로 문화충돌의 현상부터 점검해야할 문제이고, 그 현상은 국제경영이라는 틀 속에서 필연적으로 문화차이를 어떻게 관리할 것인가 하는 질문으로 연결될 수밖에 없다. 문화접변의 문제는 그 다음의 과제로 등장할 것이다.

"갈등은 기업활동의 필수불가결한 부분이기 때문에, 규칙적이고도 피할 수 없이 발생한다."Varner, Iris & Linda Beamer(1995), 205 한 한국계 기업의 업주는 "분쟁이 나면, 공장 문을 닫아 버리면 된다"라고 말한다. 이것은 기업을 하지 않겠다는 것이나 다를 바가 없다. 노사 분규라는 갈등의 원인을 원천 봉쇄할 수는 있지만, 그렇게 함으로서 기업활동의 본질을 망각하는 문제도 있는 것이다. 베트남에서 활동하고 있는 한국인 기업가들 중에는 투철하고도 직업적인 기업가 정신을 구비하지 못한 사람들도 있다는 점을 인식할 수 있다. 이윤만을 추구하는 것이지, 기업을 경영함에 있어서는 문제가 있음을 지적할 수 있다.

이제는 법으로 금지되었지만, 베트남의 설뗏 명절에는 빠질 수 없는 것이 폭죽이다. 명절뿐만 아니라 장례식이나 도로 개통식이나 어떤 종류의 의례에서도 등장하는 폭죽 터트리기는 베트남의 명물이다. 폭죽을 터트릴 때는 한 개만 터지는 것이 아니다. 여러 개가 연속적으로 터지기 때문에, 연속되는 폭죽 음은 때로는 가공할만한 위력을 발휘하기도 한다. 1968년 뗏 공습 때 미군이 패한 원인은 폭죽 음과 폭탄의 폭발음을 분간함에 있어서 작전상 혼동을 전혀 배제할 수 없었다.

베트남에서 외국인들이 기업활동을 할 때 벌어지는 현상은 이러한 폭죽이 터지는 것과 같은 문화충돌의 현장이라고 생각하는 저자는 그 문화충돌의 현장을 목격하고 관찰하고 그에 관련된 인사들의 의견을 종합하여 문화간 기업활동의 민속지民俗誌, ethnography를 작성하는 것을 본서의 기본정신으로 삼고자 한다. 특히 한국인들이 설립과 운영에 관계하고 있는 베트남에 있는 기업 속에서 벌어지는 노동 문제와 관련된 부분에 초점을 맞추어서 한국인 기업가와 베트남인 노동자들 사이에 벌어지는 문화간 노사관계의 민속지를 작성하려는 것이다.

위와 전혀 동일한 현상에 대해서 '베트남에 진출한 한국기업의 문화적 적응'이라는 문제의식에서 노사관계를 바라보는 시각을 갖는 것은 문제를 바라보는 연구자의 공간적인 위치라는 점에서 차이점을 보인다. '베트남에 진출한 한국기업의 문화적 적응—노사관계를 중심으로'라는 입장에 서는 것과 '베트남과 한국의 문화간 노사관계'라는 입장에 서는 것은 연구자가 서 있는 자리가 다르다. 전자는 상대적으로 한국기업 쪽에 기울어진 연구자의 위치를 상정하는 것이고, 후자는 가능하면 한가운데의 위치를 찾아보려는 연구자의 위치를 반영하는 것이라고 생각한다. 적어도 저자는 그러한 인식을 전제로 하여 문화간 노사관계의 민속지를 작성하려는 것이다.

베트남 노동자들의 입장보다는 한국 기업인들의 입장에 대해서 상대적으로 더 익숙해 있는 저자의 입장이라는 것도 연구에 영향을 미치고 있는 하나의 현실이기 때문에, 이러한 현실이 연구에 미칠 수 있는 영향관계를 고려하여 가능한 한 균형감각이 있는 중간자의 역할을 기대하고 있는 저자는 상대적으로 베트남 노동자들의 입장과 그들의 입장을 대변하는 베트남 노동당국 또는 노동관계자들의 의견을 더욱더 충실하게 반영하려는 노력을 하였다. 왜냐하면, 이 연구에 임하는 저자는 베트남에서 활동하고 있는 한국기업을 비롯한 외국기업들의 노동착취와 그에 준하는 유사한 행위에 관련된 보도에 대해서 이미 상당한 정도로 정보를 갖고 있었고, 그러한 병리적인 문제의 해결에 일말의 기여를 할 수 있는 민속지적 연구를 실천하려는 의지가 본 연구의 배경에 깔려 있기 때문이다.

그렇다고 해서, 저자가 일방적으로 기업인을 백안시하는 입장을 견지하는 것은 아니다. 기업은 본질적으로 노동자를 착취한다는 입장은 배격하고자 한다. 국제경영이라는 현지를 구성하는 모든 인력들은 그것이 기업인이건 노동자건 간에 관계없이 그들 모두는 인류학자에게는 상전인 셈이다. 노동자와 기업인 모두로부터 현지의 문화에 관한 제반 사항을 배워야 하는 것이 인류학자의 입장이다.

베트남에서 회사나 공장을 설립하여 기업활동을 하고 있는 한국인들은 대체로 한국 사회에서 생겨난 기업활동의 문제점을 극복하고 활로를 찾기 위한 모색의 일환으로 베트남에서 기업활동을 하고, 그러한 과정에서 베트남 노동자들을 고용함으로서 노사관계라는 틀을 설정하고 있는 것이다. 이윤을 남겨야 하는 기업인이 한국인을 노동자로 고용할 때와 베트남인을 노동자로 고용할 때 발생하는 양자 사이의 문제를 문화차이라고 인식하지 않는 기업인은 없다. 전지구적 연망 속에서 기업이 당면하는 필연적인 과제는 '커뮤니케이션과 문화적 차이의 연결이 가장 중요한 사안으로 간주되어야 하고, 복합문화주의multiculturalism는 전지구적 기업의 가장 경쟁력 있는 잇점이라는'Moran, Harris & Stripp(1993), 56 인식에 연결되어야만 한다.

정도의 차이는 있을지언정 문화간 노사관계의 근본적인 문제의식을 문화차이라는 점에 두고 있는 것은 어떤 기업인이나 동일하다. 그것이 기업이윤 창출을 위한 여러 가지 다른 요인들과 비교해서 나타나는 비중에 있어서는 사례마다 상당히 다른 입장을 보이고, 문화차이에서 발생하는 문제를 해결하는 방법도 상당히 달리 나타나고 있다. 그러한 입장에서 문화차이를 전제로 하는 기업활동의 궁극적인 목적도 달리 나타나고 있는 점도 있다. 본 연구는 이러한 문제에 초점을 맞추고 있고, 점점 더 일상화되어 가고 있는 문화간 기업활동이나 문화간 노사관계의 문제에 있어서 조금이나마 실천적인 기여를 할 수 있는 방안의 모색을 대안적으로 제시하는 연구목적을 설정하고 있다.

본서의 논의는 노사관계에서 발생하는 문제에 집중적인 관심을 보인다. 노사관계라는 현상이 문화차이의 문제와 결합되어 있기 때문일 뿐만 아니라 현재 베트남에서 기업활동을 하고 있는 외국기업들 중에서 노사 문제로 가장 주목을 받고 있는 것이 한국계 기업들이기 때문이기도 하다. 이러한 면에서 문화간 노사 문제를 다루는 본서의 입장은 '사회공학의 한 형태로서 인류학의 응용을 필요로 하는 학문적 훈련을 생각하고, 인류학자들은 분쟁의 중재자 또는 갈등해결의 촉진자로서의 적소niche가 될 수 있다'Magistro(1997), 9는 신념을 지향하는 실천인류학實踐人類學, practicing anthro-
pology의 표본적인 문제가 될 수 있기도 하다. 국제적인 인권단체의 표적
으로까지 리스트에 올라있는 베트남의 한국계 기업들이 어떠한 활동을
하고 있으며, 어떠한 측면에서 국제적 인권단체로부터 비난을 받고 있는
가, 그리고 그러한 문제를 해결하기 위해서는 어떠한 대안이 있을 수 있
을 것인가 하는 구체적인 문제를 논의하려고 한다.

한국계 기업인들이 증언하는 여러 가지 진술들 중에서 가장 저자의 문
제의식을 자극하는 부분이 노동자들에게 노동의 대가로 지급되는 인건
비에 관한 것이다. 한국계 기업들은 노동집약적인 생산시설을 주로 경영
하고 있고, 최근에 인건비가 상당한 비율로 상승했음에도 불구하고 인건
비는 전체 매출액의 8% 정도 밖에 들지 않는다고 한다. 한국 내에서 제
조업체의 경우, 매출액의 20%가 넘는 인건비가 지출되면 경영이 되지
않는다는 것이 통념화되어 있다는 진술을 위의 진술과 비교해볼 때, 베트
남에서 활동하고 있는 한국계 기업들은 궁극적으로 베트남의 노동자들
에게 지급하는 저임금을 베트남에서 기업을 하는 장점으로 인식하고 있
다는 점을 지적할 수 있다.

저자는 기업활동과 노동임금 사이에는 본질적으로 윤리의 문제가 개
입되어 있다는 생각을 하고 있다. 문화간 기업활동에 있어서 이러한 논
의를 해야 하는 또 다른 차원의 당위성은 윤리 문제다. 문화가 자본이라
는 인식이 강한 만큼 문화가 윤리이기도 하다. 자본주의의 극단적인 노동
착취적인 성향이 문화의 논리에 편승하게 되면, 문화가 자본이고 자본이
문화인 상황에서 벌어질 수 있는 문화간 노사관계의 문제는 인본화人本化
라는 차원에서 심각한 방향으로 전개될 수 있다. 상대의 문화를 잘 파악
하여 기업활동에 활용한다는 전제는 언뜻 들으면, 바람직한 문화간 기업

활동의 방향을 제시하는 것 같기도 하지만, 문화의 한 항목이기도 한 노동을 착취하는 기술적인 방법을 고안함에 있어서 문화가 동원될 수 있다는 점을 기피할 수 없다. 문화식민주의와 문화제국주의가 다 이러한 틀에서 움직였던 과거의 산물이고, 인류학자들이 과거에 의식을 했건 하지 않았건 간에 그러한 움직임의 선발대 역할을 했던 점에 대해서도 부인하기 힘든 부분이 명확하게 있다.

문화는 윤리의 얼굴을 갖고 있다. 인본화라는 방향에서 문화의 문제를 생각하면 궁극적으로 다가오는 것이 윤리다. 이 문제는 문화간 기업활동에서 어렵지 않게 시험해볼 수 있으며, 실제로 그러한 경험적 진술들은 거의 일상화되어 있다. 상대를 상대의 입장에서 이해하려는 입장의 견지가 인류학을 하는 사람의 입장이다. 인본화라는 문제를 생각하는 기업을 하는 사람도 궁극적으로 만나게 되는 문제는 윤리이기 때문에, 기업윤리라는 문제의식을 항상 생각하게 되는 것이다. 상대를 착취하는 수단으로 문화차이를 파악하자는 것과 상대를 이해하는 수단으로 문화차이를 파악하자는 것은 본질적으로 다른 것이다. 전자는 문화이해의 수단이고 후자는 문화이해의 목적이다. 목적에 거스르는 수단은 배격되어야 한다. 목적을 향하는 과정에서 발생하는 수단의 차원에서 문화차이의 파악이 선택될 수 있다. 이것이 문화를 연구하는 인본화의 입장이다.

기업활동에 있어서도 문화간이라는 틀에서는 문화차이의 파악이라는 문제가 현실적으로 이윤을 창출하는 수단으로 작용할 수 있다는 점을 부정할 수는 없다. 상대의 문화가 나의 기업활동에 필요한 자본이 될 수 있기 때문에, 상대의 문화를 이해한다는 것보다 선행되어야 하는 것이 기업윤리의 문제다. 따라서 윤리가 우선인 문화자본의 문제가 문화간 기업활동에서 고려되는 것을 바람직하게 생각하는 저자의 입장은 베트남에서 활동하고 있는 한국계 기업들의 베트남 노동자 착취의 현상이나 그에 준하는 문제점들을 고발하려는 의도를 상당한 정도의 비중으로 생각하고 본서를 작성하고 있다.

2. 노사 분규의 현황과 실태

베트남전체의 노동관계 조직은 하노이의 중앙정부를 정점으로 61개 성의 지방노동기관과 13개의 특수노조가 있다. 호치민시^市의 노동연맹은 61개중의 하나이다. 호치민시 노동연맹의 산하에 다시 피라밋과 같은 형태의 조직을 구성하고 있다. 즉 시 노동연맹의 산하에는 22개 지부노조와 13개 하부노조가 있다. 13개는 특수한 경우들이기 때문에, 중앙의 13개 특수노조는 각 지방에 있는 13개 하부노조의 기구와 직결되고 있다. 특수노조라는 것은 아주 규모가 큰 철도와 전기 또는 항만 등과 같은 사회간접자본시설과 관련된 노동조직들을 말한다. 본서에서 언급하는 경우는 남부 베트남의 신흥공업지역인 호치민시와 동나이성^省에 주재하고 있는 한국계 기업에 한정하고 있다.

이곳의 노동연맹과 노조는 전적으로 정부내의 직접적인 조직은 아니지만 정부의 외곽단체적 성격이 강하다. 사회주의 사회 내에서 기업이라는 것이 기본적으로 국영 또는 반국영^{半國營}이기 때문에, 기업의 노조는 기업을 적대적으로 대하지 않고, 이러한 노조의 노동운동은 파괴적인 성격을 보이지 않고 있다. 도이머이^{doi moi, renovation}의 새로운 정책에 의해서 베트남에 외국기업들이 설립되고 개인이 운영하는 사기업들이 등장함으로서 베트남의 노동 문제에 있어서 새로운 경향이 등장한 것은 사실이지만, 아직도 베트남의 국가가 사회주의 노선을 유지하고 있고, 자본주의적 시장경제의 노선을 따르는 기업들의 활동에 대해서 적절한 대응책이 제대로 정비되어 있지 않은 것도 또한 사실이다.

환언하면, 베트남의 노동 문제는 현재 과도기의 변혁기를 맞이하고 있는 상황이다. 외자유치를 위해서 노력하는 베트남 정부의 입장에서는 외국기업들이 활동함으로서 얻을 수 있는 투자효과와 고용증대효과를 의식하기 때문에, 저임금의 노동력을 겨냥하고 베트남에서 생산활동에 중점적인 노력을 하는 외국기업의 노동 문제는 국가정책과 노동 문제라는 양축 사이에서 점점 더 커지고 있는 사회적 문제로 비추어지고 있다.

사회주의 사회인 베트남의 기업에서는 사장부터 근로자까지 모두 하나의 도표 안에 들어가게 마련이다. 베트남에서는 기본적으로 사장은 고용인이고 노동자는 피고용인이라는 고용관계의 대립 개념이 약하다. 노동자 권익보호의 기본정신이 여기에서 출발한다. 노조연합회에서는 이런 취지를 사용자와 노동자들에게 알리고 노동자들을 보호하려고 한다. 외국회사도 그러한 기본적인 입장의 적용에 있어서는 마찬가지다. 사장은 관리자임에 분명하지만, 베트남 정부측에서 보면 사장도 근로자다. 자본주의 사회의 기업경영에서 나타나는 고용주와 피고용인의 상하관계와는 상당한 정도로 다른 모습의 노사관계가 유지되고 있는 것이 베트남의 현실이라는 인식의 전제가 필요하다. 따라서 베트남의 일반적인 기업에서 노조와 회사는 상호 우호적인 관계를 유지하고 있으며, 대립적인 관계가 결코 아니다.

동나이성의 노동관계 부서는 '노동, 불구, 사회사업국勞動, 不具, 社會事業局' 이라는 이름하에서 관리되고 있다. 이 부서의 명칭에서부터 베트남인들의 노동개념이 어떠한 방향으로 정착하였는지를 보여주는 부분이다. 노사대립관계의 노동개념이 아니라 사회사업이나 전쟁 불구자들의 원호 문제 등의 범주와 함께 고려되고 있다는 점에 대해서 생각할 필요가 있다.

일단 인원을 기본적으로 확보하게 되면, 감원이라는 것은 상당히 어렵다. 근로계약서는 3부를 작성하여 한 부는 노동부에 보내고, 한 부는 노동자가 보관하고, 다른 한 부는 회사가 보관한다. 1년에 1호봉씩 승급하도록 조정되어 있다. 재계약 때 노동자들이 개별적으로 임금의 인상율을 제시한다. 노동조합을 배경으로 하여 개별적인 서명이 이루어진다. 노조 비용을 회사가 부담하는데, 그 경비는 정부측으로 가는 것이다.

퇴직에 관한 노동법을 준수하는 것은 쉬운 일이 아니다. 따라서 퇴직율이 높게 되면 경영자 측에서는 여러 가지 면에서 복잡한 문제들이 발생한다. 노동법에는 고용주가 노동자를 퇴직시킬 경우, 3개월간의 봉급을 지급해야 하고, 노동자가 사고를 내어서 퇴직을 하는 경우에도 15일치의 급료를 지급해주어야 한다.

한국의 경우, 초기 산업화의 과정에서 노동관계법령들이 영미식으로 흘러온 경향이 강한 점을 지적하지 않으면 안된다. 영미식의 노동관계법령들과 노동관행에 있어서 특징적으로 지적할 수 있는 점은 노동자 측과 사용자 측이 적대적인 것으로 설정되어 있고, 이러한 적대적 관계의 설정 자체가 노동자의 권익을 보호하며 사용자 측의 경쟁력에도 도움이 된다고 여겨온 것이 사실이다. 독일과 같은 대륙법을 기반으로 한 곳에서는 노사관계가 경쟁적이기는 하지만 양자 간의 갈등을 극복하고 공동의 목표를 설정하기 위해 노력하는 경향이 강한 면이 있다. 이러한 점에 있어서 일본의 경우는 전통적으로 노사의 관계는 조화를 전제로 한 협동정신을 강조하며 공개적인 마찰을 피하려는 상호의 노력이 강한 면이 있다.

한국의 경우는 노동자 측에서는 영미식의 경향을 선진국형이라는 명분과 노동자의 권익보호라는 실리를 앞세워서 절대적으로 선호하였고, 사용자 측을 비롯한 정부측에서는 공동체적 안정을 우선하는 입장을 전제로 하려는 경향을 강하게 주장함으로서 노동자 측의 입장과는 상당한 거리감을 유지하려는 노력을 해온 것이 사실이다.

한국의 사용자 측 입장에서 성장해온 베트남 진출 한국인 기업인들이 선호하는 노동관계의 문제의식이 어떠한 방향으로 움직일 것인가 하는 점은 자명하다. 여기에 대해서 베트남 측의 노동자들과 노동관계 당국에서 취하고 있는 입장을 조우시키게 되면, 우리는 베트남에 진출한 한국기업들의 노동 문제가 어떠한 방향으로 진행할 것인가에 대한 기본적인 흐름을 적시할 수 있다. 사회주의의 노동윤리를 기본으로 하여 합작사나 국영기업체들을 운영해온 베트남의 경우에는 기본적으로 노사관계를 적대적으로 간주하지 않는 경향이다.

공단의 외국기업 관리관인 짠 꾁 닌Tran Quoc Ninh 씨의 진술에 의하면, 외국업체에 근무하는 노동자들의 일반적인 자질은 다음과 같다. 첫째, 시골에서 상경한 저학력자들이 주로 노동자들이다. 둘째, 근로자들의 50%는 자주 이동을 한다. 셋째, 정식노동계약서 없이 며칠씩 노동을 하는 경우들도 있다. 넷째, 작은 기업체들은 단기계약을 하는 경우가 있다. 이러한 상황들이 겹쳐서 외국기업에 근무하는 노동자들의 신변에는 변화가 많은 조건이 생기게 마련이다.

1996년도의 한 자료에 의하면, 호치민시 전체의 한국업체에 근무하는 근로자의 평균 연령은 19세, 임금은 55달러, 학력은 중졸, 평균가족원수는 8명으로 되어 있다. 베트남 국영기업이며, 한국계 기업들의 경쟁업체인 히엡 흐엉^{HIEP HUNG}에서 공원은 남자가 70%이고, 여자가 30%이며, 평균연령은 24세다. 그리고 학력은 고졸이 대부분이며, 17% 정도가 결혼하였다. 한국계 업체들은 70% 이상이 여성 노동력이며, 평균 연령에 있어서도 5세 정도 차이가 난다. 베트남 국영업체에 근무하는 노동자들은 주로 도시에 거주하고 있지만, 한국계 업체에 근무하는 노동자들은 농촌을 배경으로 하고 있다. 이러한 차이의 현상은 노동력의 질적인 측면을 반영하고, 그것은 다시 노동자들의 직업선호 장소와 연결된다. 능력있는 베트남 노동자들은 베트남 국영업체를 선호하지, 시골에 새롭게 조성된 신흥공단에 있는 외국업체는 선호도가 떨어진다는 것이다. 1997년 6월 1일 부로 베트남에 최저임금제가 실시되었다. 사이공과 하노이는 45달러이고, 그 이외의 지역은 40달러 정도다. 이 제도의 실시로 지출되는 인건비가 약 15% 상승되었다고 한다.

　동나이성에 있는 37개 외국계 회사 중에서 12개가 한국계 기업인데, 한국계 기업에서 노동분규가 비교적 많이 발생하고 있다는 공식적인 평가가 있다. 동나이성의 노동관계 책임자가 밝힌 노동분규에 대한 자료는 다음과 같다. 1994년 3회^{모두 외국업체}, 1995년 6회^{베트남국영 2, 베트남사기업 2, 외국업체 2}, 1996년 17회^{베트남사기업 5, 외국업체 12}, 1997년 14회^{베트남국영 1, 외국업체 13}, 1998년 6월 현재 3회^{베트남사기업 1, 외국업체 2}로서 모두 43회 분규 사례가 있었다. 그중에서 외국업체 32회, 베트남국영업체 3회, 베트남사기업 8회로 집계되었다. 외국업체의 분규 중에서 한국기업에서 발생한 것이 12회이고, 주로 방직과 봉제업종 그리고 완구공장에서 일어났다. 외국업체로 가장 발생이 많은 곳이 18회로서 대만이고, 홍콩의 경우가 2회이다. 외국업체에서 발생한 32회의 분규는 모두 대만과 한국 그리고 홍콩업체에서 발생한 것들이다. 대만과 홍콩업체들의 경우에 있어서도 분규가 일어나는 업체는 주로 섬유와 신발제조업체다. 이러한 경향은 베트남기업에서도 마찬가지다.

　호치민시에서는 1992년부터 1997년까지 5년간에 200회의 스트라이크가 있었다*Vietnam News*, 1998.2.19는 보도가 있다. 1997년 동안에 호치민시에서는 47회의 노사 분규가 있었다. 그중에서 20회는 외국기업, 20회는 베트남 사기업, 7회는 국영기업에서 일어났다.*Saigon Times Weekly*, 1998.1.10, 10면 호치민시의 노동관계 책임자가 밝힌 한국계 회사에서 일어난 분규 숫자는 1992년 2건, 1993년 3건, 1994년 4건, 1995년 6건, 1996년 8건, 1997년 7건, 1998년 6월까지 6건이다. 동일기간에 일어난 외국계 기업의 총 65회 분규 중에서 36건이 한국계 회사에서 일어났다. 호치민시의 경우, 외국계 기업의 노동분규의 절반 이상이 한국계에서 일어나고 있다는 얘기다. 호치민시에 있는 외국인 투자기업에서 금년 중1998.1~6에 21회의 스트라이크가 일어났다고 호치민시 노동연맹에서 보고하였다.*Saigon Time Daily*, 1998.6.18 호치민시가 관리하고 있는 공단에는 모두 26개국의 기업들이 투자하고 있는데, 그중에서 한국계 기업에서 가장 노사 분규가 많다는 증언도 있다.

　호치민시 노동연맹에서 밝힌 또 다른 자료는 노동분규의 사례들을 발생일시, 분규기간, 참여인원, 원인, 해결방식 등을 구분하여 비교적 자세하게 보여주고 있다.

〈표 4-1〉 1995~1997년간 노사 분규 현황 (호치민시 노동연맹 자료)

업체종류	발생일시	분규기간	참여인원	원인	해결방식
안팍봉제(사기업)	95.1.25	반일	70	임금체불	노동자 요구 수용
짱남(외국기업)	95.1.27	1일	77	설 보너스 미지급, 부당해고, 노동계약미체결	노동국·조합· 고용주 삼자회동, 노동자요구 수용 및 준법약속
삼정(외국)	95.2.6	두시간	60	설보너스	시무역연맹과 사장 협의, 노동자요구수용
다이흥봉제(사)	95.2.7	반일	50	저임금	구노조개입 고용주노동규약 준수약속
다셍(합작)	95.2.9	1일	93	저임금, 연장근무 조합미결성, 노동계약미체결	시노동연맹, 노동국 개입, 고용주노동자 요구, 수용약속
테엔푸봉제(보세)	95.2.15	반일	300	저임금, 학대	시노동연맹, 구노조개입, 사장법준수약속 관련자사과
킴록제화(사)	95.2.15	반일	110	저임금	사장임금인상약속
마운텍(외국)	95.2.27	1일	700	작업장개선, 멸시	구노조개입, 사장수정약속
홍상(외국)	95.2.27	1일	240체불	미지급임금	시노동연맹개입
하이민(외국)	95.3.23	1일	54	체불, 시간연장	시노동연맹, 구노조개입, 노동자 요구회사수용
막니칸(합작)	95.3.28	4일	28	저임금	시노맹, 구노조개입, 노조요구수용독려
베텍스코봉제 (국가)	95.5.5	8일	140	실직, 저임금	시노맹개입, 임금인상요구
막니칸(합작)	95.5.28	3일	140	저임금	구노조개입, 사장노조와 협의약속

업체종류	발생일시	분규기간	참여인원	원인	해결방식
카이호안(보세)	95.6.6	3일	87	저임금, 시간연장, 멸시	자체해결
후에퐁(보세)	95.6.15	1일	200	작업환경개선, 점심제공, 시간엄수	구노조개입, 해고해제
손짜(보세)	95.9.12		130	반장해고, 저임금, 열악환경, 미계약 시간연장, 멸시	구노동국개입, 사장 노동자 요구 수락동의
킴손봉제(사)	95.9.13	반일	50	체불	자체해결, 즉시지급약속
이랜드베트남(외국)	95.10.1			감봉	시노동연맹, 구경찰개입, 노동계약준수요구
히엡흥(국영)	95.10.8	2일	50	해고, 시간연장, 멸시	사장과 노조협의
키엔항(보세)	95.10.9	1일	40	저임금, 시간연장 미계약	시노동연맹, 구노동국개입, 노동자요구수락요
호아빈성냥(국영)	95.10.17	1일	32	저임금	시노동연맹개입, 사장 입장설명, 회사조직개편
홍창(외국)	95.11.4		200	시간연장, 열악환경	시노동연맹, 노동국, 구미계약, 보험미가입 노조개입, 노동규약준수 요구
아우스비스코탄롱(외국)	95.11.7		20	저임금, 체불, 미계약	시노동연맹, 노동국
				시간연장, 노조미결성	구노조개입
녹리엔(보세)	95.12.5		80	멸시, 미계약, 보험미지급	경찰개입, 사장 법준수약속
람손(국영)	95.12.5	1일	500	저임금, 임금감소, 사장해고	시노동연맹, 구당국개입, 분규이유발견 노동자에게 설명

업체종류	발생일시	분규기간	참여인원	원인	해결방식
삼양(외국)	96.1.11	1일	900	멸시, 시간연장, 미계약	노동국, 구노조개입 결성약속
탄빈(?)	96.1.12	1일	317	저임금, 미통고	시노동연맹, 구노조개입
				연장근무	보너스십만동지급 약속
안지앙신발(국영)	96.2.5	1일	178	저임금	사장과노조협상 최저임금천동인상
리영(외국)	96.2.5	1일	689	미통고연장근무	시노맹, 노동국개입
				단체협약미체결	사장에게 요구조건
				보너스, 점심불만	수락토록 종용
비나택시(합작)	96.2.6	반일	300	보너스, 복지기금	시노맹, 노동국개입 운전수요구 수용약속
선버드문구(외국)	96.2.6	2일	100	휴가, 보너스, 노동계약	
다이안봉제(사)	96.2.7		380	저임금, 근무시간	시노맹, 구노동국개입
				보너스 문제	임금10%인상, 보너스 지급결정
동흥(국영)	96.2.10	반일	120	미통고연장근무	시노맹, 구경찰개입, 임금
				임금공고, 계약미체결	공고, 고용계약체결요구
티엔팟봉제(국영)	96.2.15	반일	30	임금체불, 멸시, 휴식무	시노맹개입, 사장노조합의, 30분휴식약속
추싱(외국)	96.2.23	1일	200	임금미공고, 체불, 해고	시노맹, 구노동국개입, 요구사항이행약속

업체종류	발생일시	분규기간	참여인원	원인	해결방식
삼양(외국)	96.3.18	1일	400	저임금, 연장근무, 점심무 열악환경, 멸시, 미계약, 노조미결성	시노맹, 노동국, 구경찰개입, 외국관리자추방 결정
삼양(외국)	96.3.21	반일	970	멸시	외국관리자추방결정
둑하이(사)	96.4.6	반일	67	점심불량, 임금공개	구노조개입, 4월까지 요구조건 개선약속
안락신발(국영)	96.4.12	반일	700	연장근무, 임금체불	시노맹, 노동국, 구당국개입, 체불완납실시
탄아(사)	96.4.12	반일		이윤분배불합리, 교량도로 통과비용, 세차, 보험관계	사장과 노조대표협의
비엣포봉제(보세)	96.4.12	1일	80	저임금	구노조개입, 규정준수요청
주안비엣(외국)	96.4.22		28	임금체불, 노조미결성 보험금미지급	구노조개입, 회사가 노동자요구 사항준수약속
퐁란(사)	96.5.6	1일	200	연장근무, 악조건 노조미결성	구노조개입, 회사가노동자 요구 사항준수약속
탄빈봉제(국영)	96.7.27	반일	100	저임금, 멸시, 점심불량	사장과 노조간부협의 해결, 요구사항수용약속
주안비엣(외국)	96.7.29	반일	2,000	저임금, 연장근무, 멸시	사장노조요구수용 약속
아스트로(외국)	96.8.1	반일	320	최저임금이하, 무휴, 훈련기간연장, 무보험	구노조개입, 회사 노동규약 준수약속

업체종류	발생일시	분규기간	참여인원	원인	해결방식
태성(외국)	96.8.22	2시간	141	최저임금이하, 무보험	시노맹, 구노동국개입, 회사노동자요구 준수약속
미모사(사)	96.9.4	2일	200	임금지급 방식변경	시노맹, 구노동국 개입변경설명설득
푸람신발 (외국합작)	96.9.9	반일	80	일자리불안정	구노동국개입, 설명
티후아(외국)	96.9.10	1일	250	연장근무, 최저임금 이하미계약	시노맹, 노동국개입
호앙란(사)	96.9.16	반일	300	임금체불, 연장근무, 노조 미결성, 미계약	구노조개입, 회사가노조요구 준수약속
타이투엉봉제(사) 96.9.20	1일		38	저임금, 연장근무무보험, 노조미결성	구노조개입
티엔푸봉제(사)	96.10.4		290	임금기준공개요 작업환경악조건	구노조개입
사이공스타(합작)	96.10.10		50	운전자몸수색	업주사과
비나택시(합작)	96.10.17	8일	100	운전자에게과중 업무요구	시구당국개입
택시다비(사)	96.10.25	반일	200	이익재분배방식 문제, 보험 문제, 노조미조직도로 이용 및 차량관리비	시노맹, 노동국, 구노조개입, 회사노조요구 수용약속
맙니콘(합작)	96.10.30		200	외국인관리자 해고불만	구노조개입, 불법데모 및 노동법설명
안지앙신발(국영)	96.11.4		132	저임금, 노동미계약	성노조, 구노조개입 회사잘못시인
신발1호공장 (국영)	96.12.10		200	저임금	사장상황설명

업체종류	발생일시	분규기간	참여인원	원인	해결방식
팰러스(외국)	96.12.26		1,000	연장근무, 노조미결성	시노맹노동국개입
				임금지불방식 불만	회사10일이내 정정약속
택시사이공(국영)	96.12.28		20	설보너스지급	사장, 요구고려약속
삼성건설(외국)	96.12.31		47	부당해고, 노동계약미체결 연장근무수당 미지급	해고철회
꽝남(외국)	96.12.31	1,000		설보너스요구, 대우	시노맹, 노동국, 구노조개입, 보너스지급 (한달봉급)약속, 노동자요구고려약속
코비(사)	97.1.1~1.3		60	임금체불	구노조개입, 요구처리
키엔후(사)	97.1.3		40	공휴일근무요구	구노조, 노동국, 경찰개입
				10개 요구사항제시	근무시간, 임금, 보너스, 유해물질, 노동계약 등 회사수용요구
후이호앙(합작)	97.1.3	오후	1,000	저임금, 보너스, 연장근무	구노조개입, 생산라인개선, 보너스지급, 연장근무수당개선
사이공패션(사)	97.1.6		171	임금인상 (35~45불로)	구노조노동국개입
				환자노동금지, 보너스, 해고	사장 문제 검토약속
				계약, 보험	4.1까지노동법준수
인엔비나 (사, 한국)	97.1.6~7		136	연장근무, 부당해고	구노조개입, 주동자보복금지

업체종류	발생일시	분규기간	참여인원	원인	해결방식
				열탕공급, 보너스, 공휴일	소요기간임금지급
				노동계약, 휴식이행	보험실시, 노동규칙준수
				연장근무지급 확실	노동자에게 노동법교육
					노조설립
반탕(사)	97.1.7~1.13		150	저임금, 점심대인상요 (2천동에서 3천동으로)	구노조, 노동국, 경찰 인민위개입, 요구모두수용
				연장근무유해 환경작업특임	
				연장근무임금 사전지급요	
싱비엣 (합작, 타이완)	97.1.14	3시간	500	설보너스지급	사장이 보너스지급결행
탄호앙민(국영)	97.1.16	하루	150	택시운전수파업, 임금조정	사장과운전수협상
미엔타이건설 (국영)	97.1.28·29		2,000	설 보너스 문제	지급결정
비나삼부 (외국, 한국)	97.2.1		680	보너스 문제, 연차휴가	구노동국노조개입, 요구 수용, 분규일임금지급
마그니콘(합작, 타 이완)	97.2.1		96	설 보너스	사장부재중, 구노조개입 노동자들에게 사장 부재설명
칸호이가죽봉제 (국영)	97.2.3		50	공휴일 근무	사장이연장근무 임금지급결정, 보너스지급
세모비나 (외국, 한국)	97.2.3		400	임금체불, 보너스	공단노동국, 노조개입요구 수용결정
싱(외국, 한국)	97.2.13·14		300	노동규약위반, 저임금, 야간작업	시노동국, 노조개입 요구수용

업체종류	발생일시	분규기간	참여인원	원인	해결방식
삼양(외국, 한국)	97.2.13		51	감독의 노동자 작업평가	구노조개입, 평가취소
					분규노동자 잘못인정
둑하이(사)	97.2.14		41	연장근무수당	구노조개입, 업주시인
삼양(외국, 한국)	97.3.10·11		181	임금인상, 유해환경수당	시노동국, 위생국, 노조개입, 노동자분규기간분 보상노동, 분규주동자해고금지, 유해환경수당 이만 팔천 동
리엔틴팟(사)	97.3.11		200	장기휴무반발, 설 보너스	구노조노동국개입 사장요구사항수용 약속
페스티발택시 (국영)	97.3.18·19		300	사납금 문제, 노동계약	사장과노조협상, 사납금재조정, 노동계약이행, 보험
히엡흥2신발 (국영)	97.3.18·19		400	저임금, 임금체불	노조 노동자설득해결
후에퐁 (외국, 타이완)	97.4.3		100	외국인관리자 태도	회사자체처리
스타택시(?)	97.4.15~4.17		50	사납금 문제	사납금인상철회
우펙심(국영)	97.4.21·22		450	임금체불, 약속 미이행	회사해결
삼양(외국, 한국)	97.4.25		1,450	노동계약일부 미이행	구노조노동국개입
				연월차, 유해환경수당	요구수용
킴록(사)	97.5.2		200	임금인상, 연장수당지급	구노동국노조개입 사장설명해결
델피(외국, 타이완)	97.6.23·24		200	연장근무, 멸시, 임금삭감	공동노조개입해결

업체종류	발생일시	분규기간	참여인원	원인	해결방식
토안마이 (외국, 타이완)	97.6.23·24		400	잔업수당	
팰러스(외국)	97.7.8		1,000		공단관리기구해결
탄팟(?)	97.7.15		300	노동계약미체결, 노조미결성	구노조노동국개입
식료회사(국영)	97.8.1		300	저임금	자체해결
지아이마우린(?)	97.6.30		600	작업현장안전, 노동시간준수멸시	공단노조개입, 노동자요구수용 결정
빈투안봉제 (외국, 한국)	97.6.30			한국인기술자가 노동자학대	빈투안인민위원회 개입, 관리자노동법 준수요청, 가해자 베트남법처벌요구
리엔틴팟(사)	97.7.1		70	임금체불	구노조개입, 사장 노동법준수약속, 노조결성약속
탄호앙민(사)	97.8.7		40	택시운전수데모	불법데모판정
남흥룽(사)	97.8.9		120	생산품가격조정 요구	구노조개입, 사장이 노동자와 협상요구수용
꽝비엣(외국, 한국)	97.8.14		300	노동계약미체결, 임금, 정부가이드 준수요구, 연장근무	구노동국개입, 노동법준수요구, 노동자 노동법공부요
비엣포봉제 (외국, 일본)	97.8.23		460	연장근무, 규율엄격	시노맹, 구노조개입
				휴일유급, 점심, 변소상태개선, 무보복약속	부사장 모든 요구수용
사이공스타택시 (합작)	97.8.29		70	교대근무 문제, 사납금 문제	부사장이 요구수용

업체종류	발생일시	분규기간	참여인원	원인	해결방식
카리맥스사이공 (외국, 한국)	97.9.16			임금 문제	시노동국외국기업 노동관리부개입, 노동법의거 임금지불촉구
대윤(외국, 한국)	97.10.16·17		930	초과생산분임금 문제	시공단노조개입, 노조요구수용
카스비나 (외국, 한국)	97.10.17·18		80	노동계약에의한 임금상승요구	기업경영악화로 노조요구거부
다비택시(사)	97.10.30		70	사납금, 보험, 사고시벌금 문제	미해결
충남베트남 (외국, 한국)	97.11.7·8		1,400	보너스약속	주노동국개입, 회사설명 노동자측몰이해, 임금상승
주안비에트 (외국, 한국)	98.1.3		2,000	부사장회사 어려움설명	시노동국개입 부사장회사어려움 설명

    1995년부터 1997년까지 3년간 호치민시 관할구역 내에서 발생한 노동분쟁 사건은 모두 107건으로 기록되고 있는데, 그중에서 외국기업이나 합작회사에서 발생한 것이 52건이다. 52건 중에서 32건이 한국계 기업에서 일어난 노동 분쟁이었고, 호치민시에서 발생한 노동분규 사건 총수의 30%에 해당하는 양이 한국계 기업에서 발생하였음을 알 수 있다. 이 사실은 한국계 기업의 노무관리에 문제가 있다는 점을 확인해주는 것으로 이해할 수 있고, 이러한 추세가 지속된다면 앞으로 베트남과 한국 사이에 노사관련 외교분쟁이 일어날 수 있는 소지를 배제하기는 힘들 것으로 예상할 수 있다. 그만큼 베트남에서 한국에 대한 이미지는 악화일로를 걷고 있다고 해도 과언이 아니다. 한국계 기업에서 가장 많은 노동분쟁이 일어나고 있다는 결론은 호치민시와 동나이성의 노동담당 공무원

의 진술과도 일치한다.

소요사태가 일어나면, 반드시 이유가 밝혀지며, 주동자들의 이름은 들어가고, 연판장이 돌아서 메모가 온다. 예를 들면, 모레 스트라이크를 하겠다는 식이다. 노동자들의 요구사항은 반드시 연대로 서명해서 가지고 온다. 용접봉 하나 사는 것도 연대로 서명하는 경우도 있다. 혼자서 개별적으로 의견을 제출하는 경우는 없고, 글로 적어서 공동으로 서명해서 제출하는 것이 일상화되어 있는 것 같다. 한국인 책임자들은 처음에 그러한 것을 받았을 때, 연판장을 돌리는 것 같아서 기분이 거슬렸지만, 이것이 베트남인들의 습관이라는 것을 알게 되었다.

노조가 스트라이크를 시작하면, 참여자들은 모두 공장 밖으로 나가서 조용히 앉는다. 어떤 경우에는 모두 조용히 공장의 마당에 주저 앉기도 한다. 노조 대표를 불러서 회사의 입장을 그들에게 설명하지만, 일단 분규가 나면, 그들이 노동자들에 대해서 리더쉽을 발휘하지 못한다. 분규 기미가 보이면, 정부의 노동부서에 전화 상으로 즉각 통보한다. 그러면 즉시 감독관이 파견되고 조서를 꾸민다. 사주의 의견이 옳다고 판정될 경우에는 감독관이 노동자들을 불러서 직접 설득한다. 여태까지 주로 그러한 방식으로 해결해 왔다. 언어소통이 되지 않아서 발생하는 감정적인 문제들을 감독관이 중재함으로서 주로 해결하는 방식이다.

분쟁기간은 대체로 하루 또는 길어야 이틀간인 것이 특징이다. 이 현상은 분규를 주도하는 세력이 성격과도 관련성이 있는 것 같다. 즉 이미 조직되어 있는 노조가 분규의 과정을 장악하여 선도하는 것이 아니라, 노조 이외의 주모자가 따로 있는 것이 일반적인 노동분규의 모습이다. 노동자들의 노조활동이 아직도 제대로 제도화되어 있지 않은 특징을 보이고 있다. 즉 파업 유형의 특성과 형태로 볼 때, 대부분 단기적이며 제도화된 파업이 아닌 비공인 파업wildcat strike의 성격이 강하다. 노사관계 자체가 제도화되어 있지 않기 때문에 그러한 경향이 나타나고 있다고 해석할 수도 있다. 따라서 분규이후에 노동조합을 조직함에 있어서 오히려 기업 쪽에서 서두는 제도화의 경향이 나타나고 있기도 하다.

신문에 노동 문제로 지탄을 받고 있는 기업들은 거의 다 대만과 한국 기업들이다. 일본회사나 서구의 기업들은 베트남의 언론에서 전혀 거론되지 않고 있다.

3. 노동분규의 원인과 과정

위에서 제시된 표에 집계된 내용들을 요약해보면, 노동분규의 원인은 다음과 같이 정리할 수 있다. 저임금, 임금체불, 명절 보너스, 연장근무, 미통고 연장근무, 휴식 무, 공휴일 근무, 노동계약 미체결, 부당해고, 노조 미결성, 작업장 환경, 점심제공, 보험 미가입, 일자리 불안정, 운전자 몸수색, 노동규약 위반, 연장근무 수당, 유해환경 수당, 외국인 관리자의 학대와 멸시 등의 항목으로 정리될 수 있는 노동분규의 원인들이 밝혀지고 있다. 이러한 문제의 원인들을 몇 가지 범주로 다시 정리해보면, 분규의 가장 큰 원인으로 지목된 것은 불합리한 생산목표, 연장근무, 저임금과 열악한 작업환경조건, 업주들의 노동계약 미이행근무시간과 공휴일 무시 및 건강보험과 노동자보험에 관한 사항 미준수 등이다.Saigon Times Weekly, 1998.1.10, 10면; Vietnam News, 1998.2.19 베트남 노동자들의 절대 봉급이 적기 때문에, 기업에 따라서 임금을 조금 더 준다고 해서, 그것이 노동자들의 취업장 선택의 장점이 되는 것은 결코 아니라는 주장이 강력하게 제기되고 있는 점도 주목해야 할 부분이다. 불합리한 생산목표로 인해서 연장근무와 공휴일 근무 등이 시도되고 작업장의 열악한 환경이 방치되고 있다는 점도 연계해서 생각해 보아야 할 문제다.

외국업체의 경우, 노동자들의 임금지불은 반드시 미국 달러로 결재하도록 계약이 되어 있으며, 실제로 지급은 미국 달러에 해당하는 액수를 베트남 화폐인 동으로 한다. 베트남에는 지역별로 최저임금의 적용액수가 다르다. 호치민시의 경우는 45달러이나, 외곽의 다른 성에는 35달러 또는 40달러의 경우도 있다.부록 ① 베트남 노동당국이 파악하고 있는 외국업체들의 임금지불에 관한 자료에 의하면, 70% 정도의 외국인 기업들이 정식으로 급료를 지불하고 있다. 나머지는 여러 가지의 편법으로 임금을 착취하고 있다는 것이다. 이러한 임금착취의 현상이 기업에 만연되어 있는 것은 잉여노동 인력이 많기 때문인 것 같다. 호치민시의 경우, 취업 대기 상태의 인구가 약 25만 정도 있는 것으로 집계되고 있기 때문에, 통계에 잡히지 않는 경우까지 포함한다면, 노동인력은 풍부한 것으로 판단해도 무리가 없다.

저임금 또는 임금체불과 관련된 전형적인 노동분규의 사례는 다음과 같다. 호치민시의 푸뉴안Phu Nhuan 구, 제 9공단에 있는 풍황Phung Hoang 봉제기업에서 80명의 노동자들이 봉급 미지급에 항의하는 스트라이크를 하였다. 노동자들은 1997년 12월부터 월급을 받지 못했다고 한다. 이 공장은 노동자들에게 지급할 금액이 6천 3백만 동인데, 이 중에는 뗏 보너스는 포함되어 있지도 않다. 1998년 2월 22일 이전에는 봉급을 지급하겠다고 했지만, 이행되지 않았고, 아직도 그 결과는 불투명한 상태다. 이 공장에서는 1997년 1분기 사회보장보험밖에 납부하지 않은 상태다.*Saigon Times Daily*, 1998.2.19

호치민시 노동연맹의 간부인 마이 둑 친Mai Duc Chinh의 진술은 저임금과 연장근무 등이 혼합된 악질적인 노동착취의 방법을 고발하고 있다. 업주들이 시간제로 임금을 지급하는 것이 아니라 작업량에 의하여 임금을 지급하기 때문에, 그렇게 임금을 지불한 결과 노동자들의 수입은 40% 내지 50% 정도 감소된다고 한다. 외국 파트너와 하청계약을 맺고 있는 봉제업체의 노동자들은 하루에 10시간 내지 12시간 정도 일을 하지만, 시간외 수당은 지급되지 않는다Saigon Time Daily, 1998.6.18는 주장도 있다.

사기업의 경우에 발생하는 분쟁의 주된 이유도 국영기업과 동일하지만, 그 이외에 노동환경조건 개선과 노조 미결성 및 독성화학물질 취급에 대한 불만 등이 추가로 포함된다. 집중적으로 분쟁이 일어나고 있는 택시회사의 경우는 사납금社納金 문제가 주된 분쟁의 이유로 등장하였다. 외국기업의 경우에 발생하는 분쟁의 경우에는 베트남 사기업의 경우와 동일한데, 그 이외에 특징적으로 추가된 이유는 관리자들의 노동자에 대한 멸시와 학대가 포함된다. 한국기업과 대만기업이 이 부분에 집중적으로 관련되어 있는 것이 사실이고, 그러한 문제가 베트남 정부의 노동당국과 노동연맹 등에서 단호하게 거론하는 문제로 되어 있다.

해고의 문제가 분규발생의 또 다른 큰 원인으로 지목된다. 베트남 기업과 비교해보면, 외국인 기업들은 해고가 많은 편이다. 직업의 불안정성에 대한 반발이라고 볼 수 있는데, 그 원인은 한국인의 관리방식에서 연유하는 것일 뿐만이 아니라 한국계 기업이 물건을 납품하는 기업, 예를 들면 나이키와 같은 다국적 기업의 경영방침에 의해서 직접적인 영향을 받는 점을 무시할 수 없다.

베트남 국영기업의 경우에 발생하는 노동분쟁은 공통적으로 외부기관의 개입없이 해결이 나고 있다. 사기업과 외국기업에서 발생하는 분쟁의

NIKE Code of Conduct

on a handshake.

the determination that we would build our business with all of our
st, teamwork, honesty and mutual respect. We expect all of our
erate on the same principles.

corporate ethic is the belief that we are a company comprised of
f people, appreciating individual diversity, and dedicated to equal
vidual.

tures and markets products for sports and fitness consumers. At
ess, we are driven to do not only what is required, but what is
Ve expect our business partners to do the same. Specifically NIKE
hare our commitment to the promotion of best practices and
t in:

h and safety, compensation, hours of work and benefits.

4. Benefits (Contractor) certifies that it complies with all pro
    mandated benefits, including but not limited to housing; me
    and other allowances; health care; child care; sick leave; e
    pregnancy and menstrual leave; vacation, religious, bereavement
    leave; and contributions for social security, life, health, work
    and other insurance.

5. Hours of Work/Overtime (Contractor) certifies that it cor
    mandated work hours; uses overtime only when employee
    compensated according to local law; informs the employee at
    if mandatory overtime is a condition of employment; and,
    scheduled basis, provides one day off in seven, and requires
    hours of work per week, or complies with local limits if they are lo

6. Health and Safety (Contractor) certifies that it has written
    guidelines, including those applying to employee residenti
    applicable; and that it has agreed in writing to comply w
    factory/vendor health and safety standards.

동나이성 내에 소재한 한국계 신발공장에 걸린 〈나이키 실천요강〉

경우에는 예외 없이 시나 구의 노동당국과 노동연맹 및 지역노조 등이
개입하고 있으며, 심각한 경우에는 지역경찰과 지역의 인민위원회가 사
태수습에 동원된 경우도 있다. 유일하게 한국기업의 경우에 사태수습을
위해서 경찰과 인민위원회가 개입하였다. 이러한 사태는 외국기업 내의
노동 문제가 지역주민들에게 직접적인 영향을 미치고 있다는 증거로 이
해할 수 있고, 외국기업들 중에서 한국기업내의 노동 문제가 유일하게 이
러한 사례에 적용되었다는 점도 특이한 일이다. 그만큼 한국기업의 노동
문제가 지역 주민에게까지 미치는 영향이 심각하다는 쪽으로 해석할 여
지를 배제할 수 없는 것이다.

　베트남의 국영기업이나 사기업의 노동분규에 연유된 내용들이 외국기
업의 그것들과 크게 달리 나타나는 점은 없으나, 노동분규의 발생 원인에
있어서 한가지 특징적으로 달리 나타나는 것은 작업장에서 외국인 관리
자들의 對 노동자 멸시 또는 학대 등이다. 특히 한국계와 대만계의 기업

들에서 이러한 문제가 집중적으로 발생하는 현상은 스트라이크가 발생한 후 소위 '민족감정'이라는 것을 견강부회로 갖다 붙일 수 있는 빌미를 주고 있다는 생각이 든다. 이것은 외국인 기업체라는 배경에서 일어나는 노동분쟁에 있어서 노동분쟁의 차원을 자국 대 외국이라는 또 다른 구도로 확대함으로서 노동투쟁의 정당성 확보를 소위 민족주의와 연계시킬 수 있는 명분화를 제공하는 잠재적이면서도 매우 위험스러운 문제라고 생각된다.

한국계와 대만계의 기업에서 노동자들이 가장 싫어하는 학대와 멸시의 현상이 벌어지고 있다는 점에 대해서는 한 가지 가설적인 차원을 생각해볼 여지가 남아 있다. 물론 이 가설은 대만계나 한국계 기업들이 해외부문에서 절대적으로 미숙하다는 점, 이러한 기업들이 대체로 본국에서는 한계기업으로서 베트남에 생산공장을 설립하였다는 점, 그리고 섬유와 신발제조 등과 같은 노동집약적이고 작업환경이 열악할 가능성이 많다는 점등을 전제로 해야 할 것이다. 이 문제는 집중적으로 노동분규의 문제를 발생시키고 있는 업체들이 모두 나이키의 하청업체라는 점에 주목하지 않을 수 없다. 대만계 2곳과 한국계 3곳의 신발제조업체들 5곳이 모두 나이키의 하청업체로서 강도 높은 생산력을 과시하고 있고, 이러한 업체들이 예외 없이 노동분규의 진원지로 지목되고 있다는 점이다.

나이키 실천요강^{Nike Code of Conduct}이라는 것이 명문으로 명시화되어 있고, 그에 준하지 않는 기업에 대해서는 불이익을 주고 있다. 특히 생산성 제고라는 점이 나이키의 경영방침에 하청업체들이 큰 영향을 받고 있다. 한 한국계 기업이 제시하고 있는 '社訓은 ① 근면절약 ② 자조협동 ③ 인화단결이며, 기업의 베트남공장 중역방침은 ① 생산성제고^{일인당 생산성 극대화,} ^{철저한 Loss 관리} ② 납기준수 ③ 정리정돈 습관화'로 명시되었다. 그 기업에서는 중역방침을 실천하기 위해서 한국인 근로자는 59명에서 38명으로 줄였고, 베트남 근로자는 6천 명에서 5천 4백 명 그리고 다시 4천 8백 명으로 줄였다. 이러한 것은 모두 나이키의 실천요강實踐要綱과 밀접한 관련이 있는 부분이다.

나이키가 세계적 기업으로서 여러 측면에서 공격을 받고 있는 현실이 공장 운영에도 애로점으로 작용하는 점도 있다. 나이키 제품의 하청공장들에 대해서는 실천요강을 엄격히 준수하라는 지시가 있기 때문에, 하청공장의 종업원 복지에 관한 부분들이 상당히 강화되고 있다. 현재의 운영 상황으로 보면, 한국에 있는 공장들보다는 베트남에 있는 공장이 잘 되어 있는 편이라는 판단도 있다. 베트남의 일반가정에 화장지를 사용하는 경우는 사실상 많지 않은데, 회사의 종업원 화장실에 화장지를 설치하라거나 반드시 비누로 손을 씻게 하라는 지시도 있다. 나이키의 본부 직원이 생산공장을 자주 방문하여 지시사항과 관련된 부분에 대해서 검사를 하고 취약한 점에 대해서는 개선조치를 요구하고 있다. 그러한 부분이 모두 비용지출로 직접 연결되고 있는 점도 있다.

또 다른 구조적인 문제로는 노동자를 지휘함에 있어서 노동연맹과 회사가 개입하는데, 연맹과 회사 사이의 조화가 순조롭지 않음에서 오는 문제도 있다. 베트남은 기본적으로 노조와 기업이 상호 보조적인 관계를 유지하는 사회주의적 전통을 잇고 있는데, 이러한 관례에 대한 이해가 부족한 외국기업들은 노조와 노조의 대표격인 지역의 노동연맹과 유기적인 관계의 유지에 대해서 소극적이다.

베트남 기업에서는 노동자들에게 기숙사 제공도 없고, 점심제공도 없으며, 통근을 위한 특별한 서비스도 없다. 베트남 기업의 책임자들을 그러한 부분들이 모두 봉급 내에 포함되어 있다고 설명한다. 따라서 노동자들이 외국기업들을 선호하는 경향이 있다는 인식을 갖고 있다. 실제로 외국기업에서 일을 하는 노동자들은 그러한 인식을 하고 있는 것도 사실이다. 그럼에도 불구하고, 외국기업체에서 일어나는 노동분규가 베트남 기업에서 일어나는 노동분규와 본질적으로 유사한 방향으로 흐르고 있다는 점에 대해서는 여러 가지로 해석해볼 점이 있다. 본질적으로 노동자란 존재는 기업주에 대해서 대항적이기 때문에, 그러한 대항의 표현을 임금요구로 한다는 인식도 있을 수 있다.

그러나 절대임금이 저임금이고 임금인상 폭이라는 것이 절대임금에 비해서도 아주 미약하다는 점을 상기하고, 사회주의 사회인 베트남에서 기업과 노동자들 사이의 관계라는 것이 자본주의 사회의 그것과 본질적으로 동질적이라는 해석만을 할 수는 없는 점이 있다. 따라서 베트남에서 외국기업체의 노동분규에 대해서는 다른 측면도 고려되어야 한다는 것이 본 연구자의 입장이고, 그것은 문화차이라는 문제에서 해답을 구하고자 하는 것이다.

노동분규의 원인이라는 점에서 많은 부분을 기업내의 역동적인 관계로만 해석해왔다. 이것이 전통적인 노사관계의 문제를 바라보는 기본적인 시각이라고 생각된다. 그러나 문화차이라는 점이 상수로 주어진 외국에서의 기업활동에서 빚어지는 노사 분규는 기업내의 역동성뿐만이 아니라 기업외적인 변수가 크게 작용하는 부분도 있다는 점을 역설하고자 한다. 문화차이의 문제를 기업이 어떻게 인식하고 대응하는지가 노사관계와 노동분규에 반영될 수밖에 없다는 인식의 전제를 요구하는 부분이 있다. 베트남의 노동관계 공무원들은 이 부분을 대단히 강조하고 있다.

외국인 기업체의 베트남에 대한 언어무지와 문화오해文化誤解가 가장 기본적인 노동분규의 원인이고, 언어무지와 문화오해 때문에 발생하는 노동분규가 전체 노동 문제의 다수를 지배하고 있다고 판정하는 베트남인 노동전문 공무원의 판단을 돌이켜서 생각해보면, 그러한 문제로 분규를 일으키는 기업들은 베트남에서 기업활동을 할 자격이 없다는 경멸적인 핀잔이나 마찬가지라고 생각된다. 언어무지와 문화오해라는 현상은 기업활동 이전에 해결되어야 할 문제인 것이다. 외국에서 기업을 한다고 할 때, 반드시 전제가 되어야 할 부분이 언어습득과 문화이해文化理解인데, 그것이 해결되지 않은 상태에서 발생하는 기업활동의 문제들은 궁극적으로 기업활동 문제 이전의 문제인 것이다.

기업가 스스로가 언어습득과 문화이해가 되어 있지 않은 상태에서 베트남에서 기업활동을 하려고 할 경우에는 그러한 문제를 보완할 수 있는 특별한 장치를 마련해야 할 것임에도 불구하고, 그러한 장치를 제도화하지 않은 경우에는 반드시 문제가 발생하게 마련인 것이다. 사실상 그러한 상황 하에서 발생하는 문제는 노동분규로 가장된 기업가의 무식이 자초한 예정된 사고라고 생각된다.

호치민시 노동국장 보 티 박 투엣Vo Thi Bach Tuyet은 스트라이크를 줄이는 방법에 관한 의견을 다음과 같이 피력했다. 풀뿌리 노동조직들이 노동자들로 하여금 노동법에 관한 지식을 갖도록 도와주는 것이 급선무라고 했다. 왜냐하면 노동자들 측의 불법적인 스트라이크도 빈번하기 때문이라는 지적이 있다. 동시에 사업주들이 법 테두리 내에서 생산행위를 하도록 하는 정부측의 가이드라인이 있다는 것을 노동자들에게 알려주는 것이 중요하다Saigon Time Daily, 1998.6.17고 한다. 따라서 노동자들이 노동법을 잘 모르기 때문에 발생하는 노동분규의 경우에는 당국의 노동국이나 노동연맹의 담당자가 등장하여 설명하면 문제는 대체로 잘 해결된다.

4. 적응과정의 배움과 현지화現地化 전략

　노동현장 또는 작업장이라는 맥락에 개입될 수 있는 문화의 문제라는 것은 접촉하는 사회의 문화적 오리엔테이션으로부터 강한 영향을 받을 수 있다. 그러한 오리엔테이션에 관련된 한가지 가능한 분류로는 문화차이가 감지된 노동현장에 개입된 고맥락高脈絡문화high-context culture와 저맥락低脈絡문화low-context culture, Hall(1976), 85~128 참조의 차이라는 점을 적시할 수 있다. 고맥락문화란 문화차이라는 점에 대해서 민감하게 반응을 하고 문제의식을 심화시키고 있는 상황을 말하고, 저맥락문화란 그 반대의 상황을 말한다. 고맥락과 저맥락의 차이는 특정 문화의 성향과 밀접한 관계가 있기 때문에, 복수로 접촉하는 문화의 상황에 따라서 모두 다르게 고려될 수밖에 없는 특성이 있다. 이러한 문제 때문에, 다국적 기업 또는 외국투자 기업들에서는 문화차이의 문제가 기업경영의 핵심적인 개념으로 자리잡고 있는 것이다. 문화차이에 대한 인식의 깊이가 기업이윤과 직결된다는 인식이 있는 것이 소위 선진국의 해외진출 기업에서 나타나는 현상이고, 그렇지 못한 상태가 후진 기업의 해외진출에서 드러나는 후진국의 현상이라고 말할 수 있다.

　문화차이의 맥락화에도 고高와 저低의 구분이 있게 마련이다. 합작투자가 단독보다는 고맥락화된 것이고, 단독투자에서도 문화차이의 문제를 관리하기 위한 전담부서나 전문가를 고용하고 있는 것이 그렇지 못한 경우보다도 고맥락화된 것이라고 말할 수 있다. 주로 취급하는 품목에 의한 업종별과도 관련이 있는 문제일 것이다.

　한국계 기업을 비롯한 베트남의 외국기업들은 최근에 설립된 회사들이기 때문에, 아직도 장기전략을 세울 수 있는 환경조성이 잘 안되어 있는 베트남의 현실도 있다. 기업경영의 노하우가 없기 때문에 단기적일 수밖에 없는 문제가 내재되어 있다. 업종별에 따라서 분규에 차이가 별로 나지 않는 것은 정착기간이 짧기 때문일 것으로 본다. 초기에 일어나는 현상으로 일단 해석하는 것이 바람직할 것 같다. 호치민시의 투자계획부에 근무하는 마이씨의 코멘트는 귀담아들을 만하다 : "아직 평가하기에는 이르다. 현재까지의 투자기간이 짧았기 때문에 더 두고 보아야 한다. 문제를 급하게 해결하려면 오히려 곤란하다. 임기응변식도 곤란하다. 보완책에 대한 연구가 필요하다. 한국식을 그대로 적용하려니 문제가 발생할 수밖에 없다."

그럼에도 불구하고, 한국기업들이 그동안 베트남에서 활동해온 거의 유형화된 단기 승부적인 관행에 대해서는 문제점으로 지적할 부분이 있다. 소위 '철새기업'들의 문제다.이상영(1990), 125 싼 임금을 목적으로 해외에 나간 기업이기 때문에 당해국의 노동자 조건이나 노동 환경의 개선을 위한 장기적 투자는 할 의도가 없이 영리만을 따라다니는 철새기업의 문제가 베트남에서 활동하고 있는 한국기업의 이미지에 적지 않은 영향을 미치고 있는 점도 인지되고 있다.

한국계 기업들이 베트남에서 생산활동을 시작한 지는 이제 10년 정도밖에 되지 않았다. 역사가 짧기 때문에, 시행착오의 과정에서 발생한 문제들이 있었던 것은 의심의 여지가 없다. 환언하면, 현재 베트남에서 외국계 기업들 중에서 한국계 기업이 가장 노동분규가 많다고 지적을 받고 있고, 그 과정에서 한국인 기업가들이 물질적 및 정신적 고통을 받고 있는 점도 무시할 수 없는 부분이다. 그것이 바로 해외에서 즉 문화차이라는 틀 속에서 기업활동을 하는 기업가들이 치르고 있는 수업료인 셈이기도 하다. 한국계 기업의 한국인 책임자나 관리자들의 경험적인 진술들로부터 어떠한 문화적 적응의 노력이 진행되고 있으며, 그 결과 한국계 기업들은 어떠한 전략을 구상하고 있는지에 대해서 간단하게 정리하고자 한다.

기업활동이라는 과정에서 한국인들이 베트남인을 어떻게 배우고 이해해 나가고 있는 지의 과정을 보여주는 측면이기도 하다. 그 결과 기업이라는 현상 속에서 한국인들은 자신들이 배운 베트남인들과 어떻게 조화를 이루면서 기업활동을 할 것인가 하는 문제를 모색하고 있는 모습도 읽을 수 있다. 기업활동과 문화차이가 결합된 상태에서 진행되는 문제를 해결해 나가려는 전략모색의 과정이 엿보이는 부분이기도 하다.

"베트남인들은 문서화에 철저한 면을 보이고 있다" 또는 "베트남인들은 자료의 보관에 있어서도 철저한 면이 있다"는 한국인 관리자들의 공통된 증언이 있다. 예를 들어서, 자재관리의 측면에서 다음과 같은 일이 벌어지고 있다. 한국인 관리자는 구두로 필요한 물건을 가지고 오라는 지시를 한다. 그러나 베트남인들은 철저한 서류상의 지시에 의해서 움직이는 것이 기본이다. 사회주의 정책 하에서 경험되어온 책임 문제라는 점도 이미 베트남인들의 몸에 밴 것으로 이해할 수 있다. 한국인 관리자의 입장에서 본다면, 간단히 말로 해도 될 것을 일일이 문서화하는 번거로움을 거쳐야 하는 것이다. 한국인 관리자는 그러한 부분에 대해서 불편하다고 생각할 뿐만 아니라 불필요한 경비를 들이는 것으로도 생각하고 있다.

연구자가 사장에게 종업원 현황자료를 요구했다. A4 한 장의 종업원 현황에 관한 자료는 감독의 직함과 이름 그리고 문서작성일자와 문서제출일자 등이 담겨있는 공식문서 형식을 갖추고 있고, 노조의 관인과 감독의 서명이 되어 있다. 이렇게 간단한 문서의 작성에도 실명제가 정착되어 있다.

"베트남인들은 일정시기에 주어진 한가지 일만을 생각하지, 겸해서 다른 일을 한꺼번에 하는 융통성을 발휘하지는 않는다"고 한국인 관리자들은 불평을 한다. 한 한국인 기업인은 베트남인 여직원에게 관공서에 가서 서류 진행관계를 잘 알아오라고 지시한 적이 있었다. 관공서로부터 돌아온 여직원은 준비해간 서류가 안된다고 하더라는 관리의 말을 전해왔다. 그녀는 왜 안되는지, 그리고 어떻게 하면 되는지에 대해서 질문을 하고 방법을 알아오지 않았다. 따라서 다음날 그 여직원은 다시 출장을 나가야 했다. 시간은 배 이상으로 걸리고 일은 제대로 진척되지 않는 상황에 대해서 한국인 관리자는 불만을 토로한다.

그러나 문제는 한국인 관리자의 기대이상의 주문과 정확한 지시의 결여라고 생각된다. 기대이상이라는 점은 베트남 노동자들의 교육수준에서 이미 말해주는 부분이 있다. 거의 대부분이 중졸 이하라는 점을 한국인 관리자는 먼저 주지해야 할 것이다. 주어진 한가지 일 이외에는 하지 않는 노동자에게 복수의 복잡한 일을 시킨 것인지 아니면 일의 순서에 대해서 제대로 지시를 하지 않았는지에 대해서도 생각해볼 일이다. 복수의 일을 한꺼번에 제대로 처리를 할 만큼 동기부여가 되어 있는지의 문제도 의문인 것이다. 저임금을 받는 저학력의 단순 노동자들에게 '지나가는 길에 한 수 두어 주기'를 기대하는 것은 원천적으로 무리인 것으로 생각된다.

'베트남 관공서의 관료적인 경향이 일을 어렵게 만드는 경우도 있다'는 인식이 한국인 기업가들에게 공통적으로 각인되어 있다. 베트남에서 기업활동을 하는 외국인은 반드시 베트남의 관공서와 관료들을 상대할 수밖에 없는 상황이다. 이 과정에서 베트남의 문화와 관례를 잘 모르는 외국인은 불편함을 감수해야 한다. 특히 한국인 기업가 또는 관리자들은 자신들이 베트남의 법이나 사회제도에 대해서 잘 모르는 부분에 대해서 베트남의 관료주의에서 비롯된 문제로 책임전가를 시도하고 있는 부분도 없지 않다. "베트남에서는 되는 일도 없고, 안 되는 일도 없다"는 노골적인 진술을 하는 한국인 기업가들이 적지 않다. 즉 법으로 해서 되지 않는 일은 돈으로 해결한다는 얘기가 상식적으로 통용되고 있다. 적지 않은 경우에 문제에 봉착한 또는 예상되는 복잡한 문제를 직면하게 되는 한국인 책임자들은 법적인 절차를 따라서 문제를 해결하려고 하기보다는 빠른 시간 내에 뇌물성의 금전으로 해결하려는 시도를 많이 하고 있다. 그러한 과정에 대해서 직접적인 진술을 하는 경우가 적지 않았다. 관공서의 문턱이 높은 것은 베트남에서도 마찬가지 현상이라는 점에 대한 인식이 필요하다. 그로 인하여 발생하는 경비는 이미 한국인 업체들이 감당하고 있는 부분도 있다는 진술이 적지 않게 확보되어 있다.

　단독투자업체의 책임자들은 한결같이 대 정부관계의 어려움에 대해서 토로한다. 한편으로는 법, 또 다른 한편으로는 관습, 제 삼으로는 공무원의 재량권, 이 세 가지가 다 통하고 있다. 따라서 매 사례마다 어떤 쪽을 선택해야 하는 지에 대해서 고민이 있게 마련이다. 법으로 가는 경우는 가급적 피할 뿐만 아니라 상당히 드물다. 법에 저촉이 된다고 하더라도 누구를 접촉하느냐에 따라서 일의 성패가 달라지는 경우가 많다. 예를 들어서, 증자신청을 함에 있어서 영업이익 부분을 재투자하기로 법적인 허락을 받았다. 그렇게 되면, 재투자액수에 대한 면세신청이 나오는데, 법적으로는 6개월 안에 나오도록 되어 있다. 그러나 결산했을 때 이익에 대한 세금이 나왔다. 그 문제에 대해서 세무서에 소원을 내었다. 세무서의 반응은 일단 세금을 내고 나면, 나중에 환급해주겠다고 했다. 그리고 이쪽에서는 세금을 내었다. 1년 8개월이 지난 후 통장번호를 가르쳐달라고 주문이 와서 가르쳐주니, 환급금으로 받아야 할 액수의 40%만 돌아왔다. 법의 운영이 사람에 따라서 달라지기 때문에 곤란한 상황이 발생한다.

또 다른 문제는 베트남 노동자들의 대^對 관공서관^{官公署觀}에 대해서도 생각해볼 점이 있다. 경찰서에 찾아가서 공문서를 처리해오라는 주문을 받은 여직원은 평소에 경찰서에 대해서 별로 좋지 않은 인상을 갖고 있다. 그런데 경찰서를 방문하라는 주문을 받은 여직원이 경찰서에 가서 제대로의 언어실력을 발휘하지 못할 수도 있는 것이고, 경찰관에 대해서 왜 지참한 서류가 제대로 접수되지 않는지에 대해서 일일이 따져 물어볼 용기가 나지 않을 수도 있는 것이다. 이 경우에는 실제로 여직원의 대^對 경찰관 용기의 문제가 있었다는 한국인 관리자의 이해가 뒤에 발생하였다. 위계질서가 강한 전통의 측면이 심리적으로 작용하고 있는 면을 볼 수 있다. 물론 공산화 후 이러한 문제가 더 강화된 면이 있는 점도 배제할 수 없다.

베트남인들이 이해하는 한국인들의 인성에 관한 지적은 노동 문제와 관련시켜서 숙고해보아야 할 측면을 상기시킨다. "한국인들의 자존심과 스타일이 독특하다. 독불장군이다. 한국인들은 자신이 이해하면 바로 밀어붙이는 스타일이다. 그러나 베트남인들은 시간을 끄는 스타일이다." 자본주의와 사회주의의 차이도 큰 문제다. 자본주의에서는 자율에 기초하고 있고, 사회주의에서는 명령에 움직인다. 전자는 개별적인 성향이 강하고, 후자는 집단적인 성향이 강하다. 사회주의문화는 삼공으로 연결되는 점도 있다. 자본주의식 경영방식이 사회주의에로 잘 전달되지 않는 문제점이 있을 것으로 생각한다. 전달되기 위해서는 명령계통에 올라가야 한다. 그러나 그렇게 하기 위해서는 시간이 걸리고 늦어질 수밖에 없다.

"문화적으로 다양한 노동현장을 관리하는 미묘한 기술을 수행함에 있어서는 최소한도 다음과 같은 절차가 필요하다. 첫째, 문화적 차이의 존재를 이해한다. 둘째, 자신의 문화적 배경과 형태에 관한 스스로의 이해를 발전시킨다. 셋째, 타문화에 관해서 배운다. 넷째, 유연성을 기대하는 것이다. 관리자들이 차이점들을 파악하고 노동자들로 하여금 그 차이를 연결하도록 도와줄 때 많은 상승효과가 일어나게 마련이다."Moran, Harris & Stripp(1993), 171 규정이나 법은 한 나라가 기반으로 하고 있는 사회의 문화적 가치를 배경으로 생겨나게 마련인데, 그 나라에 설립되는 외국기업은 모국의 문화와 상대국의 문화를 모두 이해해야 하고 양자를 균형 있게 조율할 수 있는 능력을 구비해야 한다.

베트남 기업의 국영기업부록 ②에 근무하는 노동자들은 승진과 함께 장기근속의 경우에 주거 문제를 기업이 해결하는 인센티브와 정년퇴직 후 연금이 보장되어 있다. 환언하면, 베트남의 유능한 젊은 엘리트들은 베트남 국영기업을 취업장으로 선호하는데, 그 이유는 장기적인 안목에서 인센티브가 매력인 것이다. 반면에 외국업체들은 근무하는 동안에 상대적으로 높게 받는 임금이라는 장점 이외에는 직업의 안정성이라는 점에서는 상당히 열악한 환경에 처해있는 것이다. 언제 철수할 지 알 수 없는 외국업체에서 근무하는 노동자들의 한결같은 고민이 직업의 불안정성이다.

외국업체라고 해서 더 많이 받는 임금을 베트남 국내업체에서 받는 것과 비교해보면, 퍼센트로 따지면 큰 격차가 있는 것 같지만, 실제 받는 절대금액에서는 큰 차이가 나지 않고 있다. 따라서 외국기업체의 입장에서 고려해볼 때, 베트남 노동자들이 스스로 직장을 자주 변경하는 점도 문제점으로 지적할 수 있는 것이다. 일의 종류가 단순 노동이기 때문에, 장기근속에 따른 노동으로부터의 성취감이 낮을 수밖에 없는 문제점도 노동자들로 하여금 자주 직장을 옮기도록 하는 요인이 되고 있다. 노동자들의 이직률이 높은 시기는 명절 직후라고 한다. 장기간의 명절 휴가를 가족들과 함께 보낼 수 있기를 바라는 전통적인 인식이 재빠른 직장복귀를 저해하고 있고, 직장에 대한 충성도와 하는 일에 대한 동기부여가 낮은 상태에서는 이직률이 높을 수밖에 없다.

한 한국계 업체에서 있었던 성희롱 사건은 야간근무시간에 발생하였다. 새벽 4시경 근로자들에게 접근한 한국인 관리자가 4명의 베트남여인에게 다가갔다. 베트남 여인 두 명은 도망하였고, 두 명은 가슴만짐을 당하였다. 동나이 경찰이 출동하여 한국인 관리자를 체포하였고, 그는 3일간 감방에 있다가 즉시 출국조치 되었다. 또 다른 한국회사에서는 한국인 관리자가 노동자를 때린 경우도 있다. 대만회사에서도 유사한 일이 발생하였다. 대만인 관리자가 베트남 여자종업원의 아래옷을 벗겼었다.

베트남회사에서는 이러한 문제들이 발생하지 않는다. 성희롱이 베트남 기업에서는 노사 분규를 일으키는 원인으로 작용하는 사건이 발생하지 않는 것이다. 베트남인들끼리는 보다 은밀하게 진행될 수 있는 부분이 있기 때문일 수도 있고, 선진국의 자본이 후진국의 노동과 연결되면서 발생하는 현상의 하나로 이해할 수도 있다. 후자의 경우는 베트남의 역사적 맥락과 이어지는 민족주의적 이데올로기와 노동운동의 연결 속에서 외국기업에 고용된 여성들이 자신의 성 정체성sexuality과 국경을 동일시하는 사회적 담론을 만들어내는 점으로 이해할 수 있다.Ong(1987); 김현미(1996), 186 실제로 호치민시의 노동운동가들이 이러한 방향으로 여성노동의 문제를 부각시키고 있는 점도 확인할 수 있다.

노동분규가 한국계 기업에서 많이 발생하는 이유를 베트남 노동당국자들은 다음과 같이 지적한다. 첫째, 한국기업들이 베트남 법률을 잘 모르기 때문에 무시하고 있다. 예를 들면, 기본 급료를 무시하고 있다. 1달 26일 이상 일을 시키면 법으로 제재를 받게 된다. 그러나 한국기업들은 그 이상 일을 시키고 있다. 그러나 급료는 24일분만 지급하는 사례가 있다. 날짜로만 계산하면 법에 걸리는 것이다. 둘째, 생산량 목표량을 근거로 급료를 계산하고 있다. 초과임금은 노동자와 사용자가 합의한 후에 가능한 것이다. 노동계약 시에 시간에 대해서 동의가 있어야 하는데, 한국기업들이 강제로 초과시간을 끌고 간다. 이것이 위반이다. 셋째, 해고를 시키려면 법에 의해서 미리 알려주어야 하는데, 해고부터 시키고 보는 것이 한국기업들이다. 넷째, 일에 대한 태도에 문제가 있다. 한국인 관리자들이 성질이 좋지 않은 사람들로 구성된 부분이 있다. 때리는 경우가 바로 이에 해당된다. 여기서 소위 '백장미 사건'을 예로 들었다.

'백장미 사건'이란 한국계 신발제조 업체에서 발생한 대표적인 노동자 학대의 사례로 꼽히는 것으로서, 이 사건이 베트남에서 활동중인 한국계 기업들의 이미지에 적지 않은 손실을 끼친 것이 사실로 인정되고 있다. 한국인 중간관리자인 여성이 베트남인 조장들을 집합시켜서, 실적인 낮은 조의 조장을 신발의 밑창으로 어깨를 친 것이 사건의 발단이었다. 베트남 노동자들은 잘못이 지적될 경우, 다른 노동자들의 앞에서 상사로부터 공개적으로 지적을 받는 것에 대해서 상당한 모멸감을 느낀다. 이 사건으로 인해서 한국인 중간관리자는 법적인 조치를 당하였다. 이 사건은 베트남 노동사에 있어서 외국기업에서 베트남 사람의 인권을 침해한 대표적인 사례로 언급되고 있다.

베트남인들에게 비친 한국인 관리자들의 행동은 '우쭐거림'으로 표현되는 경우가 적지 않다. 한국인 관리자들은 베트남인 노동자들을 개인적인 차원에서 우위의 입장으로 대하는 일종의 온정주의에 젖어 있는 경우를 말한다. 이 경우에 한국인 관리자들은 "개인적으로 정을 쏟아서 잘 해주고 있다"는 표현을 한다.

동일한 문화적 환경 속에서 작업을 하는 노동자에 비해서 복합문화적인 환경에서 일을 하는 노동자들이 작업과정에서 느끼는 안정감은 훨씬 떨어지게 마련이다. 문화차이라는 현상 자체가 발생시키는 갈등의 요인이 항존하고 있다는 점은 관리자나 노동자나 모두 잘 숙지하고 있기 때문이다. "작업과정에서 직업적 불안정을 경험하는 노동자들과 함께 일을 하는 감독관은 반드시 인내를 보여주어야 한다. 특히 복합문화적인 노동 환경에서 감독관이나 관리자의 편견이나 온정주의는 일종의 인종차별주의로 해석될 수 있다는 점도 주의해야 할 문제다."Moran, Harris & Stripp(1993), 174

사이공을 중심으로 한 남부 도시지역의 혼인 상황을 보면, 베트남은 사회적으로 심각한 전이변종radical transmutation 상황을 경험하고 있다. 이혼과 파혼 그리고 재혼 등은 호치민시를 중심으로 격정적인 소용돌이의 모습을 보인다. 이러한 상황에 대해서 '비윤리적'이라고 판정하는 것은 사회적인 현상에 대해서 이해하려는 것이 아니라 도덕적인 판단을 선행시키는 것이다. 한국계 기업의 책임자가 주로 이러한 생각을 하면서, 베트남인들을 멸시하거나 그러한 상황으로부터 피해를 입은 여성들에 대해서 온정주의를 베풀고 있는 현상이 목격된다. 노무관리라는 측면에서 도덕적 판단을 앞세우기보다는 사회적 현상에 대한 이해를 선행시키려는 노력이 아쉬운 생각이 든다.

스트라이크의 횟수가 해마다 대폭적으로 증가하고 있는 것은 업체들이 제대로 법규를 준수하지 않는 것이 가장 큰 원인이라고 지적되고 있다. 기본적인 원인은 베트남 법을 모른다는데 있다. 일본계 회사들은 철저히 베트남 법을 지킨다. 따라서 문제가 발생하더라도 사소한 문제일 수밖에 없다. 베트남 근로자들이 사소한 문제로 분규를 일으키는 것도 사실이다. 노사관계는 계약으로 시작하는데, 정식계약을 기반으로 하고 있는 회사가 생각보다 적다. 계약이 노동권을 신장시키고, 회사에 대해서는 관세 문제 등에 도움을 줄 수 있다. 그런데 계약율이 낮은 것은 문제가 되는 것이다. 결과적으로 한국계 기업들은 계약을 잘 이행하지 않는 경향이 있고, 노동청의 훈령이나 지시사항을 무시하는 경우가 많다.

법에는 1년에 2,000시간 이상 절대로 노동을 못 시키도록 금지하고 있음에도 불구하고 한국계 회사들은 예사로 초과시간을 진행시키고 있다. 한국계 회사들은 평균 500내지 600시간씩 초과를 시키고 있는데, 노동자들의 건강도 생각해야 할 것이다. 작업량은 늘어나지만 노동자들의 건강은 그만큼 나빠지는 것이다. 노동자들은 시간으로 임금을 계산하는 것으로 알고 있지만, 한국계 기업들은 대체로 생산량을 중심으로 초과시간을 계산하는 방식을 취한다. 이것은 불법이다.

외국기업을 관리하는 베트남 공무원은 한국계 기업과 경영방식의 취약점을 다음과 같이 지적한다. 한국인 사장과 한국인 관리자들의 관계에 취약점이 있다. 공장의 한국인 기술자들에 대해서 베트남 노동자 측에서는 기술자라고 인식하고, 한국인 사용자측에서는 중간관리자라고 부른다. 여기서부터 직책에 대한 개념상의 문제가 생기는 것 같다. 한국인 사장은 중간관리자라고 생각하는 한국인 기술자들에 대해서 자신의 권력을 행사한다. 중간관리자라고 불리는 한국인 기술자들이 중간관리자로서 노동자들에게 권력을 행사한다. 사실상 한국인 기술자들은 베트남 노동자들과 마찬가지로 생산라인의 노동자들이다. 그들이 베트남인들을 상대로 사장으로부터 내려오는 권력을 행사하는 것에 문제가 있다. 기술자들이 인력 관리까지 담당하는 것은 문제가 있다. 인력 관리는 사장이 맡고, 기술자는 기술전수에만 전념할 수 있도록 해야 할 것이다.

따라서 한국인 사장과 한국인 중간관리자의 라인이 있기 때문에, 문제가 생기면, 사장은 중간관리자를 문책하는 선에서 끝이 난다. 큰 문제가 되었던 대부분의 노동분규의 경우에는 사장이 책임을 져야 하는데, 관리에 책임이 있는 사장은 빠지고 기술자가 책임지고 귀국해버리는 것이다. 베트남 노동관계자는 한국계 기업의 관행은 사장이 책임을 지는 일이 없는 모양이라는 지적을 하였다.

실제로 적지 않은 한국계 회사의 경영과정에서 문제가 생긴 것은 베트남 노동자들 측에서 일어난 것보다는 한국인 생산관리자 측에서 나온 것 더 많았다. 한국인들이 베트남이라는 나라를 얕보고, 근거 없이 불필요한 우월감으로 베트남 노동자들을 관리하기 시작한데서 비롯된 문제가 컸다. 그것이 무례한 행동이나 반말이 나오게 마련이다. 한편 한국인 관리자들의 언어습득 노력이 문제였다. 또 다른 문제는 한국인 생산관리자의 여가시간 선용의 문제였다. 오전 7시에 일과를 시작하여 오후 4시에 작업이 끝나면, 그 이후의 긴 시간을 어떻게 활용 하는가의 문제가 심각하다. 특히 70% 이상이 되는 독신자의 경우는 그 문제가 크다. 이들이 함께 모여서 술을 마신다든지, 고스톱의 화투 노름을 하는 경우도 있다. 노름으로 인해서 월급이 흔들리는 수도 있었다. 베트남의 골프장 90%가 한국인 상사주재원에 의해서 활용되었으며, 그 경비는 대체로 회사가 부담하는 형태다. 한국계 기업에서는 한국인들이 경영의 걸림돌이라는 지적이 가능한 부분이 보이기도 한다.

한국인의 관리체계는 비교적 주먹구구식이라는 비판이 있다. 한국인들은 계약절차에 의해서 오는 것이 아니라 일단 일을 시작해 놓고 보자는 관행이 있는 것 같다는 지적도 있다. 한국과 베트남의 양측 이해와 법률적용에 세심해야 하고, 베트남의 노동시장 환경을 충분히 연구한 다음에 기업설립을 하는 것이 바람직하다. 한 한국계 기업에서 여러 번 동일한 문제가 일어났는데, 책임자가 바뀌고 난 뒤에 상당히 달라졌다.

　노동자 사용에 있어서 성과위주로 하는 작업이 문제다. 대화시간이 중요하다. 노동집약적 산업일수록 노동자들을 기계나 물건으로 보기보다는 노동자를 통해서 물건이 생산된다는 생각을 해야지 노동자들을 기계 관리하듯이 하는 것은 문제를 야기시킨다. 이러한 상황이 전제되면, 노조가 회사와 노동자의 중간에서 연결 역할을 제대로 할 수 없게 된다.

　노동조합도 질적으로 변해야 하고, 사회적 안목이 커져야 하는 부분이 있다. 사용자와 노동자의 관계가 수직적이기보다는 조합을 중간에 두고 지역 사회를 활용하는 것이 더 바람직하다. 한국관리자와 노동자 그리고 지역 사회의 연결관계에 대해서 고려할 필요가 있다. 한국인들은 운동을 좋아하고, 베트남 노동자들은 집단놀이를 좋아하기 때문에, 이러한 점에서 공분모를 찾아내는 방법도 있을 수 있다. 삼양은 축구로 공감대 형성에 노력하고 있는 것으로 알고 있다. 삼양에서는 지역 사회의 청소년들과 정기적으로 축구를 하고 있다. 운동을 통해서 지역 사회의 애로점을 들어주고 사회사업에까지 연결되고 있다. 개인별 보너스보다는 지역 사회에 환원하는 방식이 더 바람직하다. 구치 인민위원회에서는 삼양에 대해서 호의적인 반응을 보이고 있다.

　직원 충원을 위해서 신문광고를 내는 경우도 있지만, 대부분 기존의 직원들을 통하여 그들의 친구나 친척들을 고용하게 된다. 따라서 작업장에서의 베트남인 노동자들의 관계는 기존의 친구나 친척관계 망으로 연결되어 있음을 지적할 수 있다. 이 사실은 단위 작업장내에서 베트남 노동자들의 결속력이 상당한 정도로 강하게 작용할 수 있다는 점을 반영할 뿐만 아니라 기업 내에 공식적으로 조직되어 있는 노동조합이 친척이나 친구 망을 기초로 해서 구성될 수도 있고, 만약에 그렇지 않다면, 노동조합의 권위는 기존의 관계 망에 의해서 무력화될 수 있다는 점도 예상할 수 있다. 외국기업들이 지역 사회에 대해서 심각한 배려를 해야 하는 이유가 여기에 있는 것이다. 노동자들이 지역 사회를 연결고리로 하여 이미 잘 단결된 조직망을 갖고 있기 때문이다.

교육수준에 따라서 임금차이를 많이 두는 것은 좋은 생각이 아니다. 능력급의 기초로서 자본주의적 발상이다. 과거 공산주의 국가에서는 일반적으로 "평등주의를 선호하는 사회적 정서가 있다."Blanchflower & Freeman(1997), 438 한 한국인 기업가는 6년간의 기업책임자 생활을 하였지만, 최근에 알게 된 사항중의 하나는 베트남인 노동자들 간의 위계질서에 관한 문제였다. 노동자들이 조장에게 순응하는 경향이 약하다는 점이다. 작업시간 중에 조장으로부터 지적을 받은 노동자는 작업이 끝나고 퇴근한 뒤에 자신의 친척과 친구들을 동원하여 집단으로 조장에게 구타를 가한 일이 발생한 적이 있었다. 베트남 관리자가 종업원의 태업에 대해서 야단을 친 후, 집단구타 당한 경우도 있다. 사무실에 근무하는 베트남 관리직 사원이 생산 현장의 노동자를 통제함에 있어서도 유사한 문제가 있다. 노동자들이 관리직의 말을 잘 듣지 않는 경향이 있다.

노동자들 사이에서는 관리직이나 노동자가 다 같은 인민이라는 생각이 지배적으로 있는 것이다. 베트남 근로자들은 기본적으로 수평적인 위치에서 일을 하는 것이다. 그러한 경우는 궁극적으로 노동자들의 정신교육 문제라고 생각되기도 한다. 그러나 조장에 대한 반발이 궁극적으로는 한국인 관리자의 문제점으로 확대될 가능성이 우려되는 부분이다.

문제가 생길 것 같으면 한국인들끼리 먼저 대책회의를 하지 않는 것도 잘못이라는 베트남 관계자의 충고도 있다. 한국계 기업에서 문제가 발생했을 때 기업 책임자가 해당지역의 공관에 통보를 하지만, 공관 측의 대응이 미약하다는 지적이 있다. 동나이성내에 한국투자기업 사장단 모임이 있다. 월 1회 모임을 갖는다. 거기서 나오는 얘기를 종합해보면, 장기 투자계획은 제대로 세워져 있지 않는 것 같다. 즉 현지화의 계획이 제대로 수립되어 있지 않다는 얘기다. 그러나 대만 쪽에서는 이런 정도는 기본적으로 챙겨서 하고 있다는 정보를 베트남 관리들이 갖고 있다. 한국 측의 기업이나 공관 그리고 관계자들이 대응노력이 미진하다는 얘기다.

베트남 노동자들은 가부장적 구도에 적응적이고 순종적인 면이 강하다. 그런데, 그 가부장이 말도 잘 모르고 법도 제대로 모르는 상황에서 권력만을 휘두르는 데에는 적응하지 못하는 것 같다. 능력급제 보다는 월급제가 전체적인 분위기 통솔에 도움이 더 되는 것 같다. 베트남인들은 개별적이면서도 집단주의적인 성격이 드러난다. 한 한국인 관리자는 "베트남인들은 비교적 법을 잘 지킨다. 협상과 중재 그리고 판정의 과정을 끈기 있게 지켜 나가고 있다"라는 진술을 하였다. 한국계 기업인들이 이해하고 있는 베트남 노동자들에 대한 일반적인 인식은 다음과 같다. 이곳의 노동자들은 일반적으로 착해서 화가 나는 일이 있다고 하더라도 파괴하는 경우는 없다. 사랑으로 대하면 응하기 때문에, 어떤 경우에도 이해를 시키는 것이 중요하다.

베트남 노동자들의 특성은 자신들의 의견이 존중되지 않으면 법을 어기면서도 실력행사를 한다. 노동자와 관계되는 일에 관해서는 모든 것을 실행 전에 사전에 통보를 하는 것이 필요하다. 그 다음에 상호 의견 교환할 수 있는 장을 마련해주어야 한다. 근로자들의 관습적 요구를 이해해주는 것이 필요하다. 서로의 입장 존중이 분쟁해결의 관건이다.

노동분규의 문제가 발생하고 난 뒤 회사의 대응방안이 마련되고 노조가 활동을 정상적으로 한 이후에 노동상황이 아주 좋아진 경우가 한국의 창신이라는 회사다. 동나이성에서는 그 회사를 모범회사로 인정하고 있다. 동나이성 노동관계자의 증언에 의하면, 창신이 좋아지고 있는 또 다른 이유는 한국인 근로자를 줄이는데서 연유한다. 노동상황과 생산성이 함께 좋아지고 있다는 평가를 받고 있다. 결국 현지화의 시도가 분규도 줄이고 생산성도 향상시키는 지름길이라는 평가가 있지만, 이 문제는 좀 더 넓은 시각으로 관찰할 필요가 있다. 왜냐하면, 현지화란 것은 인력을 현지인으로 대체하는 좁은 의미로만 이해되어서는 아니되기 때문이다. 만약에 현지화를 인력의 차원에서만 고려한다면, 궁극적으로 복합문화적인 기업이라는 것은 존재할 수 없다는 논리를 창출하게 된다. 현지화란 복합문화주의적인 기업경영의 방향 속에서 이해되는 것이 바람직하다.

"문화적으로 다양한 팀이 보다 많고, 보다 창조적이고, 보다 나은 아이디어를 갖게 되는 것이 보통이다."Moran, Harris & Stripp(1993), 66 하나의 문화 내에서 만들어진 팀보다는 두 개의 문화 사이에서 만들어진 팀이 세계화 시대에는 더 유리함에 틀림없다. 기업의 현지화란 궁극적으로 기업의 구성원들을 현지인들로 대체하는 현지인화現地人化를 겨냥하는 것이 아니라 다양한 문화의 출신자들이 모여서 세계화를 지향하는 하나의 과정이어야 할 것으로 생각된다. 비교문화적인 셋팅이라는 것은 본질적으로 오해를 수반할 수밖에 없는 체제다. 누가 어떤 상황에서 이렇게 해서 발생한 오해를 최소화하느냐가 문화간 기업경영의 성패를 좌우하는 첩경이 되어가고 있는 것이 세계화를 지향하는 기업이 직면한 문제다.

베트남인 노동조합장의 직언은 많은 문제를 생각하게 한다. "생산량을 늘이려면 사용자와 노동자가 마음이 통해야 한다. 이익발생은 그 다음의 문제다. 외국기업에서 베트남에 들어오는 기본적인 자세가 문제가 있다. 기업을 키우려고 들어와야지, 이익발생을 목적으로 들어오면 반드시 문제가 생긴다." 노동분규로 적지 않은 몸살을 앓았던 한국계 기업의 책임자도 동일한 진술을 한다.

. 언어와 법의 문제로 해결하지 못하는 것을 문화차이로 관리하자는 것은 문제가 있다. '문화차이'라는 문제의식이 있다고 하더라도 먼저 언어와 법의 차원이 우선하는 것이 현재의 상황이다. 언어와 법에 있어서 문제가 있는 경우, '일'이라는 보편적인 차원에서 밀어붙이는 것이 삼성전자의 사례이다. 그러나 문화차이를 관리하는 단계에 가야 상호간의 삶의 질을 생각하는 기반이 마련될 수 있다. 특히 노동집약적 산업에서는 이 문제가 크게 대두될 수 있다. 따라서 언어와 법의 문제에서 크게 애로를 겪고 있는 한국기업들은 문화차이라는 문제인식과 그것의 관리라는 과제의 문전에 다가가 보지도 못하고 혼전하고 있는 상황이라고 말할 수 있다.

다국적 기업에서 노사 분규의 해결과정은 절차의 투명성 확보라는 문제에서부터 시작할 필요가 있다. 분규 이후에 반드시 확보해야 하는 과정은 협상이다. 협상에는 기본적인 순서가 있는 법이다. "상대방과의 관계를 발전시켜서, 현안 문제에 관련된 상호의 정보를 교환하고, 설득과정을 거쳐서, 양보할 것은 양보하고 동의할 것은 동의하는 것이다. 물론 이러한 단계적 과정에서 문화적인 우선 순위가 작용할 것임은 분명하다. 어떤 문화에서는 최초단계에서 시간이 걸리는 수도 있을 것이고, 또 다른 문화에서는 두 번째 또는 세 번째 단계가 많은 시간을 요할 수 있을 것이다."Varner, Iris & Linda Beamer(1995), 232 문화가 다른 사람들이 모여서 이루어 내는 기업에서는 이러한 부분의 문화차이에 대한 이해를 전제로 하는 것을 기업경영의 핵심적인 지침으로 삼아야 한다는 인식이 필요하다.

베트남에서 현재 활동중인 외국계 기업들단독투자와 합작투자 모두를 포함해서은 이러한 협상의 과정을 거의 박탈당하고 있다. 외국계 기업에서 일단 분규가 발생하면, 노동당국이 즉각적으로 개입해서 속전속결로 문제를 해결하는 방식을 취하고 있기 때문에, 기업 측에서는 노사 분규와 그 과정으로부터 실질적으로 노사 문제에 대한 지식을 스스로 축적할 기회를 상실하고 있는 것이다. 베트남의 노동관계 당국에서는 외국계 기업들로 하여금 스스로 문제를 해결해 나가는 과정을 익힐 수 있는 기회를 제공한다는 의미에서 협상과 중재라는 방식을 통해서 베트남 노동자와 외국계 기업인들 사이에 비교문화적인 훈련을 할 기회를 갖도록 하는 것이 바람직하다는 생각이 든다. 왜냐하면 "모든 인력자원개발 속에 비교문화적인 훈련이 포함되어야 하고, 전지구적 노동문화를 위한 비교문화적 지도자의 양성을 준비해야 하기"Moran, Harris & Stripp(1993), 8 때문이다.

일회적인 노사 분규 그 자체의 해결이라는 단기적인 안목에서가 아니라 장기적인 안목에서 베트남의 노동 문제를 고려한다는 점에서 베트남에서 기업을 하는 외국계 기업들을 위해서 뿐만이 아니라 베트남 노동자들과 그들의 노동운동의 미래를 위해서 베트남 노동자들과 외국인 기업가들 사이의 직접적인 협상을 장려함이 바람직하다. 그리고 당국은 양자가 모두 피해의식이 없도록 중립적인 입장에서 중재를 하는 과정을 투명하게 보여주는 것이 좋다고 생각한다. 현재 이 부분에서 베트남 노동당국과 관련 관공서들은 외국계 기업들로부터 비난을 받고 있다. 문제만 발생하면, 일방적으로 베트남 노동자 측의 편 만을 들기 때문에, 이러한 사건들이 누적되면서 베트남 당국이 외국계 기업들로부터 신용만 잃게 되는 결과를 초래할 수 있다.

한국계 기업의 사장은 말레이시아의 페낭에 있는 일본인 공장의 경영부문에 관한 관찰을 할 기회가 있었다. 그 공장에는 일본인이 3명밖에 없었다는 점에서 사장은 큰 교훈을 얻었고, 현장에는 한국인이 없어야 경영이 효율적이라는 생각을 하게 되었다. 한국인 1명 쓰는 것과 현지인 백명 쓰는 것이 경비가 맞먹는 것이 현재의 실정이기 때문이기도 했다. 한국인들은 주중에 주로 저녁에 테니스를 치는데, 회사가 그 경비도 지불할 정도로 한국인을 위한 회사의 경비지출이 크다. 사장은 경리와 영업만 한국인으로 두고 경영하는 것이 좋다고 생각하고, 앞으로 2년 이내에 자신이 경영하고 있는 회사도 그렇게 할 목표를 세우고 있다. 베트남인들의 수준이 그만큼 올라왔고, 경리를 현지인에게 맡겨도 관계없다는 생각이다. 그러나 현지인들은 아직도 영업부문에 대해서는 한계가 있는 것 같다는 생각을 하고 있다. 특히 그들에게는 해외영업에 문제가 있을 것으로 생각한다. 그들에게 노하우를 가르쳐주고 인력을 현지인으로 대체하는 것이 해외법인이 추구해야 할 기본적인 작업이라는 공통적인 인식이 심어지고 있다.

인력을 현지화해야 하는 또 다른 이유는 한국인 기술자의 측면에서도 필요한 일이다. 일단 베트남에 나왔던 한국인 기술자들은 한국에 복귀하면 재적응하는데 심각한 문제가 있다. 베트남에서는 노동자들을 지시하는 직급에 있다가, 한국에 돌아가면 다시 지시를 받아야 하는 상황이 벌어진다. 국내의 설비가 줄고 생산성이 떨어지고 있기 때문에, 현지화라는 것도 딜레마에 빠지고 있다는 생각도 사장의 고민이기도 하다. 이것은 현지화라는 문제를 인력에만 맞출 경우 생길 수 있는 문제다.

한국기업들의 대체적인 현지화 개념은 현지인화現地人化인 것 같다. 한국인 종업원을 줄이고, 그 숫자를 현지인으로 대체한다는 좁은 의미의 개념인 것 같다. 특히 노동집약적인 경우는 이러한 개념에 한정하고 있다. 기술집약과 자본 집약적인 경우는 현지화의 전개방식이 달라야 할 것이다. 현지금융을 이용하여 재정자립을 추구하고, 공장에 필요한 원자재를 현지에서 조달하고, 시장도 현지를 상대로 개척하고, 본사가 통제하던 모든 것을 본사로부터 일종의 독립채산제로 이행하는 것을 현지화로 생각할 수 있다. 기술지원으로 스스로를 현지화하는 것도 생각해야 할 것 같다. 대만계 회사는 홍콩주식시장에 상장도 하고 있고, 앞으로 베트남에 주식시장이 개설되면, 주식시장에 상장하는 것이 현지화의 방식이라고 생각한다. 언젠가는 상장하여 주식을 넘기는 단계도 있고, 정당한 가격으로 팔아서 다른 새로운 곳으로 이전하는 방법도 생각할 수 있는 것이다.

생산라인을 베트남에 시설하고, 생산인력을 베트남 노동자로 고용하고, 생산품 판매의 유통망을 외국에서 개척하고, 현지에서 주식을 상장하여 자본금을 현지에서 확충하는 것이 현지화의 전부가 아닌 것이다. 시설 현지화, 인력 현지화, 시장 현지화, 자본 현지화 등은 하나하나가 기업 현지화의 여러 과정들의 하나일 수는 있어도 그러한 것들이 모두 모아져서 구성하는 현지화라는 과제의 총체적 모습은 아닌 것이다. 그것들은 하나 하나가 현지화라는 총체적 모습의 구성 요인들일 수는 있지만. 복합문화적인 기업이나 다국적 기업으로 일컬어지는 국제적 기업경영의 궁극적인 현지화 달성 목표는 문화차이에서 비롯된 갈등 극소와 분쟁해결에 있어야 하는 것이다. 그 상태에서 우리는 국제적인 기업의 윤리 문제도 함께 논의할 수 있고, 인본화된 기업의 모습에 대해서도 거론할 수 있게 된다.

또 다른 측면에서 생각해볼 수 있는 점은 베트남 사회에 뿌리깊은 '함께'라는 개념이다. 이것은 베트남 공산주의의 조직화 과정에서 아주 중요한 개념이다. 삼공三共, 바꽁, 즉 세 가지를 함께 한다는 것이 남부의 공산화 과정에서 베트남 공산당과 인민해방전선의 초급간부들이 기본적으로 수행했던 공작의 방식이었다. 인민들 사이에서 공산당과 해방전선을 조직화하기 위해서는 '함께 자고, 함께 먹고, 함께 일하는' 방식을 취했고, 이 전략이 궁극적으로 남부의 공산화 달성에 초석을 이루었던 것이다.전경수 (1993) 따라서 외국기업이 베트남에서 베트남 노동자들을 고용하여 생산 라인을 가동시키기 위해서도 삼공의 정신과 개념은 심각하게 고려되어야 할 사항이다. 예를 들어서 노사 분규가 발생한 후, 사후관리의 방식으로 노동당국으로부터 전문가가 파견되어 노동법에 관한 교육을 시키는 과정에서, 노동자들만 교육을 받도록 하는 것이 아니라 회사의 간부들이 함께 노동자들과 교육을 받는 것이 실질적인 면에서뿐만이 아니라 상징적인 면에서도 기업경영과 노사관리 면에서 의미를 지닌다고 생각한다.

5. 가능한 처방

자원과 시장 그리고 효율을 찾아서 베트남으로 나간 한국기업들이 가장 어려운 숙제로 만난 것은 문화였다. 베트남문화는 기업이 찾아 나선 자원과 시장 그리고 효율이 자리하고 있는 기초적인 바탕의 문제로 등장하였으며, 국제경영이라는 틀 속에서 상수로 주어진 문제로서 존재하는 문화에 관한 문제의식을 일깨워주는 현장이었다.

베트남에서 활동하고 있는 한국계 기업들과 그 기업들과 연관되어서 발생하고 있는 노동분규의 문제를 주제로 하여 현지 참여관찰과 면접을 통해서 자료를 구한 본 연구의 궁극적인 목적은 실천인류학의 노선을 따라가는 것이다. 기업이라는 현장에 대한 연구의 일환이기도 하지만, 이러한 연구는 연구 자체로서의 의미만을 가지는 것이 아니라 현재 기업이 당면한 문제 즉 노동 문제에 대해서 바람직한 해결방안을 제시하는 실천적인 과제를 안고 있기도 하다. 노동 문제라는 과제를 부여받은 연구는 기업의 상대인 노동자들의 입장이라는 점도 동시에 고려하는 해결방안을 제시하는 것이 연구의 윤리와도 관련되는 것이라고 생각한다.

따라서 본서는 문화차이라는 주어진 상황에서 만난 기업과 노동자가 필연적으로 직면하게 되는 문화차이에서 발생하는 문제에 초점을 맞추어서 논의를 하고자 시도되었다. 노동현장의 분규와 문화차이가 결합된 상황을 설정하고, 노동분규의 원인과 과정에 대해서 실증적인 자료를 제시함으로서 문제의 전개과정을 가능한 한 '있는 그대로' 보이려는 노력을 하였다. 주어진 문제에 대한 진단이라는 면에서 원인과 과정을 논의하였고, 진단의 결과에 따른 처방을 내고자 하는 것이 저자의 욕심이다. 양자의 입장을 모두 고려한 차원에서 문화차이의 관리가 어떠한 방향으로 전개되는 것이 바람직한 것인가 하는 해답을 추구하는 선에서 본서의 논의를 종결짓고자 한다.

문화차이에 관련된 기본적인 사고의 틀에 관한 사전교육과 사후관리가 전혀 없는 상황이 문제인 것으로 지적된다. 사전교육의 내용은 언어습득과 문화이해에 관련된 문제들이다. 관리자로 부임하는 한국인 책임자들은 기업외적인 차원 문화차이의 문제인 베트남어와 베트남문화에 대한 인지도를 높이는 선결과제를 안고 있다. 그것이 개인적인 차원에서 어려울 경우에는 제도적으로 보완하는 장치를 마련해야 할 것이다. 또 다른 기업외적인 문제로 지적할 수 있는 것은 단신 부임하는 한국인 관리자들의 개인생활과 관련되는 문제다. 성인 남자의 단신 부임은 정신적인 육체적인 스트레스를 수반할 수밖에 없다. 그러한 문제와 관련된 성폭력의 사례들이 한국계 기업에서 발생하였던 경험을 비추어볼 때, 문화차이의 문제와 함께 개인생활의 문제는 기업외적인 차원에서 기업활동에 아주 강한 영향력을 행사하는 부분들이라고 말할 수 있다.

노동관리에 관련된 노동법과 관행들은 문화적으로 뿌리가 깊은 것이고 쉽사리 전이되지도 않는다.Varner, Iris & Linda Beamer(1995), 248 따라서 문화적 기반을 전제로 하지 않은 어떤 형태의 노동관계에 관한 문제인식은 잘못된 방향으로 호도될 수밖에 없다는 논리의 설정이 가능하다. 이 경우는 기업해외진출의 경우에 있어서도 예외는 아닐 것이라고 생각한다.

'갈등 극소는 이윤 극대'라는 등식을 전제로 하는 인식구도가 필요하다. 문화적 경험이 다른 두 가지 종류의 사람들이 한가지 목표를 향해서 움직일 때 당연히 발생하는 것이 문화적 갈등이다. 생각하는 방식과 몸이 움직이는 방식 그리고 결과에 대해서 느끼는 방식들이 모두 당연히 다르다는 전제를 할 때, 경험의 다름에 의해서 발생할 수밖에 없는 문화적 갈등이 기업경영에 심대한 영향을 미칠 것임은 충분히 예상되는 과정이다. 베트남 노동자들과 함께 생산라인을 구성해야 하는 한국인 기업가는 이윤 극대를 위한 갈등 극소의 과제를 염두에 두어야만 하고, 이것이 기업 현지화의 가장 큰 숙제라고 상정해야 할 일이다. 현지인화 중심으로 이루어지고 있는 베트남내 한국계 기업의 현지화의 과정을 보면서 한 가지 확실하게 언급할 수 있는 것은 현지화現地化의 가장 강력한 적敵은 현지인화現地人化라는 점이다.

다국적 또는 복합문화적인 상태에서 이루어진 기업문화의 구성원들 간에는 필연적으로 문화적으로 민감한 관계가 성립될 수 없는 상황이기 때문에, 고맥락문화와 저맥락문화의 대비에서 복합문화적인 기업이거나 다국적 기업의 문화적 상황이라는 것은 저맥락적일 수밖에 없다. 저맥락문화에서 갈등이라는 것은 생활의 통합적인 부분으로서 받아들여진다. 갈등이 없다는 것은 전혀 관계가 없다는 것이나 마찬가지이기 때문에, ^{Varner, Iris & Linda Beamer(1995), 206} 복합문화적인 상황에서 기업활동이라는 것은 본질적으로 기업이윤과 갈등해소가 직결되는 문제라는 인식이 필요하다.

베트남 사회의 특성상, 양질의 베트남 노동자들은 국영기업을 선호하는 경향이 강하다. 그러한 인력을 장기적으로 확보함으로서 노동자들의 이직률을 낮추어야 하는 외국계 기업들은 노동자들을 유인할 수 있는 인센티브를 개발해야 할 숙제를 안고 있다. "인센티브 부여방식이 쉬운 일은 아니지만, 복합문화적인 노동환경에서 제시해볼 수 있는 하나의 해결점은 '카페테리아 식' 인센티브 프로그램이다. 노동자들이 여러 가지들 중에서 하나를 선택할 수 있도록 인센티브의 메뉴를 다양하게 개발할 필요가 있다."^{Moran, Harris & Stripp(1993), 173} 그러한 인센티브가 베트남인들의 가치에 적합한지를 가늠하는 일이 중요할 것이다.

복합문화적인 기업에 대해서 관심을 갖는 인류학자들은 한국기업인과 베트남 노동자 그리고 베트남 노동당국 사이의 연결고리 역할을 하는 것이 복합문화 기업의 상황에서 바람직한 기업경영과 노사 분규와 같은 현안 문제에 기여할 수 있는 방안일 수 있다. 왜냐하면, 베트남문화를 잘 알고 있는 한국인 인류학자는 한국문화와 베트남문화가 연계되어서 발생하는 문제점에 대해서 가장 적절한 코멘트를 할 수 있는 역할을 할 수 있을 뿐만 아니라 양쪽의 문화를 관통하는 비교문화적 훈련을 받은 전문가로서 양쪽으로부터 중립적인 위치에서 조언을 할 수 있을 것이라고 예상할 수 있다. 인류학자들은 다른 나라와의 상업적 관계를 추구하는 기업에서 필요로 하는 비교문화적 훈련자^{cross-cultural trainers}로서 준비되어 있어야 한다.^{Davis(1997), 32} 또 인류학자의 입장에서 본다면, 그러한 역할수행은 실천인류학의 방편이기도 하며, 그것이 인류학을 하는 과정의 일환일 수 있는 것이기도 하다.

R&D는 기술부문에만 적용하면 족하지 기업의 조직이나 경영방식 또는 노사 문제 등에 적용할 수 있다는 생각은 하지 않고 있는 것이 일반적인 현상인 것 같다. 물론 이러한 경향은 국내의 기업에서도 마찬가지이며, 국내에서의 기업경영방식이 그대로 해외기지에서도 적용되고 있음을 알 수 있다. 기업문화에 대한 이해가 R&D에 의해서 증폭될 수 있다는 생각을 하는 한국계 기업인들을 베트남에서는 만나보지 못했다. R&D는 소위 '하드' 부문뿐만이 아니라 '소프트' 부문에서도 적용되어야 한다는 생각을 하는 기업인이 나오지 않는 한 기업문화의 병리적인 문제는 해외에서뿐만이 아니라 국내에서도 항존할 수밖에 없을 것이다. 더군다나 문화차이의 문제가 기업경영의 핵심적인 이슈로 제기된 상태에서는 문화차이의 관리를 위한 소프트 개발목적의 R&D가 절실히 요구됨을 부인할 수가 없다.

한 기업의 한국인 책임자는 "이 연구의 결과가 현장에 도착하는데 시간이 걸리면 곤란하다. 이집트 대통령이 지시한 얘기가 그곳 밑바닥 국민에게 도달되는데 20년이 걸린다는 얘기가 있다. 그런 점에서 이러한 연구를 환영하지 않는다. 그러나 노동부에서 직원을 불러서 현재 진행되고 있는 연구에 협조를 하라는 지시가 있었기 때문에 응한 것이다"라고 직언하였다. 연구의 과정과 내용에 대해서 심히 부정적인 인상을 갖고 있다는 표현이다. 기업에 대한 학자들의 연구를 신뢰하지 않는다는 의견의 표현이 위와 같이 나타났다.

그러한 의견의 이면에는 또 다른 문제도 포함되어 있다고 생각한다. 연구라는 현상 자체를 보는 한국계 기업들은 대체로 부정적이다. 기업의 내부를 어떤 형태로든 외부로 노출시키지 않으려는 생각이 강한 것이 사실이다. 따라서 베트남 노동부의 요청에 의해서 마지못해 면접에 응한 기업의 책임자들은 기업의 현황에 대해서 최소한만을 보여주려고 한다. 그러한 의도의 이면에는 현재의 기업 상태를 외부로 노출시키기 어려운 측면이 있음을 간접적으로 반영하는 것으로 이해할 수 있다.

주어진 문제를 풀어가는 과정에서 인류학적으로 유의미한 동시에 실질 문제의 접근에 필연적인 문화적 질문을 한 가지 생각하게 되었다. 왜 대만계와 한국계 기업들에서만 노동자들에 대한 물리적인 학대와 성폭력 그리고 정신적인 멸시 등의 문제가 제기되고 있는가 하는 질문이다. 이와 관련시켜서 앞으로 생각하고 싶은 가설은 이러한 현실적인 문제들 이외에 동아시아문화 내에서 작동하고 있는 것으로 생각되는 유사성類似性의 부조화不調和라는 문제다.

다른 외국계 기업들과 한국계 및 대만계 기업의 구분을 베트남이라는 사회의 특징과 연계해서 생각해본다면, 어느 정도 공유하고 있는 동아시아 유교문화라는 도식에서 연유되었다고 생각되는 문화적 동질성의 측면을 상기할 수 있다. 즉 유사한 것 또는 가까운 것에 대한 혐오나 멸시의 문화적 현상이 작용하는 것이 아닐까 한다. 그래서 가장 가까운 것이 가장 멀게 되는 관계의 현상이 있다는 점을 배제할 수 없다. 전통적으로 중국을 중심으로 한 동아시아 나라들 사이의 이웃관계 구도는 소위 '원교근공遠交近攻'의 개념으로 작동되어 온 역사적 사실이 있다. 베트남 쪽에서도 한국계나 대만계 기업에 대해서는 다른 외국계 기업에 대해서보다도 더 민감하게 반응하는 면은 없을까 하는 생각도 든다. 일본계 기업들이 이 구도에서 빠져 있는 것은 이미 일본계 기업들은 외국에서의 기업활동에 대한 노하우와 대비책이 축적되어 있을 뿐만 아니라 1940년대 후반 베트남 침공에 대한 의심의 눈초리를 아직도 명시적으로 의식하고 있기 때문일 것이다.

인도네시아보다는 베트남이 한국에 문화적으로 더 가깝다라는 생각으로 인도네시아보다는 베트남에서의 한국기업이 더 편할 것이라는 생각은 문제가 있다. 비슷하기 때문에, 더 어려운 문제가 발생할 수 있는 것이다. 지레짐작으로 인해서 발생하는 더 큰 오해가 개입될 소지가 있다. 약간의 차이가 가장 어려운 관계를 만들 수 있다.

부록

① 참고로 이곳의 초등학교 선생의 월급은 40만 동 정도이고, 경찰의 월급은 20만 동 정도이지만, 이곳 공장 노동자들의 평균임금은 58만 5천 동 정도 된다. 비디오 테입 한 개 빌리는데 3천 동한화 3백 원정도이고, 국수 한 그릇이 5천 동 정도다. 이러한 숫자의 비교로 노동자들의 수입과 생활정도의 수준을 확정하기는 어렵다. 베트남에는 현재 월급과 수입이라는 이중적인 계산방식이 일반적으로 통용되고 있다. 개인의 능력에 따라서 적은 월급을 얼마나 보완하는가 하는 것이 실질적인 수입으로 계산된다. 참고로 호치민 대학의 교수는 월급 150달러 정도이지만, 그의 한달 과외수입은 500 내지 700달러나 되는 경우가 허다하다. 월급과 수입의 격차는 개인의 능력차이를 보여주는 하나의 근거자료가 되기도 한다.

② 신발제조업체인 한 베트남 회사HIEP HUNG, 베트남국영기업, 호치민시 8군 3구 Da Nam가에 위치하고, 하노이에 지사가 있음는 경영이 어려울 때 기본적으로 경영경

비를 줄이는 방향을 생각한다고 한다. 그들은 결코 노동자 해고나 임금을 줄이는 감봉의 방향으로 가지 않는다. 기업책임자는 원자재 수입비의 감소노력을 시도하고, 노동자 생산력 증대노력을 시도하고, 베트남은 기본적으로 통신료가 비싼 나라이기 때문에, 통신비를 줄이려고 노력한다.

6,200명의 종업원들 중에서 560명이 대학 졸업자이고, 3,000명은 고등학교 및 직업고등학교 졸업자들이다. 세계의 여러 나라에 수출을 하고 있으며, 리복, 필라 등의 상표로 내고 있다. 공장의 조직은 기술개발실과 전기기술실이 따로 있고, 6개의 공장이 분리되어 가동하고 있다. Hi-shoes라는 자신의 브랜드도 갖고 있다.

이 회사는 조직이 잘 되어 있다는 인상이 깊다. 자동화 컨베이어벨트 기계를 한국으로부터 수입하였다가 이제는 스스로 자체 생산하고 있다. 이 회사는 베트남 신발공장들 중에서는 가장 큰 것으로서, 시장과 원자재라는 측면에서 대체로 한국과 타이완에 크게 의존하고 있다. 사장은 47세이며, 베트남 국가신발공업협회의 부회장을 역임하고 있다. 사장은 한국과 타이완의 경쟁회사들이 어떻게 돌아가고 있는지에 대해서 많은 정보를 갖고 있다. 경쟁회사들과 정보교환도 하고 있으며, 한국은 20회 정도 방문하였다고 한다. 사장은 정부로부터 월 160달러를 수령하고 회사에서 400달러를 더 지급하고 있다. 봉급과 수입은 차원이 다른 개념이다.

이곳 생산라인 근로자들의 평균임금은 72달러이며, 대졸사원의 봉급은 130~150달러 정도다. 사장이 잘 모르는 부분에 대해서는 젊은 전문가를 불러와서 대답을 하게 한다. 조직화되어 있다는 얘기다. 산재보험은 두 가지다. 하나는 사회보험이고 다른 하나는 의료보험이다. 직원부부가 발생하면, 회사에서 40달러를 부조로 지원한다. 직원들에게 애로사항이 발생하면 사장이 애로의 내용을 듣지만, 그러한 일로 해서 사장이 개인적으로 금액을 지원하는 경우는 없다. 경조사에도 사장이 개인적으로 부조하는 경우는 없고, 회사가 부조를 하는 체제다. 노조는 상장례喪葬禮에 반드시 참석한다. 회사운영비의 2%가 매달 노조에게 지급된다.

자동화와 감원의 관계는 자동화의 속도가 느리기 때문에 큰 문제는 없다. 그러나 그러한 문제가 올 것으로 생각하여, 공장 확충계획을 세우고 있다. 하노이 근처의 하동성에 석탄광산지역이 있는데, 그 지역에 남자들은 직업이 있지만 여자들이 직업이 없기 때문에, 국가의 계획으로 그 지역의 여성들에게 일자리를 제공하기 위해서 공장을 지을 계획이다. 동시에 석탄 광부의 신발을 주로 제작하여 내수도 노리고 러시아에도 수출할 계획을 세웠다. 러시아에서 80만 달러를 합작할 계획도 있다.

이 기업은 현재 생산라인 근로자들 중에서 60명이 대학을 다니고 있다. 성적이 좋으면 학비를 지원하고, 성적이 나쁘면 학비를 대출해 준다. 연15명의 우수사원들에게 해외여행의 특전을 부여하고, 일반 사원들 중에서 다음으로 우수한 사원들 백 명을 국내지역으로 여행 휴가를 준다. 모두 회사경비로 부담한다. 그러한 혜택으로 해서 여태까지 이 회사의 근로자 백 명 정도가 한국을 방문한 경험이 있다.

③ 베트남에서는 40만 달러까지 연리 8.5%로 신용대출을 해준다.

후기後記

　동나이성 노동·불구·사회사업국장 Vo Minh Quang과의 면접, 호치
민시 노동조합 부위원장 Dang Ngoc Tung의 발표내용 요약, Tran Quoc
Ninh 호치민시 외국회사 관리 책임관의 의견 등이 본서의 작성에 지대
한 도움을 주었다. 특히 그들이 피력하는 견해는 베트남 측의 실정을 파
악함에 있어서 중요한 지침이 되었다. 원고의 구두 발표 시 김중순 교수미
국 테네시 주립대의 충고는 본서의 수정 시에 일부 반영을 시켰다.

제5장

인도네시아에서 활동하는 한국기업들
기업특성과 문화적응 노력의 관계

1. 문제 인식과 연구 설계

1) 해외 진출 기업의 성패와 문화적응의 상관관계

해외에 한국기업이 진출하여 활동한다는 것은 우선 경제적인 상호작용으로 해석할 수 있다. 그러나 그것은 단순한 경제관계를 맺는 것을 넘어서 한국의 기업이라고 하는 조직체와 그 조직 안에서 활동하는 사람들, 그리고 그들의 문화가 진출 대상국의 인력 및 시장, 기타 요소를 움직이거나 그에 적응하며 살고 있는 사람들의 문화가 만난다는 것을 의미하기도 한다.

인도네시아에 진출한 한국기업들의 인력 관리 부분에 초점을 맞추어 이루어진 이 연구에서는 특히 한국기업들의 현지 진출 목적과 전략이 현지문화에 대한 적응의 노력 및 그 성공 여부와 어떤 관계를 맺고 있는지에 관심을 둔다.

해외 진출 기업의 진출 사항이 성공하고 있느냐 실패하고 있느냐는 그 기업이 해외 현지의 문화적 특수성에 어느 만큼 적극적이고 능동적으로 대응하였느냐, 특히 현지의 역사·문화적 특성을 얼마나 잘 이해하고 그에 '맞추어 적응'하였느냐 하는 것에 큰 영향을 받을 것이란 생각은 일반적으로 제기될 수 있는 명제이다. 그러나 기업의 해외 진출 중에는 애초부터 현지화라는 것을 그리 중요한 목표로 설정하지 않은 진출도 있으며, 그 밖에도 기업의 사업 형태와 전략에 따라 '현지문화에 대한 적응'의 비중이 다양하게 주어질 수 있다. 일단 가상적으로 생각할 수 있는 것의 하나는 현지인들과의 접촉이 많은 노동 집약적 산업, 즉 현지인 노동자가 기업의 활동에 깊숙이 개입하는 분야일수록 현지문화에 대한 적응의 중요성이 그 기업의 해외 진출에 있어 성패를 가늠하는 정도가 커질 수 있다고 하는 예측이다. 또 한 가지는 각 기업이 진출지를 얼마나 자유롭게 변경할 수 있느냐 하는 점도 현지 적응에 대한 비중을 다르게 하며 결과적으로 현지문화적응에의 성패 여부가 곧 기업 활동 자체의 성패를 좌우할 수 있으리라는 예측이다.

본 연구는 애초에 인도네시아에 진출한 한국기업들에서 나타나는 인도네시아 현지 노동자들의 한국문화에 대한 인지 과정과 한국인 주재원들의 인도네시아 노동문화에 대한 인지 과정을 각 기업 사례별로 비교 분석함으로써 일차적으로는 다양한 경우들에도 불구하고 나타나는 서로의 문화에 대한 일반화되는 '이미지 만들기' 과정을 살피고, 개별적으로는 각 기업에서 나타나는 현지화의 성공 정도가 그 기업에서 활동하고 있는 현지인 및 한국인 주재원의 상호 문화적응과 나름대로 밀접한 관련을 맺고 있음을 검증하고자 하는 의도로 자료 분석을 시작하게 되었다. 그런데 사례별로 자료를 살피면서 인도네시아 현지인 노동자와 한국인 주재원들의 각자 자신의 문화에 대한 생각과 상대방의 문화에 대한 인지 내용이 일반적인 그림을 드러내기 시작한 것은 사실이나, 각 기업의 현지 진출 목적이 나름대로 성공하는 것과 문화적 적응의 정도가 그리 단순한 상관관계를 맺고 있지 않다는 것이 점차로 드러나기 시작했다.

각 기업의 규모, 해외 진출 역사, 산업적 속성노동집약 산업인지, 장치 위주의 설비투자 산업인지, 그리고 현지 진출 목적생산 기지로서인지, 완제품 시장 개척을 위한 것인지에 따라 전략은 크게 달라진다. 이에 따라 기업의 세계화 혹은 지역화 전략도 변화한다. 인도네시아의 사례만 보더라도, '현지 진출'이라는 말은 각 기업의 사정에 따라 전혀 다른 의미를 가질 수 있다. 어떤 기업은 애초부터 현지문화 적응에 관심이 없거나 그럴 필요조차 없었던 반면, 다른 기업은 모든 성패가 현지문화에 대한 철저한 적응에 달려 있는 경우도 나타나기 시작했다.

이에 연구자는 앞부분에서 애초의 연구 틀을 살려 인도네시아 노동자들과 한국인 관리자 및 기업체가 상대방의 문화를 어떤 모습으로 인지하게 되는지를 우선 다룬다. 그런 다음 각 상황에서 한국 기업들이 인도네시아 현지문화를 이해하고 그에 적응하기 위해 어떤 노력을 기울이고 있으며, 그것을 다시 각 기업의 전략 차원에서 어떤 식으로 해석하고 있는지를 다룰 것이다. 그리고 그것을 파악하기 위해 설정한 현지 적응 패턴의 분석을 각 기업체의 산업적 성격 내지 현지와의 '유대'를 맺는 형태에 따라 분류해 가면서 사례들을 검토할 것이다. 이것을 바탕으로 각 기업에서 이루어지고 있는 상대방의 문화에 대한 이해와 인지의 형태 및 노력들이 그 기업의 현지 전략에 관한 기본 틀과 맺고 있는 관계, 나아가 해당 기업이 현재 잠정적으로 현지 적응에 성공 또는 실패하고 있는 것과 어떤 관계를 맺게 되는지를 살펴봄으로써 문화적응과 기업의 해외 진출 형태가 서로 어떤 비중을 갖고 어떤 형상으로 엮여져 영향을 주고받게 되는가를 검토하게 될 것이다.

2) 자료의 성격

이 연구는 1996년 9월에 시작된 경영학, 사회학, 인류학의 학제 간 공동 연구의 일환으로서, 1996년 9월부터 이루어진 연구 회의와 인도네시아 관련 특별 강의 및 간담회, 문헌 연구로부터 시작되었다. 그러나 가장 중요한 자료들은 대부분 1997년 2월 2일부터 같은 달 22일까지 약 3주간에 걸친 인도네시아 소재 한국기업에 대한 현장 조사 과정에서 확보되었다. 현장 조사에서 얻어진 자료들은 현지인 노동자, 한국인 중간 관리자 및 기업 경영 담당자에 대한 설문 조사와 직접적인 관찰, 그리고 인도네시아인 노동자, 인도네시아인 및 한국인 중간 관리자, 기업 경영 담당자들과의 인터뷰를 통해 확보되었다. 본 보고서에는 그중 합판 및 종합 회사로 인도네시아에 오래전부터 진출해 있는 2개의 그룹, 3개의 봉제 산업체, 그리고 2개의 가전제품 중심 전자 산업 공장 등 총 7개의 그룹 또는 개별회사 사례를 골라 분석하였다.

특히 본 보고서에서 많이 의존하고 있는 집중적 인터뷰는 각 경우마다 2시간에서 5시간가량에 걸쳐 진행되었다. 대부분 한국인 현지 기업 경영 책임자와 인력 관리자들이 인터뷰 대상이었으며, L기업 그룹 깔리만탄 공장, D 인도네시아, A 인스트루먼트의 경우 한국인 경영자나 관리자가 배석하지 않도록 함으로써 한국인 상급자가 있을 경우와는 달리 보다 자유로운 표현이 가능하도록 하였다. 이러한 경우에 인도네시아 직원들이 행하는 일부 설문지의 답들이나 한국인 경영자 및 상급 관리자가 배석했을 때 이야기했던 내용들 중 일부는 듣기 좋게 '공식적'으로 답한 것임도 드러났다.

비교적 짧은 기간 다수의 기업들을 방문하며 이루어진 것이므로 한 기업에 대하여 다양한 각도에서 이루어지는 정밀 관찰과 각 상황에 따른 인터뷰 체크에는 한계가 있었다. 물론 보다 정밀한 자료 추출을 위해서는 장기간에 걸친 현지 체류와 자료들 간의 성격을 비교, 검토할 수 있는 근거가 필요할 것이다. 그러나 현재의 연구 여건이 안고 있는 한계 위에서나마 의미 있는 내용을 이끌어내기 위해 비슷한 성격을 지닌 회사들을 두 개 이상 짝지어 조사하였다. 이와 더불어 업종에 따른 변화와 공통점을 살필 수 있는 기회가 마련됨으로써 한국인 직원들과 인도네시아인 직원들 사이에서 형성되는 '인도네시아 노동문화'와 '한국 노동문화'에 대한 생각의 형성을 보다 종합적으로 살필 수 있었다. 기업 전략에 따른 현상과 문제점들의 특수성과 함께 그것을 넘어서는 두 문화에 대한 인지 방식과 문제점들의 보다 일반적인 차원도 함께 추출할 수 있었다.

3) 분석들

(1) 타문화 및 자문화 인식 태도 분석 기본 범주

본 연구에서는 먼저 한국인 기업 경영자와 상급 관리자들이 인도네시아인들의 노동문화를 인식하는 내용과 함께, 그들이 인도네시아인 직원들의 노동문화 파악을 위해 준거 틀로 사용하는 한국 노동문화적 특성에 관한 인식 내용을 다룬다. 그리고 인도네시아 노동자들이 한국기업의 노동문화가 갖는 특성으로 인식하는 내용과 함께 인도네시아 직원들이 그러한 내용을 '한국적인 것'으로 파악하는 데 준거로 사용된 '인도네시아식' 또는 일본 회사나 대만계 회사를 비롯한 '다른 나라식' 노동문화의 특성에 대한 인식 내용을 다룬다.

하나의 문화에 관한 특성을 인식하는 과정을 결코 어느 한 문화의 특성만을 놓고 이루어지는 법이 없다. 즉, 인식하는 사람이 자기 자신의 문화에서 당연시하던 것, 또는 자신이 경험을 통해 알고 있는 또 다른 특성의 준거를 바탕으로 해서 그것과 끊임없이 비교하는 과정을 통해 이루어지기 마련이다. 따라서 '한국의 노동문화 특성' 인식이나 '인도네시아의 노동문화 특성' 인식 내용을 이야기하기 위해서는 인식되는 내용이 무엇보다도 먼저 '누구에 의해 인지'되고 있는지를 밝혀야 한다. 사실 동일한 현상을 놓고도 그것의 중요성이 포착되는 여부에 있어서나 그 현상을 해석하는 방식에 있어서 결정 요인이 되는 것의 하나는 바로 인지하는 주체가 지닌 '이해 방식'과 '문화'이다. 그렇게 본다면 어느 특정한 현상에 대해 문화적인 해석이 내려질 경우, 해석자는 대상이 되는 그 현상에 대해서 이야기할 뿐만 아니라 자기 자신의 문화 또는 자기 자신이 익숙해져 있거나 당연시하는 문화의 기준에 대해서도 이야기하고 있는 셈이다.

한편, 한국인 기업 경영자 및 상급 관리자와 인도네시아인 노동자들이 서로 상대방을 규정하고 이해하는 방식과 내용은 다시 각기 자기 자신이 당연시하거나 준거로 삼는 자신의 문화에 대한 규정과 이해 방식으로 피드백feedback된다. 그에 따라서 상대방의 노동문화에 대한 이미지가 전보다 정제된 형태로 정형화될 뿐만 아니라 자기 자신이 기준으로 삼는 자신의 노동문화에 대한 이미지도 정제된다. 아니면, 상황과 과정에 따라 각자가 기존에 갖고 있던 선입견과 이해 내용이 변하는 데 있어서 상대방의 문화에 대한 해석 방식이 변할 뿐 아니라 자기 자신의 문화에 대한 이해도 변화할 수 있다. 본 연구에서 행하는 사례 분석은 각 사례들에서 정보 제공자의 입을 통해 제시되는 '타자의 문화'와 '자신의 문화'에 대한 제 의견들을 이와 같은 시각에서 추출하여 정리하고자 하였다. 이를 간단히 도식화해 보면 〈표 5-1〉과 같다.

보다 구체적으로는 내용을 일차적으로 대별하기 위하여 타자와 자신의 문화에 대한 의견이 투영되는 것들을 ① 노동과 관련된 측면 ② 노동외적인 측면으로 일반 생활의 습성 부분 ③ 그리고 특히 한국인 기업 경영자와 상급 관리자가 제공하는 정보들을 기업체마다 상이한 발전 및 이익 추구 전략을 고려하면서 그에 비추어 볼 때 상대방의 관행과 노동문화가 어떤 식으로 파악되고 평가되는가를 구분하여 보려고 노력하였다. 물론 이 세 가지 측면은 서로 얽혀 하나의 사례 속에서 한꺼번에 인지되기도 하고, 특히 한국인 기업 경영자와 상급 관리자의 경우 인도네시아 노동자들의 일상생활에 대한 지식이 심각할 만큼 부족하여 그에 대한 기본적인 지식마저 형성되지 않은 경우도 적지 않은 것이 사실이다. 이것은 인도네시아인 노동자들이 한국기업체와 한국인 상급자들의 생활문화를 잘 이해하지 못하고 있는 경우에도 마찬가지로 해당된다.

〈표 5-1〉 한국인 관리자와 인니인 직원의 자·타문화 인지 방식

인지-설명 주체	인지-설명되는 대상		준거가 되는 문화 / 피드백
한국계 기업 상급 관리자	인도네시아 노동 문화	⇄	한국 노동 문화
인도네시아인 노동자	한국 노동 문화	⇄	인도네시아 노동 문화

(2) 상황에 따른 노동문화 인지와 커뮤니케이션 분석 항목

이제 각 주체들이 자기 자신과 상대방의 노동문화에 대해 인지하는 방식과 내용을 살피기 위해서 보다 자세한 항목들을 준비하도록 하자. 그 내용은 다음과 같다.

① 임금과 작업 환경 인식

이것은 아직 '문화적 특징'이라고 하는 것이 덜 개입되는 요소로 여겨질 수 있다. 그러나 낮은 임금 기준에서 보너스를 많이 준다든가 많은 임금 기준을 정한 다음 보너스를 줄여 일정한 수입이 가능토록 하는 것 사

이의 선택, 또는 고용 안정성에 관계된 일급, 주급, 월급, 연봉 등의 형태는 순경제적인 요소 외에도 기업 나름의 문화나 전력, 피고용자들이 임금 지급 방식과 관련하여 보이는 관행의 패턴 등과 관계를 맺기도 한다. 작업 환경을 어떤 단어와 기준에 따라 판단하고 인지하느냐 하는 것도 마찬가지이다. 특히 복지 시설이나 식당, 작업장 안의 오염도, 기타에 관련된 사항의 인지와 해석이 포함된다.

② 법률 인식노동법

이는 임금 및 작업 환경과 분명하게 구분되지 않는 요소일 수 있다. 그러나 적지 않은 한국계 회사들이 그동안 노동법 적용에 관한 한 한국 내에서 상대적으로 국가에 의해 많은 편의를 제공받았던 경험 등이 작용할 가능성이 없지 않다. 또한 인도네시아 노동자들의 인식도 점검할 필요가 있다. 이는 달리 보면 '법문화'에 대한 인지 방식이라고 할 수 있다.

③ 작업태도 및 업무관련 인간관계의 형태인식

임금이나 법률 같은 제도적이고 수치화되는 요소 외에 노동자의 의욕 고취와 의사 결정 방식, 일의 안정성, 직업의 발전 가능성에 대한 차이 또는 일치점의 인식은 어떻게 이루어져서 가치가 평가되는가 하는 점을 본다. 권위주의적 형태의 차이, 명령 하달과 수행의 방식 차이, 회의 방식의 차이, 기타 개인적 또는 집단적 인간관계가 인도네시아 노동자들과 한국인 상급 관리자들 사이에서 전개되는 내용을 먼저 언급하며 이에 대해 양자가 인지하고 해석하는 내용들을 함께 검토한다.

④ **일상적 문화접촉**종교, 음식, 주거, 교육, 오락, 가족 관습 등

여기서 말하는 일상적 문화접촉은 작업장에서 이루어지는 상호작용과 무관하지 않으면서도 보다 일반적이고 일상적인 생활 습관들에 관하여 인도네시아인 노동자들과 한국인 상급 관리자들이 서로 상대방의 그것을 인지하는 경험 사례와 방식들, 그리고 피드백이 일어나는 것들을 다룬다. 이 항목은 실질적으로 각자가 서로의 일상문화에 대해 어느 만큼 관심을 가지고 접촉하고 있으며, 그런 접촉의 노력이 있는가를 살피는 데도 유용하다. 여기서 논의되는 상대방의 일상문화 전반에 대한 판단은 작업장에서의 업무 태도에 대한 판단과 인지, 대응 방식에도 영향을 주게 된다. 달리 말하면 작업장에서 인지되는 습관과 행동 양식들은 다시 서로의 일상문화를 해석하고 관찰하는 데 영향을 주며, 일상적인 접촉에서 얻어지는 문화적 특성들과 경향에 대한 지식은 다시금 각자에 의해 작업장에서 임금과 작업 활동에 대한 상호작용 내용을 해석하는 자료로 활용되어 서로 유기적인 연결을 이룬다고 볼 수 있다.

⑤ **언어습득 현황과 노력**

모든 인간 커뮤니케이션이 그러하듯이 서로 다른 두 문화의 사람들 사이에 발생하는 커뮤니케이션에서도 언어는 가장 중요한 도구의 하나다. 한국계 기업이 인도네시아에 들어가, 대다수 인도네시아인들로 이루어져 있는 노동인력을 고용하여 활동하는데 있어 발생하는 언어 행위는 한국인 상급자와 인도네시아인 중간 관리자 사이, 인도네시아인 중간 관리자와 인도네시아인 하급 노동자 사이, 그리고 한국인 상급자와 인도네시아인 상급 노동자 사이에서라고 크게 나누어 볼 수 있다. 구두로 전달되는 언어 외에도 작업 지시를 위한 매뉴얼의 언어, 외부 업무를 보기 위해

사용되는 언어 활동들이 함께 고려될 사항이다. 거기서 상대방의 문화에 대한 이해의 노력 정도가 관측되며, 다른 한편으로는 가장 많이 듣거나 각인되는 상대방의 언어 내용을 통해 두 문화 간의 상호작용이 어떤 식으로 포착되는지를 검토할 수 있다.

⑥ 위의 항목들에서 파악되는 문제점들은 어떻게 인식되는지, 그리고 그러한 문제들을 '해결'하기 위한 방안은 어떻게 준비되어야 한다고 각자가 생각하는지를 살핀다

회사측에서 볼 때 가장 간단하면서도 극단적인 대안은 인도네시아에서 회사를 철수하는 것일 수 있으며, 인도네시아인 노동자측에서 볼 때는 한국계 회사를 떠나는 것으로 생각할 수 있다. 그 사이에는 여러 가지 대안과 변수들이 존재한다. 이것은 현상을 일차적으로 인지하고 개념화하는 방식에 이어 그에 대한 피드백이 이루어진 다음에 나타날 반응의 내용을 살피는 것이라고 하겠다. 물론 이 또한 실제 상황에서는 위의 항목들과 따로 분리되기보다 함께 뒤섞여 나타날 것이지만, 분석을 위한 항목 정리 차원에서 별도로 설정한다.

(3) 기업체 특성과 현지 적응 패턴

한국의 노동문화와 인도네시아의 노동문화에 대한 인지 내용과 방식은 어디까지나 각 개별 한국기업들에서 발생하는 현상이다. 따라서 앞서도 언급했듯이 각 기업이 가지고 있는 특성들에 따라 위에서 설정한 항목의 내용들은 다양한 정도의 차이를 나타낼 가능성이 크다. 고용된 종업원 수라든가 업종에 따른 노동력 의존도, 인도네시아에 진출한 시기와 연륜 등이 실제로 어떤 차이들을 낳을 수 있을 것인지를 고려하며 다양한

사례들을 수집했다. 1차적인 분석 결과, 두 문화 간의 상호 인지 방식과 노력, 커뮤니케이션 형태들이 대체로 다음과 같은 기업 특징의 변수를 따라 정리되었다.

① 현지집중 장기밀착형 기업

현지 집중 장기 밀착형 기업은 일찌감치 1960년대 후반부터 개척자로서 인도네시아에 진출하여 그 형태상 인도네시아 국적 기업으로 정착한 회사들을 말한다. L기업 그룹과 M기업 그룹이 그 대표적인 그룹회사들이다. 이들은 한국에 따로 본사가 존재하지 않거나 사무소가 있더라도 미미한 형편이며, 기업의 모체가 아예 인도네시아에 뿌리를 박고 있는 기업들이므로 인도네시아 현지 사정에 대한 지식과 더불어 인도네시아문화를 바라보는 입장과 적응 노력, 대안 설정 방식이 다른 기업들과는 질적으로 다른 차이를 보인다.

② 지역거점 장기밀착형기업

지역 거점 장기 밀착형 기업은 우선 한국에 큰 규모의 본사를 가지고 있는 경우가 대부분이다. 한국의 본사가 새로운 해외 진출 전략을 수립하여 해외 거점을 확보하고자 하며, 가능한 한 인도네시아에 설립되는 현지법인이 현지에서 장기적으로 뿌리를 박고 활동할 것을 지향한다. 이들 기업은 다시 인도네시아 현지 시장을 주로 지향하는 경우와 그보다는 인도네시아 외의 동남아시아 전체 또는 그 밖의 권역들을 최종 상품으로 지향하는 경우, 그리고 이 두 가지가 복합적으로 작용하는 경우 등이 있다.

위의 두 가지 장기 밀착형 기업들은 동남아시아가 지니고 있는 자원 개발 가능성과 장기적인 성장 잠재력을 바라보며 현지문화와 환경에 적응하려는 자세가 강한 편이다. 그러나 다시 기업 본사의 세계화 전략이나 지역 거점화 전략 내용에 따라, 그리고 기업문화의 풍토에 따라 각기 다른 결과를 낳기도 한다. 뒤에서 볼 몇 사례가 이러한 어중간한 예를 함께 보여줄 것이다.

③ 단기 전략형 기업

인도네시아 현지에서 활동하며 현지를 주된 최종 상품 시장으로 설정하지도 않고 동남아시아를 대상으로 하는 지역거점으로 설정하지도 않는 경우는 대부분 상대적으로 저렴한 노동력을 바라보고 인도네시아에 진출한 기업들, 특히 봉제와 신발 산업이라고 할 수 있다. 전자 산업도 노동 의존도가 높지만 그것은 설비의 규모와 시장 지향성 면에서 현지와 밀착되는 경향이 보다 큰 편이어서 단기 전략형 기업으로 보기는 어렵다. 단기 전략형 기업 중 상당수는 인도네시아의 상황 변화에 훨씬 민감하며, 특히 임금 상승이 어느 정도 진행되면서 동 업종의 다수가 이미 인도네시아를 떠났다. 그만큼 인도네시아라고 하는 지역 자체의 사회와 문화에 대한 인식과 적응 노력이 약할 수밖에 없는 상황이다.

그러나 노동집약 정도가 높은 기업 중에도 각별한 현지 적응 노력을 통해 현지에 뿌리를 박으려는 기업, 또 그것이 일단 성공적인 결과로 나타나는 기업도 없지 않으며, 그들이 반드시 단기 전략형 기업으로 모두 일반화된다고 보는 것에 대해서는 보다 조심스런 고찰이 필요하다.

다음 장에서는 여기서 설정한 기업 특성 범주에 따라 나누어지는 기업별로 앞서 언급된 상황 범주의 내용들을 활용해 각 기업의 사례 및 각 기업 조사에서 수집된 일반 정보 사례를 재료로 논의를 전개한다. 본 보고서에서 다룰 구체적인 기업 사례를 재료로 논의를 전개한다. 그러한 기업 사례 중에는 경우에 따라 임금과 작업 환경에 대한 내용이 주로 수집된 곳이 있는가 하면, 그와 달리 일상적 문화접촉이나 풍습에 관련된 충돌 내용이 주로 언급된 기업도 있다. 이러한 것들이 각자의 특징과 경우들을 표출시키도록 한 다음, 다시 보고서의 뒷부분에서는 분석 결과를 정리하여 형태를 분류하고 보다 일반적인 결론을 도출해 내게 될 것이다.

2. 현지 기업 사례 연구

1) 현지집중 장기밀착형

L기업과 M기업 그룹은 각기 1960년대와 1970년대 초부터 인도네시아에 진출한 그룹들이다. 합판 사업을 비롯한 인도네시아의 풍부한 자연자원 개발에서부터 그 밖의 영역으로까지 확장해 나갔다는 점과 기업의 본체가 한국에 있지 않고 인도네시아에 있으며 그곳에서 성장했다는 점에서 모름지기 한국기업이라기 보다는 한국계 인도네시아 기업들이라고 할 수 있다. 즉 기업 대주주를 비롯한 상급 경영진은 한국 출신의 사람들로 되어 있지만 자본의 투자 형태나 소재지, 그 밖의 사항들에 있어서 인도네시아는 기업의 '진출지'라기 보다는 '출발지'이자 모체가 되는 거점이라는 사실에서 이 두 그룹은 공통점을 갖는다.

자원 개발과 인력 고용, 설비 투자, 시장 개척이라는 여러 측면에서 이 두 그룹은 인도네시아 사회에 어려 형태로 깊숙하고도 지속적인 관계를 맺으며 적응해야만 생존할 수 있었으며, 이 두 회사의 오랜 현장 경험은 그에 대한 많은 노하우를 축적하고 있다. 기업의 조직 체제만 그런 것이 아니다. 한국인 또는 한국 출신의 경영진과 상급 관리자들 상당수가 10

인도네시아의 한국계 기업 L 그룹의 자카르타 현지 공장 내부

여 년 이상 인도네시아에서 활동해 왔으며 20년이 넘게 인도네시아를 무대로 활동해 온 한국 기업인도 여러 명이 있다. 언어 사용에 있어서는 해외 수출 부서를 제외하고는 인도네시아어를 기본으로 사용하며 한국인 직원들도 인도네시아 언어 습득을 필수로 하고 있다.

따라서 이들 회사에서 얻은 인터뷰 정도들은 이들 회사 스스로가 1997년 현재 당면하고 있는 문제보다는 그동안의 인도네시아 현지 적응 과정에서 자신들이 겪은 수많은 시행착오, 그리고 나중에 인도네시아에 진출하고 있는 다른 한국계 회사들에 대한 관찰을 주된 내용으로 다루고 있다. 그러한 자료들을 통해 이 회사의 임원과 상급 관리자들이 발견하게 된 한국식 노동문화 관행과 인도네시아인들의 노동문화, 그리고 현지 적응에서 발생하는 문화간 커뮤니케이션의 문제들이 현지에 진출하는 기업의 기본적인 동기 및 전략과 함께 논의된 셈이다.

(1) 기업 개황

① L기업 그룹

L기업 그룹은 1970년대 초, 깔리만탄 지역에서 원목 개발과 수출을 위해 한국의 AB기업이 진출하는 것에서 시작된다. 이후 AB와는 관계없는 별도의 독자 법인인 L기업이 1976년에 설립된다. 처음에 원목 개발과 합판 가공, 수출 사업에 주력했던 L기업은 말레이반도를 비롯한 주변의 풍부한 고무 자원을 바탕으로 신발 사업으로 주력의 일부를 옮기고, 다시 제지, 금융, 복합 운송, 건설업 등으로 업종을 확장하여 오늘날의 복합 기업군을 이루었다.

기업의 형태는 한국기업의 현지 법인이 아니라 인도네시아 기업으로 등록되었다. 다만 대주주가 한국인일 따름이다. 1997년 2월 현재 그룹 전체 직원 수는 2만 5천 명가량이며, 그중 한국인 직원은 약 340명 정도 된다. 한국인 직원 중 상당수는 적어도 10년 이상 인도네시아에서 활동하며 경력을 쌓아왔다.

원목을 개발하고 합판을 제조하는 공장들은 삼림이 우거진 깔리만탄 발릭빠판과 같은 섬의 빵깔람분 지역을 비롯하여 오지인 이리안 자야 섬에 이르기까지 여러 곳에 흩어져 있다. 특히 합판 공장들은 주변의 원목지를 관리하는 한편 공장에 적지 않은 현지 인력을 고용하고 설비를 투자하는 과정에서 미개척지를 개발하여 하나의 커다란 마을을 L기업의 주관 아래 형성하게 되는 경우가 많다. 이른바 밀림 지역에 'L기업 마을' 또는 'L기업 소도시'가 태어나는 형태가 되는 것이다.

② M기업 그룹

M기업 그룹의 역사는 곧 한국계 기업의 인도네시아 진출 역사와 같다.

1968년에 인도네시아에 투자를 시작한 M기업 그룹은 인도네시아에 진출한 최초의 한국계 기업으로서, 회사의 기본 방침은 초창기부터 오늘날까지 해외의 풍부한 자원을 개발하는 것이다. 진출 초기에는 목재 산업에 주력하였으며, 1970년대 초에는 L기업과 함께 두 개의 커다란 원목 개발, 목재 및 합판 생산과 수출 회사로 성장했다.

그러던 중 1973년에 세계 석유 파동이 발생하면서 당시 브라질로 원목 개발 사업지를 확장하려던 계획을 취소하고 그룹의 회장이 사운을 걸고 마두라 유전 개발에 뛰어들었다. 석유 및 천연가스 개발 사업은 그러나 결과적으로 실패하여 그룹 전체에 엄청난 손실을 안겨주었고, 1997년 현재도 M기업 그룹은 그 후유증에서 완전히 벗어나지 못하고 큰 부담을 안고 있다. 진행 중인 주력 사업은 인도네시아와 합작한 시멘트 사업과 고무, 야자 등이며 장차 본격적인 농업 개발^{미작} 사업을 위해 야심적으로 10만 헥타르의 땅을 확보하였다.

원목 개발을 비롯한 초기의 사업 일부를 여전히 유지하고 있는 M기업 그룹은 L기업 그룹과 함께 성장하면서 그룹 안의 현지 주재 한국인 인력들 중 상당수가 M기업 그룹과 상호 인력 이동을 하기도 하였다. 기업의 현지 진출 역사가 가지고 있는 연원만큼이나 현지 경험이 오래된 한국인 직원들을 보유하고 있으며, 많은 시행착오를 거쳐 현지의 언어와 문화, 기타 정치 경제 사정에 밝은 지식을 갖추고 있다고 할 수 있다. 그룹 본부에서는 특히 인도네시아 현지의 정치와 종교적 추이, 인종 갈등, 경제적 변화 추세를 주의 깊게 정리·분석하여 효과적으로 활용하고 있는 것으로 보인다.

(2) 업무와 관련된 인간관계의 형태 인식

L기업 그룹과 M기업 그룹은 현지에서 자원을 개발하는 일에 있어서나 상품을 생산하는 일에 있어서 많은 수의 인도네시아 현지인들을 상대하며, 특히 자카르타를 포함한 쟈바섬 만이 아니라 깔리만탄과 이리안 자야를 비롯한 광범한 지역에 흩어져 있는 개발 기지와 생산지, 그리고 국내외 시장과 오래 전부터 상호작용을 계속해 왔다. 그런 만큼 다양한 현지인과의 직접 대면 접촉이 업무에서도 중요한 비중을 차지한다.

거기서 가장 많이 언급되는 과거의 문제점은 한국인 노무 관리자와 한국인 중간직 기술자들의 직접적인 현지인 대면 방식이며, 그중에서도 또 많이 지적되는 것은 일종의 권위주의와 함께 '소리를 지르고', '화를 잘 내는' 급한 성미로 인도네시아 직원들을 다루었다는 것이다. 이런 일은 대부분의 한국인 중간 관리자가 한국에서는 낮은 직급에 있다가 인도네시아에서 비교적 많은 부하 직원을 거느리게 될 경우 더욱 두드러졌었다. L기업의 진출 초기와 중기에 한국의 합판 공장에서 10여 년 이상 일하던 일반 기술자를 인도네시아 현장으로 별 준비 없이 파견시킨 경우는 적지 않다. 한국에서는 단순한 하급 직원의 한사람이었는데 인도네시아에 가서 갑자기 300여 명의 부하를 관리하는 관리자가 되는 사람은 우선 우쭐한 마음에 자신이 한국에서 익힌 군대식 문화로 직원들을 '다스리려' 들었었다. 그리고 그 '다스리는 방식' 자체는 한국인의 기준에서 보아도 적지 않은 문제를 안고 있었다.

모처럼 부하직원들을 거느리고 일을 하는데, 맡은 할당량을 채우지 못하거나 실적이 오르지 않으면 한국에서 금방 온 중간 관리자들은 신경질부터 내기 일쑤였다. 부하들을 앞에 모아 놓고 그 아에서 욕지거리를 하거나 ("이 싸가지 없는 새끼들아!" 등) 고래고래 소리를 지르며 일을 제대로 하라고 호통친다. 한국에서는 '자연스러운' 것으로 익혀진 작업장 문화인지 몰라도 — 그것은 추후에 다시 검토해 보아야 할 문제다 — 인도네시아인 직원들에게는 커다란 충격이었다. 여러 사례에서 반복되어 나타나는 것은 한국인 중간관리자들이 인도네시아인 직원들에게 일상적인 용어의 하나로 "이 새끼야" 등 욕설이나 극히 낮게 취급하는 반말을 하기를 즐긴다는 점이다. 부하 개인의 인격을 존중하는 관념이 극히 드물다. 혼을 낼 때도 이유를 제대로 설명해 주지 않고, 다른 사람들이 많이 보고 있는 것을 아랑곳하지 않은 채 소리를 지르고 심한 경우 손찌검을 주저하지 않았다.

극단적이나 사례라고 할지 모르지만 그래도 드물지 않았던 과거 몇 가지 심한 사례를 모아 보면 다음과 같다.

① 공장의 야간 작업조 여공들이 졸음을 못 견디고 있으면 '잠깨라'고 손으로 젖가슴을 퍽 치고 다니는 관리인. 상급 관리자가 경고를 하며 이 공장 안에도 여공들의 남편이나 애인이 있는데 그렇게 하면 큰일난다고 이야기해도 "아녀, 좋아혀 — 얘네들이 내가 그러는거 더 좋아헌다고 —, 나를 얼마나 좋아허는디 —" 하며 말을 듣지 않았다.

② 여공들 중 하나가 제대로 말을 듣지 않는다고 눈썹을 면도칼로 밀어버린 경우.

③ 결혼한 아내를 동반하지 않고 인도네시아에 왔거나 총각으로 온 중간 관리자의 경우, 인도네시아 여공들을 성희롱하지 않도록 주의했는데도 신문에 기사가 난 사건이 있다. 식모가 와서 밥을 해주는데, 한국인 중간 관리자가 취미로 사진을 찍는다는 명분하에 식모의 옷을 벗겨 놓고 나체 사진을 찍었다. 하루는 식모의 애인이 와서 그 현장을 목격하고는 크게 사건이 비화된 경우.

④ 말을 고분고분 듣지 않는 부하 직원에게 '버르장머리를 고친다'고 구타하고 쓰러뜨려 운동화 발로 목을 밟으며 소리치는 것을 보다 못한 공장 주변 동네 사람들이 분노를 폭발하여 들고 일어나 공장을 점거하고 불을 지른 경우.

이러한 하대, 욕설, 성희롱 등은 다른 한국인들이 보기에도 인격 모독적이고 심각한 권위주의적 노무 관리이다. 그러나 문제는 기존의 한국인 중간 관리자들이 이러한 행태를 한국의 노동문화에서 익혀 '으레 있을 수도 있는 것' 중 하나로 인식하고 있었다는 점이다. 그것들이 인도네시아 노동자들의 눈에는 더욱 심각한 형태로 해석되어 "한국 사람들은 모두 저런 식"이라는 한국문화 전반에 대한 해석으로 발전했다. 그리고 다른 요인들과 복합되어 한국인 관리자들이 미처 예측하지 못했던 폭발적인 결과를 낳기도 했다.

(3) 일상적 문화 요소 파악과 접촉－문화, 인종적 특성과 반응의 차이

작업장 안에서 발생하는 인간관계 중에는 보편적인 기준에서 인격 모독적이라 할 수 있는 것 말고도 문화적인 인지 방식의 뚜렷한 차이와 풍습의 차이에서 비롯되는 오해의 문제가 적지 않다.

① 인도네시아에서 머리를 만지는 것은 대단히 모욕적인 행동이라는 사실을 모른 한국인 중간 관리자가 평소에는 고래고래 소리 지르며 욕설로 부하들을 관리하다 부하 중 한 사람이 말도 잘 듣고 일을 잘하니까 머리를 쓰다듬으며 "너 잘해 보아라"고 격려했다. 그러나 이런 공개적인 모욕을 당한 그 직원은 이제 도저히 참을 수 없다고 칼을 빼 들고 달려들어 한

인 중간 관리자를 죽여 버리겠다고 으름장을 놓았다.

② 하루는 비가 많이 내려 기계에 빗물이 떨어지는 것을 막으려고 했다. 한 인도네시아인 직원을 불러 지붕을 막기 위해 사다리를 타고 올라가 보라고 명령했다. 한국의 작업장에서 그런 명령은 굳이 인격적 모독이나 권위주의 방식이 아니라도 얼마든지 내릴 수 있다. 그런데 그 명령을 들은 인도네시아인 직원들은 다짜고짜 칼을 들고 와 상급자를 죽이겠다고 했다. 이유를 들어보니, 자신들의 직책이 지붕 막는 것과 무관한데도 가장 모욕적인 행동 중 하나인 지붕 올라가기를 시켰다고 "우리가 원숭입니까?" 하면서 화를 삭이지 못했다.

③ 인도네시아의 풍습에 대한 무지는 종교적인 것, 즉 이슬람의 풍습에 대한 무지에서 대표적으로 드러난다. 현재는 그런 일이 별로 없지만 초기에 이슬람의 단식 기간인 라마단과 라마단이 끝나는 축제일인 르바란의 중요성을 모른 채 단식 기일에 기운 없이 앉아 있는 운전수에게 "너 왜 그렇게 빌빌거리며 일도 제대로 않느냐?"고 소리치는 경우들이 누적되어 인력 관리에 심각한 문제를 낳는 일이 적지 않았다. 라마단 기간 동안 단식하고 있는 현지인들 앞에서 한인 직원들이 음식을 펴놓고 먹고 떠들며, 거기다가 이슬람에서 금기시되는 술을 한 잔씩 강제로 권하는 것은 대단히 중요한 모욕이자 침해 행위가 된다.

④ 왼손을 부정시하는 인도네시아의 풍습도 적지 않은 사례를 낳는다. 오른손과 왼손을 크게 구분하지 않는 한국인들이 인도네시아에서는 '부정탄 것'의 상징으로 여겨지는 왼손으로 물건을 건네주고 사람을 부르고 머리를 쓰다듬는 일을 무의식적으로 행할 수 있다.

⑤ 다른 사람의 집을 방문하여 이야기할 때 신상에 관한 것을 묻기 좋아하는 한국인들이 인도네시아인 직원의 부인에게 자기 나름으로 친밀함을

보이려고 애가 몇이냐, 결혼은 언제 했느냐, 나이가 몇이냐 등을 묻는데, 더군다나 세련된 인도네시아어가 아니라 작업장에서 배운 거친 언어로 묻는 경우가 적지 않다. 그것은 심각한 실수이자 인격 모독이 될 수 있다.

⑥ L기업과 M기업 그룹은 특히 다양한 지역에 들어가 여러 사람들을 접하며 인력 관리를 해온 경험이 있다. 여기서 겪은 중요한 경험 중 하나는 바로 '인도네시아 사람'이라고 일반화할 수 없는 다양한 인종과 종족의 각기 다른 풍습과 심리 상태를 잘 이해해야 한다는 점이다. 그러한 풍습과 심리 상태의 특성을 이해하지 못하면 자신들은 당연히 여기거나 별로 꽤 넘치 않은 요소들이 증가하여 수습하기 어려운 지경에까지 이르는 사태를 가져올 수 있다.

⑦ 일상적인 요소 중 밥을 비롯한 음식에 관한 갈등이 회사에서도 적지 않게 발생한다. 직원들이 집에서 먹는 음식뿐 아니라 회사 구내 식당 음식이 어떤 형태로 나오는가 하는 것은 사소한 듯 보이지만, 그 의미와 중요성 부여 정도가 한국인 관리자들이 생각하는 이상으로 심각하게 작용한다.

이처럼 인도네시아 풍습과 종교, 기타 일상문화의 제 차원에 대한 이해가 제대로 되어 있지 않은 상태에서 한국의 공장에서 '으레 행해지는 관행'처럼 여겨졌던 행동들을 계속하거나 요구할 경우, 이는 인도네시아 직원들에게 곧바로 '모욕적 행동' 또는 '공격적 행동'으로 인지된다. 즉각적인 반발이 일어날 수도 있고, 몇 가지 그러한 행동들이 별다른 반응없이 지나가더라도 하나씩 누적되어 급기야 중대한 사태로 걷잡을 수 없이 폭발할 수 있다. 임금 문제는 그러한 문제발생시 원인을 촉발시키는 요인의 하나가 될 수 있고, 많은 직원들을 동원하는 구실의 하나로 활용될 수도 있다. 그러한 행동들이 발생하는 맥락을 함께 포착한 인도네시아 직원들은 한국 사람들이 "술 잘 먹고, 고래고래 고함 잘 지르고, 성질이 급하고, 욕을 잘하고, 여성을 희롱하기 좋아하는" 사람들로 파악하기 시작한다.

(4) 언어 습득 현황과 노력

언어는 의사소통에서 가장 중요한 도구이다. L기업과 M기업 그룹의 한국인 임직원들은 오랫동안의 경험과 교육을 통해 대부분 인도네시아 언어인 바하사 인도네시아어를 자유로이 구사하며 잘 이해하는 그룹에 속한다. 그러나 이들도 불완전한 언어 구사 능력과 이해 능력으로 인해 많은 시행착오를 겪어 왔다. 특히 문제는 어설프게 몇 마디 현지 언어를 얻어듣고, 그것을 사용하려 할 경우에 나타난다. 그리고 문제의 맥락은 위에서 본 바와 같은 모욕적인 권위주의 관행과 욕설 행위에 더불어 문화적인 특성을 이해하지 못한 경우에 언제라도 곧 종잡지 못할 상태로 증폭될 수 있다.

① 여공들의 신체를 툭툭 건드리며 다니기를 좋아하던 한국인 중간 관리자가 하루는 직원 화장실에서 인도네시아어로 쓰여 있는 낙서를 보았다. 그 내용은 "한국인들은 전부 X대가리다"라고 하는 심한 욕이었다. 인도네시아인 부하 직원을 불러 그게 무슨 말이냐고 물으니, 그 부하 직원은 "한국인들은 모두 최고다"라는 말이라고 둘러댔다. 이 이야기를 듣고 기분이 좋아진 한국인 중간 관리자는 그 자리에서 자기 부하 직원들을 전부 모아 놓고는 싱글벙글 웃는 얼굴로 오른 손 엄지 손가락을 번쩍 치켜들면서 금새 배운 서투른 인도네시아 말로 더듬거리며 "인도네시아 사람들은 전부 X대가리다"고 외쳤다. 인도네시아 직원들이 모두 아연실색하며 분노를 삭이지 못했음은 당연한 일이다. 이런 일들이 겹쳐 그 한국인 중간 관리

자는 어느 날 누군가의 의도 하에 공장의 불이 갑자기 꺼진 상태에서 각목으로 집단 구타를 당했다. 결국 회사에서는 그를 한국으로 송환시키지 않을 수 없었으며, 이후 사태를 해결하는데도 적지 않은 진통을 겪었다.

② 언어는 어느 나라 말이건 어렵다. 인도네시아 공용어인 바하사 인도네시아어도 당장 쓰는 간단한 생활 용어는 금새 익힐 만하지만, 실상은 존댓말과 보통말, 상말의 차이가 있으며, 미묘한 뉘앙스의 함정이 곳곳에 도사리고 있다. L기업과 M기업은 오랜 경험을 통해 이것을 잘 알고 있으며, 거기에 각별한 노력을 기울인다.

그러나 그들이 관찰한 바에 따르면 상당수의 한국기업들이 영어로 대충 번역하여 의사소통을 하면서 기업 경영을 하고 있다. 특히 대규모 기업들에서도 이것은 마찬가지다. 일부 기업들은 인도네시아 진출 초기에 당장 어려움을 극복하기 위하여 바하사 인도네시아 언어를 전공한 외국어대 말레이-인도네시아어과 졸업생을 고용하여 쓰다가, 조금 시간이 지나 간단한 용어를 익히고 스스로 손짓, 발짓 등으로 식모, 운전사, 부하 직원과 어느 정도 의사소통이 되게 시작하면, 언어 전공자를 해임한다. 물론 인건비를 줄인다는 명목이다. 그러나 이것은 이후에 커다란 문제를 일으키기 십상이었다.

(5) 임금 문제, 그리고 문제 이해의 배경

L기업과 M기업의 경험 많은 한국인 경영자와 상급 관리자들은 현지 언어를 비롯한 현지문화와 인간에 대한 지식 습득, 관리에 대한 중요성을 대단히 강조한다. "아무리 큰 기업, 큰 공장이라도 여기를 움직이는 '사람들'을 제대로 관리할 능력이 없으면 언제 어디서든 불바다가 날 수 있다"

는 말을 한다.

일단 두 그룹은 상급 관리직에 인도네시아에 경험이 많은 사람들을 계속 고용하고 있으며, 그 축적된 지식들을 자기 회사의 중요한 자산으로 활용하고 있는 것이 역력했다. 두 그룹에서 만난 경영자와 상급 관리자들은 여러 가지를 강조했는데, 우선 체계적인 현지의 역사와 문화, 풍습, 시장 성격에 관한 정보의 파악과 수집이 필수적임을 이야기했다. 이 당연해 보이는 조건은 적지 않은 한국기업의 문화에 그리 강하게 뿌리를 내리지 못한 것으로 인지되었다. '다른 세계' '다른 문화'의 존재를 중요시하지 못하는 점이 '한국적 특성' 또는 많은 '한국기업들의 특성'으로 지적되기도 했다.

L기업의 경우 현지 인력 관리에 베테랑이라 할 수 있는 오랜 경력의 총무들이 각 현장을 돌면서 정기적인 교육을 시키고, 한인 직원들의 현지 언어 교육에도 많은 노력을 투자한다. 우선은 한국인 상급 관리자들이 인도네시아인들을 잘 이해하는 것이 그 역의 과정보다 중요하다는 인식이 선결 조건이다.

그렇지만 이 기업들이 가지고 있는 '현지화' 개념은 한국기업 경영자 측이 인도네시아의 환경과 풍토를 이해한 다음 그대로 그에 맞춰 주는 것을 의미하지 않는다는 점이 다시 확인되었다. 즉 노무 관리의 속도라든가 대화 방식, 그리고 현지 주민들과의 종교적 가치관과 풍습, 의사 결정 방식 등에 심하게 충돌되지 않도록 존중하고 인정하며 양보할 것이 많지만, 동시에 한국기업의 특성 중 하나로 상대적인 근면성과 부지런히 일하는 문화는 현지 직원들에 대한 교육을 통해 심어야 할 것으로 주지되어 왔다. 그 결과, 일차적으로 부정적인 눈으로 한국의 기업문화 특성을 이해하던 인도네시아 직원 중 적지 않은 수가 오랫동안 L기업과 M기업에 근무하면서 한국적인 업무 속도와 근면성, 생산성을 익혀 스스로 어느 정도 '한국화'되었음을 인정하는 점도 있다. 물론 이것도 쉬운 일은 아니다. 상당 부분 '한국화'된 인도네시아 직원은 현지인들 사이에서도 가끔 '검은 한국 놈꼬레아 히땀'이라 불리며 매국노라고 욕먹고 따돌림받는 경우도 있었다.

M기업의 경영진은 문화적 적응 노력 정도 차이에 앞서 기업의 기본적인 해외 진출 의도와 전략을 기준으로 현지 적응 능력 성패를 미리 전망하기도 했다. 그에 따르면 한국에 비해 상대적으로 낮은 임금을 주된 동기로 인도네시아에 진출한 노동 집약적 산업들은 이미 인도네시아 현지 문화와 풍습 및 기타 환경에 대해 이해하고 적응하고자 하는 동기 자체가 부여되지 않는 것이 대부분이라고 보았다. 이를 간단하게 표시해 보면, 〈표 5-2〉와 같다.

〈표 5-2〉 기업의 진출 동기와 현지 적응 노력의 관계

	기업 진출 동기		현지 적응 노력
(가)	현지 자원 개발	→	개발 가능성 있는 한 지속적 관심
(나)	현지 시장 진출	→	현지 시장 파악과 확장 위한 지속적 관심
(다)	저임금 의존 생산 기지	→	임금 상승과 함께 철수 준비

이것은 가장 간단한 차원의 분류로서, 해외 현지의 문화와 환경, 시장 조건, 기타 등에서 지속적으로 그 기업이 현지의 풍부한 원료와 자원을 보고 왔는지, 값싼 노동력을 보고 왔는지, 아니면 현지의 인구와 경제 발전 전망을 포함한 정보에 바탕을 두고 현지 시장을 뚫고자 하는 것인지에 따라 달라질 수 있다는 것이다. 이러한 기본적인 진출 동기는 그 동기를 구성하는 요소가 변화하는 정도에 따라 현지 적응의 동기도 변화시킨다.

이중 자원 개발 동기를 가진 회사는 현지의 자원이 그리 쉽사리 고갈되지 않으며 지속적으로 개발될 가능성을 지니고 있을 경우 언어, 풍습,

종교, 문화를 비롯해 현지의 정치 사정과 경제적 추이를 모두 관찰하며 계속 현지 적응을 위한 노력을 할 가능성이 높다. 현지 시장을 개척하는 것을 주된 목표로 설정하는 회사도 현지 주민들과 직접 접촉하면서 그들이 수요로 하는 것을 파악하고 충족시켜 주어야 하기 때문에 제품의 생산과 판매망 관리, 그리고 공장 안의 인력 관리에 있어서 현지 사정에 적응하기 위한 노력을 들이지 않을 수 없다. 이러한 동기들은 물론 중복될 수도 있으며, 여기에 값싼 노동력이라는 동기 요소가 다시 첨부될 수도 있다. 중복 요소가 많을수록 현지의 의미는 진출 기업에게 그만큼 중요한 비중을 차지하게 되며, 적응 노력을 강화시킨 이유는 늘어난다.

반면 현지의 자원 개발이나 현지 시장 개척 동기가 별로 없이 저임금 노동력만을 바라보고 진출한 회사들은 빠른 속도로 상승하고 있는 현지의 임금 현황에 따라 자연히 다른 나라로 이동하게 된다. 이 경우 현지의 문화적 상황이나 종족적 특징, 언어와 정치, 역사 환경, 풍습 등에 관심을 기울여 이해의 노력을 기울이는 지적 투자가 이루어질 확률은 심각하게 줄어든다. 1997년 현재 실제로 봉제와 신발 분야에서 다수 진출했던 한국의 중소기업과 S기업, A기업 등 거대 종합상사 계열의 신발 및 봉제업체들 대부분이 인도네시아 현장에서 철수했다. 달리 말한다면, 한국기업에서 고용하는 인도네시아 인력을 관리하는데 있어서도 인도네시아 현지의 인력이 지닌 특성을 파악하고 이해하며 적응하고나 하는 노력 자체는 그 기업의 현지 인력 의존도, 특히 노동 집약성 정도가 높을수록 오히려 감소할 가능성이 높다는 다소 역설적인 가설이 제시될 수 있다. 왜냐하면 임금이라는 요소는 다른 요소에 비해 가장 가변성이 높은 것이라고 볼 때, 비교적 단기적인 시각에서 진출한 노동집약 산업이 기업에게 인도네시아 현지문화 이해 노력, 또는 현지 적응 노력을 이야기하는 것 자체가 크게 보아서는 별 의미가 없다는 개괄적 주장 때문이다.

L기업 그룹이 봉제와 신발 업종에도 진출하여 나름대로 성공하고 있는 것은 그들이 낮은 임금만을 현지 진출의 동기로 설정한 것이 아니라, 현지의 풍부한 자연 자원과 현지의 시장 성장 가능성을 보며 밀착된 시장 개척을 동시에 진행시킨 기업이기 때문이라고 해석할 수 있다. L기업 내에는 오랜 현지 경력의 한국인 직원들이 다수 포진되어 활동하고 있으며, 실제로 L기업과 M기업 사이에는 적지 않은 간접 협력이 있기도 했다. 현지 시장의 파트너와 손을 잡고 투자하는 방식, 기타 현지 안에서 승부를 보기 위한 생존 전략들이 확립된 위에서 인도네시아에 대한 이해와 문화적응이 비로소 의미 있는 변수로 지속적인 힘을 발휘하기 시작하는 것이란 해석이 가능하다.

2) 단기 노동 집약형 – 봉제 산업

비교적 값싼 노동력에 의존하는 정도가 큰 노동 집약적 산업으로는 신발과 봉제 산업이 대표적이다. 그중에서도 본 연구자는 세 개의 봉제 산업체를 사례로 선택했다. 1980년대 후반 이해 한국의 많은 봉제 산업체들이 인도네시아에 들어왔었지만 현재는 그 대다수가 철수한 상태이다. 여기서 선택된 세 개의 기업은 그중에서도 성공적으로 살아남아 활동을 계속하고 있는 경우에 속한다. 우리의 관심을 끄는 것은 다른 대다수 유사 업종 기업들의 실패 속에서 이 몇 회사가 성공하게 된 이유와 함께, 그들이 시행착오 과정에서 경험한 인도네시아 노동문화에 대한 인지 내용과 방식, 그리고 인도네시아 노동자들의 반응들이다. 이와 함께 우리는 보다 장기적인 국면에서 단기 노동 집약 산업이 현지 적응과 관리 방식의 장래도 짚어 볼 것이다.

봉제 회사들은 앞에서 살펴본 자원 개발 중심의 대형 그룹들에 비해 인도네시아 진출의 역사가 짧고 자본 규모가 적으며, 시설 의존도도 약한 편이다. 여기서 다룰 세 회사가 그러하듯 대부분의 인도네시아 진출 한국 봉제 산업체들은 인도네시아 국내 시장을 겨냥하기 보다는 생산품을 한국과 제3국 시장으로 다시 수출하기 위한 생산기지의 형태로 설립되었다는 점을 같이 고려하는 것이 좋겠다.

(1) E기업

① 회사 개황

E기업 의복 회사는 본래 1989년도에 A기업물산에서 현지 투자를 통해 설립한 회사다. 그러나 여러 해에 걸친 임금 인상과 기타 문제로 A기업 물산이 투자 실패로 결론짓고 매각에 나섰을 때, 현재의 사장이 본 공장을 인수하게 되었다. 1996년 7월 1일부로 소유자가 바뀐 E기업은 이전부터 일하던 직원의 대부분을 그대로 유지하면서 1997년 2월 현재 신사복과 코트를 주로 생산하여 신사복은 95% 이상을 일본 시장에, 코트는 95% 가량을 유럽 시장으로 수출하고 있다.

1년 내 열대 기후인 인도네시아에서는 코트 시장이 형성되어 있지 않으며, 와이셔츠에 넥타이 또는 바틱 차림이 남성 정장으로 통하고 있기 때문에 신사복 자켓 시장도 형성되지 않는다. 따라서 대부분의 물량이 수출되는 것은 여러 면에서 당연하다. A기업 물산에서 운영할 당시는 9개의 생산라인이었는데, 1996년 이후 10개 라인으로 증설했으며, 품질 관리는 주요 고객인 마크스 앤 스펜서Marks & Spencer 백화점에서 직접 내사하여 철저히 조사하므로 그 기준에 맞춘다. 또한 고용 방침도 마크스 앤 스펜서에서 되도록 18세 이상의 노동자를 고용하기를 요구하므로 그에 맞춘다.

② 임금과 작업 환경 인식

　노동조합을 허용하지 않는 A기업 그룹의 계열 회사로 출발하였기 때문에 노동 문제를 무마하기 위해 이 회사도 초기부터 다른 회사에 비해 높은 임금 기준으로 고용을 해 왔다. 그러나 노동 집약 성격의 산업이기 때문에 노동조합은 서서히 태동하는 낌새를 보이기도 했다. 거기다 더불어 인도네시아의 노동성에서 일률적으로 지정하는 임금 가이드라인에 의해 1990년대 들어 일 년에 30% 정도씩 임금이 상승하자 A기업은 많은 손실을 보게 되고, 전망도 더욱 어둡다고 판단하여 철수했다.

　E기업에서는 직원 대우가 기본적으로 좋은 편이어서 노사 분규 자체가 발생한 적은 없다. 다만, 직원들이 거기에 익숙해져서 임금에 비해 생산성이 떨어지는 편이라고 한다. 작업 환경은 새로운 경영진이 각별한 노력을 기울인 결과 비교적 청결한 공장, 면적이 충분한 마당 등의 외부 환경과 식당, 기타 공간이 잘 관리되고 있는 편이다. 특히 식당 환경과 메뉴에 대해서 경영진은 각별히 신경을 기울이고 있는 편이다. 공장 전체의 페인트칠과 바닥 가꾸기 등 작업이 있었다. 바이어를 맞는 전시용 쇼룸은 전면적인 개조를 통해 바이어뿐만 아니라 사원 내부 교

땅으랑 공단 내에 소재한 한국계 봉제 공장에서
한국인 기술자가 인도네시아 공원에게 기술 지도를 하는 장면

육용으로도 활용되고 있다.

단순 노동자의 경우 첫 월급으로 5,200루피아를 받고 있는 이 회사의 노동자들은 가장 원하는 개선점으로 '임금 상승'을 들고 있었지만, 자신들의 회사가 인근 땅으랑 공단 내에서도 가장 나은 처우와 환경을 제공해 주고 있는 회사의 하나라는 점을 인정하고 있으며, 여성이 대부분인 근로자들은 결혼 후에도 계속 근무를 희망하고 있었다.

③ 법률 인식

E기업의 경영자들은 한국기업들, 특히 중소 규모인 봉제 관련 기업들이 인도네시아의 노동법 원리와 실제에 대해 잘 이해하지 못하고 있었다고 본다. 1994년에 땅으랑 공단을 위시한 다수의 한국계 봉제 공장에서 노사 분규가 발생했다. 당시 인건비가 연 35% 선으로 인상되도록 노동성에서 가이드라인을 고시했고, 그것은 나름의 구속력을 가진 것이었다. 그러나 기업들은 한국에 비해 전반적인 산업 발전 정도가 낮다는 생각에서 노동성과 노동조합의 위상과 비중을 간과했다. 그러나 인도네시아에 진출한 한국 회사들 안에서도 노동조합의 힘은 생각보다 훨씬 강력했다. 그것은 인도네시아 전반의 노동관계법과도 관계가 있다.

한편, 인도네시아 노동자들은 그들대로 한국계 기업들이 자국의 노동 관련 법규를 제대로 파악하지 못하고 있었다는 것을 새삼스럽게 발견한 셈이다. 인건비 인상 가이드라인이 발표되었음에도 그것을 무시하고 적당히 넘기려 하다가 문제가 발생한 회사가 적지 않다. 노동 집약정도와 비중이 높은 봉제 산업에서 그런 자세는 더욱 중대한 사태로 발전했다. 한국이라는 나라는 노동 관련 법규를 제대로 지키지 않으면서 공장과 기업 활동을 벌이는 경향이 있다는 인식이 인도네시아 노동자들 사이에 확산되었다고 할 수 있다.

④ 작업 태도 및 업무관련 인간관계의 형태 인식

인도네시아 노동자들의 업무 태도에 대한 한국인 경영자들의 인식은 노동의 질이 양질이며, 품질은 어느 곳보다도 우수하다는 것이다. 그러나 생산량을 기준으로 보는 생산성에 있어서는 중국, 베트남, 방글라데시, 미얀마 등에 비해 낮다고 평가한다. 여기서 말하는 생산성이란 시간당 몇 명의 노동자가 (미싱이) 몇 장의 옷을 생산하느냐 하는 것인데, 예를 들어 현재 65대의 미싱을 돌려 9시간 일하면 코트 120장이 나온다, 하는 식의 수치이다. 인도네시아인의 노동 활동 특징이 '꼼꼼하지만 느리다'는 것이다.

경영자 측이 생각하는 문제 해결 방안은 '생산성'을 올리는 것인데, 이것을 다르게 말하자면 한정된 시간 내에 더 '많이' 생산하도록 한다는 것, 또는 한 단위의 물건을 더 '빨리' 만드는 것이다. 결과적으로 한국인 경영자와 상급 관리자의 주문은 '더 빨리, 더 많이' 만들자는 것이 된다.

한국인 경영자 스스로 지적하는 한국 사람들의 노동 습관과 문화적 특징은 '성격이 거칠고 급하다'는 것이다. 이런 인식은 물론 인도네시아 노동자들이 보이는 반응에 의해 특히 주목되는 것이기도 하다. 경영자들이 관찰하기에 노사 문제가 발생하는 이유 중 상당 부분은 인도네시아 노동자들보다는 한국인 관리자들의 문제 때문이라고 본다. 대부분 한국에서는 그리 풍족하지 못한 생활을 하다가 인도네시아에 와서 식모와 운전사도 고용하며 많은 부하 직원들을 거느리게 된 한국인 기술자들의 인력 관리 기술이 문제가 되는 것이다. 대표적인 것으로는 기술을 제대로 가르쳐 주지 않은 채 인도네시아 노동자가 재단을 잘못하면 그 책임이 자신에게 떨어질까 봐 그의 머리를 쥐어박는 일이다. 빈땅의 한 한국계 공장에서 발생한 사건인데, 머리를 맞은 노동자를 본 동료들이 모두 들고 일어나 돌팔매질을 하며 커다란 분규 사태가 일어났다 한다. 술을 많이 마시고 고래고래 소리를 지르는 일은 특히 금주 생활을 하는 무슬림 인도네시아 노동자들의 감정을 상하게 하는 예민한 요소이다. 즉 여기서도 한국인 경영자들은 인도네시아 노동자에 대한 교육보다는 한국인 중간 관리자에 대한 교육이 더 절실한 문제임을 스스로 지적하고 있다.

⑤ 일상적 문화접촉과 언어

노동 의존도가 높고, 노동자의 관리에 각별히 신경을 쓰는 E기업에서는 두 달에 한 번씩 지역별로 나누어 직원 가정을 방문한다. 회사 부근에 거주하는 사람부터 시작해서 1시간 반가량 떨어진 지역 거주 근로자까지 다양한 곳을 방문한다. 가정 방문을 하면 지역의 유지도 나와 같이 이야기하고, 그러면 직원들도 긍지를 느낀다고 한다. 가정에 방문해서는 식구들과 같이 식사하며 대화하고 간단한 선물을 준다. 이것은 직원들의 가정 생활 형편을 아는 것에서부터 교감을 나누는 데 이르기까지 중요한 효과가 있다고 판단되어 계속 시행되고 있다.

종교 생활과 복장에 대한 존중도 필수 요소이다. 여성 근로자가 대다수를 차지하는 E기업에는 이슬람식 복장에 철저하기 위해 머리에 베일을 쓸 것을 고집하는 여성 근로자가 여러 명 있다. 대부분의 경영자들은 그러한 종교적 분위기를 내비치는 것, 또는 작업장에서 특별히 거추장스러운 듯한 복장을 하는 것이 눈에 거슬리기 마련이다. 한국인 관리자는 통일된 제복, 통일된 복장을 원한다. 그러나 E기업의 인력 관리 담당 간부는 그들의 종교적 상징을 '간섭하지 않는 것이 좋다'는 것을 알고 용인토록 한다. 그리고 나서 그 직원들을 불러 "너희들이 종교적으로 더 성실하다 하면서 생산성이 떨어지면 안 된다. 더 열심히 일해서 이런 복장이나 종교 생활이 생산성에 장애가 되지 않는다는 것을 보여줘야 한다"고 타일러 가르친다.

그러나 이러한 모든 것들은 인도네시아인들의 방식을 그대로 수용만 하는 것을 뜻하지 않는다. '인도네시아적'인 요소를 한국인 경영자가 생각하는 긍정적인 노동 생산성 증가로 유도하는 방향으로 교육하는 것이다. 그것은 굳이 '한국식'을 가미한다고 이야기하기 어려운, 각 기업의 독특한 방식이라고 하는 편이 옳을 것이다. E기업의 경영 방식 중 중요한 것의 하나는, 자본은 비록 한국인 소유이지만 회사의 직원들에게는 이 회사가 인도네시아에 뿌리를 둔 회사임을 천명하고 확인시키는 것이다. 회사에서는 아침마다 스피커로 인도네시아 국가를 틀어주고 인도네시아 국기를 게양한다. 자기 나라에 대한 긍지를 심어주며, 일상생활에서도 한인 간부와 인도네시아인 일반 직원의 생활 영역을 같이 하게 함으로써 차별이 보이지 않도록 신경을 쓴다. 식당에서의 식사도 가능한 한 함께 하도록 노력한다.

인도네시아 노동자들의 자기 나라에 대한 자긍심을 회사가 앞장서서 강조하고, 그것이 자기 회사에 대한 자긍심과 소속감으로 이어진다고 보는 것이다. 최고 경영자는 특히 '솔선수범'을 모토로 가끔 손수 화장실 청소를 하며, 휴지를 직접 줍고 컨테이너를 직접 몰기도 하며 "이렇게, 이런 방식으로 해라"하고 교육함으로써 거리감을 없앨 뿐 아니라 모범을 보이는 방식으로 밀착 교육을 한다. 이것은 인도네시아 노동문화도 한국계 기업들의 일반적인 노동문화도 아닌, 'E기업'식 경영과 교육, 인력 관리 방식이라고 해야 할 것이다.

인도네시아 언어 사용에서도 E기업은 각별한 노력을 기울이고 있는 것이 역력했다. A기업 계열의 인도네시아 현지 회사들이 회사의 간판이나 입구, 그리고 각 지시서에 영어를 사용하는 것에 비해 E기업의 건물 안팎에 비치된 모든 게시물은 인도네시아어로 표기되어 있다. 이 회사의 인력 관리 담당자는 외국어 대학 마인어과에서 바하사 인도네시아어를 전공하고 인도네시아 내 다른 회사 근무 경력도 있는 사람이다. 직원들과의 의사소통도 물론 인도네시아어로 이루어진다. 그런데 경영진들은 인도네시아 말을 하는 것도 중요하지만, 근로자들이 잘 이해할 수 있도록 "하나하나, 차근차근히, 인내심을 가지고" 이야기를 나누는 것이 더 중요하다고 이야기하며, 그것을 숙지하고 있다. 인도네시아에서 필요한 방식의 언어 태도까지 강조되고 있는 셈이다.

⑥ 현지 적응 노력에 대한 생각 — 대기업의 세계화 전략 비판

중소기업체인 E기업의 현 경영진은 과거에 대기업인 A기업 물산이 직접 관리했던 시절과 비교하며 현지 적응의 자세와 노력 형태를 진단한다. 먼저 지적되는 것은 한국에 본사를 둔 대기업의 상당수(특히 A기업)는 인도네시아 현지와 한국의 본사 사이에서 의사 결정을 하는 데 있어 적지 않은 괴리를 가지고 있다는 점이다. 현지 사정을 잘 알지 못하는 가운데 본사 중심으로 '세계 전략'이라는 것을 세워 각 현지 지사가 그에 맞춰 행동하기를 주문하는 것은 비현실적이라는 것이 E기업 경영진의 생각이다.

이러한 대기업 시스템의 또 한 가지 맹점은 현지에서 근무하는 실무진이 얼마나 적극적으로 현장에 깊이 침투하여 끈질긴 승부 근성을 가지고 활동하느냐 하는 데서 나타나는 부족함이라고 본다. '자기 자신'을 걸고 뛰기보다는 대기업 본사에서 매기는 인사고과 점수에만 신경을 쓸 경우 단기간 동안의 실적이나 당장의 문책을 면하기 위해 노력하는 결과를 낳는다. 결국 초기 적응의 장애를 넘기려 하기보다는 속히 서울의 본사나 미국 또는 유럽 지사로 발령이 나기만 기다리며 일하는 것이 실패의 요인이라고 판단하고 있다.

이와 관련되는 것의 하나로 중국계를 비롯한 현지 자본과의 합작 투자를 적극적으로 활성화하는 것이 절대적으로 필요한데, 자본 독점에만 익숙한 한국기업들은 동업을 잘 하지 못하고 엄두를 내지 않을 뿐 아니라, 특히 A기업 등의 대기업 본사에서는 이러한 현지 회사를 경영하는 경향이 있다. 이것을 E기업 현 경영진은 "전쟁이 일어났는데, 전방 이야기를 듣지 않고 후방에서 자기들 마음대로 대포 지원 방식을 결정하는 문제"라고 비유했다. A기업이 수년 간에 걸쳐 실패하고 결국 포기하며 철수한 공장을 인수해 불과 10여 개월만에 성공적인 흑자 기업으로 탈바꿈시킨 중소기업 경영진의 메시지이다.

물론 봉제 기업은 인건비 의존도가 높기 때문에 앞으로 임금이 계속 상승하면 생산비 증가로 인하여 한계에 부닥칠 수 있다. 그러나 위기를 늦출 수 있는 다른 전략들, 말하자면 고부가가치 제품으로 전문화한다든가 중요한 바이어를 안정적으로 확보하는 것, 그리고 현지문화와 사정에 적극적으로 대처하는 인력 관리와 경영 방식을 발전시키는 일이 일반적인 산업 진행 단계에도 불구하고 중요한 차별성을 낳는다는 점 또한 확인된다.

(2) D기업

① 회사 개황

자카르타 부근 보세지역 내에 위치한 D기업은 전체 종업원 129명의 비교적 작은 회사다. 1965년 한국의 구로동에서 건설업으로 사업을 시작한 D기업 본사는 이후 미주로 의료기기를 수출하다가 그 후 업종을 여러 차례 전환했으며, 현재 의복 생산과 유통업에 발을 들여놓고 있다. 쟝 가벵이라는 고유의 브랜드가 성공하여 1996년 현재 총매출액 100억 불, 뉴욕과 로스앤젤레스, 코스타리카 등지를 비롯하여 130여 개 매장을 가지고 있다.

D그룹의 인도네시아 현지 공장인 D기업 인도네시아는 1993년 11월에 시작되었으며, 이곳에서는 현재 쟝 가벵 상표의 양복에 사용될 바지와 조끼 등을 생산하여 한국으로 보내고 있다. 자재 조달은 본사에서 담당하고 생산품의 마케팅도 한국 본사에서 담당하므로, 따로 영업 업무를 볼 필요는 없다. 현지 법인 사장이자 D기업의 지사장을 맡고 있는 한국인 경영자는 1995년 5월에 인도네시아 현지에 파견되었으며, 그 외에도 기술 지도를 위해 현지 근무하고 있는 한국인이 1명 있다. 현지 법인 사장은 외국어대 마인어과를 졸업하여 바하사 인도네시아어를 구사하지만, 기술 지도를 위해 파견된 기술자는 양복 기술자 경력을 갖고 있는 대신 인도네시아 언어 구사에는 아직도 어려움이 많다.

② 임금과 작업 환경

이 회사에서 월급을 받는 사람은 경영 책임자를 포함하여 16명이고, 나머지 113명은 일급을 받는다. 임금 수준은 나라에서 지정하는 최저 임금 가이드라인 수준으로서, 일당 5,200루피아 정도다. 사무직이나 생산 라인 반장들은 월급자이지만 라인의 노동자들은 일급자가 대부분인데, 따로 퇴직금이 없으며 여러 조건을 갖춘 계약을 하지 않는 일급자들은 다른 회사에서 일당 100루피아만 더 준다고 해도 자리를 옮긴다. 이직률에 대한 구체적인 수치는 나오지 않았으나, 일급자 대부분이 따로 미련을 갖고 있는 편은 아닌 것으로 보인다.

이 회사에는 간단하게 식사할 수 있도록 테이블과 의자를 갖춘 식당이 있지만, 음식을 조리하는 장소가 없기 때문에 밖에서 도시락을 단체로 주문하여 식사하도록 한다.

③ 작업 태도 및 언어 습득 현황과 관계 인식

인도네시아 노동자들에 대한 한국인 관리자들의 평가는 이 회사에서도 '속도는 느리지만 성실하다'는 평이 나온다. 시키는 대로만 하니까 불량률이 상당히 낮다는 것이다. 그러나 한국인들은 인도네시아인들에게서 소위 '식민지 근성'이라는 것도 발견한다고 지적한다. 자기보다 덩치가 작고 어리면 갑자기 무시하며 누르려 하고, 자기보다 덩치도 크고 그 위압감이 있으면 갑자기 수그리고 들어와 복종하는 것을 말한다. 앞으로 와서 정면으로 공격하지 않고 뒤에 살짝 다가와 찌르고 도망가는 식으로 공격한다는 인식이다. 또 혼자서는 일을 저지르지 않고 조용한데, 군중 심리가 있어 여럿이 모이면 갑자기 급격하게 사태가 악화되어 상황을 엉망으로 만들고 도망가는 경우가 언제든지 발생할 수 있다는 지적이다.

반면 한국인 관리자에 대해서는 한국인 기술자 자신이 "목소리도 크고 성질도 급해서" 인도네시아 사람들이 특히 못 견디는 못된 결점을 가지고 있다고 고백한다. 1995년에 파견된 이 기술자는 인도네시아 말을 잘하지 못하기 때문에 새로운 제품 제작 기술을 가르칠 때 말로 하기보다는 시범이나 자세로 가르친다. 그런데 일본인들은 자세나 동작을 하나하나 차근히 가르치는데, 한인 기술자 자신은 말이 잘 안 통하니까 몸으로 건드리고 손짓으로 움직이고 급한 성질을 내어 소리도 버럭 지르고 하면서 의사소통을 한다고 한다. 손을 붙들고 재봉 자세를 가르치는 경우도 적지 않다. 그 결과 나타나는 부작용의 하나는 인도네시아 여공들이 "성희롱 당했다"고 들고 일어나는 것이다(실제 신체 접촉이 어떤 형태로 이루어졌는지는 확인할 수 없다). 소리를 지르고 성질 급한 한국 사람이라는 인상이 인도네시아 노동자들에게 각인되는 것은 이 작업장이라고 예외가 아닌 셈이다.

④ 대응책 – '부드럽게, 감싸며, 규정대로'

현지 지사 지사장은 이곳 인도네시아에서는 절대로 "화를 내면 안 된다"고 강조한다. 특히 주변 '공기'를 잘 감지하고 있어야 하며, 근로자들이 조용하다고 해서 아무 문제가 없다고 생각하면 잘못이라고 말한다. 조그만 일들이 누적되어 갑자기 폭발할 수 있는 가능성은 얼마든지 있다는 것이다.

지사장은 인도네시아 근로자들을 '감싸듯이' 차근차근 대해 주되, 특별하게 더 잘 해주어도 좋지 않고 못해 주어도 안 좋다는 점을 강조한다. '규정대로만' 하면 책잡히지 않으며 관리가 된다는 이야기다. 너무 잘해주기 시작하면 그것을 당연히 여겨 계속해서 더 나은 대우를 원하기 때문에 특히 공식적, 공개적으로 처우 개선을 하고 특별 대우를 해주기보다는 개인적으로 불러 상금이나 용돈을 '비공식적으로' 베푸는 태도를 취하자는 이야기다. 그것은 동시에 한국인 관리자들 스스로에 대한 의식 환기이기도 하다. 화를 내지 말고 소리를 지르지 말고 '사랑으로 감싸주듯' 하되 상벌을 엄히 한다는 원칙은 인도네시아 근로자들에게만 해당되는 것은 아닐 것이다. 그렇지만 인도네시아에서 활동하는 한국기업들에게 특히 중요한 원칙임은 분명하다.

(3) F기업

① 기업 개황

F기업은 한국의 서울 장안동에 본사를 둔 봉제완구 수출 전문업체다. 1989년부터 부산과 서울 공장을 없애고 인도네시아와 중국으로 공장을 이전했다. 한국의 회사에서는 신상품 개발과 마케팅, 자재 업무에 전담하고 있으며 제조 분야는 모두 해외에 나와 있는 셈이다. 주로 인건비 절감을 노리면서 당시 해외로 진출한 봉제 회사들의 제조 파트 중 하나인 F기업은 인도네시아 사람들이 순하고 시키는 대로 일을 잘한다는 점을 고려했다고 한다.

회사의 연 매출액은 2,000만 달러 수준이며, 일본이 주된 시장이고 기타 미국과 유럽 등지의 시장이 출발 시부터 유지되고 있다. 일본이 주된 시장이기 때문에 자연스레 '품질 위주'의 소량, 다품종 생산을 추구하게 되었고, 회사 측에서는 그것이 지금에 와서는 임금이 오르는 전반적인 정황 속에서도 살아남을 수 있는 경쟁력의 밑거름이 되었다고 해석하고 있다. 현재의 현지 법인 대표이사는 부사장 직함을 가지고 있으며, 현지 법인 담당 3대째, 현지 경력은 2년째이다.

② 임금 수준과 기업 흑자의 역설

F기업의 지난 7~8년간 임금 수준과 기업의 성과를 보면, 초기에 월 30달러 수준의 임금을 지급할 때부터 70달러에 이를 때까지는 계속해서 적자를 보았으나, 월 100달러 수준의 임금을 지급하는 현재는 오히려 흑자로 돌아섰고 전체 생산비의 비중이 줄어들면서 생산성은 오히려 높아졌다는 평가가 나온다. 이렇게 언뜻 역설적으로 보이는 결과에 대해 현재의 경영진은 임금 상승이 아니라 '관리 문제'가 성패를 결정했음을 강조

했다. 그중에서도 특히 한국인 직원과 인도네시아 근로자들에 대한 '인력 관리'가 열쇠임을 이야기했다.

우선 한국인 직원들의 경쟁력이 약하다는 것이 지적된다. 월 5천 불 수준의 급료를 받는 한국인 과장급 직원 한 명보다는 월 5백 불 수준으로 대학에서 전문적인 공부를 마친 우수한 인도네시아 중간 관리자급 인력을 10명 고용하여 그 10배를 훨씬 넘는 성과를 볼 수 있다는 이야기다. 한국인 직원은 주택, 복리후생 비용 등이 첨가되어 실제로 현재 F기업에서 일하는 4명의 한국인 직원들은 회사 측에 월 6만 달러가량의 비용 요인이 된다. 700여 명의 현지인 근로자들에게 지급되는 월 7만 달러의 비용에 비교한다면 대단한 비중이다. 한국인 직원 수가 8명이던 것을 4명으로 줄인 후 전체적인 면에서 연 40만 달러 이상의 비용이 절감되었다. 인도네시아 근로자들을 관리하는 방식을 전환하고 노동시간과 환경을 바꾸어 잔업을 없애는 등 여유를 더 준 것이 오히려 생산성은 증가하고 비용은 절감되는 결과를 낳았다. 그것은 인도네시아 근로자들에 대한 임금 상승에서 비롯되는 비용 증가를 상쇄하고도 남아 흑자 요인이 되었다는 것이다. 이것은 기업 관행을 통해 이룩하는 비용의 관리이며, 특히 한국인과 인도네시아인 직원들의 근로 형태와 동기, 습관 등이 맞물려 실제적인 비용 요소를 좌우하는 것으로 나타났다.

③ 작업 태도와 생산성 – 잔업 없이 느긋하게 일하는 것이 더 큰 이익

한국의 노동문화에서 한국인들이 '성급하게 서두르는 것'은 여기서도 여지없이 지적되었다. 한두 군데 잘못이 있더라도 한꺼번에 빨리빨리 하는 것을 선호하며, 관리자들도 그러한 관행을 요구한다. 인도네시아인들의 노동 관습은 천천히 느긋하게 하는 것이 몸에 배어 있다. '초과 달성'

을 하려고 하지 않는 대신, 현실적인 목표를 설정하여 그것을 정확하게 그대로 실행한다. 이것이 한국인 관리자들의 요구, 또는 한국인 노동자들의 노동 관습과 인도네시아 근로자들이 노동 관습 및 가치 부여 방식의 차이이다.

철야나 잔업에 대해서도, F기업의 경영자가 보기에 한국인들은 그럴 필요가 없을 때도 밤늦게까지 일하고, 그것에 대해 대단한 성취감을 느끼는 경향이 있다고 한다. 한국의 본사에서는 토요일 휴무도 받아들이려 하지 않는다. 그러나 경영진이 실제 실험해 본 바에 의하면, 토요일에 5시간 일해서 나오는 양은 평일의 절반에 미치지 못하는 낮은 생산성을 보인다. 토요일 휴무를 하면 오히려 전기와 설비 유지비가 절약되고, 잔업을 시키지 않는 것도 잔업 특별 임금에 저녁 식사비, 그리고 생산성 감소와 다음날 지각, 결근율을 줄이게 되어 실질적으로는 잔업을 않고 토요일 휴무를 시키는 것이 더 많은 이익을 가져온다. 한국인 관리자들은 더군다나 잔업 시에 술을 한 잔씩 하며 회식하므로 결국 원가가 3배 이상 들어간다. 술을 한 잔씩 걸치면 고함치고 소리 지르는 행태가 더욱 심해진다. 따라서 잔업을 하는 것은 심각한 손실을 낳을 뿐이라는 계산이다.

기존의 한국식 노동 관행과 권위주의로 '빨리빨리'를 외치며, '까라면 까'하고 비민주적인 결정을 습관적으로 행하는 '군사문화'식 노동 관리와 관행이 인도네시아 근로자들에게는 한국인들의 '국민성'으로까지 각인되었던 점도 사실이다. 그러한 관행이 계속 유지된 채 적자가 누적되어 가던 도중에 현재의 경영진이 새로 부임하여 최후의 방편으로 인도네시아인들의 '토론과 합의의 문화'를 존중하고 '천천히, 그리고 확실히' 일하는 분위기를 적극적으로 수용하면서 국면은 전환되기 시작했다고 한다.

전에는 매일 잔업을 하고 토요일까지 일해도 성과물은 없고, 회사에는 적자가 쌓여가는 것을 보고 "인도네시아는 희망이 없는 곳이다"라고 평가를 내렸다. 결과적으로는 실패하고 철수를 하였다. 그런데 인도네시아식으로 느긋하게 관리하고 여유 있게 일하도록 하니까 오히려 생산성이 오르고 채산이 맞는다는 경험을 하였다.

한편으로, 현재의 경영진은 그들이 실험한 새로운 방식이 사실은 '인도네시아 사람의 기질에 맞기 때문에' 성공했다고 생각한다. 민주적이고 여유로운 방식이 아무 데서나 생산성 향상으로 이어지지는 않는다는 것. 즉 한국에서였다면 계속해서 '몰아붙이는 식'으로 했어야만 할 것이라고 하는 그들 나름의 해석을 덧붙이고 싶다. 인력 관리와 임금, 노동의 리듬을 조절하는 방식이 어느 만큼 보편적으로 어느 만큼 문화에 따라 특수적인가 하는 것은 아직 분명하지 않은 주제라고 말하지 않을 수 없다.

④ 언어 습득의 중요성

F기업의 현지 경영자는 특별히 가장 중요한 것의 하나이면서도 대다수 한국기업들이 간과하는 것이 바로 '언어 문제'임을 강조했다. 한국인 관리자들이 지시하는 내용을 인도네시아 근로자들이 제대로 수행하지 않는다는 문제가 많은 한국기업들에서 다수 발생하는 상황으로 보고되는데, 실제로 알아보면 한국인 관리자들이 지시 자체를 제대로 하지 못했기 때문이라는 것이다. 지시 받는 사람이 알아듣도록 지시를 하지 못했다면 그것은 지시자의 문제다. 노동 관리와 인력 관리 전반에 있어서 커뮤니케이션이 중요하며, 그중에서도 언어는 가장 기본적인 것임을 새삼 강조하는 것이다.

이 경영자가 인도네시아 언어 숙지의 중요성을 이처럼 강조할 수 있는 것은 그 자신이 인도네시아 현지 부임 3개월 전부터 특별 언어 교습을 받왔고, 이후 2년이 지난 현재도 계속해서 현지어를 배우고 있기 때문에 사정과 내용을 그만큼 더 잘 알게 된 것이라고 할 수 있다. 그는 일본 회사의 예를 들면서, 인도네시아 현지에 진출해 있는 일본계 회사들 중 적지 않은 곳들이 일본인 직원의 현지 파견 직후부터 6개월 정도 언어 훈련만 집중적으로 받도록 조치한다고 이야기했다. 그것은 당장 손해로 여겨질지 모르지만, 언어를 적어도 그정도 이상 하지 않으면 절대로 한계를 벗어날 수 없다는 점을 다시 강조한다.

⑤ 인력 관리의 비중 – 완구 산업

F기업 같은 완구 전문 봉제 회사에서 인력 관리가 차지하는 비중은 노동 집약적 산업이라는 점 외에도 여러 가지 요소가 회사의 '비용'으로 계산될 수 있다는 인식 하에서 조명될 필요가 있다. 그 사례의 하나가 치명적인 제품 불량 발생 가능성이다. 완구 중에서도 봉제완구는 대개 어린아이들이 끌어안고 접촉하며 생활하는 인형이 대부분이다. 그런데 제조 공장의 직원들이 여러 가지 이유로 불만을 품고 인형 속에다 바늘 같은 날카로운 물건을 하나 집어넣을 경우, 나중에 그로 인해 사고가 나서 환불 조치되면 바이어로부터의 주문은 끝이 나고 심각한 타격을 입는다. 그런 경우에 발생하는 피해 문제는 몇 퍼센트의 임금을 올리고 내리는 것보다도 훨씬 중요한 것이다.

공장 점거나 파업 사태 같은 것도 임금에 대한 불만을 표면적으로 들고나오는 것 같지만 사실상 보면 잔업 관행이나 평소의 감정적인 관계가 누적되어 불거지면서 순식간에 집단적인 반발 요인과 연결되는 경우가 적지 않다. 그런 상황에도 피해는 임금을 넘어서서 제품 물량을 채우지 못해 바이어와의 계약에 직접 손실을 끼치게 되는 것으로 이어진다. F기업의 현 경영진은 이처럼 인도네시아 노동자들의 인력 관리를 노동 시간과 임금 간의 단순한 공식으로 파악하기보다는 총체적인 의미의 생산성 개념과 다양한 각도에서 따져 볼 수 있는 비용 개념을 일상문화에서의 여러 차원에서 계산하여 봄으로써 인력 '관리'가 임금의 지속적인 상승에도 불구하고 이들과 같은 봉제 산업이 경쟁력을 유지하며 버틸 수 있는 대안을 도출해 내었다고 할 수 있다.

3) 지역 거점 시장 밀착형과 global network 생산 – 기지형전자 산업

텔레비전과 냉장고 등을 주종으로 생산하는 가전 중심의 전자 산업은 대기업들이 주도하고 있다. 인도네시아에 진출한 대표적인 한국의 가전 중심 전자 회사는 B기업 전자와 A기업 전자다. 이 두 회사의 규모 면에서나 제품 면에서 유사성이 많아 인도네시아에서의 현지 전략과 인력 관리를 살피는 데 있어 여러모로 비교할 만한 가치를 지니고 있다.

(1) B기업 – 테릭스
① 기업 개황

B기업 전자에서 인도네시아에 설립한 전자 회사는 'B기업-테릭스'라는 명칭을 가지고 있는 합자 회사다. 자본금 US$9,200,000 중 B기업 그룹이 50%, 인도네시아 현지 법인인 테릭스 그룹이 50%를 투자했다. 연혁을 보면 1990년 5월에 B기업과 테릭스 그룹이 합작 제휴를 시작하여 그해 11월에 회사가 설립되고 이듬해 12월에 컬러 TV 생산이 시작되었다. 1995년 11월에 제2공장이 설립되고 다음 해인 1996년 9월에는 컬러 TV 누적 생산량이 1백만 대에 이르렀다. 여기서 특기해 둘 사실은 생산된 컬러 TV의 거의 전량이 인도네시아 현지에서 판매되고 있다는 사실

이다. 이 점은 B기업-테릭스 그룹의 전자 제품 공장이 단순히 생산 기지로서만이 아니라 현지 시장에 최종 상품을 판매하는 것을 목표로 설립되고 운영됨으로써 현지에의 밀착도를 높이는 전략으로 출발하여 성공하고 있음을 말한다.

이 회사는 투자 초기에서 1994년까지는 손실을 거듭했으나 1995년부터는 손익 분기점을 넘어 이후 매년 100%가량의 생산과 판매 성장을 계속해 왔다. 1996년 말 현재 컬러 TV 부문에서는 약 20%의 시장 점유율로 인도네시아 안에서 1위를 차지하고 있으며, 냉장고 판매 대수는 인도네시아 시장의 11.4%를 차지하고 있다.

이 회사는 한국과는 관계없이 독자적인 경영 방침과 모델 개발을 통해 인도네시아에 뿌리를 내리는 독립적인 회사로 경영시키는 것을 목표로 하고 있으며, 특히 테릭스 그룹이라고 하는 현지 파트너와의 합작을 통해 현지 시장 판매 면에서 큰 힘을 얻고 있다고 평가되고 있었다. 이 회사의 고용 인원 중 한국인은 본부 본사에 4명, 그리고 공장에 4명만이 있으며 나머지 직원은 모두 인도네시아 현지인들로 구성되었다. 그 내용을 보면 〈표 5-3〉과 같다.

〈표 5-3〉 B기업-테릭스 전자 회사의 고용 현황(1991년 1월)

	본부	공장	판매망	합계
한국인	4	4	0	8
현지인	80	617	350	1,047
계	84	621	350	1,055

단위 : 명

② 시장 진출과 현지문화적응 전략

B기업-테릭스의 현지 진출 전략을 말하기 위해서는 우선 이 회사가 인도네시아 현지의 회사와 한국 회사의 합작으로 만들어져 운영되고 있

으며, 특히 영업과 유통 분야는 현지 파트너인 테릭스 측에서 주관하고 있다는 점에서부터 주목하여야 할 것이다. 현지 시장을 공략하기 위해서는 현지 시장의 소비 패턴과 유통망을 잘 알고 있어야 하며, 공장에서 만들어 내는 모델이 현지 시장의 수요를 알고 그것에 적극적으로 대처하여야 한다.

B기업의 인도네시아 진출 초기부터 작업에 참여하여 오늘날 B기업 테릭스의 최고 경영자인 법인장을 맡고 있는 책임자는 회사의 초기 실패를 '시장 파악 부족'과 한국 중심적 사고의 고집으로 보았다. 한국 그룹 본부 기획 부분에서 12년간 경력을 쌓으면서 B기업 그룹의 세계화 전략 등을 이론적으로 설계하거나 조정했던 그는 자신이 이론적으로만 따지다가 현장을 잘못 읽었다고 평가하였다. 처음 인도네시아 시장을 살피면서 백화점 가전 코너에 나와 있는 것들을 보고 인도네시아에는 대형 텔레비전과 대형 냉장고만 있는가 보다고 오판할 수도 있다는 것이다. 그래서 초기 시장 진출 시에는 그런 대형 완제품을 들여오고, 전자레인지도 들여왔다. 그런데 이런 상품들은 관세만 비싸고 실제로는 팔리지 않았다. 현지 공장에서 제품을 생산해 내기 시작했을 때도 대형 고급품 위주로 시작한 것이 시장에서 성과를 거두지 못했다.

한국의 대기업들은 자기 이미지의 포로가 되어 고급품을 만드는 자기 이미지를 뿌리내리기 위해 노력하는 경향이 있다. 특히 B기업은 테릭스 그룹 자체가 인도네시아에서 자본 규모 2~3위인 현지 대회사이고 외제 고급 자동차의 유통망을 장악하고 있기 때문에 그에 의존하면서 대형 고급품으로 승부를 보려는 생각이 있었다. 그러나 그 전략이 연속되는 참패로 돌아가면서 제품 생산을 맡은 B기업 측에서는 생산자 중심이 아니라 '팔리는 물건' 중심으로 모델을 개발하여 '적절한 시기에' 그것이 시장에서 소화될 수 있도록 전반적인 방침을 전환했다. 그에 따라 마케팅 계획이 먼저 작성되고, 그것에 맞추어 생산이 이루어지도록 하였다.

시장 파악과 장악을 위한 B기업-테릭스 회사의 한국인 간부들이 쏟아부은 노력은 이때부터 본격화되었다. 본부의 사무실을 서울의 용산과 흡사한 전자 제품 가게가 모여 있는 시장 안에 차리고 약 3년을 보내면서 중요한 유통 딜러dealer들의 의견을 접수해서 전략을 세웠다. 이렇게 계속해 나가는 가운데 이제는 현지의 딜러dealer들이 B기업의 경영진과 신뢰관계를 쌓기 시작했고, 시장의 필수적인 정보와 수요 경향을 전달해 주었다.

이에 따라 B기업-테릭스 공장에서는 고급품보다는 중급품의 중소형 모델을 독자적으로 개발하여 생산, 판매함으로써 큰 성공을 거두기 시작했다. 특히 인도네시아 사람들이 음향에 관해서는 한국 시장의 소비자들보다 섬세하고 민감한 점을 파악하여 음향 능력을 강화시킨 제품을 개발하여 내놓음으로써 좋은 반응을 얻었다.

③ 현지 기업의 실용주의와 한국기업의 형식주의

B기업 경영진은 특히 자신들의 파트너인 테릭스를 비롯한 인도네시아 기업들의 실리주의와 한국기업들의 겉치레 행태를 비교하였다. 현지 법인장의 표현을 그대로 빌리면 "내가 여기 와서 배운 것 중 하나는 한국 사람들이 상당히 실리적이지 못하다"는 것이다. 특히 인도네시아 경제의 절대적인 지분을 장악하고 있는 화교계 인도네시아인들은 자신이 많은 자본을 가지고 있고 실력이 있어도 절대로 눈에 '번뜩' 띄도록 화려한 건물을 짓는 일로 자신을 과시하지 않는다고 한다. 입구는 좁고 앞에서 보아서는 별로 볼품이 없지만 뒤로 점차 들어가 안을 보면 정말로 굉장한 것들이 숨겨져 있는 것을 발견한다는 설명이다.

철저한 실리주의적 계산에서 자신들이 손실을 입을 것은 손대지 않고, 대신 이익이 확실한 것은 적극적으로 달려들어 놓치지 않는 것이 모든 기업의 일반 생리라고 볼지 모르겠으나, 한국의 대기업들은 자기 이미지 만들기와 위신, 자기 시스템을 고집하느라고 현지에 파고드는 일에서 실패하는 경우가 많으며, B기업 그룹 스스로도 초기에 그러한 이유로 실패를 했다는 것이다.

④ 현지 파트너의 비중

다른 회사를 방문할 때도 나타난 것이지만, 한국 회사들은 현지 회사들과의 합작을 잘하지 못하는 경향이 있으며, 더군다나 대기업들은 자존심과 회사 경영 지배권을 둘러싼 갈등을 참지 못하여 합작하는 현지 회사와 결별하고 나가는 경우가 허다하다고 한다. B기업도 현지의 대기업인 테릭스 그룹과 크고 작은 갈등을 겪어 왔지만, 현재 B기업 테릭스의 B기업 그룹 파트에서는 이 현지 법인의 대주주 자리를 테릭스를 비롯한 현지 회사에 내주더라도 상관없다고 생각할 만큼 자신감을 느끼고 있다. 현지에서 영향력이 큰 회사라면 과반수의 지분을 내주더라도 전반적인 이익과 안정성, 확장성에서 더 유리하다는 생각이다.

실제로 제품 판매에 있어서 테릭스 그룹의 인도네시아 내 이미지는 B기업-테릭스의 시장 경쟁력을 위해 대단한 영향력을 발휘한 것으로 평가되고 있다. "테릭스가 하면 성공한다, 테릭스는 질이 우수하다"는 현지 소비자들의 인식을 B기업-테릭스 회사의 컬러 TV와 냉장고가 확인시킨 것으로 인지되면서, 그 결과 한국 측의 기술력도 인정받기 시작했고 전반적인 시장 장악에 도움이 되었다.

테릭스 그룹과 직접 관련되지 않는 현지 유통망의 딜러dealer들과 맺는 관계도 시장 파악과 장악에 있어 결정적인 영향을 미쳤다고 평가된다. 한국에서 주로 활동해 온 가전전자 회사들은 한국식으로 대리점을 갖춘 독자적인 판매 네트워크를 가져야 한다고 생각했으나, 현실은 그것이 아니었다. 이 나라는 따로 보증이 없기 때문에 안정된 딜러dealer망과 연결되는 것이 핵심적인 과제였다. 제품의 이익 마진도 제품 개발 초기부터 딜러dealer들과 상의를 하며 충분히 고려하고 모델 개발과 제품 생산을 했다.

⑤ 현지 시장 중심의 모델 개발과 독자 경영

1997년 2월 현재 B기업 테릭스의 경영을 위한 자금 조달은 거의 현지 법인에서 독자적으로 해결하고 있다. 현지 시장 판매에서의 이익 회수를 통해 자금이 축적되고 있고, 회사 자체의 안정성도 시장 점유율과 성장률 등으로 볼 때 어느 수준 이상으로 올라가고 있다. 그 이상으로 발돋움해야 하는데, 한국의 B기업 본사에서 그 이상은 지원해 주기 어려운 상황이다. 현지 법인에서는 그것을 파악한 뒤 아예 한국의 B기업 그룹에서 더 이상의 지원을 해주기를 기대하지 않고 스스로의 힘으로 성장하기로 가닥을 잡았다.

한국에서는 신경 쓰지 않는 중간 규모의 제품들로 시장 확보에서 성공한 뒤, 더 나아가 아예 인도네시아 시장에 맞는 디자인과 기술적인 요소들을 개발하여 인도네시아 법인의 독자 모델을 주력 상품으로 내놓는 작업도 진행 중이다. 예를 들면 대형 화면으로 인한 가격 상승 요인을 줄여 17~20인치 정도의 화면을 가진 텔레비전에다 한국에서 팔리는 3~5와트 정도 출력을 갖는 스피커를 떼어 내고 한쪽에 12와트씩 둘을 합쳐 24와트 출력의 스피커를 장착한 모델이 곧 출시될 예정이라고 했다. 더불어 기존 텔레비전의 스피커 소리를 증폭시키는 장치를 따로 만들어 비교적 저렴하게 판매함으로써 극장의 음향 같은 웅장한 느낌을 주는 이 제품은 한 대에 미화 10달러가량 되는 마진 이익을 낳는 히트 상품이 되고 있다.

(2) A기업 - 인스트루먼트

① 기업 개황

연구진은 A기업 인스트루먼트 인도네시아 공장의 연혁과 자세한 생산 및 매출 관련 자료를 확보하지 못했다. 그렇지만 한국인 고위 관리자와의 개별 인터뷰 때 회사의 적자 누적에 관한 속사정을 들을 수 있었다. 그에 따르면 인도네시아 현지 법인에서 컬러 TV부문의 경우만 해도 1995년 1년간 120만 달러의 적자, 그리고 1996년에는 180만 달러의 적자가 쌓였다고 한다. 현지 시장에 적합한 모델을 개발하지 못한데다, 현지에 맞는 모델을 만들려면 그에 적합한 금형 제작도 할 수 있어야 하는데, 타산이 맞지 않는다는 설명이다. 적어도 한 달에 5만 대는 팔려야 수지가 맞는데, 현재 월 2만 대 판매를 달성하지 못하고 있다. 1996년 한 해 동안 15개 모델을 모두 합해 20만 대를 팔았다.

회사 측은 그룹의 전략 전환에 맞추어 자재나 모델도 현지에 맞는 것으로 바꾸기 위해 총력을 기울이고 있는데 많은 어려움이 있다. 1997년 2월 현재 재료 부품의 코스트가 95%를 차지한다. 1996년까지는 인도네시아 법인에서 사용하는 광고비를 한국의 그룹 본사에 의존했었는데, 이제는 본사의 반도체 경기가 나빠져 본사에서 광고비 지원을 중단했다. 이처럼 여러 차원에서 노력을 기울어야 하는 실정이다.

현지 회사와의 합작에 어려움이 많기 때문에 A기업 측에서는 인스트루먼트와 결별하고 A기업의 지분율을 100%로 하려고 준비 중이며, 이것은 1998년에는 이루어지리라 보았다. 대신 냉장고는 사정이 훨씬 나은 편이다. 현재 수라바야에 있는 냉장고 공장은 인도네시아 계인 싸이언 그룹이 51%, A기업이 49%의 출자를 해 놓고 있는데, 1996년에는 150만 달러의 이익을 올렸다. 곧 A기업 측에서 자신의 지분을 100%로 하려고 준비중인데, 싸이언그룹에서는 이 회사에 이익이 있으므로 포기하려 하지 않고 있다.

② 기업 전략 ─ globalization에서 local market 지향으로

A기업 인스트루먼트의 한국인 경영진들은 기업의 목표 설정에 있어서 한국의 그룹 본사에 대한 의존 정도가 특별히 강해 보였다. 그들에 의하면 1992년 인도네시아에 전자 부문이 처음 진출할 당시 한국 그룹 본사에서 해외 공장을 보는 시각은 global network개념에 따라 생산 거점을 이동시킨다는 생각이었다. 즉 각 부품을 각기 다른 곳에서 만들어 또 다른 제3의 장소에서 조립시키고, 그것을 다시 다른 나라에 있는 시장에 판매하는 식으로, 전 세계적으로 각 생산과 유통, 판매에 가장 적합한 장소를 찾아 분산시키며 전 지구적인 네트워크로 다시 연결시킨다는 전략이다. 그러나 그동안 상황이 변하여 특히 먼저 인도네시아에 진출한 B기업 전자가 인도네시아 시장 중심주의를 취해 현지 시장 공략에 성공한 것을 보게 되었다. B기업 전자는 인도네시아를 거점으로 다시 동남아 진출의 교두보를 확보하는 식으로 지역 중심의 전략으로 나간 것이다.

이에 자극받은 A기업도 1996년부터는 그룹 본사의 방침이 '현지 법인은 현지에서 먹고 살아라' 식으로, 즉 인도네시아 내수 시장 중심으로 전환하도록 했다. 이는 그룹 전체의 방침이 변화에 의한 것이라고 한다. 여기에는 물론 다른 시각도 존재한다. B기업은 처음부터 인도네시아를 목표로 왔고, A기업은 말레이시아와 태국 시장을 목표로 했기 때문에 각기 성공한 곳이 다르다는 이야기다. 그러나 이 이야기는 global network 전략에서 regional area 또는 local market 중심 전략으로 변화했다는 이야기와 잘 맞지 않는 것으로 보인다.

③ 좋은 복지 시설과 어려운 인력 관리

A기업 측 한국인 직원들이 인도네시아 인력에 대한 전반적인 평가는 그리 나쁘지 않다. 초기 적응과 교육 과정에서 애를 먹긴 했어도, 인도네시아 직원들이 손재주도 상당하고 시키는 대로 별 탈 없이 일을 잘 하는 편이라는 평가가 이곳에서도 반복된다. 고난도의 숙련기술을 필요로 하지 않는 모델 생산을 놓고 비교한다면 한국 본사 측의 공장보다도 오히려 인도네시아 생산품의 품질이 나을 정도이다.

문제는 임금에 비례하지 못하는 생산성이다. 노동조합 결성을 끝까지 허용하지 않는 A기업은 이를 견지하기 위해 애초부터 높은 임금을 주기 시작했다. 현재 A기업의 임금 수준은 인도네시아의 최저 임금 기준에 비해 상당히 높은 편이어서, 고졸자의 경우 동일 업종이 다른 회사의 2배 수준이다. 업무 내용이 같고 인력의 성격이 같다면 높은 급료를 주는 만큼의 생산성이 그대로 결과로 나타나기는 어렵다. 회사의 시장 진출이 제대로 이루어지지 않아 적자가 쌓여 가면서 초조한 한국인 관리자들이 '빨리빨리' 제대로 하라고 재촉하지만, 이미 필요 이상 높은 임금을 주기 시작한 것을 다시 깎을 수도 없는 노릇이다. 여기에서 A기업 인스트루먼트의 비용 문제는 더욱 심각해진다.

인도네시아인들의 노동 능력에 대한 A기업 인스트루먼트 경영진의 전반적인 평가는 긍정적인 편이지만 자신들의 방침에 의해 높게 매겨진 고임금 등으로 인한 비용 문제는 쉽사리 처리되지 않는다. 반면 한국인 경

영자와 관리들에 대한 인도네시아인 직원들의 생각은 그리 긍정적이지
만은 않다. A기업 인스트루먼트 설립 초기부터 일한 인도네시아 작업반
장은 한국인들에게 받은 가장 강한 인상을 다음과 같이 남겼다. 먼저 한
국인들은 화장실을 안 가고 일한다는 것, 그리고 일을 할 때 너무나 진지
하며, 줄 서고 기다리는 것이 정확해서 규율이 철저하다는 것에 인상을
받았다고 했다.

그렇지만 한국 사람들이 별다른 설명 없이 다가와서 화를 내고 왜 제
대로 하지 않았느냐고 큰 소리로 고함치며 추궁을 하는 것은 가장 어려
운 점이라고 말한다. 3년 이상 경력자이건 초보자이건 공통으로 지적하
는 A기업에서의 어려움은 바로 '한국인에게 야단맞을 때'이다. 인도네시
아 사람들은 자신들을 별도로 불러서 차근차근 설명하는데, 한국인들은
5년 여가 지난 지금도 여전히 그 자리에서 바로 화를 버럭 내고 야단을
쳐댄다는 것이다. 신입 사원들이 고참 직원들에게 주로 의뢰해 오는 가
장 큰 상담거리가 바로 '왜 한국 사람들은 그렇게 자주 신경질을 버럭버
럭 내고 큰소리로 화를 내느냐'고 호소해 오는 것이다. 그러면 고참 직원
들은 "다른 방법이 없다. 한국 사람이 그렇게 화내면 그냥 아무 소리 말고
있어라"고 이야기해 줄 뿐이라 한다. 그들은 또 한국인들의 직설적인 성
격이 한국의 군대문화, 즉 대부분의 남자들이 군대를 갔다 오기 때문이
아닌가 하는 해석을 하고 있기도 했다.

한국 경영진과 상급 관리자의 이러한 관행은 복지 시설 등의 기타 여건
이 갖는 장점을 심각하게 상쇄하는 효과가 있다. 인도네시아 직원들의 이
야기에 따르면 A기업은 바깥에서 보기에는 의료실, 통근 버스, 식당, 체
육 시설, 우체국 등 복지 시설이 완벽하고 만족스러워 보인다고 한다. 그
래서 회사에 들어가기 전에는 상당히 부푼 꿈을 안고 선망의 대상이 되는

곳이라고 한다. 그러나 일단 회사에 들어가서 겪어 본 사람끼리 비교한다면 일본계 회사가 복지 등의 시설은 A기업보다 못하더라도 일은 가르쳐 주고 관리하는 방식이나 기타 여러 면에서 훨씬 기분이 좋고 제대로 대우해 주기 때문에, 솔직히 일본계 회사와 A기업 둘 중 어느 곳을 가겠느냐 하면 일본계 회사로 가겠다는 사람이 대부분이라고 이야기했다.

인도네시아인 중간 관리자들이 호소하는 어려움 중에서는 한국인 직원들이 2~3년에 한 번씩 새로 발령을 받아 오고 또 떠나기 때문에, 그 한국인들에게 새로 적응하는 것이 너무 힘들다는 것이다. 인도네시아인 부하 직원들의 사정을 한국인 상급자들에게 이해시키는 것도 어렵고, 한국인 상급자가 인도네시아 분위기를 좀 파악하고 적응하려고 하면 한국의 그룹 본사에서 이동을 시켜 다시 오니까 처음부터 다시 해야 한다. "A기업은 물론 나름대로 일정한 기업 정책과 방식이 있다고 하지만, 사람이 바뀌면 인도네시아에 대한 지식이 잘 전수되지 않는 것 같다. 이것이 가장 힘든 것 중 하나다"라는 호소였다.

이와는 또 다른 것으로, 한국인들은 "아침에 지시한 것을 저녁에 또 바꾸라고" 하며 급하고 변덕이 너무 심하다는 인식이 강하다. 여러 한국 회사를 겪어 본 인도네시아인 중간 관리자는 이 점에 있어서는 "인도네시아에 들어와 있는 외국 회사 중 한국 회사가 제일 문제를 많이 갖고 있다"고 말한다. 그래서 인도네시아 사람들이 길에서 미친 듯이 질주하는 버스를 보면 "한국 사람 같다"고 이야기한다는 것이다. 그러나 L기업에 근무한 경험이 있는 중간 관리자는 L기업이나 M기업과 같은 회사들이 이제는 인도네시아에서 오랜 경험을 가지고 있고 인도네시아어도 모두 잘하며 적응을 잘하고 있어 그런 회사들은 그와 같은 문제가 없다고 인정한다.

노동조합에 대해서는 직원들로부터 노동조합을 결성하라는 압력이 없지 않았으나, 이제는 '한마음회'를 운영하면서 일시적으로 잠잠하다고 한다. 대신 인도네시아 노동성에서는 연일 "너희들 노동조합 언제 만들거냐?"고 압력이 온다고 설명한다. 인도네시아 중간 관리자들은 "인도네시아 법에 의하면 노동조합은 반드시 있어야 한다. 앞으로 생겨야 할 것이라고 본다"고 말했다. 여러 인도네시아인 중간 관리직 직원들과 면담 말미에 자신이 A기업의 한국인 경영자라면 무엇을 가장 먼저 실행하겠느냐고 물었다. 그랬더니 이구동성으로 "당장 노동조합을 만들겠다"는 것이 첫 번째였다. 둘째로는 "한국인 부임자들을 자꾸 바꾸지 않겠다"고 말한다. 그들이 바라본 전형적인 A기업의 한국인 부임자들은 "나는 이 오지에서 어차피 1~2년 있다가 갈 사람이니까······이것은 나하고 별 상관없다, 내 일이 아니다"라고 생각하며 실제로 그렇게 말한다는 것이다. 그러면서 당장은 인도네시아인 부하들에게 마구 압력을 주면서 밀어붙여 목표량을 달성하도록 하고는 상부에다가 "성공했습니다"하고 보고하여 생색을 낸다. 그렇지만 그것은 그 개인의 일시적 성공이며 회사의 이익에는 크게 기여하는 바가 없다. 인도네시아인 부하들의 불만은 그만큼 심하게 누적되며, 그 누적된 불만은 크게 터질 수 있다고 보는 것이다. "문제가 많다, 앞으로도 정말 큰 문제다"라는 말을 반복하며 인도네시아인 중간 관리자들은 말을 맺었다.

④ 일상적 문화접촉

A기업의 한국인 주재원들은 여러 가지 면에서 현지인들과의 접촉을 최소화하고 있다. 그 가장 큰 요인 중 하나는 물론 인도네시아 언어를 습득하지 못하고 있으며 그럴 노력도 별로 기울이지 않고 있다는 점이지만, 기타 '한국식 생활 양식'을 고집하고 있는 것들이 곳곳에서 드러난다. 음

식 생활에 있어서 한인 직원들의 대부분은 인도네시아식 식당에서 음식을 즐기는 경우가 드물다고 한다. "우리는 한국 음식만 먹는다"는 이야기를 공공연히 한다.

인도네시아인 직원들의 식사 습관에 대해서 한국인 관리자들은 일단 '지저분하다'는 인상을 갖고 있다. "전부 다 손으로 집어먹고, 손에다 기름을 묻힌 채 다시 일한다"는 평가는 단순히 청결 여부를 떠나서라도 전자제품의 조립과 납땜에 지장을 초래하는 것을 지적하게 된다. 그래서 직원 식당에서 숟가락으로 식사하는 것을 장려하여, 이제는 대부분이 숟가락을 사용한다고 한다. 인도네시아인 직원들끼리도 손으로 밥을 먹으면 자기들 사이에서조차 '무식하고 덜 발달된 친구'라는 대접을 받는 경향이 생겼다는 것이다. 이런 형편에서 다른 몇 회사들이 하듯 한국인 경영진과 관리자들이 인도네시아인 직원들의 가정을 방문하여 함께 식사하는 등의 시도는 이루어지지 않고 있다.

한국인 직원들이 집에서 음식을 해먹는 재료도 반드시 자카르타 시내의 한국 식료품점에 가서 구입하는데, 거기에 가면 같은 물건도 한국에서 지불하는 가격의 2배 내지 3배를 내야 한다. 아이들의 교육은 외국인 학교에서 영어로 교육하는 코스에 다니게 하며, 개인 교습과 학원비를 따지면 해외 주재원에게 지급되는 상대적으로 많은 급료가 생활비 대기에도 벅차다고 한다. 그래서 "여기서 돈을 모으는 직원은 미혼이거나 아이가 없는 사람"이라고 한다. 현지 적응과 정착을 위해 반드시 가족을 동반하고 나오는 의무는 A기업에 없다. 가족을 한국에 두고 혼자 파견 나올 경우 고생한다는 의미로 오히려 급료를 더 준다는 것이다.

인도네시아에서 4년째 근무하는 한 부장은 인도네시아 현지에서 더 일하고 싶은 마음이 없고 오로지 본사나 유럽지사 등 다른 곳으로 떠날 마음밖에 없음을 솔직히 고백한다. "가야지요. 여기는 아무 낙도 없어요." 말도 안 통하고, 유일한 낙은 골프 정도라고 하였다. 치안 문제 때문에 마음대로 여기저기 돌아다닐 수도 없으며, 우선 말이 잘 통하지 않고 지리도 모르기 때문에 인도네시아인 친구를 사귀지 못한 것은 당연한 귀결이다.

연구자들이 만나 본 몇 사례가 A기업 인스트루먼트 전자의 한국인 주재원들을 대표하는 것은 아니지만, 그래도 적지 않은 부분의 형편을 설명해 주고 있다. 그것은 특히 현지 언어 습득 정도가 극히 낮을 뿐 아니라, 언어 및 문화적응을 별로 생각하지 않고 '전지구적 차원의 생산 기지 중 하나'로 생각했다가 '현지화'를 다시 시작해야 하는 문제의 심각성을 애써 묵살하려는 분위기에서 더욱 잘 드러난다.

⑤ 언어에서 나타나는 현지화 정도

인도네시아에서 여러 해 동안 근무한 경력을 갖고 있는 A기업 전자의 경영진들도 인도네시아어를 잘 숙지하지 못하고 있을 뿐 아니라, 인도네시아의 지명도 영어식으로 발음하는 경향이 역력했다. 인도네시아 경력 5년의 한국인 인사 부장도 인도네시아 직원들과 대화할 때는 영어를 쓴다. 간부들은 영어를 다 잘하기 때문에 자신들의 의사소통에는 "아무런 문제가 없다"고 말한다. 따라서 그는 고급 간부 이외의 인도네시아 직원들과 직접 대화할 수 있는 언어 수단이 아직 없으며, 그럴 기회도 별로 갖지 못한다.

현지화 노력의 하나로 품질 인증을 받기 위한 ISO 9000 문서를 인도네시아어로 작성하여 제출하였는데, 그것은 인도네시아인 기술자가 만들어 올렸다. 그런데 A기업의 한국인 주재원들은 그렇게 중요한 문서의 내용에 대해 "우리는 보면 이게 무슨 문장인지 하나도 모른다"고 자조적으로 쓴웃음을 짓는다는 사실이 본 연구자에게는 충격적이었다. A기업-인스트루먼트 주재 한국인 직원들의 현지어 숙지 미흡에서 나타나는 문제는 본 연구자들이 회사를 방문할 때 현관에 비치된 방문 환영 게시판의 내용이 전혀 엉뚱한 내용의 영어로 표기되어 있었던 데서도 드러난다. 본 연구진은 방문 전에 연구자들의 이름과 소속을 전해 주었는데, 방문자 환영 게시판에 부착된 방문자 이름은 그 소속과 이름들이 잘못된 형태로 부착되어 있었다. 게시판을 정리한 인도네시아인 부하와의 의사소통 문제가 노출된 셈이다.

A기업은 이런 면에서 현지 적응 훈련 프로그램을 실제로는 활용하지 않고 있다고 판단된다. 예를 들면 현지 적응을 위해 업무 적응 인사예고 기간을 2개월 정도 갖고, 규정상으로는 3개월간 인도네시아 말을 배우며 언어를 어느 정도 숙지하기 전에는 다시 업무를 보지 않게 되어 있지만, 실제로는 그렇지 않은 형편이다. 언어에 대한 지식뿐 아니라 한국인 주재원들은 회사가 있는 자카르타 시내와 이름난 휴양지인 발리 섬 외에는 인도네시아 안에서 여행을 하며 일반인들을 접촉할 기회를 거의 얻지 않은 것으로 나타났다. 4년 이상 현지에서 근무한 한국인 주재원들이 그동안 수마트라 섬에도 한 번 가보지 않았으며, 휴가 기간에는 인도네시아의 다른 곳을 방문하지 않고 가족들과 호주 등지로 여행을 가서 지내고 온다고 한다. 한 마디로 "가본 곳이 없다"는 고백이 나온다.

인도네시아 현지 사정에 대한 책자가 A기업 인력개발센터에서 나온 것이 있지만, 직원들은 "여기 경험에 근거해서 정돈한 현지 적응 문화 매뉴얼 같은 게 없다"고 말한다. 기존의 책자가 그리 큰 도움이 되지 않으며, 또 별로 읽히지도 않는다는 인상이다.

⑥ 불완전한 지역 전문가 제도

언어 습득이 잘되지 않고 있는 것은 지역 전문가 제도를 통해 인도네시아에 파견된 한국인 생산 부장의 경우도 마찬가지이다. 그가 지역 전문가 과정을 거쳐 인도네시아에 온 것은 사실상 정상적인 교육 과정을 제대로 밟지 않은 채 이루어졌다. 1994년 6월 20일에 지역 전문가 과정에 입교한 그는 자신이 영어를 잘하지 못해서 유럽 지역 전문가는 아예 포기하고 대신 일본을 지망하였지만, 일본은 지역 전문가가 이미 4명이나 나가 있고 다른 지원자도 상당히 많아서 자신에게는 차례가 오지 않을 것이라고 생각했다. 그래서 담당부장과 상의한 결과 1지망은 중국, 2지망과 3지망으로 각각 베트남과 태국을 지원했다. 결국 인도네시아 쪽으로 배치되어 교육을 받기 시작하는 1995년 1월에 인도네시아 주재원으로 발령이 났다.

인도네시아 체류를 위한 비자는 노동 비자도 유학생 비자도 아닌 관광 비자를 받아 3개월에 한 번씩 인근 싱가포르 등으로 가서 다시 관광 비자로 들어오는 식으로 할 수밖에 없었다. 대학에 등록하려면 입학 과정이 까다로웠는데, 그렇게 할 준비는 안 되어 있던 셈이다. 지역 전문가 과정 중 자카르타 이외에 가본 곳은 발리 섬 한 곳뿐이다. 1월에 발령이 나자 신변을 정리하기 위해 한국에 다시 입국해서 5월에 주재원으로 임명이 되어 나왔고, 여태까지 인도네시아 체류 경험은 실질적으로 2년여가 되는 셈이다.

현재 A기업인스트루먼트 전자 생산 공장의 유일한 지역 전문가 출신인 생산 부장은 인도네시아 언어를 아직도 제대로 숙지하지 못하고 있었다. 특히 자재 구입 등의 과정에서 인도네시아 현지인들은 항상 한국인 주재원들과의 의사소통 문제에 어려움을 호소한다. "한국인끼리도 의사소통이 어려운 판에" 생산부장이 A라고 이야기하면, 인도네시아 측 파트너들은 전혀 엉뚱하게 B라고 알아듣는 일이 하도 많아, 엉뚱한 문제가 불거지는 사건이 부지기수로 매일 발생하였다. 게다가 국민성, 관습 등이 다 달라서 문제 처리가 안 된다는 인식이 짙게 깔려 있다.

이러한 언어 장벽의 문제는 '인도네시아 사람들은 문제가 많다'는 식의 책임 전가로 이어진다. "이 사람들은 문제를 끝까지 해결하려는 끈기가 없고 책임감이 없다. 또 자존심이 강해서 문제를 해결하기 위해 자기들이 모르는 것을 우리에게 물어보지도 않고 그냥 꿍치고 있다"는 것이다. 인도네시아인 직원들이 한국인 직원들에게서 가장 많이 듣는 단어가 '빨리 빨리' 하라는 채근과 신경질, 고함 등이고 한국인 직원들이 인도네시아인들의 관습이나 가치관, 그리고 언어를 제대로 이해하지 못하는 형편에서 자신들의 문제를 솔직하게 드러내 놓고 상의하기를 기대하는 것 자체가 무리다.

⑦ 대안 모색의 혼돈

A기업 인스트루먼트는 처음 시작 단계에서 인도네시아 시장을 대상으로 하는 현지화에 거의 신경을 쓰지 않았다고 판단된다. 세계화 네트워크의 일환으로 다른 곳의 시장을 지향하는 하나의 생산기지로 준비되었다가, 중간에 A기업 그룹 전체의 전략이 바뀌면서 현지 시장으로 파고 들어가는 방식으로 전환하게 된다. 그러나 이러한 전환의 노력은 그 자체로 미흡하기도 하고, A기업 인스트루먼트 차원에서도 새로운 기획에 힘을 기울여야 하는데 그러한 일들이 제대로 이루어지지 않았기 때문에 아직은 전략 전환에 그리 성공하지 못하고 있는 것으로 나타난다.

우선 인도네시아 시장 진출을 위하여 뛰어난 기능을 부착시킨 고부가 가치 상품 위주로 잡았다는 것은 이미 B기업 테릭스 측에서 초기에 시도했다가 실패한 방법이다. 결국 A기업이 자신들의 기술력을 더 우월한 것으로 여기고 싶었을 수도 있으나, 거기에서 한계는 분명했다. 이에 대한 전략 전환은 아직 부분적으로만 인식되고 있는 듯했다. 예를 들면 VCR 생산과 판매에 있어서 생산물량의 1%만 내수 시장으로 나가고 있고, 그것도 고급 제품에 치중하는 것이 여전했다. TV에 있어서도 대형 고급품으로 일본 TV회사들과 '자존심 대결'을 벌임으로써 시장에 파고들지 못하고 있는 실정이다.

중요한 것 중 하나는 역시 한국인 현지 경영진이 '현지화'에의 집념과 노력, 동기 유발을 하지 못하고 있다는 점이다. 다시 말해 고급 간부의 현지 임용 기간이나 형태가 '한국식'과 'A기업의 고급 기업 이미지'를 강조할 뿐, 인도네시아 현장에 대한 구체적인 애착과 끈질긴 승부 의욕이 잘 보이지 않는다. 우선 현지 언어를 습득하고자 하는 회사 차원의 노력이 보이지 않고, 회사 곳곳에 게시된 표어와 용어들도 대부분 영어로 표기되어 있다. M기업과 L기업을 비롯해 봉제 공장들과 전자 부문 경쟁사인 B기업 테릭스에서도 거의 전부가 인도네시아 언어로 표어나 용어들이 적혀 있는 것과는 대조적이다. 인도네시아 현지어를 숙지하고 있는 한국인 직원의 수도 극히 적으며, 특히 인사관리 책임자와 생산관리 책임자가 여전히 한국어와 영어만을 사용하고 있다. 자카르타 부근의 공장지대 지명도 인도네시아식이 아닌 영어식으로 발음하는 것이 일반적이다.

시장에 있어 현지화로 전환하는 것이 제대로 풀리지 않은 현상은 인력 관리에서도 유사한 문제를 낳고 있는 것으로 보인다. 노동조합을 막기 위해 올려놓은 임금 수준도 채산성의 악화에 기여한다. 경쟁사에 비해 더 높은 임금은 더 나은 생산성으로 이어지지 않으며, 인도네시아 노동자들의 문화와 언어에 대한 상대적인 무관심이 문제 해결에 도움을 주지 못한다. 거기다 더해서 한국에 있는 그룹 본사에 대한 강한 의존은 모든 문제의 뿌리를 이루고 있다. A기업 인스트루먼트의 현지 법인 책임자를 비롯한 경영과 관리 책임자들이 현지 자립 구조를 만드는데 힘겨워하면서 인도네시아에서 승부를 볼 생각보다는 한국의 본사나 유럽 등 소위 선진국의 다른 지사로 이동하기를 기다리는 분위기, 그리고 이를 부추기듯 짧으면 1~2년 만에 이루어지는 잦은 현지 책임자 자리 이동은 현지 적응과 관리에 필요한 지식을 제대로 발휘하기 전에 새로운 적응을 하도록 요구한다. 인도네시아인 직원들 또한 한국인 상급자에 대한 적응의 어려움이 가중되며, 그러한 것들은 나은 복지 시설과 상대적으로 높은 임금 수준에도 불구하고 더 나은 기회를 찾아 일부 고급 기술 인력이 퇴사하는 결과를 낳기도 한다. 무엇보다도 A기업의 '노동조합 불허' 방침은 이미 5년여가 지났지만 표면적이고 일시적인 수긍일 뿐, 인도네시아인 직원들에게 제대로 설득되지 않고 있는 것으로 나타났다.

A기업 인스트루먼트는 현지 회사와의 파트너관계도 청산하려는 단계에 있다. 같은 업종이거나 유사한 대규모의 장치 투자 회사로 현지화에 성공한 경우들인 미원이나 B기업 테릭스 등은 특히 현지 시장에 파고드는 데 있어서 인도네시아의 화교계 기업과 맺은 파트너관계가 결정적인 도움을 주었으며, 그들 모두 어려움에도 불구하고 인도네시아자본의 참여를 긍정적으로 인식, 활용하고 있는 것과 대조적이다. 너무 커다란 재력을 가진 한국의 그룹 본사를 가지고 있다는 것이, 또 자신의 '고급 이미지'를 고집하는 것이 A기업 인스트루먼트에서는 무거운 덫으로 작용하는 것이 아닐까?

3. 기업의 해외 진출 전략과 문화적 적응 노력의 관계

이상 여러 기업 사례가 보여주는 인력 관리 요소에서 우리는 먼저 공통적으로 나타나는 각자의 서로에 대한 인지 방식을 간략히 정돈해 보기로 하자. 그러한 문화적 차이에 대한 인식과 대응 방식이 기업의 현지화 성공에서 차지하는 비중과 의미는 무엇인지를 살피며, 그것들이 각 기업의 산업 구조 내 업종의 특성, 각 기업이 가지고 있는 기업문화나 현지 전략에서 나타나는 특성, 규모와 진출 시간의 차이에 따른 특성들은 혹 있는지, 있다면 어떻게 이해해야 할 것인지를 점검하는 것으로 대미를 정리하기로 한다.

1) 인도네시아인들과 한국계 기업 관리자의 상대방 특성 인지
(1) 성급함과 느리고 성실함

인도네시아인들이 갖게 되는 한국계 기업에 대한 이미지, 또는 그를 통해 만난 한국문화에 대한 인지의 내용은 어떠한가? 기업 진출의 연원이나 업종의 성격, 기업문화의 차이에 불문하고 인도네시아인 직원들이 이야기하는 한국기업문화의 공통되면서도 가장 '인상 깊은' 특징은 안하무인이고 성급하다는 점이다. 회사를 막론하고 인도네시아인들이 가장 많이 듣는 말은 '빨리빨리' 하라는 이야기로 나타난다. 내용이 충실하고 부실한 것보다는 짧은 시간에 빨리 무엇을 해내는 것, 또는 하는 시늉을 하는 것을 모두가 요구해 온 것으로 보인다.

이에 반해 한국인 관리자들은 인도네시아 노동자들이 답답하고 느려서 속이 상할 때가 많음을 이야기하면서도 결국은 거의 모두가 인도네시아인들이 느긋하지만 '성실'하고, 딴짓하지 않으며 '시키는 대로만 한다'는 데 동의하고 있다.

(2) 직설적인 고함과 은밀한 움직임

인도네시아인 직원들이 한국계 회사에서 치르는 가장 큰 곤욕이라고 지적하는 것은 한국인 상급자가 여러 사람이 보는 앞에서 자신에게 고래고래 고함을 지르면서 화를 내는 일이다. 그것은 간단한 곤욕이 아니라 인도네시아문화의 맥락에서 보면 '모욕'에 해당한다. 그러한 고함과 욕설에는 으레 머리를 쥐어박는다든가 하는 간단한 체벌이 가해질 수 있다는 점도 어렵지 않게 짐작할 수 있다. 이런 것은 한국의 기업문화, 특히 생산직이 많은 공장문화에서는 '당연한' 것처럼 여겨져 왔지만, 인도네시아인들에게는 '끔찍하고', '이해가 가지 않으며', '명예와 자존심을 밟는' 행동으로 인식되었다.

인도네시아인들의 기질을 잘 알고 있는 경험 많은 한국인 관리자와 경영자들은 이러한 점을 시정하기 위해 노심초사한다. 그렇지만 그것이 쉽지 않기에 "인도네시아인들이 문제가 아니라 한국인 관리자들이 문제다"라고 지적한다. 인도네시아인들은 자신들끼리 관리를 하고 문제를 해결할 때 한 사람씩 개별적으로 불러서 알아들을 때까지 타이르는 '토론의 문화'를 한국의 기업, 특히 생산직 현장보다는 훨씬 잘 갖추고 있는 것으로 보인다. 한국인들의 직설적인 고함에 당장은 수그리는 것 같지만 속으로는 저항과 반감을 조용히 쌓아두고 있다가 일시에 집단으로 폭발시킬 기회를 찾는 것으로 보인다. 이러한 점은 업종과 관계없이, 규모와 관계없이 일치하여 나타나는 것들로서, 임금 자체가 생산비에서 비교적 큰 비중을 차지하는 봉제업에서와 마찬가지로 임금이 큰 비중으로 되지 않는 장치 산업들에서도 불량품 생산과 각종 '대형 사고'의 원인이 되는 경우가 있는 것으로 나타났다.

(3) 외화 내빈과 실용주의

기업이 내외에 비치는 자신의 이미지를 중시하는 것은 대단히 중요하다. 그런데 그것이 무엇을 통해 만드는 이미지인가 하는 질문이 인도네시아 현지 기업의 사례에는 다시 제기될 만하다. 봉제 산업인 E기업의 경우 회사 내에 바이어를 위한 전시장을 고급화된 이미지로 새로 꾸밈으로써 바이어를 위한 전시장을 완전히 고급화된 이미지로 새로 꾸밈으로써 바이어들에 대한 메시지와 함께 회사 내부의 직원들이 주인의식을 갖고 작업 분위기를 일신하도록 교육하는 데 큰 효과를 거두었다. 반면 A기업 인스트루먼트는 번듯한 건물과 깔끔하고 화려한 복지 시설들을 차려 놓고 기숙사보다 비용이 더 들어가는 통근 버스를 제공하지만 그것을 사원들의 '주인 의식'으로 발전시키기보다는 오히려 한국인 고급 관리자와 경영자 스스로가 인도네시아 현지에 대한 깊은 애착을 갖지 못하는 '겉도는 분위기' 속에 진행됨으로써, 인도네시아인 직원들에 따르면 그리 큰 실효를 거두지 못하고 있는 것으로 나타났다.

외화 내빈과 실용주의 사이의 차이에서 실용주의를 선택하는 것은 L기업과 M기업 등 자원 개발 중심의 오랜 경험을 가진 회사들에서 쉽게 나타나며, 특히 테릭스라고 하는 인도네시아 굴지의 회사와 적극적으로 합작하고 있는 B기업의 경영 책임자에게는 중요한 신조의 하나로 자리 잡고 있음으로써 대조를 보인다. L기업과 B기업의 실용주의는 특히 짜임새 없음과 연결되는 것이 아니라 인도네시아 현지에 적합한 정도의 외부 꾸미기에 인도네시아 사회 분위기가 갖고 있는 외국계 자본에 대한 질시와 공격성을 파괴하는 기술의 하나로도 채택되고 있다. 그것은 현지 시장, 즉 현지 주민 생활의 호흡에 얼마나 깊이 뛰어들고자 하는 것과도 관련성을 보인다.

봉제 회사인 F기업 인도네시아의 '인도네시아식 실용주의'는 '한국식 외형 업적주의'와 또 다른 의미에서 대조를 보이는 성공 사례다. 한국의 기업문화에서 '잔업과 철야'를 좋아하고 '토요일도 일하는' 식으로 '작업 시간을 양적으로 늘리며 성취감을 느끼고 싶어하는 방식이 오히려 커다란 비용 증가 요인임을 간파한 경영자가, 인도네시아인들의 성격과 성향을 적극적으로 파악하면서 오히려 작업 시간을 줄이고 임금을 올려 주면서 생산성을 대폭 향상시키고 불량률을 감소시킨 사례이다. 이 경영자가 한국의 본사에 대해 '잔업도 토요근무도 없애겠다'고 했을 때 절대로 허가를 않으려 했던 한국 측 본사를 설득하는 데 애를 먹었다는 이야기는 활동과 업적 지향에 있어서도 '실질적인 이익'은 자기 방식의 고집, 또는 자기가 우월하다고 보는 방식의 고집으로는 이루어지지 않는다는 점을 다시 드러낸 셈이다.

2) 업종 성격과 규모, 기업 전략, 그리고 기업문화에 따른 적응 양상
(1) 업종과 성격, 규모에 따른 차이

인도네시아에 한국계 기업이 진출한 동기는 각 시기에 따라서 여러 가지 형태를 보인다. 그중에서 현지 사회와의 문화적 충격 또는 문화적 적응 문제가 가장 두드러지는 것은 우선 많은 현지 인력과 상호작용을 하는 노동집약적 산업, 즉 신발과 봉제 산업 등이라고 추측할 수도 있을 것이다. 그러나 그것은 그렇게 쉽사리 단순화할 수도 없다.

먼저, 신발과 봉제 산업 등 노동 집약적 산업들은 한국에서 빠른 속도로 상승한 인건비를 절감하기 위해 1980년대 후반부터 본격적으로 인도네시아를 비롯한 동남아시아에 진출했다. 이들 대부분이 인력 고용에 있어서는 인도네시아 사회에 대한 의존도가 높았지만 시장 개척이라는 점에서는 그 회사의 생산품들이 인도네시아 사회를 지향한 것이 거의 없었으므로 그에 관한 인도네시아에서의 현지화 노력이 기울여지지 않았다. 다시 말하자면 다수의 노동 집약 산업 관련 기업들은 상대적으로 낮은 임금이라는 이점을 노려 인도네시아에 진출하였고, 인도네시아 노동자들은 낮은 임금에 비숙련 노동을 하는 인력으로서 그 절대적인 우위나 가치가 따로 인정되지 않았다. 인도네시아 내부의 임금이 몇 년에 걸쳐 계속 인상되자 현지 시장 진출 의도도 없었고, 인도네시아의 노동력이 갖는 '특수성' 요소도 별로 평가하지 않던 대부분의 한국계 노동 집약 산업체들은 얼마 지나지 않아서 많은 문제를 안은 채 인도네시아를 떠나게 되었다.

이 점에 있어서 우리가 본 E기업과 F기업, 그리고 D기업 인도네시아는 오히려 예외적인 기업들이다. 세 회사 모두 인도네시아의 노동문화에 적응하고자 하는 노력을 기울인 결과 상승하는 임금에도 불구하고 높은 생산성을 달성함으로써 다른 곳에 대한 비교 우위를 유지하면서 성공할 수 있었다. 세 회사 모두 비교적 안정적이고 전문적인 상품 시장^{바이어}을 계속 확보하고 있었으며, 인도네시아 노동력의 성실성을 이점으로 활용하는 데 '현지문화적응과 응용'을 적극적인 노력을 통해 이룩하고 있다.

노동 의존도가 높고 생산비에 대한 임금의 비중이 높은 업종은 개발도상국으로 옮겨가더라도 그곳의 임금이 다시 빠른 속도로 상승할 경우 사회문화적 적응 여부를 논하기 전에 입지가 불리해져 도태할 수밖에 없다는 일반 이론은 타당성이 있다. 현지와 밀착해야 하는 다른 중대한 요소의 작용 — 예컨대 현지 시장 진출 등 — 없이 저렴한 임금에 의존하여 진출하기 때문이다. 위의 세 회사도 인도네시아의 임금 상승에 따라 어쩌면 인도네시아를 떠나야 하는 흐름 속에서 단지 일시적으로 적응에 성공한 정도로 생각해야 할지도 모른다. 그럼에도 불구하고 이 회사들이 인도네시아 노동력의 잠재성을 개발하여 '생산성'을 높이기 위해서 문화적 현지화에 각별히 노력했다는 사실만큼은 충분히 평가받아야 할 것이다. 왜냐하면 그들은 인도네시아의 '독특한 노동문화 관습' 즉 성실성과 느긋함을 적극적으로 '활용'하여 낮은 불량률과 높은 생산성을 '개발'하였기 때문이다.

노동 집약적 산업과는 달리 인도네시아의 풍부한 자연 자원을 개발하기 위해 현지에 진출한 회사들은 비록 그들이 인력 관리와 문화적 적응에 많은 시행착오와 어려움을 겪었다 할지라도 그리 쉽게 포기할 수 없다. 값싼 노동력도 그들의 해외 진출에 긍정적인 요소가 되었을지 모르지만, 한국의 임금이 저렴했던 1960년대부터 진출한 그들에게는 임금보다도 '자원'이 중요한 진출 동기였다. 그 자원의 개발 가능성과 이익 생산 가능성이 크게 존속하는 한 기업은 '현지 적응의 노력'을 계속하게 된다. 그것이 L기업과 M기업의 사례다.

이 두 기업은 다른 어떤 업종 못지않게 한국기업문화의 일반적인 양상으로 인도네시아인들에게 인지되었던 성급함과 직설적인 언어 관행, 특히 고학력 교육을 받지 못한 한국인 중간 관리자의 권위주의적 관행과 인격 모독 등의 요소로 곤욕을 치렀음에도 불구하고 인도네시아 사회에 대한 적응의 노력을 지속적으로 전개했다. 언어 습득, 문화적응, 기업 운영 방식의 현지화, 그리고 자원 개발에서 나아가 현지 시장을 목표로 하는 다양한 종류의 제조업과 유통으로 확장하기까지 노력이 계속되었다. 그에 따라 인도네시아는 이 회사들에 있어 '자원기지'뿐만이 아니라 값싼 임금을 제공하는 '생산기지'이자 '상품시장'으로서의 의미를 늘려 가기 시작하였다. 이 회사들의 현지 밀착성은 그에 발맞추어 더욱 높아지고, 그들의 현지 적응은 성패 여부를 넘어 더 이상 '한국기업'이라기보다는 명실공히 '인도네시아 기업'으로 뿌리를 내리는 단계에 이르렀다. 이두 기업의 한국인 관리자와 경영진 중 인도네시아에서 활동한 기한이 10여 년을 넘는 사람들을 쉽게 찾아볼 수 있다는 점도 이들의 승부처가 바로 처음부터 '인도네시아'였다는 사실을 확인할 수 있는 단서이다.

(2) 기업 전략과 기업문화에 따른 차이

전자 제품 조립 생산 공장을 건설한 B기업과 A기업의 경우는 이와 또다른 경향을 보인다. 전자 제품 생산은 목재 개발과는 달리 어느 특별한 자원의 생산지와 가까워야 할 필요성이 그리 크게 부각되지 않는다. 장치 투자에 의존하는 것 못지않게 어느 정도 숙련된 노동력에 대한 의존도 중요한 전자 산업은 기본적인 수준 이상의 교육을 받는 노동력이 많이 제공되는 곳에서 성장할 수 있으며, 여기에 일부 고급 인력이 함께 제공된다면 더 좋다. 그리고 그 입지는 도한 시장에 가까울수록 좋다. 판매 이후의 서비스가 나름대로 중요한 몫을 차지하기 때문이다.

B기업이 여러 가지 시행착오를 통해 적지 않은 비용을 치르면서도 거기에 계속 매달리면서 현지 적응의 노력을 기울이게 된 데에는 우선 기업 전략 차원에서 인도네시아를 단순한 생산 기지가 아닌 최종 상품의 시장으로 설정했기 때문이다. 물론 시장 개척이 초기에 난관에 봉착하면서 철수를 고려했을지도 모르지만, 여하튼 단순한 생산 기지 개념이 아닌 현지 시장 개척이라는 기본 방향은 현지 파트너와의 합작에서부터 현지 시장 성격에 대한 파악, 기타 부문에 있어 현지 밀착 노력에 큰 영향을 미친 것이 사실이다. 현지 밀착성이 커지면서 B기업 테릭스의 인도네시아 밀착성은 더욱 높아졌고, 현재 인도네시아의 B기업 현지 법인은 그 자본

관리와 모델 개발, 생산, 시장 개척 및 확장에 걸친 전 부문에 있어서 한국의 B기업 그룹 본사와는 거의 완전히 별도로 의사 결정을 내리고 행동하는 형태로 발전하였다. 이 점에 있어서 B기업은 멀리는 L기업과 M기업이 유형을 따르면서, 보다 가까이는 미원의 현지화 유형을 따르고 있다고 할 수 있을 것이다.

이에 비해 A기업은 인도네시아 진출 초기에 인도네시아 공장의 위상을 그룹 전체의 글로벌 전략 중 한 부분이 세계 각 곳을 글로벌한 생산 기지 분산의 일환으로 설정된 것으로 나타난다. 즉 A기업의 인도네시아 현지 공장은 애초에 인도네시아 시장을 지향한 것이라기보다는 세계 여러 지역의 시장들, 그중에서도 아마 동남아시아 전역의 시장을 대상으로 생산을 해내는 생산 기지로 건설되었다. 생산에 필요한 부품의 상당수는 베트남이나 말레이시아 등 인근 국가에 진출해 있는 A기업 계열 회사에 의존하고, 자본의 조달과 판매망 개척, 모델 개발 등 전반적인 경영 방침은 한국의 그룹 본사에 의존하는 정도가 강하다. 즉, 인도네시아에 진출한 B기업이 원심력 지향적이라면 인도네시아의 A기업은 구심력 지향적이어서 항상 모든 일에 한국의 그룹 본사를 바라보고 있었다.

A기업전자 인도네시아 법인의 이 같은 성격은 '현지화'의 측면에서는 현지에 대한 밀착도를 현저하게 낮추는 결과를 낳았다고도 볼 수 있다. 이것은 업종에서는 전혀 다르지만 현지와의 관계 필요성과 현지화 동기 설정에 있어 봉제나 신발 업종과 같은 노동 집약적 산업과 유사한 현지 적응 방식을 낳는다. 즉, 굳이 인도네시아 사회와 문화의 특수한 상황에 적응하고자 하는 동기가 매우 약한 모습으로 시작되었다. 그에 비해 'A기업 방식의' 기업문화, 다르게 말하면 한국의 한 기업 방식이라 할 수 있는 관리 패턴을 인도네시아 현지에서도 고집해 왔다. '노동조합 절대 불허'

라던가 그것을 보상하기 위해 상대적으로 높은 임금 및 복지 수준, 그리고 '고급 제품을 만드는 고급회사 이미지'를 위해 인도네시아 현지 시장 사정은 별로 감안하지 않은 점 등이 나타난다.

자본 투자 면에서도 B기업이 테릭스라고 하는 현지 법인과 합작투자를 시작하였으며, 외국 자본 투자에 대한 규제가 완화된 이후에도 오히려 현지인들의 자본 비율을 더 늘려서 '인도네시아 기업'화하는 것을 전혀 문제 삼지 않을 기세인 것에 비해, A기업 전자는 처음부터 인도네시아 법인과의 합작을 탐탁하지 않게 여기다가 외국 자본 투자 규제가 풀리자 곧 100% A기업의 독점 출자로 바꾸려는 준비가 A기업 전자의 '구심성' 및 그룹 본사 의존성, 그리고 '자기 이미지 고집'의 특성들을 반영한다.

이러한 A기업의 자기 독자성 고집은 그룹 전체의 전략에 변화가 일어났다. 인도네시아 법인은 이제 인도네시아 시장에서의 판매를 통해 수익을 올려야 한다는 방식으로 이행되는 과정에서 적지 않은 혼란을 보여주는 결과를 낳는 것으로 보인다. B기업의 현지 법인장이 독립성을 전제로 경영하며 활동하는 것에 비해 A기업의 현지 법인장은 그룹 본사의 결정과 도움에 대부분을 의존한다. B기업 테릭스의 인도네시아 법인 경영진은 앞으로도 인도네시아 현지를 자신들의 승부처로 보는가 하면, A기업의 현지 경영진은 인도네시아라고 하는 한 특수한 사회의 환경과 문화에 자신들이 적극적으로 적응하려는 미래의 청사진을 키우기보다는 지구촌 내의 '또 다른 곳'으로 이동하기를 기다리고 있다. A기업 전자가 현재 '현지 시장 지향'으로 전화하며, 드디어 'A기업 고유'의 '고급 모델'뿐 아니라 현지에 파고드는 독자적인 모델 개발에도 노력을 시작해야 한다는 점을 언급하기 시작하고 있지만, 이는 A기업이라고 하는 기업의 엘리트주의와 구심력이 강한 기업문화가 과감한 원심력에 바탕을 둔 독립적인 현지

적응에 장애가 되는 것은 아닌지를 돌아보게 한다.

　다른 사례이기는 하지만 봉제 산업이 E기업은 애초에 A기업 계열회사로 출발했다가 A기업이 인건비 상승 등을 감안하여 인도네시아 현지에서는 더 이상 승산이 없다고 판단하고 철수하는 것을 인수하여 거꾸로 성공시킨 사례이다. 글로벌한 차원의 조정과 교통정리를 여전히 그룹 본사가 강한 구심력을 끌어안은 채 실행하고 있는 곳에서는 상대적으로 오히려 어느 정도 지속적인 원심력을 필요로 하는 현지 적응에 대해 쉽사리 포기하는 경향이 늘어날 수 있다. 그런 연유로 업종의 성격이 다름에도 불구하고 현지를 단순 '생산 기지'로 설정했다는 공통점에서 A기업의 봉제 산업과 A기업 전자는 유사한 적응 행태를 보여준 셈이다.

　나아가, 만약 인도네시아 사회의 전반적인 구매력 상승이 전자 제품에 대한 구매 잠재력뿐 아니라 고급 의류품에 대한 수요를 증가시킬 수 있다면 E기업은 인도네시아 시장 진출도 엿볼 수 있을 것이다. 실제로 현재 E기업의 경영진은 백화점 매장을 중심으로 하는 인도네시아의 고급 의류 유통업에도 진출하고자 하는 장기적인 기회를 엿보고 있음을 밝히기도 했다.

3) 기업의 현지화, 그리고 현지화 성공을 결정짓는 요소들

　이렇게 장·단기적인 차원에서의 역동적인 흐름을 각 사례와 연결해 본다면 우리는 어느 한 기업이 어느 외국 현지에서 적응에 '성공했다' 또는 '실패했다'고 단순히 이야기할 수 없으며, 더군다나 어느 한 요소가 그러한 성공과 실패에 항상 결정적인 요인으로 작용하는 것을 전제로 '현지화에 성공하려면 인력 관리에서의 문화적응을 이렇게 저렇게 해야 한다'고 일방적으로 말할 수는 없다.

실제로 따져 봄직한 것은 우선 한 기업이 어느 특정한 사회에 진출하려는 동기를 규명하는 것, 그리고 그 동기가 유효한 한도 내에서 적응 노력이 벌어지는 것을 따져보는 것이다. 위에서 이야기한 바를 간략히 정리하자면 〈표 5-4〉와 같다.

기업의 진출 동기는 그 기업이 산업 구조상에서 차지하는 위치와 성격에 따라 해외 현지와 맺는 관계를 달리하게 만든다. 여기서 기업의 진출 동기는 모든 것을 결정하는 것은 아니며, 다만 기본적인 기업의 적응 자세를 좌우할 뿐이다. 그러나 그것이 '기본적인 방향'을 좌우하는 것은 사실이다. 이러저러한 진출 동기를 가진 기업은 그 동기를 충족시키기 위해 전략을 세운다. 이 전략이 동기에 부합되는 적합한 것일 경우 그것은 곧 진출 기업의 적응 방식에 결정적인 영향을 미친다. 그런데 진출 기업

〈표 5-4〉 기업의 해외 진출 동기 · 전략 및 문화적응 방식과 그 결과

	해외 진출 동기	진출 기업의 전략	진출 기업의 문화와 적응 방식	결과
(가)	단순 생산지 (낮은 임금)	저임금 유지 해외 시장 유지	현지 문화적응 노력 적음 생산비 상승 감당 포기	임금 상승시 철수 (생산지 이동)
(나)	단순 생산지 (낮은 임금+우수 노동력)	저임금 유지 해외 시장 유지 생산성 향상	현지 문화적응 노력 큼 생산비 상승 단기 감당 · 노동자 교육	현지 적응 당분간 성공, 임금 장기 상승시 철수 가능
(다)	자원(원목 등) +생산 기지 +현지 시장	자원 개발+현지 가공 +현지 또는 해외 시장 개척 · 유지	장기밀착 적응 노력 지속 기업 모체가 현지에 있음	현지 적응 계속 또는 현지 반영구 정착
(라)	현지 시장 진출 +생산지	현지 시장 개척 +현지 생산 · 가공	현지 시장밀착 +생산비 일부 상승 감당 현지 문화적응 노력 큼, 현지 독립성 높음	현지 적응 계속, 지역권 거점으로 발전
(마)	생산 기지 +현지 시장 진출 (뒤늦은 목표 수정)	생산비 절감	현지 문화적응 노력 미흡 자기 문화·자기 이미지 주장, 그룹 본사 의존도 높음	현지 적응에 현재 실패 중

의 적응 방식에는 그 기업이 이전부터 가져온 기업 나름의 문화라는 것
이 형성되어 있을 수도 있다. 그것은 다시 새로운 변수가 되어 전 과정에
영향을 미치게 된다. 이것이 다시 현지문화에 대한 적응이 기업 과정에서
차지하는 비중을 좌우하며, 그 노력의 정도에 영향을 준다. 그리고 그로
부터 기업의 현지 적응에 대한 결과가 나온다.

애초부터 현지 시장 개척이나 현지의 독특한 요소에 대한 밀착을 지향
하지 않은 기업은 인도네시아 현지를 떠난다고 해도 굳이 그것을 '현지
화 실패'라 부르지 않아도 된다. 하나의 동기를 추구하다가 그 동기 유발
요인이 없어졌기 때문에 이동한 것일 뿐이다. 실제로 중요한 실패는 기업
이 노렸던 현지 적응 방식에서 비롯되는 잘못으로 인해 제대로 달성하지
못하는 것이다.

먼저 인도네시아 진출 동기가 인도네시아 사회 자체의 고유한 특성과
깊은 관련을 맺지 않고 있는 유동적인 변수인 경우, 예를 들면 상대적으
로 저렴한 임금 하나인 경우, 전출 기업의 전략은 다른 것에 신경 쓸 것
없이 최대한 낮은 임금으로 일정한 품질의 생산물을 얻어 다른 곳에 파
는 것이다. 그런 기업은 대부분이 인도네시아 현지 사회의 문화에 적응하
고자 하는 노력이 없다. 어차피 단기적인 생산비 차액을 노릴 뿐이므로,
생산비가 오르면 곧바로 생산지를 이동하기 때문이다.

그렇지만 저렴한 임금에 더불어 노동력의 특성에 주목할 경우는 인도
네시아의 독특한 노동력 성격에도 주목한 셈이며, 이것이 임금이 부분적
으로 상승하는 경우에도 노동력 교육과 계발을 통한 생산성 향상의 노력
과 함께 현지 밀착을 위한 문화적응 노력으로 이어질 경우 그 기업은 현
지에 뿌리를 내리는 것으로 나타난다.

현지 인력에 대한 교육과 현지 사회 및 문화에 대한 적응 노력은 이러

한 제 변수들의 배치 상황에 따라 별로 의미가 없는 요소가 될 수도 있고, 경우에 따라서는 국면을 전환시키는 결정적인 변수로 작용할 수도 있다. 이 같은 조합의 형태에 의해 현지문화에 대한 적응 노력이 기업의 현지화 '성공'을 이끌어 내는 데 있어 갖는 비중이 달라진다. 그리고, 특히 인도네시아 사회가 보여주는 특성에 주목하여 그에 밀접한 관련을 맺는 기업의 진출 동기가 설정되고 그만큼 적극적인 기업의 현지화 전략이 설정된다면, 산업 구조에 따른 업종의 성격과 관련 없이, 현지문화의 이해와 그것에 대한 적응의 다각적인 노력은 실제로 성패를 가름하는 결정적인 비중을 갖기 시작한다. 이것이 바로 기업의 '현지문화적응 노력'이 갖는 상대적인 위치이며, 그것의 성공과 실패가 전체적인 틀 안에서 작용하는 모습을 우리는 간략하게나마 위의 사례들에서 관찰할 수 있었던 셈이다.

A COMMITMENT TO HUMAN RIGHTS

Reebok's devotion to human rights worldwide is a hallmark of our corporate culture. As a corporation in an ever-more global economy we will not be indifferent to the standards of our business partners around the world. We believe that the incorporation of internationally recognized human rights standards into our business practice improves worker morale and results in a higher quality working environment and higher quality products.

Reebok

멕시코의 마낄라도라 공장에 공개적으로 걸려있는
Reebok 최다의 '인권 조항'

제6장

멕시코에 진출한 한국계 마낄라도라
'빨리빨리'와 '마냐나'의 상극相剋 궁합宮合

1. 서문

기업의 해외 활동은 필연적으로 문화충돌의 현장을 생산하게 마련이다. 기업이란 경영이라는 과정을 피할 수 없는 조직이고, 경영이라는 과정에는 사람의 사고방식과 행동이 포함되고, 따라서 경영은 문화의 문제를 피할 수 없는 과정이다. 특히 문화적 전통의 배경이 다른 지역에서 기업의 활동을 하는 기업가와 그 조직은 필연적으로 타문화에 대한 인식을 전제로 하지 않으면, 기업 활동이 불가능한 지경에 이른다는 연구 결과들은 엄청나게 많이 생산되어 있다. 즉 문화차이의 관리文化差異의 管理, managing cultural differences라는 화두가 국제경영이라는 장에서 경영의 중심에 자리를 잡는 것은 당연한 귀결이라고 생각된다.

해외의 현장에서 기업을 직접 진두지휘하는 책임자와 관리자들은 항상 문화충돌의 현장에 있다는 인식이 전제되지 않으면 기업의 활동은 방향감각을 잃을 가능성이 커지고, 그에 준하는 기업의 이윤추구라는 것도 애매모호해질 수밖에 없다고 생각된다. 따라서 해외기업체와 책임자 하나하나가 구슬인 셈이며, 그 경험들이 하나하나의 구슬이기도 하다. '구슬이 서 말이라도 꿰어야 보배다.' 실로 이 구슬들을 꿰는 작업이 중요한데, 본 연구가 바로 구슬들을 꿰어 실체가 분명한 목걸이나 팔지 등의 보배를 만드는 작업으로서의 기능을 할 수 있다고 주장하고 싶다.

이러한 과정은 현지화라는 하나의 단어로 추상화될 수 있는 문제이고, 그 구체적인 과정은 예를 들면, 지사가 나가고, 다음에는 판매법인, 다음에는 공장, 다음에는 서비스, 그리고 마지막으로 R&D까지 나가서 점점 더 일체형의 기업이 해외로 자리를 굳혀가는 전 과정을 현지화라고 말할 수 있다. 이러한 과정들을 생각할 때, 현지화를 고용인원의 머릿수나 세고 비용으로만 생각하는 것은 한계가 있을 수밖에 없다. "경영은 사람을 통하여 작업을 하는 것이다."Webber (1969), 10 미국 고객과 멕시코 노동자와 한국 경영자가 만나는 문화적 문제의 결합상이 현지화 경영의 현장이다. 따라서 국제경영과 현지화의 맥락은 필연적으로 문화라는 문제를 전제하게 된다. 문화는 물리적 인프라와 사회적 인프라를 모두 구성한다. 사회적 인프라에는 예를 들면 법적 절차 등이 포함될 수 있다. 예상 문제가 발생하면, 사후수습은 비교적 간단하다. 그러나 예상하지 못했던 문제가 벌어지게 되면, 타격은 커질 수밖에 없다. 기업 현지화를 논하는 차원의 기본적인 문제의식으로 삼아야할 부분이다.

멕시코의 주요 공단도시는 바하깔리포르니아주의 띠후아나부터 국경지대의 마낄라도라 지대와 누에보레온Nuevo Leon주의 몬떼레이 도시가 공업화 지역이다. 중남부 지역에서는 주로 아구아스깔리엔떼스Aguascalientes, 께레따로Queretaro, 베라끄루스Veracruz주 정도가 공업화를 위해 주 정부가 의욕을 갖고 장기적 계획을 추진하고 있는 곳이다. 미국과의 국경에서 멀어질수록 공업화의 수준이 낮다는 점은 멕시코의 경제는 미국의 입맛에 맞추어서 진행되는 것이라는 결론이 가능하다.

멕시코와 미국 사이의 국경 벨트는 샌디애고-띠후아나, 칼멕스-메히깔리, 유마-산루이스, 엘파소-후아레스, 멕알렌-레이노바, 브라운스빌-마따모로스로 이어지는 '쌍둥이 도시화'Sklair(1988), 25; 이전 · 백종국(1997), 165를 조성하였고, 기업들도 미국 측은 물자와 부품 그리고 기술을 제공하고, 멕시코측은 값싼 노동력을 제공함으로서 동아시아의 경쟁자들로부터 미국의 제조업을 보호하겠다는 의도로 쌍둥이 공장을 구성하고 있다.Sklair(1988), 48 쌍둥이 공장을 운영하는 기본적인 관념은 생산공유나 상품연쇄와 같은 이론의 지지를 받고 있다. '상품연쇄commodity chain란 완성된 상품을 겨냥한 노동과 생산의 연망'Hopkins & Wallerstein으로 정의되고, 이 개념은 연쇄의 연결고리가 국제화되고 특수한 연결고리가 지역적으로 이전되는 점에 주의를 한다면 유용한 분석도구로 사용할 수 있다.Kenney & Florida(1994), 28 따라서 쌍둥이 공장의 모습으로 생산공유의 관념을 실천하고 있는 마낄라 산업에 대해서 도밍구에즈 낀따나Dominguez Qintana, 1987는 '또 다른 형태의 양키 제국주의'라고 이름하고 있다.Sklair(1988), 228

'마낄라'란 멕시코 농부들이 옥수수를 갈기 위하여 방앗간으로 가져갈 때, 그 수고비로 내는 옥수수 가루의 양을 재는 단위를 말한다. 마낄라 산업의 경우, 미국의 다국적 기업들은 옥수수즉 제품을 만들기 위한 재료들를 제공하는 농부인 셈이고, 멕시코는 그 수고비즉 임금과 생산비를 챙기는 방앗간 주인이라고 볼 수 있다.김명혜(1998), 90fn(6) 마낄라의 원래 의미는 방앗간 주인이 먹는 밀가루의 부분Sklair(1988), 10으로 이해되기도 한다. 따라서 노동자들은 끊임없이 마모당하는 방앗간의 절구공이를 포함하는 기계들이고, 기계는 쉴 사이 없이 공급되는 에너지와 가끔씩 원활하게 돌아갈 수 있도록 하는 윤활유를 공급받는다. 새로운 국제질서의 분업체제 하에서 멕시코의 노동자들은 전형적인 기계 부품화된 모습으로 남는다.

현재 진행형인 마낄라 산업에서 마낄라의 의미는 임가공으로 해석되기도 한다. 일종의 보세가공과 같은 것이다. 패턴과 자재를 바이어가 보내준다. 미국 관세법에 따라서 마낄라가 생산하고 있는 생산품들은 807과 806의 두 조항에 적용된다. 807은 이미 재단이 된 자재가 마낄라에게 송달되어서 마낄라가 바느질을 주로 하는 것이고, 806은 마낄라가 재단부터 시작하는 것이다.Sklair(1988), 9 어떤 경우에는 한 가족이 기계 한 대를 구비하고 가족원들이 그들이 받아온 바느질 조각일maquila, piecework을 한다. 또 다른 경우에는 여러 가족들이 여러 대의 기계를 구비하고 바느질일을 할 노동자들을 고용하기도 한다. 후자와 같은 작업장들은 상업적 활동이 상당한 정도로 증가하고 있음을 보이기도 한다. (…중략…) 그래서 어떤 경우는 조각일을 여러 가구들에게 분배하여 주고 제품을 회수하여 중간상인에게 팔거나 시장에 내다 파는 경우도 있다. 또 다른 경우는 의류 제품에 사용되는 부품들 중에서 특화된 상점을 개업하는 수도 있다.Rothstein(1996), 367

멕시코에서도 백색가전이 3사로 나뉘어 있다. 최대 메이커인 Mabe는 미국의 GE와 제휴하고 있으며, GE의 라인을 모두 이곳으로 옮긴 것이다. 두 번째로 큰 것이 VITRO, 이것은 월풀과 제휴하였다. 미국의 가전업이 멕시코로 마낄라화하고 있는 셈이다. 마낄라라는 것은 기본적으로 미국과의 관계에서 발생할 수밖에 없는 기업의 경영 형태다. 이러한 조건에 적응하려는 한국의 기업들은 미국을 우회한 간접투자의 형식으로 멕시코에 기업과 공장을 지었다. 미국에 한국의 현지법인을 설립하고, 그 미국의 현지법인이 멕시코에 투자하는 방식을 취하는 경우가 대부분이다.

멕시코의 기업들이 나프타NAFTA, 북미자유무역협정의 혜택을 받기 때문에, 미국의 현지법인이 토지를 제외한 모든 시설들을 멕시코의 공장에 임대해주는 형식을 취함으로서 자산을 가지고 들어오지 않도록 하고, 멕시코에서는 단순 임가공만 하는 방식이다. 그렇게 하면, 멕시코의 기업은 자산과 부채가 발생하지 않게 되고, 인플레 세를 피해갈 수 있다. 결국 멕시코의 공장은 봉급을 중심으로 한 생활비만 들어가면 되는 것이다. 이러한 것을 특수 관계사 거래라고 하며, 미국에서 멕시코로 한 달 생활비를 보내는 형식을 취하고, 그것이 결국 멕시코에 있는 공장의 이익으로 잡힌다. 그 부분에 대한 세금만 내면 되는 것이다. 또한 기업 경영의 과정에서 문제가 되었을 때, 미국법인이기 때문에, 법적 보호를 받기가 쉽다.

국경 지대에 밀집 분포하고 있는 마낄라 산업체에서 일하는 노동자들의 배경은 다음과 같다. 가족구성으로 보면, 부모와 자녀로 구성된 2세대 가족의 배경이 39.6%, 부모와 미혼형제가 함께 동거하는 경우가 24.9%로서, 전체 응답자의 64.6%의 노동자들이 2세대를 배경으로 하는 가족에서 거주하고 있다. 노동자들의 아버지 직업은 농민이 32.7%로 가장 높고, 육체노동자숙련과 미숙련 포함가 30.7%이다. 즉 농민과 노동자 가정 출신의 노동자가 63.3%를 차지한다.

마낄라 사업장이 모여 있는 대표적인 지역이 미국의 샌디애고의 건너편에 있는 멕시코의 띠후아나다. 띠후아나는 고향이 다른 사람들이 모인 곳이다. 이곳은 원래 미국인들이 술 마시고, 마약하고 매춘하던 한적한 곳이었는데, 마낄라 산업이 커지면서 일자리가 많이 생겼고, 그에 따라서 각처에서 사람들이 모이고 있다. 따라서 띠후아나는 멕시코 다운 맛이 없는 것이 특징이다. 가족과 떨어져서 남자 홀로 이곳에 온 사람들은 돈을 벌기 위한 것이 주 목적이고, 스스로의 가치를 높여서 새로운 일자리를 찾는 사람들이 북적거리는 곳이기 때문에, 불안정성이 하나의 특징으로 지적될 수 있다. 저자가 방문한 봉제 중심의 마낄라 사업장들은 전통적으로 섬유로서 유명한 도시인 뿌에블라에 있다. 원단 박람회도 이곳에서 열린 적이 있을 정도로 섬유계통에는 알려진 곳이다.

여태까지 마낄라에 관한 연구는 산업생산의 전지구적 전환을 이해함에 있어서 가장 핵심적인 분석 범주로서 성차gender의 문제를 다루고 있는 입장이 많았고, 그러한 입장을 멕시코 특히 메히깔리Mexicali에서 진행되고 있는 다국적 기업의 마낄라도라의 상황에서 분석하고 있다. 즉 노동 분업의 새로운 국제적 질서 속에서 여성들의 역할에 관한 논의이다.Tiano(1994) 본서는 한국계 마낄라도라 기업들이 멕시코에서 문화적으로 적응하는 과정에서 빚어진 문제들에 관련된 자료들을 수집하고, 필연적으로 발생하는 문화차이의 관리를 어떻게 하고 있는가 또는 문화차이의 문제가 사업장에서 어떻게 방치되고 있으며, 그 결과 어떠한 일들이 진행되고 있는가에 대한 자료들을 인류학자의 입장에서 정리하는 것이 목적이다.

중소기업 내지 소기업 규모의 봉제를 중심으로 하는 종류들과 대기업의 현지법인 형식으로 활동하는 종류의 두 가지 구분이 가능하다. 양자는 규모상의 차이도 있지만, 기본적으로 기업가의 적응전략에 있어서도 차이가 있을 뿐만 아니라 노동자들과의 접촉이라는 측면에서도 차별성을 보이고 있다. 양자는 한국계 마낄라도라라는 하나의 틀 속에서 문화적응의 측면에서 동일한 경향을 보여주기도 한다. 전자는 주로 멕시코의 내륙 지역인 뿌에블라와 인근지역에 산재하고, 후자는 주로 멕시코와 미국의 국경지대에 분포하고 있다. 따라서 본서에서는 주로 생산하는 제품을 중심으로 분류를 시도한다. 봉제를 중심으로 하는 경우들을 편의상 '봉제 마낄라', 가전제품과 중공업품을 생산하는 대기업의 현지법인들을 '공산품 마낄라'라고 구분하여 논의를 하도록 한다.

2. 봉제 마낄라

봉제는 소재와 디자인의 개발에 달린 것이다. 여기에 인력 관리를 어떻게 하느냐의 문제가 관건으로 남는다. 시설투자비가 적게 들며, 감가상각비가 길다. 봉제에 있어서 소재개발을 하고 있는 국가는 현재 이태리, 일본, 한국뿐이다. 따라서 봉제 분야는 전 세계적인 구도 속에서도 한국이 강한 품목이다. "국가노동위원회에 따르면, 한국이 카리브 지역 특히 중미 지역에서 가장 큰 아시아계 투자자이고 약 140개의 제조회사와 연간 미국으로의 수출액은 1억 5천만 불에 이르고 있다. 대부분의 과테말라의 조립 공장들은 한국인들이 소유하고 있는 것이다."Green(1998), 33 멕시코에 있는 한국인 공장들이 주로 하고 있는 품목은 '니트'라고 불리는 '언더웨어'다. 봉제 마낄라는 취급하는 품목의 성격상 중소규모일 수밖에 없다.

중소기업식에 맞는 것이 봉제업이다. 중소기업식으로 경영하는 것에 맞다. 한사람이 공장의 모든 공정을 통괄할 수 있는 규모이고, 조직이 없기 때문에 한 개인의 판단에 의해서 속전속결로 작업을 처리할 수 있는 것이 봉제업이라는 인식이 한국계 마낄라 경영자들의 공통된 견해다. 조직이 커지면 봉제업은 되지 않는다는 것이 정설이다. 관리의 적정수준을 얼마나 효율적으로 유지하느냐가 봉제업의 관건이다. 궁극적으로 바이어로부터 클레임을 안 먹을 정도로만 하면 되는데, 옷 한 장을 그림같이 만들어 놓으면 언제 그것을 팔아먹을 수 있는가의 문제가 생기는 것이다. 생산인력의 수준에 맞추어서 제품을 만들면 되는 것이지, 그 물건 하나를 가지고 직원들의 갑론을박으로 시간을 보내는 것은 봉제업이 망하는 길이다. 그것이 과테말라에 나갔던 삼성의 봉제업 실패 과정이었다. 그에 비해서 중소기업인 유화나 군자산업과 같은 곳이 성공할 수 있었던 것은 좋은 대조다. 한 달에 30만 불이 팔리면, 20만 불이 모든 운영비로 나가고 10만 불이 남는 것이 봉제라고 보면 된다. 예를 들면, 한 봉제 마낄라의 평균 매출 규모는 월 7만 불에 당기순이익은 약 3만 불 정도되는 경우도 있다.

이러한 기업은 전문성만으로 하는 것은 아니라고 한다. 종합적인 경영성이 있어야 한다. 예를 들면, 30년 이상 봉제업을 경험한 사람이 마낄라에서 망하는 경우도 있고, 삼성과 같은 재벌회사의 봉제도 실패하는 경우도 있다. 생산품질과 봉제방법이 다 좋은데, 회사의 운영이 비합리적인 경우를 말한다. 예를 들면, 바이어관계, 매출액 관리, 감가상각비 계산 등을 주먹구구식으로 하는 수퍼바이저 출신들이 경영의 문제를 보이고 있다. 삼성과 같은 재벌회사가 개입하면, 그 조직의 큰 규모가 봉제품에 잘 맞지 않는다. 봉제는 적정 규모의 중소기업이 적당한 품목이라는 주장이 설득력을 얻고 있다.

멕시코의 뿌에블라와 인근지역을 포함한 곳에 14개의 한국계 봉제공장이 현재 가동 중이고, 5개가 현재 설립 준비 중에 있다. 봉제공장의 수퍼바이저를 포함하면, 약 50명의 한국인이 봉제업에서 활동하고 있다. 14개 중에서 6개는 하청이고, 8개는 재하청의 형태로 작업을 하고 있다. 재하청을 하는 업주들은 공장의 수퍼바이저보다는 낫다고 생각하기 때문이다. 구멍가게라도 내 것을 운영한다는 심리다. 현재 한국인 공장이 늘어나는 경향이 강한다. 그 이유로는 수퍼바이저 출신들이 '급하면 나도 한다'라는 각오로 독립 사업체를 시도하고 있고, 미싱 10대만 있으면 외상으로 시작하여 돈벌이가 가능하기 때문이다. 이곳에서 봉제 마낄라를 경영하는 한국인들 중에는 과거 봉제 공장에서 수퍼바이저를 한 경험을 가진 사람들이 적지 않다. 군자산업과 같이 봉제업체의 선봉들이 중미에 진출하였을 때, 수퍼바이저로 나왔던 사람들이 돈을 벌어서 개인적인 사업을 벌이기 시작한 경우들을 말한다.

500명 정도의 생산직 인원과 3명의 사무직 인원을 고용한 한 봉제업체에 한국인은 사장과 상무 그리고 생산부장과 생산라인 과장과 자재과장의 5명이다. 한 라인에 40~45명이 일하고 있다. 중간관리자는 자신이 가진 기술을 한 라인 전체에게 가르쳐서 통일된 제품이 나오도록 하는 것이 중요하기 때문에, 중간관리자의 역할이 중요하다. 노동자 150명을 고용하고 있는 한 사업장에서 남자는 20명 정도다. 그러한 정도로 봉제 마낄라의 노동자들은 여성 노동력을 중심으로 사업장이 구성되어 있다. 공정의 전체 과정은 임가공에서부터 시작하여 팩킹까지이다. 아침 8시에 근무가 시작되어서 오후 7시 30분에 작업이 종료되며, 하루에 11시간 30분 일을 하는 셈이다. 이 가운데서 점심시간은 오후 1시부터 1시 45분까지다. 노동자들의 초임이 주급 400페소 정도 되고, 수퍼바이저 급은 900~1,000페소 정도 받는다. 한 공장에는 130명 종업원 중에서 남자 노동자가 40명 여성 노동자가 90명이다. 일주일 중에 수목금은 결근 인원이 적은데, 수요일에 4명의 결근이 생겼다.

거의 모든 봉제공장들은 라인별로 생산목표를 달성하면, 그 라인에게 인센티브로 2,500페소를 지급한다. 268페소가 법정 최저임금이다. 노동자들의 주급은 최저임금에 인센티브를 보태는 것이다. 한 공장의 경우, 많이 받는 경우는 600에서 700페소 정도가 있으며, 이렇게 받는 노동자들은 전체에서 5~6명 정도밖에 되지 않는다. 이 공장에서 가장 적은 임금을 받는 경우에 320페소를 주급으로 가져간다. 주 48시간이 기본시간이고, 하루의 기본시간이 9시간이다. 토요일은 3시간 근무다. 하루에 2시간을 기본적인 잔업시간으로 활용하고 있다. 48시간 이외에서 일주에 8

멕시코 뿌에블라 소재 한국계 마낄라도라 공장의 종업원들

시간을 잔업시간으로 일을 더 하고, 이 경우에 대해서는 120%의 임금을 계산해준다. 그 이외의 잔업수당은 시간당 300%를 계산한다. 일주일에 2~3시간 정도를 300%에 해당되는 잔업근무를 하는 경우가 대부분이다. 잔업은 하루에 두 시간 정도는 항상 시키며, 주에 10시간이 되는 셈이다. 잔업 수당이 200페소 정도 된다. 기본급이 180페소이기 때문에, 노동자들은 주급으로 약 350~400 페소 정도를 지급받는다.

이곳에서 공장을 운영함에 있어서 오버헤드가 상당히 높은 편이다. 예를 들면, 급여액의 30%를 임스^{사회}보장보험로 회사가 지출을 해야 하는 부담이 있다. 연 임금으로 지출되는 금액이 150만 불인데 비해서 임스에 내는 돈이 50만 불이라는 얘기다. 이와 비교해서 과테말라는 12%이다.

공장을 경영한지가 5년이 되었고, 투자규모는 50만 불 정도다. 외국인 투자등록법에 의한 투자다. 생산품목은 태권도 용품이며 멕시코 내수용이다. 특수품목의 틈새시장으로서 년매출 70~80만 불 정도 된다. 태권도복은 월 6천 벌 정도 팔린다. 무계약 대리점 형식으로 멕시코의 전국으로 보내주고 있다. 태권도 관계하는 사람들은 한국인 돈을 떼어 먹지 못한다. 태권도라는 것의 분위기도 있고, 태권도에 관련되어 있는 한국인에 대한 특별한 감정도 작용한다. 외상으로 주문이 오면, 거의 물건을 탁송

해준다. 아직 외상값을 받아보지 못한 적이 없다. 부부가 함께 공장에 나와서 일을 하고 있다. 주인은 한국에서 80년대에 앙고라 쉐타를 수출한 경험이 있다. 1994년에 멕시코로 수출하였는데, 멕시코가 IMF의 관리체제에 들어가면서 물건 값을 떼이는 일이 생겼다. 돈을 받을 길이 없어서 멕시코에 직접 날라 와서 물건을 처분하려는 시도를 하였다. 그러한 과정에서 멕시코에 주저앉게 되었다. 부인은 서울에서 부띠끄 매장 경영에 10년의 경험을 갖고 있다.

자수업을 하는 한 소규모 공장은 일본기계를 한국에서 가지고 왔으며, 현재 두 대를 운영하고 있다. 앞으로 3대를 더 들여올 계획으로 있다. 기계가 고장 나면, 한국으로 가지고 가서 고쳐온다. 이곳에서는 고급 기계를 다룰 수 있는 자질을 가진 사람을 찾기가 힘들다. 직공들 중에서 4~5명 정도가 고졸이며, 이들은 기계를 다루어야 하기 때문에, 영어를 약간 읽는다. 한국인 사장이 엉터리 에스빠뇰을 해도 이들은 스스로 알아들으려고 노력하기 때문에, 의사소통에 도움이 되고 있다.

3개월 전 한국으로부터 멕시코에 들어와서 봉제공장을 해볼 생각으로 돌아다니며 시장조사를 하고 있는 부부와 한 가족이 있다. IMF 관리체제의 영향으로 멕시코로 이동한 경우다. 현재 멕시코에서는 한국인 봉제공장들이 들어서기 시작하고, 비교적 큰 공장들이 계획되는 곳에서는 유경험 한국인관리자를 물색하고 있다. 이 경우, 스카웃 대상은 멕시코를 포함한 중미 전체를 대상으로 고려하게 된다. 봉제업의 유경험자이고, 스페인 말이 되고, 일의 과정을 알고, 한국식으로 일을 잘 해내는 관리자가 필요한 것이다.

한국계 봉제공장이 겨냥하는 것은 값싼 노동력이다. 기능공들의 능력은 한국에 비해서 30% 정도이지만, 인건비가 싼 이점 때문에 지속적으로 한국계 봉제공장의 숫자가 증가하고 있다. '저임금 노동이 한국계 마낄라도라에게는 가장 매력적'Choi & Kenney(1997), 12이라는 분석은 봉제공장에 잘 적용되고 있다. 의사소통이 잘 되지 않아서 생기는 손실이 생산량으로 계산해서 한국과 비교하는 경우 70~80%밖에 되지 않음에도 불구하고한 한국인 공장주의 계산에 의함, 싼값의 노동력이 최대의 이점으로 꼽히고 있다.

따라서 한국인 봉제공장 경영자들은 노동력과 생산성을 직결시키는 계산법을 경영에 있어서 최대의 쟁점으로 강구하고 있다. 봉제업에서 노동자들이 일하는 방식에는 두 가지가 있다. 하나는 시간제time-work이고, 다른 하나는 도급제piece-work다. 시간제라는 것은 일일 근무시간을 정해놓고, 관리인의 독려에 의해서 생산량을 달성하려는 것이고, 도급제는 노동자가 생산하는 생산량에 따라서 봉급을 지급하는 방식이다. 따라서 시간제는 기본적으로 관리인이 노동자에게 압력을 가할 수밖에 없는 체제다. 관리인과 노동자가 싸우는 이유가 여기에 있다. 도급제는 관리인과 노동자가 싸울 기회가 적어지는 반면에, 자동적으로 노동자들의 생산량을 측정해내는 자동화 관리시스템이 시설되어야 하는 문제가 있다. 이 시설이 자금을 요하고, 한국인 봉제 공장들에서는 시설투자를 하지 않으려는 의도 때문에, 도급제를 하지 않는다.

타임제를 유지하면서 생산량을 올리려는 새로운 시도도 고안되고 있다. 저임금을 유지하는 방법과 생산율을 올리는 방안 사이에서 작업시간을 줄이면 매출액이 떨어지고, 따라서 노동자들의 임금도 줄어들게 마련이다. 이러한 문제를 해결하기 위해서 노동자들의 노동시간을 통제하는 방법으로 첵크 타임제를 실시하고 있다. 60분을 한 시간으로 정하고, 10회의 첵크 타임제를 실시하는데, 앞으로 50분을 한 시간으로 하여 11회의 첵크 타임제를 도입하려는 준비를 하고 있다. 노동자들이 변소에 가서 오래 있기도 하고, 걸음걸이를 천천히 하는 경우도 있다. 일분에 걸을 수 있는 거리를 이분 내지 삼분에 걷는 경우가 많다. 이러한 점들을 효과적으로 통제하는 방법을 강구 중이고, 그 방법 중에 하나가 첵크 타임제를 변경시키려는 것이다.

한 한국인 관리자의 실토는 한국계 마낄라도라의 현지화 문제와 문화 차이의 관리 정도를 실증적으로 증언한다. "관리자가 되면 풍습과 관습을 몇 십%라도 알고 해야 하는데, 대부분이 그렇지 못한 실정이다. 예를 들어서 바닥에 실이 떨어진 것을 보고, 노동자에게 실을 주우라고 말하면, 그 말을 한 관리자에게 '네가 주워라'라고 대응한다. 인격을 존중해주는 것이 중요한 것이라고 이해하고 있다. 좋은 얼굴로 이야기하는 것이 중요하다. 한국인들이 성격이 급하다보니, 욕설이 먼저 나오는 경우가 많다. 욕하고 쥐어박고 살면 쉬운데, 그러면 당한다. 이곳의 풍습에 맞추어서 일한다는 것이 무척 어렵다."

효율적인 경영의 실천을 위해서 한국계 봉제공장들은 필수적으로 한국인 관리자의 고용을 주장하고 있다. 그에 따르는 경제적인 부담보다는 이익이 있기 때문이다. 그러나 한국인을 고용함으로 인해서 발생하는 경제적인 부담도 적지 않다. 이러한 부분이 현지화의 한계점으로 지적될 수 있다.

한국인 직원들이 받는 봉급에 해당되는 만큼의 갑근세를 개인이 부담하지 않도록 회사가 배려하고 있다. 일 년에 한국인 직원들의 갑근세에 해당되는 액수가 약 30만 불 정도가 되기 때문에 회사가 그 액수를 다른 방식으로 변제해야하는 회계 상의 골치 아픈 문제들이 있다. 공장의 경영자는 한국인 관리자들과 현지 노동자들 사이에 서로 다른 전략을 세우고 있다. 한국인 관리자들에게는 소위 '북풍식' 즉 강압적인 방식을 적용하고, 현지 노동자들에게는 '햇볕식'을 적용한다고. 즉 한국인 관리자들은 대체로 2년 계약으로 나오기 때문에, 짧은 시간 동안에 성과를 내기 위해서는 강압적인 방식을 적용하지 않을 수 없다고 한다. 북풍식이 가능한 대상이 한국인이고, 현지인들에게는 북풍식을 적용할 수가 없다고 한다.

한국에서 밖으로 나온 봉제기술자들의 기술 수준이 낮기 때문에, 멕시코인들 기술자나 노동자들과의 관계에서 발생하는 문제들도 적지 않다. 과거에는 한국인 기술자들의 기술이 높았을 때에는 이러한 문제들이 없었다. 반장 수준은 멕시코인들의 경력이 더 긴 것이 현재의 상황이다. 대체적으로 현재 한국인 반장들의 경력이 멕시코인 반장들의 경력보다도 짧은 것이 현실이다. 다만 한국인 반장들은 한국 공장에서 한국인 관리자들과 의사소통이 더 잘된다는 것 하나로 많은 봉급을 받고 있을 뿐이다. 멕시코인 반장은 월 3,500페소 정도 지급한다. 일반 노동자들 중에서 그들이 라인에서 일하는 과정을 잘 지켜보고, 잘 하는 사람들을 선발하여 반장으로 세우는 경우가 많다.

과거에는 마이애미가 중심지로서 중남미 시장의 80%를 장악하였다. 그 발판으로 도미니카와 온두라스 및 과테말라에서 한국인들의 봉제업이 성했다. 온두라스에는 마이애미로 직결되는 항구가 있다. 니카라과는 온두라스의 항구를 이용해야 하기 때문에, 한국인 봉제업자들이 니카라과에는 들어가지 않았다. 카리브 지역을 대상으로 미국이 실시했던 CBI 프로그램을 기반으로 대미수출을 겨냥했던 한국인 봉제업자들이 카리브의 작은 나라에 공장을 많이 건설하였다. 현재 멕시코에서 활동하고 있는 또는 활동준비를 하고 있는 한국인 봉제공장들은 카리브 연안에서 경험을 쌓았던 역사를 기반으로 하고 있다. 한국인들은 여러 갈래의 과정으로 카리브의 연안지역과 인연을 맺고 있기 때문에, 그곳과의 관련성을 일별해 볼 필요성이 있다.

　한 봉제기업의 사장은 가족과 함께 나와 있고, 상무의 가족은 한국에 있다. 생산부장은 대전출신으로서 과테말라에 오래 근무한 경험이 있으며, 과테말라인 부인과 결혼하여 자녀가 둘 있다. 생산라인 과장은 여성 수퍼바이저로서 미혼이다. 상무는 일 년에 한 번 한국으로 15일간의 휴가를 간다. 부인이 일 년에 한번 와서 2~3개월 머물다가 돌아간다. 김상무는 부산의 만덕에 있는 광덕물산이란 곳에서 근무하다가 유화통상의 직원으로 온두라스에 나갔다. 해외에 나가는 것이 두 배의 월급이기 때문에 해외로 나가는 것이 장점이 되었다. 김상무의 부인도 봉제업 출신이다. 부인이 이곳에서 봉제공장에 근무할 수도 있지만, 상무의 부인이 다른 공장에 반장으로 간다는 것은 체면 문제도 있어서 귀국하고 말았다. 가족이 오면, 저축에 불리한 점이 있다. 한국 식품가게의 물건들이 비쌀 뿐만 아니라, 집세가 미화로 6~7백 불로 올라가고, 차를 사게 되면 봉급에서 남는 것이 없게 된다. 현재 주택을 한 채 빌려서 5명의 한국인들이 합숙하며, 월세는 500불을 내고 있다. 김상무는 4~5천 불의 월급을 받는다.

　또 다른 봉제업자는 서울에서부터 봉제경험을 쌓았다. 1986년에 도미니카로 가서 2년 2개월간 봉제공장에서 일을 했고, 그후 과테말라로 이전하여 7년간 봉제공장을 경영하였다. 2년 전에 멕시코로 다시 이동하였고, 현재 뿌에블라에서 봉제공장을 한 지 3년이 되었다. 미국의 주문이 멕시코로 집중하기 때문에, 중남미의 한국인 봉제업자들이 멕시코로 이전하기 시작한 셈이다. 쿠바가 열리면, 그곳이 마지막 봉제업자의 일터라고 생각한다. 부인이 함께 공장에 나와서 일을 보고 있다. 공장장이 한국인 기혼여성이다. 이 공장의 투자금액은 한화로 1억 6천만 원 정도밖에 안 된다. 또 다른 한국인 봉제업자는 도미니카에서 13년간 공장관리인을 하다가 최근에 멕시코로 이동하여 몇 개월간 공장관리를 하였다. 그는 한 달 전에 50대의 미싱으로 봉제공장을 열었다.

온두라스에 최초로 1977년도에 진출한 한국인 봉제공장은 유화통상이며, 그 대표자는 지일환 씨다. 온두라스에 한국인 봉제 공장 35군데 있었는데 그중에서 5군데가 돈을 벌었다. 대부분은 문을 닫고 도주하였다. 과테말라에는 아주 작은 규모의 한국인 봉제공장이 많이 있다. 과테말라 전체의 봉제공장 숫자가 현재 약 500개 정도 되는데, 그중에서 절반이 한국인 봉제공장들이다. 1994년도에 온두라스에 노조설립 붐이 일어났다. 지역노조나 산별노조의 압력이 없었다. 주정부에서 그러한 점을 반대하기도 하였지만, 노조는 지역노조와 산별노조의 압력을 환영하였다. 즉 공장을 주정부가 도와주는 셈이었다.

노동자들이 잘못을 하는 경우에는 처음에는 주의를 준다. 두 번째는 벌칙 3일의 무임금, 다음에는 벌칙 5일의 무임금, 마지막으로는 벌칙 7일의 무임금제를 실시하며, 그 다음은 퇴직이다. 주급에 주수당이 들어가기 때문에, 벌칙 주는 날을 금요일에 주도록 유도한다. 그렇게 하면, 이주일간의 벌칙을 적용하여 이주간의 주수당을 안주는 방법이 된다. 노동자들에게는 공장경영이 어렵다는 인상을 심어주기 위해서 노력한다. 긴장감을 약간씩 주는 것이 경영에 좋다. 따라서 이러한 분위기의 조성을 위해서 현지인들과 잘 어울리지 않는 것이 좋다. 온두라스에서 한국인 관리자들이 자신들의 스트레스를 기능공들에게 푸는 경향이 강했다. 한국인 관리자들은 공장에서 근무하는 노동자들 사이의 관계에 대해서는 잘 모른다. 오히려 '형제간들도 남이나 마찬가지다'라는 인식이 있을 정도다. 한국인 관리자들에게 당지의 노동자들은 '잘 모르는 대상'으로서, '스트레스를 푸는 대상'으로서, 그리고 '긴장감을 조성하는 대상'으로 존재하였다는 점을 지적할 필요가 있다. 카리브의 노동자들을 대하는 과정에서 문화화되어 간 한국인 관리자들의 경험을 보여준다.

봉제공장의 대부분 노동자들이 여성이기 때문에, 노동자들의 임신상태가 생산라인에 큰 영향을 미친다. 과테말라에서는 다음과 같은 일이 있었다. 한 달 전부터 출산 휴가를 주어야 하고, 출산 후 한 달간 유급휴가다. 그 이외에 우유값을 보조해야 한다. 따라서 임신한 여성 노동자가 계속해서 근무하게 되면, 6개월간 하루에 한 시간씩 생산시간을 줄여주어야 한다. 이러한 것이 모두 회사의 부담으로 돌아오기 때문에, 입사 후 2개월간이 견습 기간으로서 규정하였고, 만기가 되는 2~3일 전에 임신검사를 하게 한다. 임신의 경우는 퇴사를 시키면 되는 것이다.

도미니카에서 오랫동안 반장과 관리인으로 일을 한 삼십대 후반의 한국인 여성의 얘기다. 현장에서 현지인들과 싸우다가 말이 안 되기 때문에 밖으로 나가 버린다. 싸우는 것은 스스로의 자존심 때문이다. 나가서 한숨 돌리고 들어오면 후회한다. 처음에 현장에 나왔을 때 언어가 되지 않기 때문에, 손바닥과 팔둑에 필요한 단어들을 적어서 보면서 일을 하였다. 6개월 동안 그렇게 하고 나면 현장에서의 필수 언어는 어느 정도 하게 마련이다.

온두라스에서는 중국의 조선족을 고용해본 경험이 있는데, 이들의 노동방식은 한국인들의 마음에 들지 않았다. 조선족들은 시간 떼우기를 잘하는 사람들이었다. 커뮤니케이션은 말만을 구성하는 것이 아니다. 그렇게 생각했던 사람들이 실패 본 경험을 말한다. 사이판에서도 조선족들이 봉제공장에서 일을 많이 하고 있다. 이들이 사이판을 경유하여 중남미로 진출하는 경우도 종종 있다.

과테말라에서 만난 두 사람이 동업으로 봉제공장을 설립한 경우도 있다. 멕시코의 공장은 500명의 노동자와 매출액 23만 불의 규모이고, 과테말라의 것은 400명 노동자에 매출액 28만 불 정도가 된다. 한 사람은 과테말라에서 미싱 3대로 봉제를 시작한 사람이고, 다른 한 사람은 영어가 잘 되어서 바이어들과의 교섭을 잘 한다. 이들은 멕시코와 과테말라의 양쪽에 공장을 하나씩 설립하였다. 최근 멕시코의 와하까주에 새로운 공장350명 노동자, 매출액 16만 불을 설립할 때에는 주 지사가 개업식에 참석하였다. 와하까의 공장에는 한국인 3명이 관리를 하고 있으며, 멕시코 공장의 경영을 맡고 있는 상무가 일주일에 한 번씩 오아하까 공장을 방문하여 생산실적을 점검한다. 뉴욕에 있는 사장으로부터 전화가 왔다. 바이어로부터 주문량을 더 받았으니, 노동자들을 가능한 한 많이 고용하여 최대한으로 공장을 가동하라는 지시다.

3. 공산품 마낄라

멕시코에서 마낄라라고 하면, 대부분이 이 범주에 속하는 기업과 공장들을 말한다. 주로 미국과의 국경지대에 일종의 벨트를 형성하여 공업단지의 모양새를 하고 있으며, 그러한 공장들이 사막지대에 자리를 하고 있기 때문에, '사막 자본주의desert capitalism'라는 신조어를 만들어내기도 했다. 대부분이 백색가전을 주 제품으로 하고 있지만, 중공업 부문도 일부 작업을 하고 있다. 봉제 마낄라들에 비해서 공산품 마낄라는 규모가 상당히 큰 편이다. 따라서 멕시코의 지역 사회와 노동자들에 미치는 영향도 상대적으로 크게 마련이다. 한국계 마낄라도라들도 사막에 공장을 건설하여 멕시코 노동자들을 고용하고 있다. 마낄라 때문에 사막지대에 갑자기 인구가 불어나는 현상이 벌어지고 있는 것이다. 산 루이스^{San Luis}는 3년 전에는 인구 7만의 소도시였는데, 지금은 14만의 인구로 늘었다. 임금도 노동자의 경우, 3년 전에 18페소였는데, 지금은 48페소다. 그래서 국경지대의 인플레가 심각한 문제로 부상하고 있다. 한 기업은 소노라주에서 10만 평을 60년간 무상으로 임대를 해준다는 조건으로 메히깔리에 유치되었다.

한국의 본사와 현지법인의 관계는 본사 사업부의 판매 계획에 따른 공장 신축과 설비 증설에 따라 현지법인은 자재구입, 인력 관리, 제조경비 집행, 현지금융차입 등으로 업무를 분담하고 있다. 대기업 현지법인의 협력업체로 동반 파견된 한 경우는 한국에 있는 본사의 과장이 현지법인의 법인장으로 되어 있다. 이 협력업체의 모든 일정은 물주업체^{대기업의 현지법인을 말함}에 따라서 하며, 생산품은 100% 물주업체에 납품하는 형식이다. 설비도 물주업체에서 임대해준 형태다. 한 경우는 250만 불을 투자하여 연매출액은 500만 불 정도 된다. 하루에 한번 한국의 인천에 있는 본사와 연락을 하고 모든 공정과 운영에 있어서 본사의 지시를 받고 있다. 협력업체들은 대체적으로 이러한 상황이다.

개략적인 규모를 파악하기 위해서 삼성 띠후아나 공단의 경우를 참고로 한다^{삼성 띠후아나 복합단지 박태석 부장 제공}. 이 복합단지에는 세 개의 개별 기업^{SA-MEX, SDM, SEMSA}이 들어 있다. 공장 입구의 수위들 복장이 보안관 같이 단정하다. 현관 안의 한 쪽 구석에서는 구직하러온 사람들을 면접하는 장소도 마련되어 있다. 자연스러운 모습으로 입사원서도 작성하고 면접에 임하고 있다. 1996년 3월에 띠후아나에 복합단지로 구성하였다. 전기, 전관, 전자로 구성되었고, 전기와 전관은 전자의 부속적인 성격이 강하다. 복합단지의 총괄사장이 있다가 최근에 자리가 없어졌다. 종업원 현황[1999년 8월 11일 현재]은 다음과 같다.

〈표 6-1〉삼성 띠후아나 복합단지의 종업원 현황

		SAMEX	SDM	SEMSA	T
인력	직접	2,322(89%)	1,172(88%)	924(79.6%)	4,418(87%)
	간접	275(11%)	166(12.4%)	237(20.43%)	698(13%)
	소계	2,597(100%)	1,358(100%)	1,161(100%)	5,116(100%)
기능		21(1%)	20(0.01%)	7(0.6%)	48(1%)
수준	J5	209(8%)	115(8.4%)	65(5.6%)	389(7%)
	J4	477(18%)	340(25%)	164(14%)	981(19%)
	J3	240(9%)	244(18%)	114(9.82%)	598(12%)
	J2	328(12%)	195(14.3%)	36(3.1%)	559(11%)
	J1	1,322(50%)	444(33.2%)	774(67%)	2,541(50%)
	소계	2,597(100%)	1,358(100%)	1,160(100%)	5,116(100%)
성별	남	1,449(55%)	1,077(79%)	818(71.49%)	3,361(66%)
	여	1,148(44%)	281(21%)	326(28.51%)	1,755(34%)
연령	20이하	599(23%)	141(10.3%)	286(24.95%)	1,026(20%)
	20~29	1,539(59%)	917(67.5%)	670(58.5%)	3,126(61%)
	30~39	388(15%)	285(21%)	167(14.59%)	820(16%)
	49이상	71(3%)	15(1.1%)	23(1.97%)	109(0.02%)
교육	초등	616(23%)	244(18%)	405(35.59%)	1,265(25%)
	중등	1,093(43%)	591(43%)	524(45.74%)	2,208(44%)
	고등	733(28%)	401(30%)	159(13.91%)	1,293(25%)
	대학	155(6%)	121(9%)	57(4.96%)	333(6%)

직접 인력이란 기능공들을 중심으로 하는 노동자들을 말한다. 이들의 기능수준은 미숙련노동자들이 대부분이고[50%], 남녀의 비율은 66 대 34 로 나타났다. 가장 많은 빈도를 차지하는 연령층은 20~29세이며, 이들의 교육 정도는 중등이 다수로 나타났다. 이 자료와 비교가 될 수 있는 노동자들에 관한 또 다른 것은 삼성전기 멕시코 띠후아나 법인에 근무하는 오형필 과장의 설문자료에서 제공된 것이다. 그는 멕시코시티, 띠후아나, 께레따로, 아구아스깔리엔떼스, 몬떼레이의 5개 지역에서 1,300명의 근로자들을 대상으로 설문조사를 한 결과를 다음과 같이 분석하였다. 근로자의 30.8%가 20~24세, 다음으로 25~29세가 22.5%이다. 직군으로

는 생산직 51%, 기술직 9.6%, 인사노무 8.7%, 설비보전 8.1%, 판매영업 4.7%, 기타 14.2%이다. 최종학력은 중학 38.5%, 초등학교 20.6%, 고등학교 16.3%, 고등기술학원 11.9%, 대학 9.8%이다. 대우전자의 경우에는 대졸 기술자 282명, 고졸 기능사 519명, 중졸 이하의 오퍼레이터 1,981명, 전부 2,782명이다. 즉 미숙련 기능공들이 71.2%를 차지한다. 남자 60%, 여자 40%이다. 께레따로의 한 공장에서는 노동자들은 거의 중졸 정도이고, 협력업체의 직원들은 대체로 국졸 정도다.

몇 가지 자료들에서 공통적으로 보이는 것은 공산품 마낄라에 근무하는 멕시코 노동자들은 대체로 다음과 같은 특성으로 요약될 수 있다. 연령은 20대가 압도적이고 남자가 60% 이상을 점하고, 학력은 중졸이 대부분이며, 기술수준은 과반수 이상이 미숙련 기능공들이다.

한 자료는 이들의 근속년수를 볼 때, 1년 이하가 37%, 다음이 1~3년이 31%로서, 3년 이하의 근속이 총 68%이다. 즉 마낄라에 근무하는 멕시코인 노동자들은 기업이나 공장이라는 조직이 아직 익숙하지 않은 면을 의미 깊게 지적할 수 있는 대목이다.

이들이 지급받는 월급여는 대체로 1,000~2,000페소가 43.3%, 1,000페소^{약 11만 원 정도} 미만이 28.2%이며, 동거인수는 3~5명이 54%, 6~7명이 25%로 나타났다.

멕시고 사람들은 붉은 색의 'social seguro'라는 일종의 신분증명서를 지참하고 있는데, 이 증명서에는 직업을 옮긴 기록이 모두 나온다. 어떤 일을 했었는지의 경력이 등장한다. 월급을 얼마나 받았는지에 대한 기록도 나온다. 노동자들은 이 증명서를 들고 다니면서 직업을 찾는다. 개인적인 소개나 현수막을 통해서 노동자들을 채용하는 경우도 있다.

노동자들의 선발기준은 색맹검사, 인성검사, 숫자검사, 스펠링 알기 등

으로 한다. 사무실 직원에 대해서는 삼단계의 선발과정을 거치는 경우도
있다. 시험을 치는 경우도 있는데, 아주 간단한 능력 시험을 치른다. 그럼
에도 불구하고 학력이 낮기 때문에 해당자를 선발함에 있어서 시간이 많
이 소요되기도 한다.

조직력이 가장 잘 정비되고 안정된 기업을 사례로 하여 신참자들의 훈
련과정을 살펴보기로 한다. 보통 5일의 기간을 갖고 있으며, 총 42시간의
시간이 배정되어 있다. 기술훈련은 노동자가 각 부서에 배정된 뒤, 각 부
서에서 담당한다. 따라서 아래에 제시되는 훈련과정은 일종의 일반적인
오리엔테이션이라고 말할 수 있다.

〈표 6-2〉 공산품 마낄라의 기술 훈련 사례

시간	제1일	제2일	제3일	제4일	제5일
7:30~8:00	환영	요약	요약	요약	시험요령설명
8:00~9:00	제복지급	강의(삼성역사)	강의	강의(피고용인역할)	기초시험
9:00~10:00	고용계약	강의(공단설명)	(노동법)	강의(5A)	시험평가
10:00~10:30		아침식사			
10:30~11:00	기초훈련			훈련자평가	
11:00~11:30	회사기대	한국언어	삼성띠후아나	팀작업	참가자에게
11:30~12:00	휴식	및 문화	공단 및 부서	활동	졸업증서
12:00~13:00	삼성소개	설명(강의)	순방	설명	수여
13:00~13:30		팀작업활동		활동시연	
13:30~14:30		점심시간			
14:30~15:00	그룹통합	강의(산업안전)	선배경험	삼성인이	부서배치
15:00~15:30	강의(삼성로고)	청취	되는 길		
15:30~16:30	삼성정신(강의)	강의(환경통제)	기초시험		
16:30~17:30	삼성역사강의	응급처치법	생산성과품질	안내	부서별환영
17:30~17:40	숙제부여	숙제부여	숙제부여	시험안내	
17:41		일일 종료			

이러한 시간표를 받은 신참 노동자는 우선 10분 또는 30분 내지 한시
간 단위로 나뉘어 있는 시간표에 대해서 아찔한 생각이 든다. 일일 종료
시간이 17 : 41이라고 적힌 점에 대해서는 멕시코 노동자들로서는 계산

이 어려운 시간이다. 여태까지 분 단위를 정확하게 계산해서 행동을 하고 사고를 해본 경험이 없는 사람에게는 이상과 같은 시간표는 일종의 압박 감으로 다가온다. 전반적으로 짧은 기간에 너무나 많은 과제가 주어짐에 대한 심리적 부담감도 없지 않다. 기업을 하는 한국 사람들의 사고방식에 서 비롯된 이 시간표는 전형적인 '빨리빨리' 식의 표본이라고 말할 수 있 다. '마냐나'로 살아가는 멕시코 사람들의 방식과는 전혀 반대 방향이라 는 점을 지적할 수 있다. 비교적 규모가 큰 한 봉제공장의 업주는 다음과 같이 증언한다. "주말에 300%를 주면 언제든지 인력을 구할 수 있을 것 이라는 생각을 하고 이곳에 공장을 차렸지만, 그것은 착오였다. 개별적으 로 노동자의 출근을 교섭해서 기계를 주말에 돌려보겠다는 것은 허사였 다." '빨리빨리'가 '마냐나'에 적응하지 못하게 마련인 것이다.

임금의 지급에 있어서 노동자는 주급이고, 관리직은 격주급이다. 노동 자는 시간제이기 때문에 주급으로 지급한다. 임금은 정부와 전국노조가 협의해서 결정한 최저임금을 기초로 하여 기업별로 인상분이 차등을 보 인다. 께레따로에 있는 한국기업의 경우, 노동자의 임금은 시간당 9페소 즉 하루 80페소 정도로서 월평균은 2천 페소 정도이고, 멕시코인 관리직 은 7천 페소 정도 받는 사람도 있다. 메히칼리에 있는 기업의 경우에는, 노동자들의 봉급은 일당 57페소로부터 출발한다. 주급으로 급여를 준다. 2천 페소가 봉급이면, 실제로 회사에서 부담하는 전체 금액은 봉급액의 190% 정도 된다. 왜냐하면, 사회보장보험 및 후생복리비용을 감안하기 때문이다.

컨테이너 제작 작업을 주로 하는 한 기업은 동일 업종으로는 멕시코에 제일 먼저 들어왔다. 과거에 미국의 롱비치에서 유사한 공장을 가동한 적 이 있는데, 그것이 타산 맞지 않아서 철수하고 띠후아나로 옮긴 것이다.

지금은 미국의 운송 장비를 주문받아서 제작하고 있다. 1989년에 회사를 설립하고, 당시에는 띠후아나에 직업훈련학교도 운영하였다. 그 당시는 용접이 주업무였기 때문에 미숙련 노동자들을 훈련시키는 과정이 중요한 업무의 하나였다. 1993년부터 알루미늄이 주 재료로 이용되는 물건을 생산하기 때문에, 용접시설을 거의 철수한 상태다. 1995년에 용접공들 중심의 파업이 있었다. 1998년에 노동관계의 사건이 5건 발생하였다. 현재 까지 약 8,400만 불을 투자하였다. 앞으로 연매출 약 2억 8천만 불을 예상하고 있다. 관리조직은 멕시코 현지인, 외국인, 주재원^{본사파견}, 교포 2세^{한국인}로 구성되어 있다. 복잡한 관리조직일 수밖에 없다. 한국인 관리자가 처음에는 200명으로 시작했다가 40명으로 줄었으며, 현재는 8명이 일하고 있다. 총직원 숫자는 1,800명인데, 그중에서 40명 정도가 미국 시민권을 갖고 있다. 법인체는 2개로 구성된 것이다. 미국법인과 멕시코 법인이 함께 일을 하는 셈이다. 미국 측 법인은 판매와 구매를 주로 담당하고, 멕시코 법인은 생산을 맡고 있다.

께레따로에 있는 한 백색 가전업체는 내수시장을 겨냥하고 있다. 이 공장에는 한국인이 11명까지 있다가 현재 4명을 줄였다. 현재 한국인 부장 1인과 과장 5인이 있는 셈이다. 모두 6인이 실무 디렉터 역할을 하며, 과장들 중 1인은 우남에 유학중인 사람을 현지 채용하였다. 이 공장을 둘러싸고 한국인 협력업체가 다섯 개 나와 있다. 한 협력업체의 경우, 한국인이 7명 나와 있는데, 법인장^{본사 상무} 1명과 관리부문에 2명, 그리고 냉장고와 세탁기에 각각 2명씩 근무하고 있다.

한 중소기업의 책임자는 대기업 현지법인의 공장장을 퇴직 후 이곳의 경영 책임자로 자리를 옮긴 사람이다. 그는 1993년부터 띠후아나에서 거주하였기 때문에, 이곳의 통으로 알려져 있다. 철판으로 가공품을 만드는 공장이다. 브리핑 자료들은 모두 영어로 제작되어 있다. 사람 인프라라는 멕시코가 유리하고, 통신 인프라는 미국이 유리하기 때문에, 미국현지법인이 모든 바이어들과 관계를 맺고 이곳은 생산만 하는 곳이다. 주기적으로 미국현지법인이 주소를 두고 있는 곳에 가서 우편만 첵크하면 된다. 따라서 특별히 고가의 사무실 비용을 지출하지 않고 미국의 현지법인을 운영하고 있는 셈이다. 1995년 4월 미국 현지법인 설립, 1996년 3월 멕시코 법인 설립, 1997년 7월 생산 시작의 수순이다. 관리, 마케팅, 생산, 품질의 네 개 부서를 두고 있다. 모기업은 한국에 있고, 공장장은 한국인으로서 프레스 금형의 기술자다. 총인원 140명 중 한국인 6명이고, 그중에서 교포 1명이 현지채용 되었다.

메히깔리Mexicalli에서 모니터 사출플라스틱 카버를 말함을 전문으로 하는 업체의 경영 책임자도 16년간 대기업의 현지법인에 근무하다가 퇴직 후 자리를 옮긴 사례다. 그는 해외근무의 경험이 많다. 미국의 헌츠빌에 있는 대기업 현지법인에서도 근무한 적이 있다. 이 기업의 미국법인은 1995년에 설립하였다. 1996년 11월부터 멕시코 법인이 시작되었다. 1997년 6월부터 공장 가동이 되었다. 이 기업은 국내외에서 경영이 잘 되는 기업으로 이미 잘 알려진 곳이다.

총인원 270~300명 정도 고용하고 있으며, 일일 3부제로서 주 6일을 근무하고 있다. 이 공장의 주변에 대기업 현지법인들이 모여 있다. 일본 업체들도 최근에 이 부근에 자리를 잡았다. 그리고 대규모 회사의 협력업체들이 주변에 많이 들어서고 있다. 이 공장은 거래선을 다변화하여, 일본 기업에게도 납품을 한다. 기술, 자금, 회계, 인사 등의 분야가 본사로부터 독립되어 있는 현지화 우수기업이라고 말할 수 있다. 일주일에 한 번 정도 한국의 본사에 안부 전화를 하는 정도다. 미국의 법인서류상

^{으로만 존재}이 한국의 은행으로부터 융자를 받아서 이곳의 법인을 지원하는 금융체재를 구성하였다. 마낄라도라 산업 업체로 등록되어 있다. 한국의 투자자는 이 기업에 천만 불을 투자하였다. 본사가 사출업에 전혀 경험이 없기 때문에 기술적으로 무관하다. 따라서 본사로부터의 파견 직원이 한 명도 없다.

한국인 6명이 있는데, 이들은 법적으로 모두 재미교포의 신분이다. 원래 교포 3인을 고용하였고, 한국에서 기술자 3명을 이민으로 받아들였다. 이 기술자들은 모두 20년 이상의 기술 경력을 갖고 있다. 한국인들을 뽑을 때, 미국에 꿈이 있는 사람, 자기 기술에 자신이 있는 사람, 사장과 성격이 맞는 사람의 세 가지 기준으로 선택해서 뽑았다. 그러한 기준에 맞으면 돈을 들여서라도 이민시키는 방법을 택하였다. 직원들의 의식주는 완전히 해결해주는 방향에서 관리하고, 미국과 멕시코 양쪽에 모든 시설을 완벽하게 갖추려고 노력하고 있다. 이곳에 근무하는 멕시칸들도 모두 업무에 따라서 전문화되어 있다. 어느 정도 기술을 습득한 멕시칸들이 월급인상을 요구하고, 그러한 요구가 관철되지 않으면 직장을 떠나는 경우가 있다.

미국 헌츠빌에 현지법인을 설립하였던 한 한국계 대기업은 멕시코의 메히깔리로 이전하였다. 이 기업은 현재 ISO900^{품질인증}과 ISO1400^{환경인증}을 획득하였다. 전체 967명의 종업원이 있다. 이중에 주재원 20명과 교포 10명이 포함된다. 모니터와 피시 복합제품을 생산한다. 메히깔리에서 미국 시장에 공급되는 모니터 물량을 거의 독점 공급하고 있다고 해도 과언이 아니다. 270만 대를 생산한다. 모두 7부서 중에서 인사와 생산에는 멕시코인 부장을 두고 있다. 한국인들은 명찰에 모두 영어식의 이름을 쓰고 있다. 멕시코식 이름은 전혀 없다. 협력업체가 함께 나와 있다는 것은 부품 현지화의 의미다. 물량이 늘어나고 생산량이 커지면서 일어나는 현상이다. 초기에는 한국에서 운송해오는 부품을 사용하다가 어느 정도가 지나게 되면 협력업체들이 동반 진출하는 현상이 벌어지게 마련이다. 협력업체들도 한국에 있는 본사 협력업체의 해외현지법인 형식으로 나오게 된다.

노무관리에 있어서는 현지인 노무관리자가 한국인 과장에게 보고하고, 최종적으로 법인장에게 과장이 보고하도록 하는 체제가 일반적이다. 법인장은 현지인 노무관리자와 직접 접촉하는 경우가 적다. 현장 라인의 반장은 모두 멕시칸이다. 과거에는 한국인과 멕시칸 사이의 갈등이 있었으나, 지금은 멕시칸들 사이의 갈등이 커져가고 있다. '멕시코인들은 중간수준의 경영에 위치하여 주로 인사행정업무를 담당하고 정부당국과의 연결 업무에 종사하고 있다.'Kenney & Florida(1994), 34 현지화를 위해서 중간 보스 중에서 멕시칸 한 명을 상징적으로 영웅화하는 작업도 하고, 생산 부문의 장을 역할모델로 선정하여 추진 중인 기업도 있다.

멕시칸 종업원들 사이에서 무서운 사람으로 통하는 사람은 '세뇨르'라는 경칭을 받는 경향이 있다. 멕시칸들 자기네들 끼리의 차별도 심각하다. "라틴 아메리카에서, (…중략…) 화이트 칼라 작업자는 엠쁠레아도em-pleado, 블루 칼라 작업자는 오브레로obrero이다."Whyte(1969), 35 양자의 관계는 동일한 선상의 작업자 내에서 구분이 되는 계층적인 의미가 아니라, 동일한 선상에 함께 자리를 할 수 없는, 즉 차원이 다른 계급적 구분의 용어라고 이해되는 것이 라틴 아메리카의 노동윤리에 개입된 전통적 차원의 한 면이며, 이것은 과거로부터의 관행이었다. 따라서 멕시코 관리인들은 현장직원들과 함께 점심을 먹는 것을 생각지도 못함을 관찰한 한국인 관리자의 진술은 정확하다. 멕시코 관리자의 피부 색깔에 따라서 작업현장의 분위기가 다른 면도 있다는 진술도 있다.

　많은 기업에서 노동자들은 노조에 대해서 비교적 균질된 답변을 하고 있다. "노조는 불필요하다. 70년의 노조역사를 갖고 있는 멕시코에서 노조는 처음에는 노동자를 보호한다는 명분으로 기업에 들어와서는 일단 자리를 잡게 되면, 소수의 노조 집행부 자신들의 이익만을 취하는 경향이 강하다. 따라서 노조는 필요없고, 그 대신에 노동자의 권리를 보호할 수 있는 그룹이 필요하다"는 견해가 지배적이다. "대부분의 노동자들은 조합원이 아니다. 그러나 이러한 현상이 곧 바로 노동자들이 그들의 생활을 향상시키기 위한 투쟁을 포기했다는 것을 의미하는 것은 아니다. (…중략…) 노동자들에게는 이러한 상황이 일자리의 보장과 정치적 지지를 교환하도록 요구하지도 않는다."Rothstein(1996), 376~377

　노동자들은 노동조합에 의존하기 보다는 일차적으로 자신들의 육체적 정신적 보금자리인 가정에 결속의 구심점을 마련하고 있다. 그것은 여성 노동력을 중심으로 엮어진 가정의 모습을 보여주기도 한다. 한국인 관리자들은 멕시코인 노동자들 중에서 여성 노동력의 책임감을 선호하는 경향도 있다. "여자들이 오히려 책임감이 강하다. 여자들이 결근율이 낮고, 임신부들은 출산일 직전까지 일을 한다"는 한국인들의 관찰은 빈곤한 계층의 사회경제적 문제점을 보여준다. "가정household은 노동자들 자신들을 대변할 수 있는 효과적인 노동조합과 같은 조직이 결여된 상태에서 가장 중요한 조직으로 간주되고 있다. (…중략…) 그중에서도 여성 노동자들은 남성들에 의해서 보살펴지지 않는 가정을 이끄는 중심적인 역할을 하고 있다. 남성들로부터의 아무런 경제적 협력이 없는 상태의 가정은 가장 취약한 존재들을 위해서 도움을 주고 있다."Kopinak(1997), 112

　"멕시칸들은 책임감이 없다. 대답은 잘 하지만 일은 제대로 하지 않는다. 하지 않은 부분에 대해서 책임 추궁을 하면 여러 가지의 평계를 댄다"
는 것이 한국인 관리자들에게 만연된 멕시코 노동자들에 대한 주관적 평
가다. 따라서 누군가가 일을 챙겨야 한다는 점에서 한국인 관리자가 필요
하다는 주장을 한다. 한국인 중간관리자의 고용이 공장 운영의 필수조건
임을 암시하는 것이다. 멕시코인 대리들은 대체로 5~7년 경력의 소유자
들이다. 이들은 4~5만 불의 연봉을 요구하고 있는데, 이들의 일에 대한
능력은 한국인 동급에 비해서 2분의 1 내지 3분의 2 수준밖에 되지 않는
다는 평가도 있다. 현지인들이 아무리 열심히 일을 한다고 해도, 그들이
일하는 것을 보는 한국인은 만족하지 않는다. 한국인 경영자들은 그 차이
를 최소한 20% 정도는 될 것으로 추산한다. "관리자와 노동자 사이의 관
계라는 것은 일본에서 정규직과 임시직 사이에서 보이는 소원함보다도
훨씬 더 멀게 나타난다. "Kenney & Florida(1994), 34 따라서 노동자들에게 기업에
대한 충성심을 요구한다는 것 자체가 그릇된 욕심이라고 생각된다.

　이러한 현상을 또 다른 측면에서 생각해볼 수도 있다. 현지경영의 최고
책임자가 스스로 해야할 일을 하지 않고, 그 일을 쉽게 하도록 하기 위해
서 중간관리자를 한 사람 더 둔다는 의미도 될 수 있다. 멕시코인들의 약
한 충성도를 빙자하여 기업의 관리조직을 확대하는 현상이 벌어진다고
도 볼 수 있다. 따라서 효율성이 떨어지는 이유는 최고 경영자의 능력으
로부터 발생하는 문제일 수도 있는 것이다.

　공장장 회의와 영업회의는 한국인들로만 이루어진다. 공장 운영회의
는 멕시코인 간부들과 함께 회의를 한다. 법인장은 일주일에 한 번씩 멕
시코인 관리자들과 점심을 함께 하는 기회를 갖는 경우도 있다. 사무실의
회의는 모두 영어로 한다. 한국인들만 하는 회의도 있는데, 그때는 저녁
7시 또는 토요일에 회의를 열며, 내용은 한국의 본사와 관련된 문제들이

다. 멕시칸이 참석하는 회의에서는 생산 업무를 통괄하는 경우이고, 한국인만으로 구성된 회의는 전략회의와 사적인 얘기들을 하며, 주로 시간은 목요일 저녁 7시에 한다.

저녁 7시 또는 토요일은 한국인들만 모이는 회의를 하는 셈이다. 현지화의 한계가 이런 곳에서 짚어진다. 멕시코인 근무자들과 어울릴 수 없는 한국인들만의 고유한 시간을 효율적인 관리를 위해서 필요한 일이기도 하지만, 그러한 회의가 지속되는 한 한국계 기업의 현지화는 그만큼 거리감을 갖고 있다고 평가할 수밖에 없다. 노동자들의 점심시간은 30분간 또는 한 시간씩 회사의 사정에 따라서 약간씩 다른 양상을 보인다. 어떤 회사에서는 노동자들이 자신들의 점심을 싸오도록 하는 경우도 있고^이런 경우에는 회사에서는 푸드 쿠폰을 제공한다, 회사에서 식당을 운영하여 상당량의 식비를 보조하는 경우도 있다. 약간의 예외가 있긴 하지만, 모든 회사에서 공통적인 현상은 멕시코 노동자들이 한국인 관리직 사원들과 함께 식사를 하는 광경을 목격할 수 없었다. 아예 시설이 그렇게 되어 있지 않은 경우가 더 많았다. 대체로 한국사원들에게는 한국식 식당을 따로 마련하여 주었다. 한국인 관리자들은 멕시코 노동자들과 결코 한솥밥을 먹기를 원치 않는 것 같다. 이점도 현지화의 한계에서 노정된 문제라고 지적되어야 할 것이다.

한국계 마낄라도라 기업이 집중적으로 유치되어 있는 띠후아나에는 한국계 마낄라도라 협회^{Korean Maquilladora Association}라는 조직이 있다. 한국인 경영자들이 정기적으로 만나서 의견을 교환하는 창구로 마련되어 있지만, 실질적인 도움보다는 친교적인 성격이 강하다. 주로 골프 대회를 하는 곳으로 운영되고 있다.

4. 마낄라 작업장의 한국인들과 그들의 고민

멕시코에 있는 한국계 마낄라 기업에는 여러 가지 종류의 한국인들이 있다. 항상 언젠가는 철새처럼 떠날 생각을 하는 봉제 마낄라의 업주나 대기업 현지법인 형식 마낄라 작업장의 주재원들은 서로 다른 입장에서 일을 하고 있지만, 공통적인 문제점들을 안고 있다.

부부가 함께 봉제 마낄라를 경영하는 경우, 남편은 사무실에서 사장 역할을 하고, 부인은 현장 감독을 하는 것이 보통이다. 작업장에 있는 대부분의 노동자들이 여성이고, 그들과의 관계는 부인이 한다. 따라서 현장의 스트레스가 모두 부인에게 몰린다. 항상 현장에서는 사무실의 요구를 맞추어 주어야 하는데, 그렇지 못한 것이 현장의 현실이다. 그것 때문에, 부부간에 싸움이 일어나고, 공장 내에서의 싸움이 가정으로 까지 번져서 문제가 생기는 경우들이 있다. 지극히 영세한 봉제업체를 운영하고 있는 사장의 숙소는 월 800페소에 임대한 방 셋의 아파트다. 전체 면적은 13평 정도가 된다. 자수업을 하는 사람은 가족이 모두 함께 멕시코에 와 있는 점에 대해서 식생활 부분의 애로사항을 토로한다.

20년전 미국의 한국계 기업에 고용사장으로 부임하였다가, 아이들 교육을 시키다보니 주저앉게 된 백색 가전 마낄라 경영자는 3년 전에 이 회사를 맡아서 일을 하고 있다. 미국 아리조나주의 유마에 거주하면서 매일 국경을 넘어서 멕시코의 산루이스로 출퇴근한다. 띠후아나에서 일을 하는 대부분의 한국인들이 거주지는 미국의 샌디애고와 그 인근의 도시라는 점과 전혀 동일하다. 메히깔리에 현장이 있는 대기업 현지법인의 경우, 주재원 31명 중에서 4명이 샌디애고에 집을 두고 있다. 즉 이들은 주말에만 가족을 만나는 생활을 하고 있다. 메히깔리에 공장을 운영하고 있는 한 사장은 주말 부부로서 가족은 엘 센뜨로에 거주하고 있다. 샌디애고로 넘어가는 국경에 'express lane'이 따로 있어서 패스만 보이면 2~3초에 국경을 통과할 수 있다. 띠후아나에 직장이 있는 미국거주민들이 특별히 발급받는 증명서다. 그렇지 않으면, 출퇴근 시간이 길 수밖에 없고, 그렇게 되면, 여가생활이란 것은 전혀 생각하지도 못할 일이다.

한국인 직원가족들이 자주 모이는 것을 경계한다. 생일파티에서만 모이도록 종용하고 있다. 자주 모이면 편가름이 생기기도 하고, 부인들 사이에 남편들의 회사 계급에 따른 위계관계가 생기는 문제가 있다. 부인들은 여기서 골프를 많이 친다. 가족들은 두세 달에 한번 정도 서로 음식을 하여 모이는 정도다. 추석과 설날에는 협력업체의 직원들까지 모여서 음식을 해서 멀리 나가서 제사상도 마련한다.

공산품 마낄라의 주재원들의 가정생활은 한마디로 인고忍苦라고 한다. 해외에 있으면, 승진에도 실질적으로 불리한 점이 있다. 대체로 승진에 있어서 1년 정도 늦어지는 것이 보통이다. 주재원은 한번 부임하면 보통 4년의 체류기간을 갖는다. 처음 1년은 적응하는데 다 시간을 보내고, 마지막 1년은 돌아가는 준비를 하는데 시간을 할애한다. 따라서 적응과 재적응 과정을 위해서 보내는 최소한도의 2년간은 생각이 업무 이외의 다른 곳에 가게 마련이다. 이러한 현상이 누적적으로 반복되고 있다는 점이 해외의 현지공장이 안고 있는 구조적인 문제임을 모두가 잘 알고 있다.

한국으로 복귀하는 것이 또한 어려운 문제다. 뒤떨어진 생활만 하다가 되돌아가서 재적응한다는 것이 쉬운 일이 아니다. 물론 소프트 랜딩 팀에 배속되어서 6개월간의 기간을 갖지만, 처음에 파견될 때 5년 뒤를 생각하면 아찔한 것이 현실이다. 한편 주재원은 선택받은 존재라는 인식도 있다. 그러나 주재원 생활 동안에 모든 면에서 본사에 근무하던 기간보다도 뒤떨어지게 마련이다. 전문성이 떨어지는 것이 가장 큰 문제다. 주재원을 하는 동안에는 포괄적인 업무를 하게 마련이고, 전문성 보다는 일반성이 강조된다. 주재원이 귀국하면 영어를 더 잘할 것으로 생각하는데, 그것은 현실을 모르는 얘기다. 오히려 거꾸로다. 주재원은 회화만을 하지, 시험에 필요한 영어에 있어서는 뒤떨어지게 마련이다. 회사 내의 승진 시험에서 영어 성적이 과거보다 주재원 이후에 더 뒤떨어지는 것이 일반적인 현상이다. 주재원으로 나올 때 뒤를 보아주던 보스의 얼굴이 항상 중압감으로 작용한다. 본사의 현지법인에 대한 현지화 정책에 대해서 현지법인에 나와 있는 주재원들은 항상 본사로 되돌아가서 적응할 생각을 하고 있다. 이러한 상충 현상이 현지화의 궁극적인 걸림돌로 작용하게 마련이다.

한 법인장은 11년 전에 구미공장을 떠나서 해외로 나왔다. 오늘 본사 사장이 방문한 날이다. 그는 연 3회 정도 방문한다. 그런데 오늘 날씨가 덜 더웠다. 사장이 본사로 돌아가면, '고생 하더라'라는 이미지가 생기지 않을 것 같아서 걱정되는 정도다.

띠후아나에 사는 멕시칸과 주재원들 사이에 공유하는 부분이 없다. 주재원들은 샌디애고에 거주하고, 멕시칸들은 띠후아나에 거주한다. 이것도 주재원과 멕시칸 사이에 가로 놓인 장벽들 중의 하나라고 인식할 필요가 있다. 멕시코의 언어와 문화를 이해한다고 해서 한국인 주재원들이 '촌티'를 벗는 것은 아니다. 영화나 신문 등을 통하여 공장이 위치하고 있거나 자신들이 살고 있는 지역에서 벌어지는 사건과 일에 대한 정보에 대해서 전혀 무식한 것이 주재원들의 현주소다. 한국인 주재원들은 따라서 띠후아나에 거주하고 있는 멕시코인들의 박학한 정보를 전혀 따라가지 못한다.

아리조나주의 유마에 한국인이 약 3백 명 정도 있고, 한국인 교회가 1 개 있다. 교인은 약 30명 정도다. 이들은 모두 멕시코에 있는 한국계 마낄라에서 근무하는 한국인 관리자들의 가족들이다. 엘 센뜨로에 한국인 교회가 2개 있다. 주로 주재원 가족들인 400~500명의 한국인들이 거주하고 있는데, 교회 신자들은 대부분이 주재원 가족들이다. 깔렉시꼬에도 한국인 교회가 1개 있다. 모두가 똑같은 상황이다. 사막의 한 가운데서 언젠가는 돌아갈 날을 꼽으면서 살고 있는 주재원 가족들이다. 그래서 비용을 부담하더라도 여러 가지 환경 조건이 좋은 샌디애고로 가족은 이주해서 살고 주재원은 주말에만 가족들과 만나는 생활을 하는 경우도 허다하다. 특히 자녀들의 교육 문제라는 것은 이러한 경향으로 움직이는 주재원들의 공통된 인식이다.

5. '파견'과 '현채'

한국계 공산품 마낄라들 중에서 대기업의 현지법인에서는 '파견'과 '현채'라는 단어를 쉽사리 들을 수 있다. 파견이란 한국의 본사에서 파견된 주재원을 일컫는 말이고, 현채란 현지채용의 줄임말로서, 본사에서 파견된 직원이 아닌 현지의 필요에 의해서 현지의 법인장이 채용한 직원이다. 엄밀한 의미에서 현채는 본사의 직원이 아닌 셈이다. 따라서 양자 사이에는 신분상의 차별과 갈등이 내재해 있는 것이 한국계 마낄라의 문화적 문제들 중의 하나다. 기업 조직의 인사관리라는 차원에서 볼 때, 소수의 멕시코문화에 대해서 잘 모르는 한국인 관리자들과 다수의 멕시코인 노동자들 사이에는 필연적인 문화차이의 문제가 발생한다. 이 문제를 현채라는 조직의 도입을 통해서 해결해보려는 시도가 대부분의 기업에서 행해지고 있지만, 이것 자체가 또 다른 문제를 조직 관리의 문제를 불러일으키고 있다.

대기업 현지법인은 본사직원이 파견되어 오지만, 상대적으로 소규모인 봉제공장에서는 한국에서 친인척을 데려오기도 한다. 파견으로만은 관리가 어렵기 때문에 현채를 시도하고 있다. 왜냐하면, 본사로부터의 파견은 대체로 스페인어도 부족하고 멕시코의 문화에 대해서 잘 알지 못하기 때문이다. 따라서 상대적으로 파견보다는 당지의 사정에 밝은 현채가 파견과 노동자들 사이의 윤활유 역할을 하도록 임무가 부여되기도 한다. 한 봉제공장은 과테말라에서 2명, 도미니카에서 1명의 기술자들을 데리고 왔다. 그들이 멕시코인 노동자들에게 기술을 가르쳐주고 있다. 이들은 모두 당지에서 한국인들의 공장에서 다년간 한국인들과 함께 근무한 경력이 있다. 점심시간에 이들은 한국인들과 함께 한국식의 음식을 함께 나누어 먹는다. 이 봉제공장에서는 3명의 카리브 출신 기술자들이 대기업에서 고용하는 현채의 역할을 하기도 하는 것이다.

띠후아나에 있는 가장 규모가 큰 한 공산품 마낄라의 전체 직원은 4,700명인데, 그중에서 한국인 100명이다. 이중 파견과 현채가 각각 50명씩이다. 현채는 모두 교포로서, 중남미교포 25명과 미국교포 25명이 있다. 또 다른 한 기업에서는 스페인어를 하는 통역으로 5명을 현지 채용하였다. 교포인력은 주로 커뮤니케이션의 도구로 쓰는 경향이 많다. 한 기업의 경우, 작년에 교포인력 2명을 채용하였고, 금년에는 8명으로 늘었다. 그들은 본사와 멕시코 현지법인 사이의 커뮤니케이션을 원활하게 하는 도구로서 역할하는 임무를 부여받기도 한다.

멕시코 시티에 있는 국립대학에서 유학하는 도중에 특채된 한 경우는 공장의 설립 준비 단계에서부터 일을 시작하였다. 공장이 다 건설된 뒤에는 그 직원에게 노사 문제를 담당하도록 분명한 일거리가 배정되었다. 그는 현지인 노무담당과 협력하여 일을 해나가고 있다. 멕시코의 한 공과대학에서 교환학생으로 공부를 하던 한국인 재미교포 남학생이 고속도로를 지나가다가 한국기업의 간판을 보고 그 공장을 우연하게 방문하였다가, 기업 측의 요청으로 즉석에서 취직을 하게 되었다. 그는 미혼으로서 영어와 스페인어를 잘 하는 편이다. 기업에 따라서는 이런 정도로 현채에 노동자 관리 문제를 의존하는 경우가 적지 않다.

다수의 멕시코인 노동자들을 관리함에 있어서 한국인 관리자들이 경험하는 가장 어려운 문제는 의사소통이라고 한다. 어느 정도 언어 문제가 해결된다고 하더라도 궁극적으로는 뉴앙스 차이의 파악이 가장 힘든 문제들이기 때문에, 궁극적으로 현지화 경영은 멕시칸에 의한 경영으로 가야한다는 주장도 있다. 현재의 상태에서 대안으로 채택한 것이 현지채용의 방식이다. 언어를 아는 사람에게 관리능력을 키워주는 것이 하나의 방법이다. 그런데, 현지채용직원과 서울에서 파견된 직원 사이에 문제도 있다. 파견은 현채를 업수이 여기는 경향이 있다. 현채는 정식입사가 아니라는 편견이 작용하기도 한다. 그래서 파견이 현채를 '잡아먹으려고 한다'. 현지채용직원은 거꾸로 서울에서 온 것들이 말도 못한다고 되받아치는 경우도 있다. 통역을 위하여 사장과 함께 다니는 현채의 위세에 대해서 파견들이 못 마땅하게 생각하는 경우도 있다.

현지 채용된 '교포인력'에 대한 평가는 엇갈린다. 한 한국인 경영자는 다음과 같이 평한다. "교포인력이 한국인 관리자와 멕시칸들 사이의 가교역할을 충분히 하기에는 무리다. 어떤 배경을 갖고 있던지 간에 한국인이 한 사람이라도 더 추가되면 그만큼 문화충격이 첨가되는 것이라고 이해해야 한다. 교포는 빨간 고추장인 것으로 알았는데, 토마토케첩인 수가 많다." 파견은 '고추장'이고, 현채는 '토마토케첩'인 셈이다. 한국인 경영자와 본사로부터 파견된 직원들은 현채가 고추장이기를 기대하고 있지만, 색깔만 붉을 뿐이지 또 다른 맛을 내는 교포출신의 현채들에 대해서 만족하지 못하고 있는 것이 실정이다. 교포인력은 주재원과 멕시칸 사이에 고립된 하나의 제3의 존재인 셈이다.

본사에서 파견된 주재원들은 주인의식이 있다. 본사와의 관계, 기존의 상사들과의 관계 등이 고려되게 마련이다. 현채는 그러한 관계가 없다. 채용과정과 처우에 있어서 처음부터 차이가 있다. 주재원은 중압감이 더 크며, 일요일에도 알아서 직장에 나와야 하는 경우가 있다. 기업문화를 주입시키려는 신참 노동자들 대상의 입사교육이 멕시칸들을 대상으로는 하지만, 오히려 현채들에 대해서는 그러한 기회가 없는 경우도 있다.

같은 직급이라도 파견이 현채보다도 더 높은 것으로 인식되어 있다. 파견은 현채에 대해서 자신의 일들을 챙겨주기를 바라기 때문에, 파견과 현채 사이에 갈등이 빚어지는 수도 있다. 파견의 일들을 챙겨주다 보면, 현채는 자신의 업무에 지장을 받는 수가 있다. 현채들은 다음과 같은 견해를 갖고 있다. '언어 문제를 해결하지 못하는 것이 파견', '기술만 가지고 와서 덤비는 측이 파견'이라는 표현이 있다. 파견 온 사람들이 자립하려면 2년 정도 소요되는 것 같다. 그 사이에 파견들은 현채의 도움을 당연한 것으로 생각하고 이런 저런 자질구레한 일들을 요구하기도 한다. 멕시칸들은 파견인인가 현채인가에 대해서 전혀 무관심하다.

교포인력 스스로의 고민도 있다. 미국에 살아야 하는 사람이면서도 미국의 주류 사회에 끼어들지 못하는 사람들이다. 이민자들이며, 주변인이고, 그들에게는 회사 내에서 승진의 기회가 주어져 있지 않고, 영원한 대리의 지위일 뿐이다. 한 교포인력은 스스로 자신을 '어정쩡한' 사람이라고 표현한다. 그는 띠후아나에서 집을 한 채 전세를 얻어서 살고 있으며, 한 달의 월세 대금은 200불 정도 낸다.

현채는 한국에 있는 본사에 의해서 고용된 직원이 아니고 미국법인과의 계약에서 고용된 사람들이다. 그들은 장래의 보장에 대한 불안감이 있다. 다른 회사의 주재원으로 나왔다가 귀임 발령을 받은 후 사표를 내고 다른 회사에 현채로 들어가는 경우도 있다. 이러한 경우는 업무파악과 문화적 갈등의 요인이 적다. 유학생으로서 학업을 끝내고 현채로 고용되는 경우는 30% 정도 된다. 이들은 한국인이지만 한국인 취급을 하지 말아달라는 외국식 사고방식을 주장하는 경우도 있다. 이들은 회사에 대한 충성도가 떨어진다. 그들에게 목표부여를 어떻게 하는가 하는 문제가 중요한 것이다. 한국에서 대학을 나온 한 재미교포 기혼 여성 직원은 미국에서 MBA를 하였다. 경영자는 그녀에 대해서 미국식의 교육을 받은 사람의 눈으로 한국식과 멕시코식의 양쪽을 잘 보아주기를 기대하였으나, 그 기대는 처음부터 빗나갔다. 그녀는 더더욱 한국적인 사람이었다. 20년 전의 한국인을 만나는 느낌을 갖게 되었다. 현지화의 과정으로서 교포인력을 고용하는 것은 본질적으로 의도가 약간 빗나간 면이 있음을 느끼게 한다.

한 대기업에서는 '파견과 현채 사이의 또 다른 바보'라는 표현이 제시되었다. 멕시코의 실정을 사전에 익힌 본사파견 주재원과 관련된 문제다. 이들에게는 소위 '지역전문가출신'이라는 별호가 붙어 있고, 그들을 하나의 고정된 단위로 보는 시각이 존재한다는 점이 지적되었다. 경영자들에 의해서 그들을 보는 스테레오타입화된 시각이 부정적으로 나타나는 경우를 말한다. 회의를 하다가 법인장이 참석자들에게 두루 의견을 구하는 경우가 있다. 그러한 가운데, '지역전문가'로서 의견이 어떠하냐고 묻게 되면 지역전문가 출신들은 입장이 곤란해진다. 지역의 문제와 결부되어서 회사의 입장에 관한 견해를 제시하게 되면, '그것은 지역전문가니까'라고 치부해버리는 수가 있다. 경영자 자신들은 수 년간 멕시칸들과 부딪치면서 살아왔는데, 무슨 소리냐고 핀잔을 받는 경우가 오히려 많다. 지역전문가들은 멕시코의 여러 가지 문제들을 두루 고려해서 의견을 내지만, 시간이 많이 경과한 상사들은 공장에서 체험적으로 자신들이 겪은 경험만을 배경으로 내세워서 의견을 몰고 가는 경우가 있다. 따라서 지역전문가출신들이 샌드위치나 바보가 되는 경우가 있기 때문에, 이들은 가능한 한 말을 하지 않으려고 한다.

모든 것이 본사 중심으로 이루어지고 있는, 즉 당지의 상황에 대해서는 이차적으로 생각하는 현상이 문제이다. 그러한 문제 때문에, 지역전문가도 현채도 그들이 갖고 있는 본래의 저력을 발휘함에 있어서 주저할 수밖에 없는 것이 한국인들로 구성된 관리조직 내부의 문제인 것 같다. 그들은 본사에서 내려오는 압력을 먼저 의식하기 때문에 자신들의 실력을 발휘할 기회를 포착할 엄두조차 내지 못하고 있다.

6. 결근과 이직률

봉제 마낄라이든 공산품 마낄라이든 간에 관계없이 동일한 문제로 한국인 관리자들이 고민하는 것은 멕시코 노동자들의 높은 결근율과 이직률이다. 작업 인원이 항상 들쑥날쑥하기 때문에, 생산 공정의 일관성을 유지하는 것이 쉽지 않은 문제인 셈이다. 대부분의 마낄라도라 사업장에

서 가장 특징적인 것은 높은 이직률이다. 아시아계 마낄라도라 사업장에서의 이직률은 대략 월 10%에 이르고 일평균 결근율은 5% 정도다.^{Kenney,}
Romero & Choi(1997), 112~113

　대부분의 공장에서는 인력 관리의 중요한 문제를 단부제에 걸고 있다. 그렇게 함으로서 품질의 균질감을 유지할 수 있다고 하지만, 또 다른 회사는 3부제로 운영한다. 장치산업임과 동시에 관리 산업인 전자업체는 계속해서 기계를 돌림으로서 품질 균질 유지를 달성할 수 있다고 판단하는 것이다. 그 이유는 쉬프트마다 결근율이 다르기 때문에 일어나는 것이 대부분이다. 기계는 지속적으로 물건을 만들어내는데, 사람 숫자가 빠지면 출근한 사람들에게 상대적으로 많은 업무가 주어지게 마련이고, 그렇게 되면 불량품의 발생 가능성이 높아진다.

　생산량을 늘이는 방법은 노동자들의 손이 빨라지고, 노동자들의 손이 빨라져야 이익이 는다고 생각하는 것이 대부분의 마낄라 작업장 관리자들이 공통적으로 생각하고 있는 점이다. 공산품 마낄라에서도 지적된 것처럼, 봉제 마낄라에서도 문제는 동일하다. '값싼 노동자의 머릿수로부터 인건비를 따 먹는 것'이 봉제라고 할 정도다. 봉제는 흐름 작업이기 때문에 중간에 사람이 빠지면 작업이 이루어지지 않는다. 그런데 한 봉제공장의 경우에, 노동자들의 결근과 이직으로 인하여 전체 인원 중에서 10%는 항상 자동 교체되고 있다.

　한 봉제공장에서는 월요일에 17명이 결근하였다. 자녀들이 초등학교 졸업식을 하기 때문에, 거기에 참석하기 위해서 열 명이 결근하였고, 일곱 명은 어제 일요일에 술을 많이 마시고 결근하였다. 월요일과 화요일에는 15~25%까지 결근율이 올라가지만, 수목금에는 1%대로 결근율이 떨어진다. "월요일에는 무단결근이 많고, 봉급날인 금요일은 무단결근이 전혀 없다"Kenney & Florida(1994), 35는 관찰과 전혀 동일한 상황이다. 500명의 노동자 중에서 여성이 370명이고, 그중에서 60%가 기혼자인 한 봉제공장에서는 월요일에 70~80명 정도가 결근한다. 평소에는 20명 정도가 결근한다. 남자들의 결근 이유들 중에는 모친 생일 또는 모친의 병간호 등이 많다. 여성들은 대부분이 자녀들 때문에 결근을 한다. 미혼모의 경우에 아이를 돌보는 일 때문이기도 하고, 남자의 경우는 술을 사먹고 놀고 난 뒤에 돈이 없어서 차를 타고 오지 못하는 경우도 있다. 멕시코 사회의 기본적인 의료와 복지가 약하기 때문에 노동자들에게 잔병이 많은 것 같다는 평가도 있다.

한 전자제품 공장의 멕시칸 노동자들 중 60% 정도는 2년 연속으로 근무하고 있다. 공장 전체적으로 볼 때, 중요한 인력은 이직률이 없다. 노동자급에서 이직률은 월 6~7% 정도를 유지하고 있다. 이에 따라서 품질이 유지되는 것이다. 또 다른 전자제품 마낄라에서는 이직률이 7~8% 정도다. 금요일에 주급을 준다. 7시에 잔업하러 출근해야 하는 노동자가 5시에 와서 주급을 타고는 일을 않고 떠나버리는 경우가 많다. 주말에 노는 약속이 가장 중요하고, 주말에 회사에서 일을 한다는 것은 상상할 수 없는 사람들이 멕시코인들이다. 주말에 근무하면 급여의 300%를 지급함에도 불구하고, 주말에 근무하는 멕시코인들은 한 명도 없다.

이곳의 노동자들은 기본적으로 주거가 불안정하여 이직률이 높은 것으로 생각된다. 따라서 제조업하기에 어려운 점이 있다. 가장 심각한 타격은 기술을 전수받은 노동자가 현장을 떠나 버리는 경우다. 띠후아나 지역은 실업률이 마이너스라고 표현할 정도로 실업률이 낮은 곳이다. 작업장의 한 라인이 몽땅 한꺼번에 퇴사하는 경우가 있다. 노동자들에게 통근버스를 제공하는 것도 노동자들의 단체화에 영향을 주는 점이 있어서 문제라고 생각하는 한국인 봉제업자도 있다.

이직률 원인은 미국으로의 불법이민에서도 기인된다. "높은 이직률은 띠후아나와 시우다드 후아레스가 북미에서 가장 유동적인 도시라는 점에서 기인된다. 이 두 도시는 미국으로 월경하려는 이주자들과 중부 멕시코의 집으로 돌아가려는 이주자들의 비율이 높다."Kenney & Florida(1994), 35

높은 결근율과 이직률에 대한 적응전략으로서 성과급제를 도입하는 것이 거의 모든 한국계 마낄라도라의 방식이다. 성과급제를 하는 방식은 대체로 개인별과 라인별의 목표량을 설정해놓고, 달성하는 양만큼 임금을 더 지급하는 방식이다. 이러한 방식의 도입으로 생산량이 늘어나고 있다. 성과급제에 따르는 문제는 불량품의 증가인데, 이 경우는 그날 안에 불량품을 보수해야 한다는 약속을 미리 해둔다. 검사부서가 있어서 검사를 하여 불량품은 그것을 생산한 노동자에게 돌아가며, 그 날 안에 그것을 보수하지 않으면 공장 밖으로 나가지 못하도록 한다. 만약에 보수하지 않고 그냥 퇴근을 하면, 그 부분에 대한 성과급을 지급하지 않는 방식을 채택한다. 기본급은 최저임금과 약간의 수당이 보태어 진 것이고, 이것은 노동자들이 받는 전체 봉급의 30~40%밖에 되지 않는다. 결근을 하면 그 주의 인센티브를 다 제외해버리기 때문에, 인센티브제를 걸어 놓으면 결근율이 떨어진다고 생각하는 업주도 있다.

결근자들이 출근하면, 한국인 사장이 결근 이유를 알기 위해서 면담을 하는 경우도 있다. 이것에 대해서 멕시코 노동자는 사장이 권력을 이용하여 개인의 프라이버시를 침해하고 있다는 생각을 한다. 한 봉제공장에서는 탁아시설을 함으로서 노동자들의 인력수급에 도움이 될 것으로 생각한다. 850만 불의 대규모 봉제공장을 준비하고 있는 한 한국인 기업주는 기존의 봉제공장들을 두루 돌면서 관찰도 하고 얘기도 듣고 있다. 그는 탁아소 시설이 노동자 관리에 아주 중요하다는 생각을 갖고 있다. 앞으로 탁아소를 지을 토지를 정부가 제공하겠다고 하면 거절한 뒤, 공장이 탁아소를 짓고, 멕시코 정부에게 탁아소에 들어가는 간식비와 운영비를 보조해달라는 방식으로 논의를 하려고 한다.

전자제품업체에서는 신입사원에게 일주일간 신입훈련을 시킨다. 그동안에는 정규적인 작업복을 입히지 않는다. 일본계 마낄라도라에서 관찰된 바로, "신참자에 대해서는 수습기간이 끝날 때 까지 통일된 근무복을 지급하지 않는데, 이것은 두 가지 목적을 갖고 있다. 신참자를 쉽사리 식별하려는 이점과 이직률이 높은 점을 감안한 비용절감의 이점을 겨냥한다."Kenney & Florida(1994), 33 또 다른 대기업 현지법인은 신입훈련에 기대를 걸지 않고 있다. 왜냐하면, 이직률은 항상 월 10% 정도이고, 신입사원의 교육이 이직률의 개선에 전혀 도움이 되지 않는다고 생각한다. 따라서 신입사원은 하루의 교육을 시켜서 현장에 투입시킨다.

'루시에르나가'반딧불라는 말을 좋아하는 봉제공장의 사장은 사원들의 정신교육을 위해서 과테말라의 공장에 자문위원으로 고용한 과테말라인 지식인을 멕시코의 뿌에블라 공장에 보내어서 사원들의 정신교육을 시켰다. 전자제품 공장을 처음 경영한 업주는 일주일에 두 번씩 아침 조회를 하였다. 직원들의 정신교육을 위해서 포상제도도 하였다. 금년에는 다음과 같은 포상제도를 제안하였다. 1년 동안 결근을 하지 않으면, 14인치 텔레비젼을 준다. 3개월간 결근을 하지 않으면 14k 금반지나 카세트를 준다. 데리고 온 아이가 근속을 하면, 소개한 아이에게도 포상한다. 금년이 절반이 넘어갔는데, 아무도 대상자가 없는 상태가 되어 버렸다. 즉 노동인력의 현지화 실패 사례인 셈이다. 한국인 업주가 고용한 방식은 한국식이었다는 점이 현지화가 실패하게 되는 원인이 된 셈이다. 봉제공장에서 시스템은 갖추지 않은 상태에서 당근을 제공함에 대한 노동자들의 반응이다.

유사한 방식이 대기업에서는 약간 적용된 사례도 있다. 한국인 생산관리인은 170명 정도의 멕시코인을 노동자로서 관리하고 있다. 예를 들어서 3개월간 결근이 없으면 포상을 하겠다고 했다. 155명 중에서 15명이 해당되어 최근에 시상한 적이 있다. 회사 자체에서도 연 단위의 근속에 대한 인센티브를 제시하고 있으나 본질적으로 문제해결을 하지 못한다. 집단별로 포상하여 집단의 일인당 50페소씩 지급하는 제도도 있다. 동기부여의 방법들을 많이 시도하고 있으나, 궁극적인 문제 해결에는 접근하지 못하고 있다. 그러한 문제를 해결하기 위해서 복합단지 내에 탁아소나 기숙사 등을 설치하자는 방안도 제시된 적이 있었으나, 그에 따른 부대시설과 비용이 커질 것 같아서 계획이 수포로 돌아간 적이 있다.

한국계 기업들이 멕시코문화에 적응하려는 노력을 전혀 하지 않는 것은 아니다. 규모가 작은 봉제공장은 그 수준에 맞게, 그리고 규모가 큰 대기업 현지법인들은 그 수준에 맞게 현지화의 노력을 하고 있지만, 한국계 기업들은 문화차이의 관리라는 차원에서는 상당히 거리가 먼 현지화의 정도에 머물러 있다.

멕시코 노동자들은 성모마리아 신앙이 강하다. 공장의 작업장에도 성모마리아상이 있는 것과 없는 것은 노동자들의 안정감에 큰 차이가 있다. 노동자들은 자발적으로 성모마리아 과달루뻬 상에 자기네끼리 꽃을 사서 갈아서 치장을 하며, 한 달에 한 번 과달루뻬 성모상 앞에서 집단으로 미사를 드리고, 성모마리아 날에도 미사, 연말의 크리스마스 미사, 회사 설립 일주년 기념식 미사를 드린다. 그들은 마치 그들이 거주하던 마을에 모셔져 있는 성모마리아상에 대해서 예배를 드리는 것과 마찬가지의 종교적인 의식을 그들의 작업장에서도 연출한다. 중 규모의 가전제품 마낄라에서 한국인 법인장은 노동자들의 성모마리아상 건립 요청을 일 년간 유보하다가 할 수 없이 만들어준 사례도 있다.

공장에서는 매달 생일파티를 한날에 몰아서 피에스타 식으로 해준다. 그 달에 생일이 있는 노동자들의 생일파티를 회사가 한꺼번에 몰아서 해주는 것이다. 한 봉제공장은 생일파티가 가장 중요한 복지의 방식이라고 했다. 공장장의 부인이 여성 노동자들을 설득함에 있어서 일익을 담당하고 있다. 공장장의 부인은 노동자들로부터 초대를 많이 받는다. 공장장의 부인이 노동자들과 함께 일을 하기도 하고, 노동자들이 가지고 온 또르띠야의 점심을 함께 나누어 먹기도 한다.

회사에서 제공하는 식당에서 점심 한 끼니의 값은 18페소 정도이다. 그중에서 30%를 노동자 본인이 부담한다. 회사에서는 70%를 부담하는 셈이다. 400~500불이면 전 종업원이 함께 먹을 수 있다. 이직을 막기 위해서 생일파티도 하고 가정방문도 한다. 관리자급은 월 1~2회의 저녁식사를 하고, 계절별로 공장 전체의 소풍을 가기도 한다. 그 이외에 회사에서 이벤트별로 바비큐 파티를 마련하기도 한다. 점심제공, 통근버스제공, 생일파티, 가족초청 파티, 분기별로 사장 주제의 파티를 지속적으로 개최하는 곳도 있다. 연말과 회사 창립기념일에 회사 주최의 피에스타가 열린다. 대기업 현지법인의 연중 행사표는 다음과 같다. 이런 때에 피에스타가 개최된다.

〈표 6-3〉 현지 법인의 연중 행사표 사례

날짜	기념일	연중 행사
1월 1일	신정	공식공휴일
2월 5일	헌법제정일	공식공휴일
3월 21일	베니또 후아레스 탄신일	공식공휴일
4월 30일	어린이날	회사행사일

날짜	기념일	연중 행사
5월 10일	어머니날	회사행사일
8월 30일	하기소풍	회사행사일
9월 16일	독립기념일	공식공휴일
11월 20일	혁명기념일	공식공휴일
12월 1일	6년마다 정권교체일	공식공휴일
12월 13일	회사 크리스마스 파티	회사행사일
12월 25일	크리스마스	공식공휴일

회사의 내규를 회사의 복도에 게시하여 누구든지 회사의 경영방침을 알 수 있도록 함으로서 노동자들로부터 신뢰를 얻으려는 정책을 펴는 기업도 있다. 한 달에 한 번씩 모범사원을 선발하여 포상을 한다. 출퇴근과 작업능력을 기초로 하여 선발하며, 20불 정도의 선물을 제공하고, 그들의 사진과 이름을 복도에 붙였다. 누구든지 볼 수 있도록 하였다. 청소부도 원하면 작업실로 배치한다. 인력 관리도 기계 돌아가듯이 치밀하게 이루어져야 한다. 멕시칸들은 한 방에 넣어서 강력한 수퍼바이저가 강도 높게 관리해야 한다. 그렇지 않으면, 어느 구석에 가서 놀고 있는지 알 수가 없다.

한국인 사장이 사무실 직원 자녀의 성인식에 참가하는 경우도 있다. 직원이 오천페소를 가불 해달라고 부탁하여 그 이유를 물었다. 가불한 뒤에는 매달 300페소씩 갚아나가겠다고 했다. 한국인인 사장과 이사 부부가 각각 3천 페소와 2천 페소씩 부조를 하였다. 이곳 노동자들은 주급을 가불하는 경향이 강하다. 피에스타가 많아서 돈을 사용할 용처가 많은 것이다. 주급이 피에스타 체제에도 맞는 것 같다. 피에스타에는 폭죽과 음악에 많은 돈을 들인다. 법인장은 직원 결혼식에 초청장을 받는다. 연 5~6회 정도의 참석을 하며, 한 번 참석 시에 부조금으로 내는 돈의 액수는 500~1,000페소 정도다.

'철새'형의 봉제공장이 펼치는 복지정책은 땜질식으로서 거의 생색내기 정도라고 말할 수 있다. 살얼음 위를 걷기 식으로 일단 문제가 발생하지만 않도록 하는 정도의 미봉책만을 강구하고 있다. 이에 비해서 '텃새'라고 말할 수 있는 대기업 현지법인들의 복지정책은 비교적 시스템 형식으로 갖추고 있기도 하다.

7. 마낄라의 먹이사슬

현재 멕시코의 봉제업계에서는 자켓 종류의 주문량이 적어지고, 캐쥬얼한 닛트 종류의 주문량이 늘고 있다. 미국의 일상생활에 변화가 생긴 점을 반영한다는 분석이다. 봉급생활자들의 재택근무가 많아지는 경향을 반영한 결과의 영향으로 정장의 주문량이 떨어지고 있다. 현재 시장에 풀려있는 정장의 물량으로 보아서 앞으로 3년 정도 지나야 정장의 주문량이 다시 올라갈 것으로 판단하고 있다. 한 봉제공장의 경우, 닛트류는 일주일에 4만 장 이상이 팔리며, 한 달에 16만 장의 매출이 모두 미국으로 나간다. '미국놈 입맛을 맞추는 것이 일'이며, 미국측 바이어들의 요구에 의해서 가공비의 원가는 점점 더 하락하고 있다. 이러한 이유 때문에, 봉제공장이 저임금지역으로 철새처럼 옮겨 다닐 수밖에 없다. 봉제공장은 5년 안에 끝을 보아야 하는 것이 살아남는 전략의 기본이라고 한다. 임금과 시설비 때문에, 거기에 맞추어서 경비가 싸게 먹히는 곳으로 재주껏 옮겨 다닐 수밖에 없는 것이 멕시코와 중미에 있는 모든 봉제공장들의 운명이다.

"미국의 관세개혁에서 807은 외국의 기업 확장에 대해서 보다 더 강하게 대처하는 것이고, 값싼 금속 부품에만 적용하는 806.3 항목은 미국의 관세법 상 미국으로 들어오는 수입품의 1% 정도밖에 해당되지 않는 부분에 적용되고 있다."Tiano(1994), 18 즉 1%의 관세융통성을 보고 마낄라도라 산업이 목을 매고 있는 실정이다. 궁극적으로 미국의 무역 및 관세제도와 관련된 거대한 구조적 문제라고 보지 않으면, 마낄라도라와 관련된 제반의 문제들이 기인된 핵심을 놓치게 된다.

"마낄라 공장들은 소위 '도망 다니는 공장들runaway plants'이라는 이미지를 여전히 씻어내지 못하고 있다. '도망 다니는 공장들'이라는 개념은 다국적 기업들이 값싼 노동력을 찾아서 주로 개발도상국들 중에서 이 나라 저 나라를 옮겨 다니며 공장을 세우고 생산 활동을 하는 것을 말한다. 특히 교통, 통신의 발달, 노동의 탈기술화, 그리고 분절화되어 가는 노동과정 등에 힘입어서 다국적 기업들은 '선진국'들의 높은 임금을 피해 별다른 기술이 요구되지 않는 일들을 개발도상국으로 수출할 수 있게 된 것이다."김명혜(1998), 98 & 98ff 멕시코로 이전하기 시작하는 과테말라와 카리브의 한국계 봉제공장들이 '도망 다니는 공장들'의 범주에 속할 수 있다. 치고 빠지는 수법이다. 한국인 봉제업자들은 주문이 떨어지는 곳으로 옮겨 다닐 수밖에 없고, 그동안의 경험으로 볼 때, 5~10년에 한 번씩 중미의 나라를 이동한 것으로 이해할 수 있다.

봉제에는 '철새'라는 말이 있다. 바느질하는 여직공들도 마찬가지고, 수퍼바이저도 마찬가지고 모두 스카웃 형식으로 움직이는 인원이 많은 분야다. 5~10년 마다 중미의 나라들을 옮겨 가면서 공장을 차리지 않으면 안 되는 실정에 있는 것이 중미에 있는 한국인 봉제공장들이다. "(카리브 지역에서) 미국으로 수출하는 의류들은 '807 생산물'이라는 조건하에서 시행되는데, 이것은 소위 '생산공유 방식'이라는 그럴듯한 이름으로 시행되고 있다. 생산공유의 개념은 물건을 생산하는 지역의 관점에서 본다면 불합리하기 짝이 없는 것으로서 기껏해야 20% 정도의 부가가치만을 목적으로 작업을 하는 것이다."Green(1998), 19

봉제공장의 김상무는 멕시코인들에게 일을 열심히 가르쳐줄 필요가 없다고 했다. 교육을 많이 하면 할수록 임금이 상승되는 효과가 나고, 그렇게 되면, 점점 더 멕시코인들을 다루기가 어려워진다는 것이다. 멕시코 노동자들을 내 사람으로 만들려고 교육시키는 것은 문제다. 적정수준의 교육을 시켜서 일을 시키고, 가능성이 없으면 퇴사를 시키는 것이 가장 바람직하다. 이러한 상황 하에서 현지화는 비용 문제로 하는 것이지, 생산성이나 품질로 하는 것이 아니라는 입장이다. 철새의 시스템에 적합한 주장이다. 현지인들을 교육하여 그 인력이 충분한 생산성을 낼 수 있는 시간을 기다린다는 것을 영세한 봉제공장으로서는 생각할 수 없는 방식이다. 따라서 능력이 있고 커뮤니케이션이 쉬운 한국인 관리자들이 필수요원이다. 한국인 고용함으로서 자녀 학자금을 비롯한 부대경비가 많이 지출되지만, 한국인 관리자가 필요한 이유가 여기에 있는 것이다. 즉 봉제공장을 중심으로 하는 규모가 적은 마낄라가 취할 수 있는 현지화의 한계는 뚜렷하다.

한 봉제 마낄라에서는 연봉 5만 불의 한국인 상무 즉 공장장을 고용하고 있다. 멕시코인 상무를 두면, 업주가 안심하고 현장의 자리를 비우지 못한다. 주문하는 쪽에서도 한국인 관리자를 두면 더 신뢰하는 경향이 있다. 고가 인력을 사용하여 납기일과 품질을 맞추어 줄 수 있다는 분위기가 있다. 한국인 봉제업자들은 '한국만큼 많은 봉제 관리자를 생산한 나라는 없다'고 자신감을 보인다.

봉제공장과 관련되어 있는 바이어에는 두 가지 종류가 있다. 하나는 'importer'이고, 다른 하나는 'store'다. 전자는 '보따리장사'로서 신뢰하기가 어렵고, 후자는 조직이 있기 때문에 상대 대상이 된다. 바이어 측의 기획팀이 패턴 제작을 하고 그에 따라서 샘플을 만들어서 검토한 후에 수량과 가격이 결정되면, 미국에 있는 대리인주로 한국계 사무실에 접촉하는 것이 보통이다. 그 대리인이 멕시코의 공장에 주문을 내리고, 마낄라의 공장에서는 샘플대로 다시 샘플을 만들어서 대리인에게 보낸다. 대리인의 동의가 떨어지면 마낄라의 공장에서는 제작에 들어가는 순서를 밟는다. 대리인들은 옷 한 장의 수수료로 미화 20~30센트를 갖는다. 봉제는 수량이다. 한 가지 패턴에 대해서 4만 장이 제작되는 경우에는 대리인 수수료만 8천 내지 1만 2천 달러가 되기 때문에, 이러한 일은 주로 재미교포들이나 미국인 회사의 지사에서 경험을 쌓았던 한국인들이 주로 맡아서 하고 있다. 이들은 로스앤젤레스나 뉴욕에 사무실을 차려놓고 일을 한다.

마낄라에 대한 한국인 경영자의 인식 중에 특이한 것은 마낄라를 일종의 하청 개념으로 이해하고 있다는 점이다. 북미의 생산공유 분업체제를 한국식으로 이해하고, 한국식으로 이해한 방식에 적응하는 것을 기업 경영의 기본으로 삼고 있다는 점을 지적할 수 있다. 따라서 마낄라의 구조속에서 봉제기업을 경영하는 한국인 경영자는 하청과 재하청으로 이어지는 내부 조직을 생각하게 된다. 한국의 경제가 어려워지면서 새롭게 등장하는 신참 경영자는 재하청의 자리에 들어가서 먹이사슬의 단계를 구성하게 된다.

한 봉제공장의 업주는 마낄라도라의 의미를 하청이라고 이해하고 있다. 따라서 자신이 경영하고 있는 봉제공장은 '본사의 마낄라다'라는 설명을 한다. 그가 지칭하는 본사라는 것은 자신에게 주문을 내린 원 기업인 미국의 월마트를 말한다. 이곳의 한국기업들은 두 가지 종류가 있다.

따라서 그 한국인 봉제업주의 견해대로 해석하면, 봉제공장이란 주문을 받아서 생산하는 마낄라와 주문과 관계없이 직접 생산하는 공장이 있을 수 있다. 마낄라는 거간을 통하여 바느질과 팩킹 그리고 쉽핑을 하는 것이고, 후자는 바이어와 직접 계약을 하며, 최고로 칠팔백만 불 투자를 한 경우도 있다. 커다란 제도상으로 보면, 모두가 마낄라도라의 범주 내에서 작업을 하지만, 한국인 업주에게는 하청의 개념이 마낄라도라라는 것을 재해석하는 범주로 작용하고 있다. 멕시코의 뿌에블라에 있는 마낄라들의 거간을 하는 사람이 미국의 로스앤젤스에 있는 김모라는 재미교포라고 한다. 그는 자신의 생산 공장도 갖고 있으며, 주로 멕시코의 한국인 봉제공장들과 미국의 원청업체의 사이에서 거간을 하고 있는 셈이다.

하청조직에 익숙한 한국인들에게 이해되고 있는 마낄라도라는 '하청으로부터 다시 하청을 받는 재하청을 마낄래로'라는 개념도 만들어내고 있다. 자신이 직접 경영하는 것은 마낄라이고, 자신이 주문을 받은 양을 다시 재하청을 받은 공장을 마낄래로라고 인식하고 있는 것이다. 사실 마낄래로란 마낄라도라의 업종에 종사하는 업주를 지칭하는 의미이다. 즉 마낄라를 하는 사람을 마낄래로라고 말하는 의미를 한국식의 하청과 재하청으로 재해석하고 있는 셈이다. 바느질을 해서 옷 한 장당 마낄라는 80센트 먹는다면 마낄래로는 50센트 먹는다. 그 30센트 차이는 가격으로 반영된다. 바이어가 그러한 부분을 감안한다. 멕시코에 미국의 거간 측에서 나온 대리인이 마낄라들을 감독 관리한다. 하청과 재하청의 조직 개념에 입각해서 한국인 봉제업자가 설명하는 방식을 따르면, 뿌에블라에 있는 한국인 공장 18곳 중에서 7~8곳이 '마낄래로'인 셈이다.

마낄라로부터 재하청을 받고 일을 하는 재하청조직인 한 마낄래로의 공장은 1998년 7월부터 가동되었다. 처음부터 동업으로 시작한 곳인데,

동업자 자금이 더 필요한 상태에서 현재의 업주가 1998년 11월에 합류하였고, 1999년 4월에 동업자 한 사람이 빠졌다. 현재 두 사람의 동업 형태로 운영하고 있다. 마낄라와 마낄래로가 동업을 하고 있는 셈이며, 마낄라가 마낄래로의 일감을 확보하는 책임을 지고 있다. 이 공장은 30만 불 규모의 투자가 되어 있고, 미싱기계가 130대 투입되었다. 노동자는 185명으로서 이 중에 한국인 관리자가 두 명부부이 있다. 멕시코인 노동자들 중에서 120명이 여성들이다. 한 가족 7~8명이 함께 근무하고 있는 경우도 있다. 주변이 농촌지역이기 때문에, 직원들의 이동이 심하지 않다. 앞으로 손익분기점을 금년 8월로 잡고 있고, 9월부터는 이익분배가 가능할 것으로 보고 있다. 807의 형태로 작업을 하고 있다.

로스앤젤스에 있는 재미교포 거간의 주문은 지속적이고, 대량이며, 박리다매이고, 대금지급이 확실하다. 매주 월요일이면 수표가 내려오고, 화요일에 주급을 준다. 이 제품은 형태가 일정하기 때문에 좋은 기술이 필요한 것도 아니다. 형태 변화가 없이 계속해서 한 가지 종류만을 생산하기 때문에, 노동자들이 적응하기가 좋다.

그 거간은 스스로 운영하는 큰 봉제공장이 있는데, 그곳으로부터 하청을 받아서 봉제를 하는 공장이 뿌에블라에 21곳멕시코인들이 경영하는 곳도 포함하고 있음이 있다. 그곳에서 원단을 재단한 상태로 마낄래로들에게 내려 보내면, 마낄래로들은 바느질을 하여 돌려 보내는 작업을 하고 있다. 최종 포장과 운송은 재미교포의 공장에서 하고 있다. 그곳에서는 하청공장들을 상대로 피스워크를 하고 있고, 하청공장들은 노동자들을 상대로 타임워크를 하고 있는 셈이다.

"월마트Wal-Mart, 케이마트K-Mart, 제시페니J. C. Penney, 시어스Sears, 삭스핍쓰에비뉴Saks Fifth Avenue, 캘빈클라인Calvin Klein, 크리스챤디오르Christian Dior, 빅

토리아즈 시크릿Victoria's Secret, 스피겔Spiegel, 리즈클레어본Liz Clairborne, 더리미티드The Limited, 더갭The Gap과 같은 잘 알려진 회사들이 오늘날 아메리카 대륙의 가장 착취적인 작업조건으로부터 이익을 빨아내기 위해서 상당한 정도의 익명적인 하청 조직들 뒤에 숨어 있다."Green(1998), 13 하청 조직들과 노동자들 양편 모두 미국의 대기업들에 의한 희생물이 되는 점을 간과할 수 없다.

바이어가 노동자들의 최저봉급 보장과 의료보험 등을 요구한다. 바이들이 나와서 공장의 내용을 실사한다. 기계의 안전성, 화재위험, 노동자 연령, 작업자세, 비상훈련 등에 까지 봉제공장의 경영과 관리에 대해서 간섭을 한다. 봉제생산서비스Apparel Production Service란 곳에서 파견된 미국인 두 사람이 검사용지를 가지고 와서 공장의 상태를 점검하는 과정을 밟는다. 언어가 잘되는 생산부장이 검사원들을 데리고 다니면서 검사를 받는다. 간단한 형식이지만 지극히 표준화된 검사인 것 같다. 검사원들은 주문자 측에서 보낸 것이라고 하며, 이들은 검사를 대행하는 업종에 있는 사람들이다. 검사기준의 항목들은 대략 다음과 같다. 방화시설, 화장실 손 말리는 기계시설 유무, 출입문의 비상시 적용기준, 미성년자의 작업 확인, 임금 미지급, 저임금 확인, 강제 노동 확인 등이다.

티브이, 브이시알, 모니터를 생산하여 미국으로 수출하기 위해서 1990년에 설립된 한 기업은 반덤핑 문제를 해결하기 위해서 멕시코에 들어왔다. 1994년 1월 1일부터 나프타 특수가 발효되면서 물량이 늘었고, 1995년 8월에 제2공장을 건설하였다. 1996년 1월에 본기업과 함께 진출한 협력업체들을 위한 복합단지를 조성하였다. 여기서 생산되는 것은 84%가 미국 시장으로 나가고 9%는 내수이며 캐나다로 3%가 나간다. 연 30~40% 씩 성장한다. 물량은 그렇게 늘어나는데, 이익은 점점 더 줄어

들고 있는 현실이라고 한다.

한국인 기업가들 사이의 경쟁이 치열해지면서 한국인들 사이에서는 차별성을 부각하려는 방안을 고안해내고 있다. 미국인 고객을 겨냥하여 생산품을 만들어내는 과정에서 품질이라는 부분에 착안한 한 봉제기업가는 양보다는 질로 승부를 건다는 전략을 세웠다. 박 사장은 동종의 동일한 바이어를 갖고 있는 동일 규모로 뿌에블라에 세운 다른 기업과는 다른 차원의 경영을 하고 있다고 자부한다. 다른 쪽에서는 물량인센티브를 먼저 걸어서 빠른 시일 내에 물량적인 능력을 키웠다고. 박 사장은 품질인센티브를 먼저 생각했다고. 결국 상대방의 기업은 고객으로부터 클레임이 걸린 제품을 생산함으로서 손해를 보게 되는 경험을 하였다고 한다. 생산량으로 승부를 걸 때는 이미 지났고, 얼마나 품질을 고객의 구미에 맞도록 제작하느냐 하는 것이 가장 큰 과제라고 한다.

주문자와 마낄라의 관계에서 가격은 교과서식으로 나와 있다. 제조공정별로 가격이 분명하게 나와 있고, 정규 바이어와 하청 마낄라 사이의 가격도 분명하게 나와 있다. 그럼에도 불구하고 한국인들 마낄라 사이에 '찢는 경우'가 생긴다. 예를 들면, 한 바이어가 A라는 공장에 가서 하나의 물건에 대해서 가격과 조건을 흥정한 다음, 동일한 물건을 B라는 공장에 가지고 가서 견적서를 받는다. 이때 바이어는 A 공장의 견적서를 보여주는 수법으로 유리한 조건을 받아낸다. 바이어는 B의 견적서를 가지고 다시 A의 공장을 방문하여 B의 견적서를 보여준다. 이런 방식으로 공장들 간에 경쟁을 붙이는 방법을 저속한 표현으로 '찢는다'고 한다. 80%의 바이어들이 한국인 공장들 사이를 다니면서 '찢기를 시킴'으로써 이익을 보려는 시도를 하고 있다. 그러한 이유로 인하여 한국인 기업들의 이익은 점점 더 박해지고 있다.

8. 문화차이인가? 미숙함인가?

우아한 경영은 문화를 전제로 한다. 그렇지 못한 경우, 문화차이의 관리에 실패한 것이라는 지적이 있게 되고, 우아함을 잃게 된다. 문화라는 우아함을 앞세운 경영전략에 의해서 우아하지 못한 측은 당하게 마련이다. 장사를 하는 과정에서 상대를 얼마나 이해하는가 하는 점이 우아함과 관련되는 문화의 문제다.

한국계 기업의 사무실에 근무하는 멕시코 여성들의 한국인 관리자들에 대한 평가는 다음과 같다. 한국인들은 '뽈파보르'라는 말을 전혀 하지 않는다. 영어의 '플리즈'에 해당되는 '뽈파보르'에 대한 사전식 한국어는 '제발'이다. 그러니 한국인들이 그 단어를 일상적으로 사용할 수가 없다. '뽈바보르'의 원래 의미는 '제발'이 아니다. 일종의 관용구로서 친절하게 표현한다는 의미로 사용하는 단어다. 오랜만에 만났을 때, 한국인 남성들은 여성의 볼에 키스를 하지 않는 것이 아주 어색하다는 평가다. 이것이 쌓이면 벽이 만들어진다. 한국인 남성이 여성의 볼에 키스를 한다는 것은 대단히 성적으로 인식되기 때문에, 한국인 남성들이 키스를 할 리가 없다.

멕시코인들을 대할 때에는 한 마디로 한 가지 행동을 지시하도록 해야 하는데, 한국인들은 '하나' 하면 '열'을 알아서 행동하기를 원한다. 한 가지 한 가지 차근차근하게 과정을 밟아감에 있어서 익숙하지 않은 한국인들의 행동은 상대방도 자신들처럼 행동해주기를 기대하는 것이다. 따라서 중간 과정은 모두 생략하더라도 가능한 한 빠른 시간 내에 결과를 생산하기를 기대하기 때문에, 하나라고 시작했을 때 곧 열이라는 결론이 나타나기를 바라는 것이 멕시코인들에게는 이해 불가능한 것이다.

멕시코인들은 '아메리카 대륙에 '꿀뚜라'가 있는 곳은 멕시코다'라는 자부심을 갖고 있다. 멕시코인들 생각하기에, 한국인들은 전반적으로 교육이 덜 된 사람들이다라는 생각이 있다. '주재원들은 화가 나는 대로 마구잡이로 얘기를 한다. 점심 먹고 난 후에 이를 닦지 않거나 때묻은 까운을 그대로 입고 다니는 매너 없는 행동이 이어진다. 옷도 다려 입지 않는다. 한국인들은 작업복을 다려 입지 않는다. 몸에 향수도 뿌리지 않고 몸냄새를 풍기고 다닌다. 이러한 이유로 인해서 멕시칸들은 한국인 관리자들에 대해서 존경심을 갖지 못하게 된다.' 대기업 현지법인에 사장의 비서로서 근무하는 한 멕시코 여성의 진술이다. 띠후아나에서 가장 설비가 잘 되어 있는 한 기업의 한국인 관리자들이 사용하는 화장실에서 연구자에게 목격된 장면이다. 한국인 관리자가 변소에서 이를 닦으면서 오줌을 누고 있다. 동시에 여러가지 일을 함에 있어서 익숙해 있는 한국인들의 모습을 본다. 이러한 모습이 멕시코 여성 비서들에게는 어떻게 비칠 것인가. 한국인들은 모두 똑같은 생각을 하는 사람이다라고 간주된다. 한국인들이 지나치게 획일적인 사고와 행동을 하는데 대한 평가다.

한국인들은 여성을 다룰 줄 모른다. 성희롱의 개념이 서로 다르다. 멕시코에서 엉덩이를 건드리는 것은 심각한 성희롱이다. 한국인들은 상대방과 얘기를 할 때, 눈을 맞추지 않고 처음 한번 보고는 옆으로 눈을 돌린다. 이때 멕시코인 여성은 한국인 남자가 자신의 몸을 눈으로 훑어보는 것으로 생각하고 기분이 나빠진다. 격려하느라고 여성의 어깨를 치는 것도 성희롱에 들어간다. 사전에 충분한 커뮤니케이션이 없는 상태에서 몸을 건드리는 것은 대부분이 성희롱에 해당된다.

한국여자들의 앞가슴은 일반적으로 '절벽'이기 때문에, 한국인 남성들은 한국 여성들의 가슴 모양에 익숙해 있다. 그런데 멕시코 여성들은 상대적으로 앞가슴이 상당히 많이 튀어 나와 있기 때문에, 한국인 남자들의 눈은 자연스럽게 여자의 가슴으로 가게 마련이다. 한국인 경영자는 자신과 함께 일을 하는 한국인들에게 이점에 대해서 집중적인 주의를 주지만 잘 고쳐지지 않는 어쩔 수 없는 문제다.

초창기 공장의 건설시기에는 표면화된 문화충돌의 문제가 많이 있었다. 예를 들면, 때리고, 고함지르는 경우였다. 그러나 생산설비가 따라가고, 제도가 만들어진 뒤에는 그러한 문제들이 사라지는 대신에 문화충돌의 내용이 달라지고 있다. 예를 들면, 인종차별 또는 여성차별 등과 관련되는 문제들이다.

대기업 현지법인의 현채 사원의 견해를 다음과 같이 정리하였다. 멕시코인 중간관리자가 그의 밑에서 지휘를 받도록 조직이 만들어져 있다. "이곳 노동자들은 체면의 개념이 없다. 일과 후 저녁에 개별적으로 만나서 앞으로 잘해보자고 사장이 종업원들과 함께 술을 마신 적이 있었다. 함께 술을 마시면서 일을 잘하자고 다짐을 했는데, 다음날 아침에 결근을 하는 경우가 있었다. 왜 결근을 했느냐고 물으니, 술에 취해서 출근할 수가 없었다는 대답이었다. 멕시코인들은 신뢰를 줄 수 있는 대상이 되지 못 한다." 봉제공장 한국인 경영자의 진술은 다음과 같다. "기술을 가르쳐 주고, 용돈도 주고, 결근한 것도 봐준 아이가 있었는데, 결근을 하였다. 동료들에게 물어보니 다른 공장으로 이적하였다고 하였다. 우연히 시내에서 그 아이를 만나서 나오지 않는 이유를 물었더니, 왜 간섭이냐고 대들었다. 베풀어준 것에 대한 대가를 바랐던 자신의 입장을 생각하게 되었다. 바라는 마음으로 베푸는 것이 문제라는 생각이 들었다. 따라서 특별히 어떤 개인에 대해서 잘해줄 필요가 없다는 생각이 들었다."

노동자들 스스로 자신들의 돈의 양을 통제하는 기능이 약한 것 같아서, 봉제공장의 한국인 사장은 노동자들에게 개별적으로 저축할 것을 권장

한다. 멕시코 노동자들에게 한국 노동자들은 저축도 하고 잔업도 잘한다고 말하면, 그러면 왜 한국에서 봉제공장을 하지 않느냐고 반문한다. 그는 다음과 같은 잠정적 결론을 내렸다. "한국식으로 노동자들을 유도하려고 하면 안 된다. 한국인 관리자가 멕시코화되지 않고는 봉제공장 운영이 어렵다. 공장 운영을 위해서 노동자들의 관습을 바꾼다는 것은 불가능하다. 사회 전체의 문제를 공장 내부에서만 개조해보려는 관리자의 생각을 바꾸는 것이 낫다. 노동자들이 그들의 생활습관을 공장을 위해서 변화시킬 이유는 없는 것이다."

멕시코인 중간관리자는 다음과 같이 진술한다. "커뮤니케이션에 있어서 한국인과 멕시코인 양측이 모두 서로를 더 알려는 노력이 없었던 것이 사실이다. 한국인들은 모든 일을 자기 방식대로 할려고 한다. 한국인들이 멕시코인들 중에서 마음에 드는 소수의 몇 사람을 꼭 붙잡고 일을 하면서, '멕시코인들은 안 돼'라는 인식을 버리는 것이 중요하다. 자신을 되돌아보면, '이 사람들은 안 돼'라는 소리가 나올 수가 없을 것이다."

한국인 중간관리자의 진술은 한국인들 사이에서 가장 보편적으로 언급되는 문제다. "오후 5시경에 본사로부터 급하게 요구하는 서류가 있어서 일을 하자고 하면 멕시코인은 '마냐나'라고 응수한다. 내일하자고 해서 그러면 내일 꼭 해달라고 부탁을 하면, 내일에 다시 하지 않는다. 그러면 또 내일 하겠다고 한다. 이러한 일이 지속적으로 반복되는 것이 문제다. 종교의 예정설이 생활의 모든 면에 깊숙히 지배하고 있기 때문에, '마냐나'로 통한다. 이것도 현재에서 사고와 행동이 움직이는 것이 아니다. 과거는 그대로 내려오고 동시에 '마냐나'가 지배하기 때문에 생기는 행동유형에 한국인들이 적응하기가 어렵다."

안사장은 봉제업을 시작한 이래로 스트레스성 피부병을 삼 개월간 앓았다. "사장이 먼저 멕시칸으로 동화되는 것이 낫지, 노동자들을 한국식으로 교육을 시키는 것은 불가능하다. 그래야 스스로 병이 나지 않는다. 스트레스를 받는 가장 큰 이유는 이곳 멕시코인들의 '마냐나'와 '어깨움찔'의 반응 때문이다." 멕시코인 노동자들이 보는 한국인에 대한 인상은 소리치고, 성질 급하고, 화를 잘내는 것이다.

멕시코인들의 '마냐나'와 한국인의 '빨리빨리'의 결합이 하나의 공장이라는 현장에서 이루어지고 있는 셈이다. 공교롭게도 극과 극이 만난 셈이다. '빨리빨리 경영'은 실제로 한 공산품 마낄라 기업의 경영자가 한 말이다. '빨리빨리'에 대한 멕시코인들의 대응방식은 '마냐나'와 울거나 무서움증을 느끼는 것이라고 한다.

이러한 문제에 대해서 연구자는 멕시코인 중간관리자들에게 의견을 물었다. 그들의 답변은 다음과 같다. "커뮤니케이션이라는 문제에 있어서 한국인들은 멕시칸들보다도 둔하다. 멕시칸들은 커뮤니케이션이라는 문제에 있어서 상당히 민감하다. '빨리빨리'라는 말은 대체로 큰소리를 동반할 수밖에 없고, 이 큰소리에 대해서 멕시칸들은 놀랜다. 멕시코인들은 누군가 자신의 이름을 큰 소리로 불러도 놀랜다. 한국인들은 일벌레라는 인식이 있고, 멕시칸들은 가족이나 자신의 생활이 우선이다. 의식주가 해결되면, 일은 재미로 하는 것이 멕시칸들이다. 한국인들은 따뜻하지 못하고, 친절하지 못하다. 한국인들의 일에 대한 태도는 '오로지 일'과 '일 먼저'다. 즉 '빨리빨리'를 경영화하려면 그러한 시스템을 갖추는 것이 필요하다. 그렇지 않으면, 한국인들이 커뮤니케이션에 둔하다라는 평을 듣게 마련이다.

대기업의 협력업체에서 일을 하는 현채의 한국인 관리자는 멕시칸들의 특징을 책임 회피 성향으로 지적하였다. "최근에 모기업에서 대금지급

일을 45일에서 60일로 늦추었다. 따라서 회사의 자금운영상 문제가 생겼기 때문에, 노동자들의 월급 지급도 순연된 방식으로 일정을 조정하지 않을 수가 없었다. 그러한 상황을 멕시코인 중간관리자에게 설명하고, 그것을 문서로 작성하여 노동자들에게 사실을 주지시키라고 지시하였다. 그는 문서를 작성한 뒤에 싸인하는 자리를 비워두고, 자신에게 가지고 와서 싸인하라고 하였다. 멕시코인은 그 문서에 싸인을 하지 않는다. 한국인이 싸인한 문서를 노동자들에게 가지고 가서 보여줌으로서 노동자들이 한국인 관리자에게 직접 달려와서 항의를 하도록 한다."

일을 하는 과정에 문제가 생겨서 멕시코인 생산관리자와 함께 그 문제를 해결하기 위한 회의를 하면, 문제에 대한 해결안을 내기 위한 제안을 하지 않는다. 멕시코인 중간관리자는 묵묵 무답으로 일관하다가, 결국 한국인 관리자들이 의견을 내면, 그냥 따라가는 형식을 취한다. 결국 모든 책임은 한국인 관리자에게만 돌아가게 된다. 얼마 전에 회사 직원들을 위한 유니폼을 산다는 결정이 내려졌다. 그것도 문서로 만들어서 한국인 관리자가 싸인을 하는 과정을 거쳤다. 납품기간이 30일로 정해졌는데, 납품일에 물건이 도착하지 않았다. 그래서 멕시코인 중간관리자에게 물어보니, 그는 그러한 사실을 까맣게 잊어버리고 있다. 현지인 관리자들은 일을 "챙기지" 않는다. 전화를 해서 알아보라고 하면, 상대방이 하는 말만을 다시 한국인 관리자에게 전하는 일만을 한다. "그쪽에서 이렇게 나오는데 어떻게 하지요"의 정도로만 말을 한다. 이쪽의 입장을 주장하여 일이 되도록 하는 것이 아니라, 상대방의 입장만을 한국인 관리자에게 단순 전달하는 일을 한다. 답답해진 한국인 관리자는 멕시코인 중간관리자에게 "넌 전화냐!"라고 핀잔을 주게 된다. 이곳에 노사 문제가 생겨서 변호사를 고용한 적이 있는데, 노동변호사도 일을 하는 과정이 마찬가지다.

생산라인의 반장을 사무실 직원으로 자리를 옮겨 주었다. 평소에 성실하고 중학교 수준을 공부한 사람이기 때문에, 승진을 시킨 셈이다. 그는 스스로 자신이 배정을 받은 책상 서랍을 청소하고 있다. 그 일을 하라고 시킨 것은 아닌데, 이 부분은 스스로 하고 있는 것이다. 한국인 관리자가 그 책상을 한 번 닦아서 준 것인데, 자신이 사용할 것이라고 하여 다시 닦는 것이다. 동기부여가 중요하다는 점이 확인된다. 멕시코인들에게도 동기만 부여되면, 일을 스스로 하는 면을 보인다.

마음에 들지 않는 행동을 하고, 일을 제대로 하지 않으면 한국인 관리자는 "너는 도대체 무엇을 하는 놈이냐? 생각을 좀 하면 되지 않느냐"라고 꾸짖게 된다. 그럴 경우에 멕시코 노동자들은 대부분이 곧 바로 회사 문 밖으로 나가버린다. 자존심을 보이는 것이다. 이러한 현상은 물건을 구매할 때에도 마찬가지로 나타난다. 깎아달라고 해도 깎아 주지도 않고 물건을 팔기 위해서 손님을 열심히 붙잡지도 않는다. 물건을 구매하기 위해서 연락을 하면, "네가 필요한 것이니 네가 와서 가져가라"고 한다. 물건을 사는 한국인이 "너는 팔지 않느냐?"라고 물으면 거래는 정지된다. "싫으면 그만 두어라"는 반응이다. "필요하면 네가 와라"는 말이 된다. 이럴 때 한국인은 "열 받는다."

멕시코인들의 일에 관련된 행태는 온정주의적인 성향이 강하다. 즉 전통적인 patron-client의 모습이 지배적이라는 말이다. 그 이유는 급료가 적기 때문에, 빠뜨론이 다른 방식으로 끌리엔떼를 돌보아주어야 하는 것이다. 이러한 경향은 프론떼라 노르떼 대학에서도 동일한 방식으로 진행되고 있음을 읽을 수 있다.코피낙의 견해, 개인 면담에서 따라서 회사에서 점심 값을 보조해주는 일이나, 통근버스를 제공하는 일들은 노동자들에게는 모두 빠뜨론이 할 수 있는 일로 보이기 마련이다.

치카노 관리자는 현장을 다니면서 노동자들에게 보여주는 따뜻한 면이 있다. 앙글로 관리자는 차갑고 조용하다. 아시아 관리자는 보이지 않는다. 멕시코인 노동자들에게 비친 국적별 관리자들의 이미지다. 그중에서도 한국기업들이 가장 권위적인 모습으로 나타나고 있다. 일반적으로 그렇게 비치고 있기 때문에, 한국기업에서 노동부족의 문제가 더 심각하게 드러날 것으로 생각된다. 한영산기의 사례 때문에, 한국기업 전체에 투영된 이미지의 문제가 있고, 노조들에서도 그러한 사례를 정치적으로 이용하는 경향도 강하다.호르헤 까리요와의 개인면담에서

한국의 S기업에서는 노동자들로 하여금 회사에 충성심을 보이라고 하지만, 멕시칸들은 기업이라는 비인간적 대상에 대해서 충성을 보이지 않는다. 왜냐하면, 그들에게 중요한 것은 빠뜨론으로서의 인격화된 보스이기 때문에 회사는 빠뜨론이 될 수가 없다. 회사는 인격화된personified 대상으로서 간주될 수 없는 것이 멕시칸들의 문화적인 배경에서 나오는 문제다.

한 기업에서 3년간 품질관리부서에서 관리인으로 근무하고 있는 미국인의 경험적 평가는 다음과 같다. "이 공장은 처음에는 딕테이터쉽이 강했다. 아침마다 조회하고, 국기에 대해 경례하고, 애국가도 불렀다. 한국과 멕시코 양쪽에 대해서 공평하게 하였다. 나는 미국군대에 복무한 적이 있었는데, 공장은 마치 군대의 병영과 같았다. 한국인 관리자들의 불연속성이 가장 큰 문제다. 주기적으로 처음부터 다시 시작하는 기분이 있다. 한국인 관리자들이 대단히 완고하다. 자신이 한국인 상사에게 일의 문제점을 건의하고, 수정을 원했을 때, 한국인 관리자가 분명히 잘못된 판단임에도 불구하고, 고집을 부리는 경우가 종종 있다. 당장 그러한 고집이 나오지 않으면, 한참 뒤에 동일한 것을 주장하는 경우가 있다. 결코 마음

을 열지 않는 것이 한국인이고, 대안 제시에 대해서 귀를 기울이지 않는 경향이 강하다. 회사의 소풍이 있을 때, 한국인 관리자들은 멕시코인들과 어울리지 않고, 자기네끼리만 모여서 시간을 보낸다. 자신이 최근에 멕시코 여자를 얻어서 결혼식을 하였고, 그 피로연에 한국인 관리자들을 초청하였는데, 그때도 마찬가지였다. 그렇게 하는 이유가 부끄러움, 안전 문제, 우월감 어느 쪽에서 기인되는지는 알지 못한다. 한국인들은 자기네끼리 보호막을 잘 친다. 문제가 생기면 항상 한국인들 중심으로 한국인들 위주로 해결해나간다. 멕시코인들은 거짓말을 잘 한다. 일을 하는 과정에서 확인하는 법이 없다. 일이 지나간 다음에 그것이 잘 되었는지 잘못 되었는지에 대해서 관심이 없다. 일회적이다. 지나가면 그만이다. 전반적으로 멕시코인들의 교육수준이 올라가야 해결될 문제인 것 같다."

한국인들은 일이 잘못되었을 때, 무조건 인정하는 버릇이 있는 반면에 ^{실제로 인정을 하든 속으로는 딴 생각을 하든 상관없이}, 멕시칸들은 핑계를 많이 대는 경향이 있다. 이 부분에 대해서 한국인들은 멕시칸들이 책임을 지려고 하지 않는 경향이 강한 사람이라는 평을 하는 것이 일반적이다. 그러나 이 문제는 약간 다른 차원에 대한 이해가 필요하다. 책임과 잘못을 엄격하게 구분하는 것이 멕시칸들이다. 책임이 너에게 있다고 하면 수긍을 하는 멕시칸도 잘못이 너에게 있다고 하면 전혀 수긍하지 않는다. 책임이 너에게 있기 때문에 너에게 잘못이 있다고 연결되는 것을 인정하지 않는다. 책임이 있다고 지적하는 것은 공격하는 것이 아니지만, 잘못이 있다고 추궁하는 것은 곧바로 개인에 대한 공격으로 받아들이는 것이 멕시칸이다. 한국인들은 양쪽을 혼용해서 사용하는데, 멕시칸들은 양자를 구분한다. "꿀빠"라는 말은 사용하지 말라고 대드는 경우도 많다.

게으르고 결근을 많이 하는 노동자에게 한국인 관리자가 '인사과에 가

보라'고 말을 했는데, 그가 지레짐작으로 노동청에 가서 고발하였다. 고발 내용은 부당해고였다. 노동청에서는 합의를 권유했지만, 회사에서는 돈이 들더라도 일을 바로 잡기 위해서 일 년이란 시간을 경과하면서 재판에 임했다. 그 기간 동안에 2만 달러 정도 비용이 들었다. 결과적으로 이 소송에서는 회사가 이겼다. 그러나 최초의 커뮤니케이션이 일어났을 때, 어떤 방식으로 말을 했는지가 가려진 문제일 수 있다. 미묘하게 표현되어야 하는 언어를 어떠한 단어로 구사했는지도 문제일 수 있고, 그러한 말을 하는 사람이 어떤 표정으로 했는지도 문제일 수 있다. 그리고 한국인 관리자의 언어와 표정에 대해서 멕시칸 노동자가 어떻게 받아들였는지의 문제도 숙제인 것이다.

멕시코인 대학출신자들은 한국인 보스에 대해서 빠뜨론이라는 용어를 사용하지 않는다. 교육을 덜 받은 사람들은 빠뜨론이라는 용어를 쓰는 경우가 더러 있다. 멕시칸 사이에서는 빠뜨론이라는 용어가 사용되는 경우가 흔히 있다. 한국인에 대해서는 직속상사라는 말에 해당되는 "헤페"라는 말을 사용한다. 멕시칸 매니저가 옮겨가면, 그 밑에서 일하는 노동자들이 한꺼번에 일자리를 옮겨가는 경향이 있다. 빠뜨론이라는 개념이 적용되는 문제인 것이다. 멕시칸들은 직선적으로 얘기를 하지 않는다. 아주 간접적인 표현을 잘 쓰며, 그러한 표현에 익숙해 있는 사람들이다. 직접적으로 말로서 요구하지 않으면서, 지속적으로 원하는 사람이다. 한국인은 그러한 분위기를 전혀 감지하지 못하게 된다. 따라서 개인적인 차원에서 멕시칸이 한국인을 빠뜨론으로 대할만한 자격을 발견하지 못하게 되고, 한국인 상사는 자동적으로 빠뜨론으로서의 자격을 상실한 단순한 상사로서만 남게 된다.

한국인들은 결과만을 중시하고, 멕시칸들은 과정을 중시한다. 한국인들은 구체적으로 하나하나 일을 시킬 줄을 모른다. 자신들이 살아온 방식이 중간 과정을 다 생략하고 결과만을 중시했기 때문에, 시키는 입장이 되었을 때, 일의 과정에 대해서 구체적으로 아는 경우가 없게 마련이다. 결과적으로 멕시칸을 고용한 후에, 한국인 관리자들은 고용된 멕시칸들에게 구체적으로 일을 시키는 업무지침에서 문제가 발생한다. 잘 하는 관리자들 경우에, 자신은 미국식으로 일을 시키고 있다는 생각을 하는 경향이 강하다. 그러나 멕시칸들은 그런 점에서 상당히 다른 사람들이다. 멕시칸들은 미국인들보다도 다양성에 익숙해 있는 사람들이다.

멕시칸들의 업무 처리방식은 두부 자르듯이 엄밀하게 조직하는 면과 애매모호하게 두리뭉실한 측면이 모두 함께 작동하는 시스템이라고 이해하고 있다. 노동자들은 일하는 가운데서도 환담을 하든지 서로 간에 장난을 하든지, 서로 간에 어떤 형태로든 즐거움을 창출하는 커뮤니케이션을 한다. 일하는 장소에서도 피에스타를 생각한다. 멕시칸 바로크문화의 특성을 이해할 필요가 있다. 즉 다양성의 범주기준이 한국과 멕시코 사이에서는 다르게 적용된다. 한국인들은 다양성을 인정하는 범위가 좁고, 멕시코인들은 그 범위가 비교적 넓다. 한국인들은 부하직원을 평가할 때 평준화하는 경향이 있지만, 멕시칸들은 그렇지 않다. 개인의 특성에 맞게 다양한 평가를 한다.

문화차이의 관리에 대한 분명한 문제의식을 갖고 기업을 운영하려고 노력하는 경우를 소개하면 다음과 같다. 회사 내의 중요한 결정은 멕시칸과 한국인들이 함께 토론으로 결정한다. 특히 중요한 보직에 있는 사람들에게는 사장이 직접 의사를 타진하는 경우도 있다. 일자리를 옮길 때에도, 단점을 지적해서 옮기는 것이 아니라, "너의 장점을 살리기 위해서" 자리를 옮긴다고 얘기하고, 단점을 드러내지 않도록 노력한다. 한국인 직원들에게 미국인 이름 또는 멕시칸 이름을 지어준다. 명찰에는 모두 그러한 이름들이 적혀 있다. 멕시칸 직원들은 사장을 미스터 박이라고 부른다. 생산직원들의 채용에 있어서, 수퍼바이저급 까지는 사장이 직접 인터뷰를 하고, 그 이하는 멕시칸 인사과장 선에서 끝을 낸다. 한국인들이 멕시코문화에 섞이려고 노력하는 경우는 그런대로 성공적인 결과를 생산하고, 그렇지 못한 곳은 항상 큰 문제를 안고 지내고 있다. 섞이려는 노력의 분위기에 대한 필요성은 느끼면서도, 그것이 이루어지지 않고 있는 것이 일반적인 현실이다.

문화차이의 극복을 위하여 한국인 책임자는 자신의 모든 사생활을 희생해가면서 일을 한다. 사무실 직원들의 이직률이 높으면 기업이 되지 않기 때문에, 사무실 직원을 뽑을 때에는 부모면담도 하고 가정방문도 한다. 불순한 노동자들이 입사한 경우도 3~4회 있었지만, 그중에서 1명은 3개월 급여를 선급하고 내 보내었다. 신입노동자들은 2일간의 훈련이면, 작업장에 투입될 수 있다. 업무를 시작하는 과정에서 사장도 노동자와 간단한 인터뷰를 한다. 공장을 처음 시작할 때에는 140~150명의 이름을 모두 외었다.

한 대의 가격이 1억 원 정도하는 금형을 70개 정도 갖고 운영하는 한 기업의 경험이다. 금형에 문제가 생기면 자동적으로 벨이 울리고 빨간 불이 켜진다. 멕시칸들은 처음에는 걸어서 다녔다. 지금은 달려온다. 달려서 문제의 현장에 도착하도록 하는데 1년의 시간이 소요되었다. 문화는 변동한다는 철칙을 보여주는 사례다. 그렇게 하기 위해서 한국인 사장은 멕시코인들과 섞이려는 노력을 다각도로 하였다고 한다.

시간에 대한 관념도 상당히 다르게 나타난다. 한국인들은 회사에서 준비한 회식에 대해서는 회사와 업무의 연장이라고 생각하지만, 멕시칸들은 아무 때가 참가하여 그냥 자신이 즐기면 되는 시간으로 생각한다. 따라서 한국인들은 회사의 회식 때 긴장하는 경향이 있지만, 멕시칸들은 전혀 그런 기색이 없다. 한국인들은 회사의 회식을 주로 저녁 7시에 정하는 경향이 있지만, 멕시칸들은 그 시간에 나타나는 법이 없다. 그들에게 저녁 7시는 아주 어정쩡한 시간이다. 초저녁부터 무슨 파티냐 하는 반응이다. 늦게 시작하여 밤늦도록 하는 것이 피에스타인 것이다. 한국인들은 밥 먹고 한잔 마시면 바로 헤어진다. 멕시칸들에게 이러한 회식은 싱거운 것이다.

멕시칸 여자 직원들은 손톱을 길게 기르고 있다. 손톱을 가꾸는 것이 이들의 중요한 일과이며 생의 가치가 담긴 일들 중의 하나다. 따라서 손톱이 부러지게 되면 아주 속상해하는 것이 멕시칸 여자들이다. 그까짓 손톱 가지고 무엇을 그렇게 시간을 많이 보내고 속상해 하느냐고 대꾸했다가 혼이 나는 수가 있다. 손놀림이 빨라야 하는 작업과정에 긴 손톱이 방해요인이 된다고 생각하는 한국인 관리자는 손톱을 짧게 자르라고 충고하는 경우가 있다. 이것은 여자에 대한 엄청난 모욕이다.

남자가 여자에게 차의 문을 열어주지 않았다는 점이 지적되었다. 자신은 한국인 남자를 신사로 대접하고 그렇게 생각하는데, 신사는 으레 숙녀에게 차의 문을 열어주게 되어 있는데, 차의 문을 열어주지 않았으니, 한국인 남자는 멕시코인 여자를 숙녀로 생각하지 않는 것이 아니냐는 반문이었다.

이상과 같은 사례들은 수집된 통계자료에 의해서도 대체로 지지받고 있다. 몇 가지 통계자료들을 소개하면 다음과 같다.

한국인 관리자 문화이해 능력

매우 잘 준비됨 6.5%, 대체로 준비된 편 8.5%, 보통 24.5%, 준비되지 않은 편 25.4%, 거의 준비되지 않음 17.1%; 한국인의 스페인어 구사능력 : 매우 잘 준비됨 8.2%, 대체로 준비된 편 7.4%, 보통 26.7%, 준비되지 않은 편 24.9%, 거의 준비되지 않음 14.9%; 한국인의 영어구사능력 : 매우 잘 준비됨 12.5%, 대체로 준비된 편 31.6%, 보통 22%, 준비되지 않은 편 9.1%, 거의 준비되지 않음 1.5%; 한국인의 일하는 방식 : 매우 한국식이다 15.2%, 한국식에 가깝다 13.4%, 혼합방식이다 57.7%, 멕시코 식에 가깝다 6.0%, 매우 멕시코 식이다 4.9%; 현장에 있는 한국인 관리자들은 멕시코 노동법을 잘 알고 있다 : 매우 그러함 10.9%, 다소 그러한 편임 14.9%, 보통 28.7%, 다소 그렇지 않음 26.1%, 전혀 그렇지 않음 15.2%; 한국관리자들이 작업에 대해 지시할 만큼 스페인어를 알고 있다 : 매우 그러함 4.4%, 다소 그러한 편임 9.6%, 보통 28.1%, 다소 그렇지 않음 33.8%, 전혀 그렇지 않음 21.6%; 멕시코 사람들에 대한 한국인 사장의 태도 : 친절하고 차별하지 않음 37.6%, 친절하진 않으나 차별하지 않음 40.7%, 불친절하고 차별함 11.1%; 멕시코 사람들에 대한 한국인 중간관리자의 태도 : 친절하고 차별하지 않음 21.6%, 친절하지 않으나 차별하지 않음 50.3%, 불친절하고 차별 10.9%; 멕시코 사람들에 대한 한국인 현장감독의 태도 : 친절하고 차별하지 않음, 23.8%, 친절하지 않으나 차별하지 않음 45.0%, 불친절하고 차별 10.2%.

한국계 마낄라도라의 노동 분규 중에서 '한영산기'의 사례는 멕시코에서 뿐만 아니라 국제적으로도 유명하게 되었고, 그 경우는 노동 문제의 차원을 넘어서서 인권 문제로까지 비약됨으로서 모기업인 현대정공과 현대계열 전체가 곤욕을 치른 경우다. 한영산기는 현대정공의 계열 하청업체의 하나로 1992년부터 멕시코 띠후아나에 진출하였다. 생산품목은 컨테이너를 적재하는 트레일러샤시트레일러 중 바퀴를 제외한 전 부분를 생산하여 현대정공에 납품한다. 공정의 대부분이 철제부품의 용접으로 이루어져 남자근로자로 구성되어 있다. 1997년 말 현재 멕시코인 근로자 약 120여 명이 근무하고 한국인 임원은 사장과 총무과장교민출신 및 차장 등 3명이 근무하고 있다. 총무과장은 스페인어가 가능하다.

회사 설립 시부터 노조활동이 시작되었다. CROC라는 온건 노선의 노조가 있었다. 1997년 3월 급진 성향의 금속철강노조에 동조하는 종업원 10여 명이 주도하여 회사의 안전 환경개선, 임금인상, 성과급배부 및 후생복지시설 개선을 요구하며 조업중단으로 노사간 마찰이 시작되었다. 회사 측은 주동 근로자를 업무방해로 해고시키려 했으나 고문변호사의 만류로 중단하였다. 1997년 6월 회사 측은 근로자 대표들과 협의하여 문제점들을 개선하기로 합의하였다. 1997년 8월 금속노조결성에 호응하는 근로자들의 선동으로 20%의 근로자가 작업 거부함에 따라 9명의 근로자에 대해서 해고조치를 하였다. 이중에서 6명은 해고수당을 받고 전직하였다.

이때 한영산기는 노조 문제가 악화되자 멕시코인 노무과장을 신규로 채용했는데, 그 사람은 미국에서 노조파괴전문가로 지목하고 있는 사람으로서 그가 노무과장이 된 후 한영산기 근로자의 해고조치가 급증하였다. 결국 강경 대응이 문제의 화근이 되었던 것이다. 마낄라도라 근로자 지원 위원회Support Committee for Maquiladora Workers, 국제노동권기금International Labor Rights Fund, 멕시코민주변호사협회Asociacion Nacional de Abogados Democraticas, 금속철강노조연맹Sindicato de Trajabadores de la Industria Metalica, Acero, Conexos y Similares 등의 조직들에서 문제를 삼기 시작한 사례가 되어 버렸다. 이 문제

El Colegio de la Frontera Norte의 연구자들과
공동연구회 개최

는 결국 나프타 노동위원회에 까지 보고되었고, 멕시코 대통령까지 관심을 갖게되는 문제로 확대되면서, 외교 문제로 비화되었다. 한국대사 관측의 분석보고서에 의하면, 용접 위주의 공정으로 타업종에 비해 산업재해 발생빈도가 비교적 높아 근로자들의 작업환경 문제와 관련된 불만이 많다는 점이 지적되었고, 사용자 측이 멕시코인 노무과장을 책임자로 고용하면서 강성대응에 들어갔기 때문이었다. 궁극적으로 이 사건은 미국과 멕시코의 노동 및 인권단체들이 관심을 갖는 사건으로 확장되었다.

"엘살바도르와 온두라스에 있는 대만계와 한국계의 기업들은 더갭The Gap과 같은 미국 회사들과 작업계약을 맺고 있는데, 최근에 대만계와 한국계 기업들이 노동권리를 위한 국제 캠페인의 조사결과 가장 높은 악명을 얻고 있다는 점이 확인되었다."Green(1998), 11 한영산기의 사례에서 배운 것은 노동자들의 작업조건 뿐만이 아니라 조합들 간의 싸움과 조합과 회사 사이의 싸움이 엉킨 정치적인 문제가 대규모의 노사 분규라는 점이다. 여기에 미국의 노동단체들과 인권단체들까지 문제의 와중에 가세한 사건으로 비화하였다. 따라서 노동 문제를 지나치게 좁은 시야로 접근해온 한국의 관행이 국제적인 흐름과는 맞지 않는 점을 지적할 수 있다. 노동 문제는 곧 정치 문제 또는 국제적인 인권 문제로 인식된다는 점을 주지

할 필요가 있다.

El Colegio de la Frontera Norte에서 개인적인 면담을 한 Jorge Carrillo
마낄라도라관계 연구자와 Kathy Kopinak*Desert Capitalism* 저자은 다음과 같은 견해를
밝히고 있다. "아시아계 기업들이 노조를 더 싫어하는 경향이 있다. 미국
계 기업들은 노조의 경험이 많고, 아시아계 기업들은 그러한 경험이 부족
해서 일어나는 문제일 것 같기도 하다. 한영산기의 노사 문제 사례는 구
조적인 면을 강하게 보인다. 주정부와 회사 모두 노조를 싫어하면서 생긴
구조적인 문제로 보아야 한다."

9. 결어

멕시코의 마낄라도라 산업에서 노동의 움직임labor trajectory은 여성 또
는 미혼모의 문제로부터 권력의 문제로 이동하고 있다. 한동안 여성노동
이 일회적인 노동으로 간주되는 경향의 문제가 가장 심각한 주제였었으
나, 이제 관심은 다른 방향으로 움직이고 있다. 문화적인 주제도 결국 권
력이라는 구조적 틀 속에서 다루어지는 것이 바람직할 것으로 생각한다.
나프타라는 구조에서 만들어질 수밖에 없는 권력이 마련된 장 속에서 멕
시칸과 한국인 경쟁적인 관계를 맺고 있다고 해석해야 할 것이다. 아시아
계 기업들이 그러한 틀 속에서 일종의 희생양이 되는 경향도 배제할 수
없다. 언론이 그러한 방향으로 문제를 끌어가는 경향도 있고, 미국계 기
업과 노조의 움직임도 그러한 방향으로 진행된 점을 부인할 수 없다. 한
영산기의 문제가 진행되는 과정에서 그 경향은 뚜렷하게 드러난 점을 이
해해야 한다. 브라세로에서 마낄라도라, 그리고 나프타로 움직여온 권력

흐름의 틀 속에서 노동 트라젝토리가 어떤 모습으로 이해될 수 있는가의 문제를 짚어 보아야 한다.

거의 모든 마낄라도라 기업에서 한국인들의 점심시간은 12시다. 점심시간이라는 종이 울리면 한국인들은 예외 없이 거의 모두 곧바로 식당으로 달려간다. 먹는 것 이외에는 낙이 없는 것처럼 보인다. 멕시칸들은 아무도 그 시간에 밥을 먹기 위해서 달려가는 사람은 없다. 일에서 오는 스트레스를 먹는 것으로 푸는 현상이 한국인들 사이에 나타나는 것이라는 생각을 하게 된다. 한국인 주재원과 현지채용 직원 그리고 그들의 가족을 포함하면 수만 명의 한국인들이 마낄라도라와 관련하여 멕시코와 미국에서 일을 하고 살고 있다. 그들이 일을 하고 사는 과정이 전체적으로 문화차이에서 오는 문제들에 항상 노출되어 있고, 문화차이의 거리를 제대로 좁히지 못할 경우의 충격에 의해서 발생하는 고민에 쌓여 있기도 하다. 이것이 현지화의 과정이고, 마낄라도라에 참여하고 있는 모든 한국기업과 기업의 종사자들이 그 과정에 함몰되어 있지만, 조직적으로 그러한 문제에 대해서 대처함에 있어서는 문제의식조차 제대로 형성되어 있지 않은 점이 확인되었다. 그로 인하여 개인이 고통을 받고, 기업의 이윤이 저하되고, 급기야는 국제적으로 인권 문제까지 거론이 되는 대규모의 노동분규에 휘말리는 경험도 지적되었다.

마낄라는 궁극적으로 미국 측의 산업경쟁력 제고에 심대한 영향력을 갖고 있다는 점을 잊어서는 안 된다.Sklair(1988), 74 미국을 분석해야 하는 이유가 여기에서도 발견되는 것이다. "미국의 자유무역 관세와 미국 스타일의 규제완화, 노동-관리관계의 전략적인 '아시아화Asianization', 그리고 카리브 지역의 노동운동을 절충하려는 것이 현재 벌어지고 있는 문제들의 핵심이다."Green(1998), 43 구조적인 측면을 보지 않으면, 지엽적인 면만을 보게 되고, 그렇게 되면, 보이지 않는 손에 의해서 좌지우지되는 생산공유라는 그늘 아래에서 벌어지는 구조적 문제를 놓치게 된다. 잔챙이만 붙잡고, 노동 문제가 어떻고, 인권 문제가 어떻고 하는 상황이 벌어질 수밖에 없다.

외국자본과 기술에 의한 수출주도 산업화 전략export-led industrialization fuelled by foreign investment and technology : ELIFFIT의 모습으로 나타난 비교우위론이 국제무역이라는 장에 적용된 상황이 마낄라도라이고, 이러한 형태의 분업은 결과적으로는 다국적 기업의 배를 불리는 일로 귀결된다. 동시에 생산공유의 분업형태에 빚어진 노동의 문제는 전지구적으로 행해지는 자본의 노동지배 현상으로 귀결된다.Sklair(1988), 5 한 한국계 마낄라도라 회사의 경영에 있어서 급료한국인을 포함해서는 전체 매출액의 3%밖에 되지 않는다. 멕시코인 노동자들과 중간관리인들의 임금만 계산하면 전체 매출액의 1%밖에 안 된다. 따라서 급료를 20% 상승시켜봤자 전체의 규모의 0.2%밖에 되지 않는다. 상대적으로 노동지배 현상은 심화되는 결과를 보여주는 것이다.

주변의 지역공동체에 대한 기업의 가치는 직접적인 고용창출과 임금지급 뿐만이 아니라 또 다른 두 가지의 이유가 보태어질 수 있다 : 지식전달과 부품조달이라는 차원이다.Kenney, Romero & Choi(1997), 105 사실상 이러한 이유는 명목상으로만 있는 희망일 뿐이다. 실제로 마낄라 노동자들이 마낄라 산업체로부터 얻는 후속적인 혜택이란 상대적으로 빈약한 상태인 것 같다.

"사막은 멕시코의 다른 지역의 발전을 위한 모델의 의미를 갖는 고도의 이익을 창출하는 기업의 위한 만남의 장소로 변하고 있다."Kopinak(1997), 4 기업이 이익을 창출하기 위해서 부수적으로문자 그대로 사람들은 살기 힘든 사막으로 빨려들어 가고 있다. 기업이란 괴물 같은 것이어서 사막에서도 이익을 창출하는 모양이다. 사막에서 이익을 창출하는 기업을 위해서 멕시코 사람들로 하여금 죽음을 의미하는 사막으로 행진하도록 유도하고 있는 경제발전의 구도에서 빚어진 하나의 형태가 마낄라도라인 셈이다.

마낄라도라 제품의 특성은 대량생산과 저부가가치가 결합된 양상이다. 생산양식과 인간관계의 문제가 뗄레야 뗄 수 없는 과정의 문제라고 생각한다면, 우리는 마낄라도라에서 창출되는 인간관계의 특수성을 생산공유라는 새로운 국제적 분업이 만들어낸 마낄라도라 계급이라고 말할 수 있다. 생산자와 소비자의 관계, 즉 멕시코의 생산노동자와 미국의 소비계층 사이에서 생산 공정에 가담한 거간꾼으로서의 마낄라도라 기업들이 담당하는 역할을 지적할 수 있다. 천국^{미국}과 지옥^{멕시코}의 사이에서 양편을 좋게 하라는 압력을 받으면서 양쪽의 심부름꾼 노릇을 하면서 먹고 사는 방법을 터득한 한국계 마낄라도라의 입장은 세계화 구도 속에서 진행되는 소위 자유무역이라는 틀이 생산한 구조적인 문제라고 이해하는 것이 바람직할 것이다.

마낄라도라의 현장에서 한국인들이 기업 활동을 통하여서거나 개인의 일상생활을 통하여서거나 최대한으로 움직일 수 있는 반경은 이미 구조화되어 있다. 미국의 시장이 주도하는 "생산공유$^{production\ sharing}$라는 개념이 겨냥하는 목표는 미숙련된 기술과 저부가 가치의 직업을 미국으로부터 몰아내고 고도기술과 고부가 가치의 직업을 미국 내에 보유하겠다는 것이다."$^{Sklair(1988), 156}$ 사실상 한국계 마낄라도라가 해결해야하는 문제들 중에서 큰 것은 미국과의 관계이고 작은 것은 멕시코와의 관계라는 결론은 구조적으로 틀리지 않은 견해다. 일단 그러한 판도 위에서 한국계 마낄라도라에서 행해지고 있는 현지화 과정과 문화차이의 관리 문제를 생각해야하는 복잡성이 내재되어 있다.

마낄라도라의 상황에 있는 한국계 기업들은 대체로 두 가지로 분류될 수 있다. 하나는 봉제업 중심의 중소규모이고, 다른 하나는 대기업 현지법인 형태의 공산품 마낄라들이다. 이러한 규모에 따라서 현지화의 과정과 방법상에 차이점이 발견되었다. 철새에게는 철새에게 맞는 정도의 현지화가 있고, 텃새에게는 텃새에게 맞는 현지화의 정도가 있다. 중소기업은 거의 철새이고, 대기업 현지법인은 대체로 텃새로 보면 될 것 같다. 텃새의 경우, 멕시코인 노동자 대 한국인 관리자들의 비율은 대략 10대 1에서 20대 1 정도이다. 그런데 철새인 봉제 마낄라의 경우에는 그 비율이 평균 100대 1에 달한다. 따라서 봉제 마낄라의 경우에는 멕시코인 노동자와 한국인 관리자 사이에 항상 팽팽한 긴장감이 돌고 있으며, 한국인 경영자는 노동자들에게 끌려가지 않으려고 긴장상태의 기업운영을 하고 있다.

현지화 과정에서 공통적으로 겪는 부분은 다음과 같이 지적된다. 현지의 삶의 질이나 삶의 수준이 언제 상승할 것인가에 대한 검토가 되어 있지 않았다. 현지 사회의 변화에 대한 예측을 체계적으로 수행하는 작업이 거의 이루어져 있지 않았다. 한국인 경영자들은 그러한 문제를 "감"으로만 느끼고 있을 뿐이다. 멕시코와 마낄라도라 공장이 놓여 있는 사회의 틀이 변화하는 것을 아는 것이 중요한데, 그것을 모르기 때문에 오는 문제로서는 사업여건이 악화되는 것을 판단하지 못하는 점도 있다. 돈을 벌기 위해서 온 입장과 현지문화를 익히는 것 사이에 갈등이 있을 수 있다. 사실은 이상의 두 가지 목적은 서로 다른 차원의 문제이다. 이 두 가지를 서로 동일한 차원의 갈등현상으로 몰고 가는데 문제가 있다고 생각된다. 두 가지의 충돌을 현실적으로 피하는 방안은 멕시칸 중간관리자들에 의존해서 해결하는 수밖에 없다. 이러한 중간관리자들에게 한국적인 기술을 습득시키고 그 사람들로 하여금 바람직한 아이디어를 낼 수 있도록 동기부여를 시키는 것이 중요하다. 한국인들이 현장에 가능한 한 많이 뛰어 든다고 해결될 수 있는 문제는 아닌 것이다.

현지화의 한계는 분명하게 제시되고 있다. 판매정보를 멕시칸과 공유하기가 어려운 부분이 있고, 자재정보도 멕시칸과 공유하기가 어렵다는 점이다. 현지화의 가장 큰 어려움은 엔지니어를 키우는 것이다. 관리 쪽 무와 자재관리 등은 현지화하기가 비교적 쉬운 부분이지만, 엔지니어를 키우는 과정을 한국계 기업이 부담할만한 능력과 의지가 없는 점이 지적되었다. 현지화는 문화풍속에 적응하여 고용을 창출하고 이익금을 현지 사회에 환원하는 것으로 이해한다. 따라서 윈 & 윈 전략이 필요하고, 그렇게 하기 위해서는 시간이 걸리는 문제다.

현지화라는 지침을 한국의 본사에서 일률적으로 내려 보내는 것은 무리다. 판매법인의 경우는 유능한 현지인을 어떻게 채용할 것인가 하는 것이 가장 큰 관건이다. 한 기업의 경우, 판매법인에서는 멕시칸 부사장이 있었다. 그러나 제조에서는 그러한 방법을 채택할 수가 없다. 현지인이 기술의 면에서 능력을 따라오지 못한다. 판매와 제조의 구분이 존재할 수밖에 없다.

주재원이 누구인가가 아주 중요한 문제로 제기된다. 주재원 선발이 가장 중요하다. 그리고 선발된 인원에 대해서는 사전교육이 중요하다. 이 부분에서 주재원의 체계화가 거론될 수 있다. 현지화 교육으로 파견 전에 6개월 전에 언어와 문화에 대한 강조가 있다. 과거에는 사전에 6개월간 멕시코에 파견한 경우도 있었으나 그러한 프로그램은 폐지되었다. 해외 공장에 파견될 사람에게 최종발령이 있기 전에 현지에 보내서 관찰의 기회를 주고, 발령의 최종 결정은 개인에게 맡기는 것이 바람직하다. 그렇게 함으로써 부문별로 특성이 발휘될 수 있을 것으로 본다. 회사에서 일방적으로 발령을 내는 것은 무리다.

한국본사와 현지법인의 관계가 군림이냐 협조냐에 따라서 파견이 현채에 대해서 군림하기도 하고 협조관계를 유지하기도 한다. 의사결정의 과정에 교포인력이 참가하느냐 아니냐에 따라서 기업 내의 현지화 정도가 달라지는 경험도 진술되었다.

이익을 내는 현지화가 해외기업이 추구하는 목표다. 이것이 잘 안 되는 주된 이유들로는 ① 한국기업들이 안정적으로 성장하지 못했기 때문이다. 합리적으로 경영을 함에 있어서도 모자라는 체제였다. 좋은 얘기로 하면 한국기업들이 지나치게 역동적이다. 예를 들면, 상당한 기간 동안 한국의 성공적인 기업들은 매년 30%씩 성장하였다. 그러한 상황에 기업이 스스로 적응하지 못한다는 것이다. ② 문화극복을 위한 투자가 많이 필요한데, 소위 "신바람 작전"이라는 것이 아직도 한국기업에서는 통한다. 신바람 작전이란 그것이 진행되는 과정에서 '빨리빨리'로 적용되게 마련이다.

현지화의 과정은 초기와 후기로 나누어서 생각해볼 여지가 있다. 초기에는 과정보다 결과가 중시되었다. 그러나 일단 어느 정도 체계가 잡히고 나면, 이단계의 현지화에서는 궁극적으로 생각해보아야할 다른 문제가 있는 것이다. 현지화라는 것은 시간이 걸려서 정착되어야 그 과정이 나타날 수 있다.

일과 공부만으로 살아온 한국인들이 폭넓은 멕시칸들의 생활을 따라가지 못한다. 멕시칸들은 고등학교 졸업을 한 경우면 어떤 분야음악이나 미술등에서도 줄줄 이야기들이 나오게 마련이다. 그러한 면에서 한국인 관리자들은 그들이 일을 시키고 있는 멕시코인들을 따라가지 못하고 있다.

'인간적으로 보면 멕시코인들이 아주 좋다.' '멕시코 사람들은 기본적으로 손재주가 있다.' 멕시코 노동자들에 이러한 평가는 작업 현장에서 멕시코 노동자들과 함께 일을 하는 한국인 중간관리자들의 증언이다. 멕시코인들에 대한 일상적인 평가 즉 멕시코의 문화로부터 멕시코인들에 잠재된 에너지를 발굴할 문제의식조차 없는 것이 한국인 관리자들의 대 멕시코인 인상이라는 것이 현지화의 큰 걸림돌이며 문화차이의 극복을 겉으로만 맴돌게 하는 원인으로 생각된다.

문화차이의 문제를 아예 문제의 차원으로 부상시키지 못하게 하는 또 다른 한국인들의 관행이 있다. 이것이 현지화의 또 다른 어려움이라고 생각된다. 한국인들 사이에 '배 째라' 하는 관행을 말한다. 회사 운영에서 가장 골치아픈 것은 대부분의 노동자들을 구성하는 멕시코인들과의 관계가 아니라 이곳에서 활동하고 있는 각종 한국인들과의 관계다. "한국인들은 궁극적으로 돈을 목적으로 나왔기 때문에, 한국인들을 상대하는 것이 가장 큰 문제다. 인간적으로 대하기에는 멕시코인들이 더 믿을 만한 경우가 많다. 한국인 한 명 다루기보다는 현지인 500명 다루는 것이 속이 편하다. 현지인들은 시켜 먹을 수가 있는데, 한국인들은 자존심 대결로 나가기 때문에 일을 시킨다는 것이 힘들다." 봉제공장 사장의 증언이다.

일본기업들은 단지화된 곳에 모여 있는 경향이 강하다. 띠후아나와 메히깔리에도 모두 단지 속에 한꺼번에 모여 있다. 동일한 건물을 지어서 아파트 분양하듯이 건물을 나누어서 사용하고 있다. 경쟁회사들 사이에서도 마찬가지다. 들어오는 자재도 모두 한꺼번에 통관함으로서 통관비와 운송비 등을 줄이려는 노력도 한다. 그러나 한국기업들은 모두 서로 따로 떨어져서 공장을 운영한다. 결국 일본기업들과의 가격 경쟁에서 손실부분이 발생하게 마련이다. A라는 대기업의 협력업체로 나온 경우, 그 협력업체가 한국계의 다른 기업에 물건을 납품하려면 A가 싫어한다. 동급 업체 사이에 협력을 하지 않음으로서 악의의 경쟁을 하는 것이 한국 기업들이고, 일본기업들은 그 반대로 선의의 경쟁을 한다. 한국 기업들은 모두 멀리에 떨어진 곳에서 공장 경영을 한다.

공생의 경영인류학

팽창은 반대급부를 수반하기 마련이다. 지나친 팽창이나 속도 조절을 하지 못한 팽창은 폭발로 이어지는 반대급부를 보여준다. 또 다른 반대급부는 역류로 나타나는 현상이다. 제국주의는 일방통행이 아니라는 점을 지적하고 싶다. 사람은 쌍방소통을 하는 동물이지 일방통행에 길들어지지 않는 종이다. 그래서 어떤 이들은 호모 커뮤니쿠스Homo communicus라는 용어를 제작하기도 하는 모양이다. 과거 제국주의 시대 주인공 노릇을 하였던 국가들이 식민지와 점령지를 획득하는 팽창을 시도하였지만, 그 반대급부는 팽창의 역류 현상으로 이어졌다. 제국주의자들은 팽창에 대한 전략과 관리에 여념이 없었다. 그들은 사람이 쌍방 소통하는 종이라는 점을 망각하였다. 팽창하는 만큼 역류할 것이라는 점을 전혀 예상하지 못했던 것이 제국주의자들의 한계였다. 역류에 대한 전략과 관리도 필요한 작업이었다. 그러나 팽창에 급급하였던 제국주의자들이 반대급부인 역류에 대해서는 제대로 손을 쓸 여력도 없이 제국주의는 막을 내리고 말았다. 사람들은 팽창의 흐름 속에서도 살았지만, 역류의 흐름 속에서도 살아가고 있다. 그러한 흐름의 한 줄기가 노동인력과 결혼이민의 세계화로 인식될 수 있다.

이러한 과정을 바라보면서 가장 심각한 문제로 다가오는 점은 변화의 속도이다. 한 세대 만에 팽창과 역류가 진행되는 모습은 인류 역사상 유례 없는 현상이라고 받아들이지 않을 수 없다. 그러한 현상은 자랑할 일도 아니고, 심각한 문제를 야기하는 현상이라는 점만큼은 받아들여야 한다. 속도 조절을 하지 못한 팽창은 반드시 폭발로 이어진다는 과거의 경험들이 역사적 사실로 축적되어 있다.

이러한 문제의식을 만족시키기 위해서 본 연구는 중국 및 동남아시아와 멕시코의 각국에 진출한 한국기업의 투자 현황, 해외 투자의 동기 및 연혁, 현지 종업원과의 관계, 현지 사회와의 관계 등에 대하여 검토하고자 시도되었다. 이러한 과정에서 학문 분야별로는 현지 사회와 한국문화의 만남이라는 차원에서 새로운 현상의 조명이 기대되기도 하고, 현지 사회의 문화에 대한 심층적인 이해의 필요성의 제고를 기대하는 계기가 이루어질 수 있을 것으로도 생각하였다.

이상의 연구 질문과 연구 항목이 얼마나 심도 있게 다루어졌는가에 대한 물음에 대한 답은 아직도 미해결 상태이다. 그러나 이 책은 그러한 연구 질문의 정신을 견지하고, 인류학자의 안목에 적합한 항목들을 선별적으로 적용한 결과의 한 부분이라고 말할 수 있다.

본 연구가 완성된 결과를 생산한 것은 아니지만, 연구 자체로서 몇 가지의 효과를 겨냥하고 있다. 첫째, 해외 각지에 진출한 한국기업의 문화적 적응 프로그램의 개발에 대한 필요성을 생각하게 하고, 그러한 생각의 단초를 형성하는 핵심적인 자료의 제공에 기여할 수 있다. 둘째, 한국기업의 해외 진출 과정을 연구함으로써 전 세계적으로 활발하게 진행되고 있는 세계화globalization의 현상에 대한 균형 잡힌 문제의식과 방향을 설정함에 보탬이 되는 시각과 관점의 제시에 기여할 수 있다. 자본과 노동력의 국제 이동이 활발한 현재와 그러한 현상이 주류를 이루어 나갈 것이라고 예상되는 미래 한국 사회의 발전 방향을 모색함에 있어서 본 연구는 하나의 길잡이 역할을 할 수 있을 것으로 기대할 수 있다. 사람을 염두에 두지 않은 세계화는 공격적으로 전환할 수밖에 없고, 그것이 강도를 높이면서 침략으로 돌변한다는 점도 이미 학습된 바이다. 셋째, 국내 기업이 활동하고 있는 외국의 현지 사회에 대한 문화적응의 연구는 국내 외국인 노동자의 합리적 관리 방안 모색에도 참고가 될 수 있다.

위에 제시하였던 연구 질문과 연구관점에 입각한 연구 결과는 어느 정도의 성과를 거둔 것이 사실이다. 그 결과로써 몇 편의 논문들과 보고서들이 생산되었다. 본서는 그러한 과정의 일환인데, 세월이 지난 지금 나는 그러한 시도들에 대한 평가와 반성이라는 소중한 기회를 맞이하였다. 인류학이란 학문의 문제의식을 새롭게 생각하게 되는 것이다. 공동으로 문제를 토론하고 함께 현장을 답사하였던 경영학자들은 끊임없이 '관리 management'를 내세웠다. 효율적인 관리가 경영학의 주춧돌이라는 논리였다. 사회학자도 마찬가지였다. 관리? 무엇을 위한 관리인가? 관리란 누구를 위한 것인가? 나는 이러한 질문에 봉착하지 않을 수 없었다. 사실, 공동연구에 참여할 당시, 인류학자에 부여된 암묵적인 임무는 문화이해라는 키워드였다고 생각한다. 효율적인 관리를 위해서 문화이해가 전제되어야 한다는 공통 인식이 내재되었기에 인류학자가 참여하는 연구가 가능하였다고 생각한다. 관리라는 용어의 본질적 개념이 사실상 '나의 이익'을 전제로 한다는 점을 숨기지 말아야 한다. 관리는 궁극적으로 식민주의적인 아이디어가 배태되어 있음에 대해서 솔직하게 받아들이는 것이 사람을 생각하는 인본주의에 부끄럽지 않게 된다.

이러한 문제가 극명하게 드러난 사례의 하나가 고용된 여성노동자들에 대한 성희롱의 사례들이다. 작업장이라는 상대적으로 폐쇄적인 공간 속에서 한국인 관리자들이 저지르는 여성 희롱의 문제는 섹슈얼 허래스먼트와 파워 허래스먼트가 복합된 양상으로 일어난 사례들을 지적할 수 있다. 저자는 본론에서 이러한 사례들만을 언급하였을 뿐 구체적으로 젠더와 섹슈얼리티에 관한 분석을 하지 않았다. 이러한 문제는 이미 상당한 정도로 연구가 진척되어 있음을 상기할 때, 문화간 커뮤니케이션과 국제경영의 현장에 보다 더 심도 있는 연구의 진행을 기대할 수 있다고 생각한다. 저자의 부족함으로 인하여 문제의 심각성만을 지적하는 수준에서 논의가 중단된 점에 대해서는 송구스럽게 생각한다. 능력있는 연구자들의 활발한 연구가 기대되는 부분이다.

국제경영의 맥락을 생각하면서 문화라는 항목을 중시하는 경영학자들은 비즈니스 맥락에서 '문화가 문제다'Moran et al.(2007), 3라는 인식을 저변에 깔고 글로벌 리더쉽 전략과 비즈니스 성공을 목표로 하는 입장이라고 생각된다. 문화차이를 인식하고 그 차이를 어떻게 관리할 것인가 하는 것이 이들의 근본적인 문제의식이고, 그러한 문제의식은 국제경영학 분야의 중요한 주제로 부상하였다. 문화차이관리는 수단으로 하는 것이지 목적으로 하는 것이 아니다. 이것이 대전제이다. 기업연구의 경험을 바탕으로 하여 국제기업이 겪는 문화충격과 해결방안을 제시하였던 김중순 박사는 '문화에 대한 폭넓은 이해 자체가 자동적으로 국제 경쟁력을 높여 준다는 것이 아니라, 국제 경쟁력 강화를 위해서는 문화에 대한 폭넓은 이해가 필수 불가결한 요인이라는 점'김중순(2001), 334을 강조하였다. 타문화에 대한 이해가 자동적으로 관리를 위한 수단으로 작동하는 것은 아니라는 지적이다. 즉 인간이라는 관점에서 볼 때, 경영이라는 문화현상도 수단의 차원에서 진행하는 얘기이지 목적의 차원에서 지향하는 것이 아니다. 한계가 뻔히 보인다는 얘기다. 문화차이에 대한 인식의 다음 단계에 등장하는 관리, 즉 문화차이를 이해하는 목적이 국제경영의 비즈니스 맥락에서 전개되는 관리에 있다는 점은 궁극적으로 헤게모니의 문제를 지향하고 있는 경영학의 입장을 표명한 것이다. 왜냐하면, 그러한 인식이 지향하는 문화라는 것은 지극히 도구화된 것이기 때문이다.

인류학자가 해야 하는 작업이 문화이해라고 한다면, 왜 문화이해를 해야 하는가? 나는 이 질문에 봉착된 고민을 하지 않으면 안 되었다. 문화이해가 인류학자의 궁극적 목적인가? 나는 그렇게 배웠다. 인류학 서적들은 거의 모두 그렇게 적고 있으며, 그러한 논리에 대해서는 아무도 의심하지 않고 있다. 따라서 나도 오랫동안 그렇게 가르쳤다. 나는 이제 이러한 입장을 원천적으로 수정하지 않으면 안된다는 신념을 갖게 되었다. 경영학자들과의 공동연구 덕분에 나 자신을 바라볼 수 있는 기회가 마련된 것이다. 원자력을 발견한 공학자의 임무는 그것으로 끝이 난 것인가? 그것이 사람들에게 어떻게 적용되는가에 대한 질문에 대해서는 어떻게 답변해야 하는가? 이러한 질문에 답변하지 않고 사람으로서 살아갈 수 있는가? 만약, 질문이 잘 못 되었으면, 그 질문에 대해서 "잘못된 질문이다"라는 답변이라도 해야 한다. 사람은 쌍방소통을 하는 호모 커뮤니쿠스 Homo communicus라고 했다. 질문에 대해서 답변을 하지 않는다는 것은 호모 커뮤니쿠스임을 거부하는 것이다.

문화이해가 인류학이란 학문의 궁극적인 목적이라고 규정한다면, 그것은 최종심급에서 제기된 질문에 대한 답변을 회피하는 것이라고 생각한다. 더 이상 질문이 나오지 않는 상황을 맞이하지 않은 개념은 아직도 진화해야 하는 과정에 있다고 생각한다. 현재까지 인류학이라는 학문이 목표로 해왔던 '문화이해'는 때로는 명시적으로, 때로는 암묵적으로 '관리'를 위함이었다고 생각한다. 도구적인 사고방식에 젖어있다는 지적을 피해 갈 수 없다. 지극히 식민주의적 관점이 배어 있는 안목이다. 제3세계의 지식인들이 인류학을 들여다보는 의심의 눈초리는 모두 이러한 관점을 꿰뚫어 보고 있다. 인류학을 '제국주의의 시녀'라고 설파하였던 목소리들이 그러한 문제의식을 정확하게 꿰뚫어 본 것이었다. 그것이 명시적이든 암묵적이든 문화이해의 목적이 관리를 위함이라면, 나는 이제 단호하게 인류학을 거부할 수밖에 없다.

관리에 대한 문제의식이 충만한 경영학자들과 함께 생활하면서 나는 인류학의 문화이해라는 문제의식에 대해서 근본적인 재검토와 반성의 기회를 얻게 되었다. 관리라는 문제의식에 동참하면서 인류학자는 '경영인류학'이라는 틀을 생각할 수 있다. 문제의식이 여기서 정지한다면, 인류학이란 학문은 수단에 불과하다. 즉 관리를 위한 문화이해가 목적인 인류학은 다른 작업을 위한 수단에 불과하다. 인류학은 본질론의 관점에서 그 자체의 고유한 목적으로 견지하지 않으면, 학문으로서의 존재이유를 박탈당할 수 있다. 관리란 식민주의colonialism의 방편에 불과한 것이다. 인류학이란 학문이 식민학colonial studies의 일종으로 자리매김하였던 시대도 있었음을 부인할 수는 없다. 정책을 위한 식민학으로서의 인류학이라는 틀에 대한 유혹은 인류학이 시작된 이래로 항존하는 현상이기도 하다. 그러나 그것이 인류학이란 학문의 전부가 아니라는 점도 분명하다.

관리가 궁극적 목적이 아니라면, 인류학은 무엇을 궁극적 목표로 삼고 있는가? '진리탐구'라는 답변은 허공을 치는 것이나 마찬가지다. 나는 '공생'을 제안한다. 인류학이란 학문의 궁극적인 목적은 공생주의commensalism의 발견이다. 인류학이 추구해 온 문화이해는 공생을 위한 것이다. 해외진출 기업의 업무현장에서 빚어지는 갈등이 문화이해를 통해서 해소될 수 있다는 점을 보여주고자 한 것은 인류학자의 노력으로 공생을 시도하자는 것임에 다름이 아니다. 흔히 '윈-윈'이라는 소리는 듣는데, 그것은 허울 좋은 입발림이다. 열역학이 지배하는 시스템하에서는 궁극적으로 '제로-섬'게임의 메커니즘이 작동하고 있다는 점을 망각하지 말아야 한다. '윈-윈'은 제한적인 공간 내에서 일시적일 수밖에 없다는 점을 지구의 열역학이 담보한다. 상생으로 번역되는 '윈-윈'은 '너도 살고, 나도 살자'는 것이지만, 공생은 '함께 살아보자'라는 것이다. 상생은 공생으로 가는 중간 과정일 수는 있지만, 그것이 종착점은 아니라는 지적이다.

함께 살아보자는 의지의 표현이 공생주의다. 제한적일 수밖에 없는 자원 속에서 안전하게 살아갈 방법은 공생이다. 브로니스와브 말리노브스키 선생의 '쿨라'모델이 우리에게 보여준 것이 바로 멜라네시아 섬사람들의 공생주의였다고 생각한다. 생태적 조건과 문화적 조건이 다른 사람들과 조건이라는 제한의 벽을 허물고 함께 살아보자는 것이다. 자연과 함께 살아보자는 것이 공생주의다. 다름을 전제하고, 다른 것들끼리 만나서 함께 살아보자는 것이 공생주의라고 생각한다. 모두가 자본주의capitalism의 한계에 대해서 환멸을 느끼고 있는 이때 과거의 유물 창고에 갇힌 공산주의communism로 되돌아갈 수는 없다. 왜냐하면, 인간 사회의 진행과정은 본질적으로 비가역적이라는 점이 이미 익히 밝혀졌고, 공산주의가 제시하였던 방법이 잘못되었다는 점도 학습된 경험이 있다. 제 3의 길, 그것의 가능성은 공생주의일 수 있다고 생각한다.

식민주의를 벗어 던지고 공생주의를 실천하는 것이 인류학이란 학문의 궁극적인 목표가 될 수 있을 것이라는 자신감을 얻게 된 것은 관리를 목표로 하고 있는 경영학자들과의 작업에서 비롯되었다. 경영학과 인류학의 차이가 여기에 있다. 관리가 경영학의 목표라면 인류학의 목표는 공생이다. 그래서 경영인류학의 목표도 관리가 아니라 공생이어야 한다는 점을 역설할 수 있다. 문화이해는 공생을 위함이지 관리를 위함이 아니라는 도식이 성립할 수 있다. 문화차이에 대한 이해의 목적이 공생에 있는 인류학자의 입장과 관리에 있는 경영학자의 입장에 극명한 차이를 발견할 수 있다.

공생이라는 키워드가 경영학의 목표가 된다면, 나는 기꺼이 인류학과 경영학 사이에 현존하는 벽을 허물 준비가 되어 있다. 경영학이 인간을 생각하는 미래를 지향한다면, 경영학의 궁극적인 목적을 공생에 두어야 한다. 관리의 틀로부터 벗어날 때, 경영학에 미래가 있다고 생각한다. 과거지향의 관리에 목적을 두는 한, 경영학은 미래 비전을 만들어낼 수가 없다. 사람이 관리의 대상인가, 공생의 대상인가? 어느 쪽을 택하는 것이 인간적으로 바람직한 일인가. 인류학과 손을 맞잡은 경영학의 미래공생, 이것이 사람을 위한 경영학이라고 믿는다.

공생을 지향하는 경영은 어떻게 하는 것인가? 현재 진행되고 있는 '비영리non-profit'를 전제로 한 조직들도 국내외적으로 다양한 방면에서 활동하고 있다. 그러한 조직들의 경영 방식으로부터도 학습이 가능하다. 그러나 한 번도 해보지 않은 것은 일단 해보지 않으면 알 수가 없다. 일단 해 봐야 한다. 아리스토텔레스의 『시학Peri Poietikes』이 제시하였던 논리 전개 과정의 기본적인 구도에 입각해서 해 봐야 한다. 관리를 목표로 했던 경영의 철학을 공생으로 대체하는 이론theoria = theory을 세우게 되면, 그에 걸맞는 실천praxis = technology를 모색해야 한다. 그리고 그에 따른 공정poiesis = engineering을 만들어야 한다.

사우디아라비아의 신도시 건설을 수주할 경우, 입찰계획서의 마지막 란에는 예상되는 전체이윤의 액수가 기록되어야 한다. 그런데, 그 이윤은 나에게만 좋은 이윤이 아니라는 점을 분명하게 세목으로 제시된 설계과정을 포함해야 한다. 제시된 설계과정에서 너에게도 좋은 이윤이 포함되어 있다는 점을 분명하게 하는 것이다. 나의 극소이윤을 확인시켜주는 것이다. 반대로, 손해가 발생할 경우에는 나만 손해를 보는 것이 아니라 너도 손해를 분담해야 한다는 과정도 포함함으로써 공생을 실천하자는 것이다. 이렇게 하는 이유는 원천적으로 속임수라는 것이 배제되어 있음을 전제로 한다. 시작부터 종료까지 너와 내가 함께 살기 위해서 작업을 하는 기업정신을 확립하는 것이 공생을 지향하는 경영의 목표이다. 새롭게 건설되는 도시 속에서 살아가는 사람들의 살림살이에 대해서 머리를 맞대고 공부를 하면서 이윤을 창출하는 경영을 추구하는 것이다. 기업자의 측에서 본다면, 이윤 극대화를 위한 몸부림은 이제 벗어 던져야 할 대상이다. 이윤극소의 경영을 위한 시스템을 어떻게 만들어갈 것인가?

사람이 함께 살아간다는 기본정신을 확립하지 않은 상태에서 인공지능AI이 확산될 경우를 생각하면, 이 문제는 더욱더 심각해진다. 관리를 목표로, 지배를 위해서 전개되는 사람들의 경영 마인드가 인공지능을 활용할 경우에 어떠한 상황이 전개될 것인가? 생각만 해도 끔찍해진다. 탈관리脫管理의 공생주의적共生主義的 경영經營이 전 인류의 차원에서 시급하게 안착해야 할 당위성이 인류생존과 직결되어 있음을 외면할 수 없다. 관리에서 공생으로, 패러다임 전환이 즉각적 행동으로 이어지기를 바라 마지않는다. 인류 구원의 경영이라는 목표가 새로운 기업가 정신을 자극하고 있다.

제국주의의 시녀로 출발·성장한 서구의 자본주의에 태생적으로 배태된 몰자연적 철학의 한계가 노동착취의 인간 말살 현장을 생산하는 근간이라는 점도 이미 적나라하게 드러났다. 서구식 자본주의의 한계를 보완하는 전략이 복지의 실천이다. 한계보완이라는 자본주의적 전략만으로는 앞으로 다가오는 AI시대의 대쓰나미 파고를 넘을 수 없다. 인간을 바라보는 본질적인 세계관이 한계보완이라는 관리를 염두에 둔 수정 자본주의를 더이상 용납하지 않을 것이다. 따라서 실천력을 가진 기업이 인간의 문제를 본질적으로 투시하고 문제 극복을 실천하는 행위자로 나서야 한다. 어떤 실천이어야 하는가? 자본과 노동의 대결 구도가 아닌 이 구도를 뛰어넘는 구도가 공생이라는 개념이라고 생각한다. 이윤이 먼저냐 인간이 먼저냐의 문제가 아니다. 당연히 인간이 먼저일 뿐만 아니라 인간을 포함하고 있는 자연이 최우선적인 기업경영철학이라는 점을 말하고 싶다. 그 실천원리가 공생이다.

상대 착취의 이윤 추구 과정이 잘못되었음을 알기에 도덕을 논하고 그 알량한 도덕의 실천의 실천이랍시고 복지를 거론하는 것이 전략적 입발림이라는 것도 모두들 잘 알고 있다. 더불어서 십일조로 회계하고 공양으로 속죄하는 들엎질러진 사발의 물일 뿐이다.

금전 앞에서 무너지는 인간의 모습은 허용하지 말아야 하는 것이 사람인 경영자가 지켜야 할 마지노선임은 분명하다. 이것이 진실임을 기업가들은 다 알고있다. 우리 몸을 구성하는 세포가 실천하는 것처럼 우리의 마음을 이루고 있는 인식이 실천하는 것이 자연스럽다. 자연을 거스르는 실천이 우리의 몸과 마음을 얼마나 괴롭혀 왔는지는 역사가 증명하고도 남음이 있다. 사람은 자연의 일부고 사람의 행위인 기업경영도 자연의 일부라는 섭리를 실천하는 것이 진정한 기업경영의문화론이라는 점을 역설한다. 그 실천원리가 공생이다.

참고문헌

김명혜, 「멕시코 국경 도시 노동자들과 그들의 가족생활상에 관한 고찰」, 『라틴아메리카연구』 11(1), 1998.

김수곤, 『외국인 근로자 고용실태와 정책과제』, 대한상공회의소 한국경제연구센터, 1996.

김중순, 『문화를 알면 경영전략이 선다』, 일조각, 2001.5.20.

김현미, 「노동 통제의 기제로서의 성」, 『한국문화인류학』 29(2), 1996.

동남아 지역연구회, 『동남아의 정치변동』, 21세기 한국연구재단, 1994.

박래영, 「베트남 및 인도네시아 진출 한국기업의 노무관리 실태」, 『해외진출 한국기업의 노무관리실태와 과제』, 한국노동연구원, 1997.

백권호 외, 「재중 한국계 기업의 본지인·조선족·주재원」, 『중국내 한국계 외자기업의 경영 현지화』, 지식마당, 2004.6.

삼성경제연구소, 『해외진출기업의 현지종업원 관리사례』, 1995a.

_____, 『해외사업의 성공비결』, 1995b.

송도영, 「미래 인력 연구를 위한 지역연구 기획관리 파일 연구 보고서」, 미래인력연구센터 미간행 보고서, 1996.

_____·전경수, 「기업특성과 문화적응 노력의 관계」, 『노동인력의 세계화－인도네시아 편』, 미래인력연구센터, 1997.

신윤환, 「노동의 취약성과 국가의 억압적 통제－수하르토 체제하의 인도네시아 사례연구」, 『아시아문화』 6, 1990.

_____, 「인도네시아 진출 한국기업의 노사관계－'한국적 경영방식' 이미지 형성과 '노동자담론'의 확산」, 『사회과학연구』 4, 서강대 사회과학연구소, 1995.

양종회·유석춘·박길성, 『동남아시아의 사회계층－5개국 비교연구』, 고려대 출판부, 1996.

이병철, 「기업의 세계화와 현지인 경영자 관리」, 『경영논집』 29(1/2), 1996.

이상영, 『다국적 기업과 노동운동』, 백산서당, 1990.

이전·백종국, 「멕시코 북부 국경지대의 경제구조 변화에 관한 고찰」, 대한지리학회지 32(2), 1997.

이진규, 『세계화시대의 기업윤리와 기업문화 정립방안』, 대한상공회의소 한국경제연구센터, 1996.

전경수, 『베트남 일기』, 통나무, 1993.

_____, 『문화로 풀어보는 무역방정식』, 미래인력연구센터, 1996.

전경수, 「'빨리빨리'와 '마냐나'의 상극 궁합」, 『멕시코 한국기업의 노동문화 적응』, 고려대 노동문제연구소, 2000.

_____, 「몰지피(沒知彼)의 한국형 세계화, IMF 또 부른다―흥망의 문화과정론에 관한 단상」, 『외환위기 10년, 한국사회 얼마나 달라졌나』, 서울대 출판부, 2007.12.30.

_____, 「베트남 내 한국계 기업의 노동문제에 관한 문화적 이해」, 『현지화 경영과 노사 문제 ―베트남내 한국계 기업』, 미래인력연구센터, 1999.

_____, 「베트남내 한국계 기업의 현황」, 『재외한인연구』 8, 1999.

_____, 「왜, 어떻게?―머리말을 대신하여」, 『노동인력의 세계화―인도네시아 편』, 미래인력 연구센터, 1997.

한경구, 『공동체로서의 회사―일본기업의 인류학적 연구』, 서울대 출판부, 1994.

樂國安, 『當前中國人際關係硏究』, 天津 : 南開大學出版社, 2002.

劉麾杰, 『中國城鄕關係與中國農民工人』, 北京 : 中國社會科學出版社, 2000.

張仲禮, 『東南沿海城市與中國近代化』, 上海 : 人民出版社, 1996.

張小建, 『中國農村勞動力就業與流動硏究報告』, 北京 : 中國勞動出版社, 1999.

彭恒軍, 『鄕鎭社會論―農村工業化与新型工資勞動者硏究』, 北京 : 人民出版社, 2001.

高秉山, 『靑島外商投資企業』, 北京 : 改革出版社, 1995.

〈廣場〉(全號) : 천진한국상회(天津韓國商會)에서 발행되는 한글판 잡지.

Blanchflower, David · Richard Freeman, "The Attitudinal Legacy of Communist Labor Relations", *Industrial and Labor Relations Review* 50(3), 1997.

Choi, Dae Won · Martin Kenney, "The Globalization of Korean Industry : Korean Maquiladoras in Mexico", *Frontera Norte* 9(17), 1997.

Davis, Lois J., "Practicing Anthropology in the Corporate World", *Practicing Anthropology* 19(2), 1997.

Green, Cecilia, "The Asian Connection : The U.S.-Caribbean Apparel Circuit and a New Model of Industrial Relations", *Latin American Research Review* 33(3), 1998.

Hall, Edward, *Beyond Culture. Garden City*, NY : Doubleday / Anchor, 1976.

Kenney, Martin · Richard Florida, "Japanese Maquiladoras : Production Organization and Global Commodity Chains", *World Development* 22(1), 1994.

_____, Jairo Romero · Dae Won Choi, "Japanese and Korean Investment in the Maquiladoras : What Role in Global Value Chains?", *Estudios Sociales* 7(14), 1997.

Kopinak, Kathryn, *Desert Capitalism : What are the Maquiladoras?*, Montreal : Black Rose Books, 1997.

Magistro, John, "An Emerging Role for Applied Anthropology : Conflict Management and Dispute Resolution", *Practicing Anthropology* 19(1), 1997.

Moran, Robert, Philip Harris, · William Stripp, *Developing the Global Organization*, Houston : Gulf Publishing, 1993.

_____ · Sarah Moran, *Managing Cultural Differences : Global Leadership Strategies for the 21st Century*(7th ed.), Burlington, MA : Elsevier, 2007.

Mulder, Niels, *Individual and Society in Java : A Cultural Analysis*, Yogyakarta : Gadjah Mada University Press, 1989.

Nadler, Leonard · Z. Nadler, *Every Manager's Guide to Human Resource Development*, San Francisco, CA : Jossey–Bass, 1992.

Ong, Aihwa, *Spirits of Resistance and Capitalist Discipline : Factory Women in Malaysia*. Albany, NY : State University of New York Press, 1987.

Richardson, F.L.W, "Anthropology and Human Relations in Business and Industry", *Yearbook of Anthropology-1955*. New York : Wenner–Gren Foundation for Anthropological Research, 1955.

Rothstein, Frances A., "Flexible Accumulation, Youth Labor and Schooling in a Rural Community in Mexico", *Critique of Anthropology* 16(4), 1996.

Sklair, Leslie, *Assembling for Development : The maquila industry in Mexico and the United States*, Center for U.S. Mexican Studies, UCSD, 1988.

Shin, Yoon Hwan, "The Korean Community in Southeast Asia : A Case Study of Koreans in Jakarta." Paper presented at the 2nd Korea–ASEAN conference, 1995.

Tiano, Susan, *Patriarchy on the Line : Labor, Gender, and Ideology in the Mexican Maquila Industry*, Philadelphia : Temple University Press, 1994.

Varner, Iris · Linda Beamer, *Intercultural Communication in the Global Workplace*, Chicago : Aldine, 1995.

_____, *Intercultural Communication in the Global Workplace*, Chicago : Irwin, 1995.

Webber, Ross A., *Culture And Management : text and readings in comparative management*, Homewood, IL : Richard D. Irwin, 1969.

Whyter, William F., "Culture and Work", *Culture And Management : text and readings in comparative management*. ed. by Ross Webber. Homewood, IL : Richard D. Irwin, 1969.